【文史资料百部经典文库】

全国政协文化文史和学习委员会 编

WOSUOZHIDAODE YANGHUCHENG

我所知道的杨虎城

孙蔚如　赵寿山 等　著

中国文史出版社

《百年中国记忆·文史资料百部经典文库》
编辑委员会

我所知道的杨虎城
WOSUOZHIDAODEYANGHUCHENG

CONTENTS 目 录

目 录 CONTENTS

我所知道的杨虎城

杨虎城将军初期革命活动

孙荷伯

　　杨虎城将军出生于贫农家庭，在蒲城东乡甘北村。原来只有薄地十来亩，破房三四间，没有牲口、车辆，父亲杨复兴，在孙镇做木工，维持全家生活。伯父杨全兴，虽出身农民，在清末即有革命思想，参加了反清的秘密会党——哥老会，人称"大爷"。因为杨全兴结交志同道合的朋友，从事反清革命活动，清政府派人搜捕多次未获，却把杨虎城的父亲杨复兴捕去顶案，被处绞刑，殉难于西安。杨虎城当时才十四五岁，在亲友的协助下，去西安将父亲的尸体搬回安葬，时间约在1907年（光绪三十三年）。不久，杨全兴也被捉去打死。所以，杨虎城将军从小即对反动统治阶级怀着刻骨的仇恨，孕育了坚决革命的思想。以后杨虎城将军能干出轰轰烈烈的革命事业，与此有很大关系。

　　杨虎城的父亲和伯父殉难后，家中只有老母和幼弟（茂三），生活十分困难，因他当时年龄还小，不得已便去孙镇孙家饭馆做童工，但他时刻念念不忘替父报仇。有一次，母亲给他一些烂铁，叫他去打一把镢头，他却打了铁瓦子，拴在腿上，锻炼跑路吃苦的本领，以便为将来从戎奔走。

杨虎城的母亲孙太夫人，教子很严。杨虎城侍母也至孝，他一生的事业，与家庭的教养是分不开的。

杨虎城在孙镇饭馆当堂倌时，即和伙友孙荷伯及乡友孙福全、孙书友、孙友儿等结拜，并参加反清的哥老会。在他的领导下，组织了"中秋同志会"，积极进行革命活动。因为历史上，汉民族驱逐元朝封建统治者，是在中秋节日起义的，所以这个组织的革命性质就已经很明显了。当时参加这个组织的还有韩寅生、左胜娃、姬汇百等，因为活动秘密，这个组织的参加人员又大半逝去，其活动详情已无从考察。

1911年辛亥革命爆发后，九月初四蒲城也发生动乱。杨虎城看见革命时机成熟，便联系同志百余人，前往乾州，参加向字营，以便进行最实际的革命运动。1912年（民国元年）向字营解散后，杨虎城又返回蒲城，仍在孙镇饭馆安身，但始终不忘革命，时刻想着为民除害。当时，东乡有个恶霸劣绅李桢，借给商人包收烂账机会，在石羊、黎起一带强拆民房，抢拉牲口，胡作非为，行同土匪。农民们恨之入骨，叫他"黑豆虫"。但因其投靠地方有势力的郭坚与岳西峰等，一般人都不敢惹他。杨虎城当时虽然只是个20岁左右的青年，却胆识过人，决心为民除害。因自己力量单薄，经段廷朝、冯进喜、胡遂太介绍，和哥老会有势力的李子高认识结拜，并到洛河东借了绰号"倒楦"的一支马拐子枪，1914年秋天（八九月），装着给李桢去送信，到孙镇李桢住的粮店，见了李桢先说："有人给你捎一封信。"便敏捷机智地从套裤里抽出枪来，一下子把李桢打死，为地方除了一个大霸。杨虎城这次侠义壮举，使得人心大快，他的名声也很快传遍四乡。

辛亥革命后，各乡纷纷发动民众，办理民团。杨虎城在打死李桢后，一方面有了名气，一方面也有了一把子人和部分枪支。孙镇区长孙梅臣便呈请县上，委派杨虎城为东乡民团总团长，管辖东乡12个分联，经常集中训练、检阅民团武力。当时东乡的高林股匪，有六七支枪，在永丰川一带抢劫，危害乡里，孙梅臣也无法消灭。杨虎城任团总后，便和李子高、李云城、孙荷伯等带民团百余人，把高林股匪消灭，打死匪徒七八个，又为地方除了一大害，农民生活也安定了。

　　1916年（民国5年），高峻联合曹世英（俊夫）、郭坚（方刚）、耿直等，树立护国军旗帜，通电讨袁逐陆（陆建章）时，杨虎城也参加了这一革命运动。在王银喜（名飞虎，字子封）的护国军第三混成团下任第一营营长，营副潘疙瘩，下属四个连，第一连连长李子高，第二连连长任子扬，第三连连长李云城，第四连连长王来，另有白玉生等，均系杨之干员。部队当时驻防黄河西岸一带，并在朝邑将陆建章一连军队缴械。在郃阳驻防时，股匪徐老毛、李青兰、张青山几百人危害地方（在黄龙山、郃阳一带），杨将军派了一个连，由李鹏飞带队，把这股土匪全部剿灭。匪徒尸体纵横，便拿农民场里使用的"管槎"往山沟里运送掩埋。后驻防宜川，解决了不少小股土匪，为地方除害。

　　杨部驻沿河时，1917年郭坚部去河东讨伐张勋，反被陈树藩和阎锡山夹攻，几乎全军覆没，残部退回河西时，陈树藩想借机彻底消灭郭部，知道杨虎城和郭坚不和，便命令杨部堵防河西各渡口，不许郭部渡河。杨虎城以国家为重，完全摈弃私见，违反陈树藩的命令，放郭坚残部安全通过自己的防地。郭本来在其谋士李桢被打死后，对杨虎城非常仇恨，这时不但前仇尽解，而且对杨虎城的大义行为非常感激。

杨虎城在武功继续坚持陕西靖国军旗帜[*]

孙蔚如

1919年前后陕西靖国军的一般情况

陕西靖国军是北方唯一的响应孙中山先生所领导的护法之役的军事组织，是由来自各个不同方面、不同出身的领导人物组成的庞杂而松弛的军事集团。第一路郭坚，主要以关中"刀客"为基干。第二路樊钟秀（樊老二），原为黄龙山的一股"土匪"，归陈树藩收编，在惠有光说以护法革命大义后，樊遂脱离陈树藩投入靖国军。第三路曹世英（俊夫），是由不甘心于辛亥革命胜利果实被北洋军阀掠夺的同盟会部分党人和青年学生组成的。第四路胡景翼（笠僧），乃由陈树藩部队中分化出来的正规军。第五路高峻（峰五），是地方民团转化的军队。第六路卢占魁，原系绥远

---

　　*　本文原稿存政协陕西省委员会文史资料办公室。孙蔚如，陕西长安县人，时任陕西靖国军第三路第一支队杨懋部营长。

军队，被那时的都统蒋雁行压迫而投入靖国军。这些来自不同方面、不同出身的领导人物，自然地要为自己的小团体利益打算，互争雄长，攘夺权利，不可能组成一个坚强统一的指挥系统。于右任虽为靖国军总司令，实际上形同虚设，徒有其名而已。因之在兴起后的顺利时期中，各自霸占一块小地盘，派粮派款，滥无限度，招兵买枪，竞相扩大实力；再加上本来没训练或少训练的队伍，由于不断地作战，军纪更形松弛，确实给渭北广大地区的人民带来不少的损害，严重地破坏了工农业生产，特别是一、六两路占据的岐山、凤翔、耀县等地，情况更为严重。到后来处境困难，敌方大军压境，在高官厚禄、威胁利诱之下，就出现一种离心离德、各自为谋的状态，那就不足奇怪的了。尽管陕西靖国军本身有这样多的缺陷，不能令人满意，但从推动旧民主主义革命、反对北洋军阀的反动统治来说，它具有一定的进步意义与推动旧民主主义革命向前发展的作用，特别是北方响应孙中山先生的唯一的军事力量和政治力量，在以渭北数县之地，饷械全无，抗拒北洋军阀发动五省军队的几次围攻，坚持五年之久，其艰苦搏斗的牺牲精神，也是足以称道的。我们绝不能因它本身具有缺陷而全盘否定，应该在政治意义上给以足够的估计。

进军武功

杨虎城是靖国军第三路曹世英（俊夫）的第一支队司令，是向往孙中山先生领导的旧民主主义革命而自动参加的一支武装部队。他和曹世英既有军事组织上的隶属关系，又有较好的朋友情感，在当时曹世英内部是具有实力的人物之一。当1919年（民国8年）北洋军阀政府，发动直、奉、晋、豫、甘五省军队支援陈树藩的时候，奉军许兰洲率领部队，协同刘镇华的镇嵩军和陈树藩的军队，直趋岐（山）凤（翔）一带，向靖国军第一第二路压迫，郭坚、樊钟秀以"联许倒陈"的说法，接受了奉军的改编。陕西靖国军整个内部从而悄悄地形成"接受改编"与"反受编"两派的斗争。卷入这个斗争中的，不仅仅是一些文职人员，也包括着一部分带兵的军官，直至负责领导的军官。这种已经形成的"受编"与"反受编"的两派，经过一段时间之后，遂由暗斗而逐渐明朗化。杨虎城是站在"反受编"这一面的，并且是反对最力的人物之一。这时郭坚、樊钟秀已改换成奉军的旗帜，樊并已开往河南。援陕滇军叶荃（湘石）也带同第六路（卢占魁）经四川开往南方。整个靖国军遂呈现一种支离破碎的局面。杨虎城驻在临潼渭河北一个小镇——栎阳。他的部队只有三个营，第一营营长姬汇百，第二营营长任子扬，第三营营长冯钦哉，总共不过一千余人，栎阳是几十户人家的小镇，地形上无险可守，而且东南两方与直军对峙，西北两方与三、四路紧密接连。如此外有敌军压境，内有接受改编势力的迫胁，如果欲继续树立靖国军旗帜，在形势上是极为不利的。于是杨多次规劝曹世英不要接受改编而得不到赞同后，径率所属部队向西发展。武功是西安通甘肃大道上的重要城市，东北距淳化、旬邑山区不远，西出可与第一路李夺部靠拢；这时郭坚个人到西安已被冯玉祥杀害，他的部队李夺、麻振武曾在凤翔，正无所依靠。而这个城市，杨虎城以前因援助友军曾经驻过一个时期，人情比较熟悉，地形亦多了解，遂选定武功县城为西进的第一个攻击目标。1920年杨虎城率全部一举攻占了武功县城，全歼陈树藩部的一个营，获得大量物资和武器，跟着又占据扶风等县，至此，他的初步计划业已完成，积极扩大实力，加强训练，为下一步准备条件。我就在这个时候，离开曹世英那里参加这个部队。杨遂把原来的三个营扩编为五个营：第一营姬汇百，第二营任子扬，第三营冯钦哉，第四营鲍贵堂，第五营孙蔚如，另外有一个卫队连和一个骑兵连，全部共3000多人，高举着陕西靖国军第三路第一支队的旗帜。

坚决反对"受编",迎于右任建靖国军
总司令部于西路

1921年(民国10年)直皖战争以皖系彻底失败而结束,直系阎相文督陕,分兵三路向陕境挺进。皖系陈树藩被赶下台,逃往汉中的时候,三原方面的靖国军主张"受编"的有力人物对"反受编"的所有部队,配合直军的军事压迫和政治诱骗,也从各个方面施加压力。双方相互之间的斗争极其复杂而尖锐,在武功坚持"反受编"的杨虎城就成为重要对象之一。曹锟、吴佩孚特派参议武叔斌到武功见杨,表示"吴大帅"器重之意,并允给杨编一个独立旅,枪支经费,都可从优。杨虎城的答复是:"我所争的只是靖国军这一面旗帜,并不是师长旅长一类的官职,如果'吴大帅'同意我继续树立这面旗帜,那么,任何官职我都不计。"胡景翼派人持亲笔信劝杨"受编",并为自己剖白说:"余之受编,是依人也,非降人也。"还以刘备依曹操、刘表自况,随后又派童蒲生、李香亭来劝说,并表示愿以杨为他的旅长(这时胡已被改编为陕西陆军第一师)。曹世英也派王子申劝杨"受编",杨说:"俊夫(曹世英的别号)投贼,又来劝我投贼,真是太不够朋友了。"杨虎城严词拒绝了这些利禄勾引、甘言诱惑,没有丝毫表示动摇。相反地更积极准备迎于右任西来,为陕西靖国军开辟一个新局面。这时,三原、高陵等处接受改编的有力人物公开地表现出来,作为靖国军总司令的于右任,制止既无实力,劝阻又无效果,而靖国军的旗帜和陕西陆军第一师的旗帜更不能同时在一个地方并存,于被迫离开靖国军总司令部,迁居所建的民治小学校园中,继移住城外之东里堡,他自况地说:"满目新人是旧人""茫茫何地欲为家"。1921年(民国10年)9月21日,戏剧性地开了一次伪造的所谓"国民大会",决定撤销靖国军旗帜,接受直军改编,三原靖国军总司令部被缴械解散。这个"力穷西北泪纵横"的总司令不得不迁往淳化县之方里镇，依于鸣岗（于是反受编者之一）做寓公。于右任正在穷无所归的当儿，杨虎城派参谋韩望尘敦请于去武功，共谋恢复不绝如缕的靖国军事业。这对于右任来说，真是喜出望外，遂欣然接受，表现出"老兵休道戎衣薄，大地阳春可唤来"的乐观态度。（以上所引诗句，均见《右任诗存笺》）1922年（民国11年）3月间，于右任在于鸣岗派队护送、杨虎城率队亲迎下到达了武功。经过一度商讨，在武功城里组成陕西靖国军总司令行营，发表杨虎城为第三路司令，李夺为第一路司令（李是郭坚的旧部，郭坚被冯玉祥杀害后，尚无所归属）。陕西靖国军的旗帜继续飘扬在武功原上。稍后感到武功距敌人太近，为策安全，把总司令部设在凤翔，于亦随同前往。

铁佛寺截械与马嵬浴血抗战

甘肃督军陆洪涛买的一批枪弹，要经由西安、乾县运回甘肃。此事为杨部参谋张澍（号雨生，甘肃陇南人，因此事为陆所含恨，后在兰州遇害）所侦悉，当即报告杨虎城。杨令其继续侦察，并秘密作截械准备。雨生对给他的任务，很认真负责，在细心侦察周密研究后，预计这批运输枪弹和担任保护的约五个营的部队于3月26日将到达铁佛寺。但是直军和新受编的岳维峻旅均驻在不远的地方，陆洪涛派的迎接队伍，听说也快到达，因此这一战斗要求以极其敏捷勇敢的行动于短暂时间内结束，才能达到预期的目的。经缜密部署，决定以刘香亭的骑兵连为前锋，第一、二两营跟进，五营为预备队，均于先一日在乾县之临平镇集结完毕，26日上午开始行动。大约于八九点钟前后，我先锋已与对方的护送部队接触，对方退入铁佛寺镇内与我对抗，一、二两营逐向这个小集镇展开攻击战。可是那些护运队伍的抵抗并不算弱，直到下午，一、二营曾几次组织强攻，尚未得手，适预备队五营赶到，一举攻占了铁佛寺西的制高点突子山，以猛烈火力向镇内瞰射，那些护运的队伍，垂头丧气，顿时混乱。一、二营趁机猛扑，在不大的时间内结束了战斗。这时陆洪涛的迎接队伍已距铁佛寺不远，只好撤回。是役计缴获各种枪械1000多支，子弹五六十万发。这对当时枪弹两缺的靖国军第三路军来说，确实是一次了不起的补充。

靖国军第三路司令杨虎城，缴获了甘肃陆洪涛的枪弹之后，积极充实自己的武装力量，并亲自督促，加紧各营的训练，经常在直军驻地附近举行军事演习，以熟悉那些地区的地形和迷惑直军的注意。同时联合第一路李夺，筹商扩大靖国军的政治影响与军事地区的计划。适直奉战争爆发，冯玉祥全部开出关外，大家都认为这是一个很可利用来打击在陕直军的好机会。于右任遂令第三路和第一路第一支队麻振武部，共同进攻马嵬，于得手后，趁机向兴平、咸阳扩大战果。杨虎城4月21日率部东进，22日拂晓以装作同以往军事演习模样，趁马嵬敌军迷惑不清疏于防范之际，一举攻占马嵬，全歼直军二十师阎治堂（二十师师长原为阎相文，阎相文死后，阎治堂以旅长升任）的两个整营。第二日敌纠合附近所驻的各部队，猛力反扑，杨军奋勇抵抗，战斗极为激烈，终以友军没有即时赶到，被迫撤回原防。是役按当时情形说，如果第一路的麻振武部能够于我军攻占马嵬时赶到，不给敌人以喘气机会，攻占邻近直军的一些据点，第二日敌人可能不会组织反攻；即使第二日敌人反攻，在敌我鏖战正酣的时候能够适时增援，则杨部也不会放弃已攻占的马嵬。可惜的是麻振武贪图小利，在答应出兵策应的那天晚上，没来马嵬，却分兵两路去终南山麓攻夺直军储藏的军用物资。而晚间两路联系不好，彼此误为敌人互相打起来，反被守护物资的直军，趁其互打混乱之间，给以猛烈的攻袭，麻振武率残部狼狈地逃回岐山。这种贪图小利、贻误战机的错误行动，实在叫人痛心。是役我的手臂负伤，移居凤翔治疗，所以后来我未能随军退往三边，待第二年伤好才赶往那里。

直军并不以恢复原防地——马嵬为满足，认为驻在武功的靖国军第三路始终是他们最大的威胁。于是以二十师为主力，加上郭金榜的第二旅，镇嵩军的第五路柴云升部，配属强大的炮兵团（有山野炮四十余门），向我武功东原既设阵地，发动大规模的进攻。我军既无炮兵，武器也不太好，仅以步枪刺刀和人数众多装备精良的敌人相拼，凭着官兵的杀敌热情，在残酷激烈的战斗中，坚持不撤退。

史家圪塔位于我军阵地最右翼，系第二营周子健连防守。镇嵩军柴云升部，用全部兵力，昼夜围攻好几天，反复争夺，战事非常激烈。我军以王镇华、杨明斋两连往援，击破敌人五营之众。不幸王、杨两连长先后负伤，致未能完成任务。后各部转进时，即留周子健连在该处掩护退却，战事更为惨烈。最后子弹打光了，就用刺刀拼，刺刀拼坏了，甚至用镢头、铁锹和敌人拼杀。就这样坚持了三天三夜，掩护大军得以从容撤退。像这样坚强勇敢的战士，实在是值得人深深怀念的。

第一路麻振武部虽加入战斗，却不能很好地协同行动，整个战线几乎由我方单独担负。敌人挟其优势火力，用四十多门山野炮，不停轰击，以几倍于我的兵力迭次组织强攻。在半月多的昼夜苦战中，阵地屹然未动，敌军不能越雷池一步，形成对峙状态。然在这决定胜负的紧要关头，直系甘肃陆洪涛的部队侵占麟游，陕南管金聚的第十五混成旅开到宝鸡，我军陷入四面包围，形势顿时严重。而在久战之余，兵员的补充，械弹的供给，都成当前的重要问题。杨虎城忍痛决定放弃武功阵地，于5月5日经由扶风、岐山之桃园与凤翔第一路靠拢。

退入陕北

1922年（民国11年）5月11日，杨虎城率领全部到达凤翔之田家庄，受到于右任与第一路全体官兵的欢迎，乃共同商讨今后大计。一致认为就当前全国形势来说，对革命是不利的，在给敌军重创后必须设法储备一部分革命力量，在西北保留革命种子，以便和广东方面取得联系，继续进行革命。杨当时对于右任表示说："请你到广东去找孙中山先生，看今后怎么办。我带队伍去沙陀国（指陕北），敬待后命。"阴历五月二十九日杨部离开田家庄，经由麟游、礼泉、乾县地区，迭次冲破敌军袁健吾和受编的原第四路田玉洁等部的拦阻，开到三原的大程镇。本来杨由麟游就可以径往陕北，其所以不避艰险，经历迂回曲折的道路而来大程镇的目的是：以前曾和反受编的甄寿山、马青苑（驻交口、雨金一带）约定，杨部若到三原附近，留在关内的反受编部队就可联合起来，重建靖国军旗帜。不意杨到后，这些预先有约的人们，都不愿履行诺言，杨虎城乃决定北上袭取洛川做根据地，继续树立靖国军旗帜。洛川距延安一百七八十华里，当时驻的田维勤部李养青一个营。杨部袭取未遂，乃采用围城强攻方法，而洛川城小沟深，一时不易得手，刘镇华派的阚玉昆、缑保杰又跟着追击上来，遂不得不打消攻取洛川计划，经安塞、靖边到与内蒙古毗邻的宁条梁、安边、定边一带暂驻，从事休整。这一带是陕北镇守使井岳秀的防地，那时井还没投靠直系，过去又和杨虎城私交很好，杨虎城乃自己离开部队，交由李子高带着由井编为地方性的部队——陕北步兵团。陕西靖国军从此成为历史陈迹了。

（1962年）

回忆杨虎城将军与孙中山
先生的联络经过

姚丹峰

1922年冬天，孙中山先生在上海的时候，杨将军派我前去谒见，并随身携带一份用绢写成的报告材料。内容是向孙中山先生报告当时杨部转至三边的情况，并请孙中山先生指示今后行动的方向等问题。

杨虎城将军当时住在榆林。大约在11月左右，我由榆林出发，经过米脂、碛口、顺德（在顺德住了几天，杨将军叫我去见胡笠僧，并送给胡一匹马），直达上海。

1922年12月到达上海，我先见了于右任先生，由他引我去见孙中山先生。我把随身携带的报告交给孙中山先生后，并当面把部队的实力和转战情况向他汇报，请示今后如何办？孙先生让我在上海住几天，等他们研究后再做指示。

孙中山先生当时是因陈炯明叛变，被迫来上海的，这期间全国的革命形势颇受挫折。全国各地只有杨先生一人派我去见他，因此孙先生很高兴，我也认为这是一项非常光荣的任务。我按照孙先生的意见，先在上海住下，等待着研究后的具体指示。

在上海期间，我曾与胡汉民、汪精卫、谢持等见面，他们均对杨先生革命意志之坚强深表赞许。我在上海住了十日，他们对我招待的甚为周到。

在我即将离沪回陕的时候，承蒙孙先生召见。孙中山先生当面向我指示，让我转告杨先生，无论如何设法使部队存在，保持革命力量。我告诉孙先生：杨先生部队转至富县时，即派蒙浚僧前往榆林见井岳秀，研究部队驻地及今后如何发展。蒙浚僧走后部队即向三边转进，杨先生随后到榆林见到井岳秀，并把部队作了安置。孙先生听后很满意，叫我转告杨先生，同意杨先生作如此安置，请杨先生出省到上海来，与各方面的同志们见一见面，将来时机成熟时联系起来也方便。孙中山先生还让我带给杨先生一个函件，内容与当面指示相同。

1923年元月，我从上海回到榆林，杨先生仍在这里等候。我向杨先生详述了在上海见到孙先生的经过，并面呈孙先生的函件。杨先生非常兴奋，立即与我和蒙浚僧进行商议。我们认为反动势力嚣张，路途稽查甚严，杨先生暂时不宜离开部队。因此杨先生决定，他本人仍驻榆林，部队驻三边，交李子高整训，归井岳秀指挥，杨先生把商定后的情况又写了一封信，叫我再去上海，面呈孙先生。孙先生看过信后，同意我们的安排。从此，我就经常外出，担任部队的联络工作，并代购枪械，延聘军事人才。那一时期聘请的有赵寿山、段象武、刘光甫等同志。

1924年春，孙先生回到广东，召开了国民党第一次全国代表大会。杨先生派我为代表去参加，我于1924年元月到达广东，会后，孙中山先生当面向我指示：曹锟贿选是倒行逆施，大背人心，可通函杨先生，在北方与张（作霖）、段（祺瑞）联系，共谋推翻曹锟。同年五六月，我到北京与刘允丞、张璧研究，因奉直战争已起，直方内部空虚，他们叫我回榆林见杨先生，设法促使井岳秀请缨（井与直系是联系的），派杨先生带部队到北京来，担任在首都起义的重大任务。他们认为杨先生胆识过人，可以担当此任。商妥后，我于同年九月回到榆林，适值杨先生重病，卧床不起，因而计划未能实现，我又回到北京。

坚守西安八月回忆

仲兴哉

  1926年春，吴新田与刘镇华勾结，率第七师，由宝鸡出山，向驻宝鸡、虢镇、陈村一带之杨虎城部进攻。杨虎城属国民军第三军孙岳部，番号第三师。吴新田之精锐部队二十七、二十八等团与杨军大战于岐山南原油单村、杨柳村一带，战争异常激烈。敌曾乘夜进攻，被击退后，集结渭河南岸，转向周、户推进，杨军在当日晚向岐山附近集中，盖以此时刘镇华乘国民二军在豫西溃败，正率部向潼关进迫。杨虎城率部移驻三原、泾阳以北地区，与国民二军第三师师长田玉洁及国民二军后方留守司令朱子敏等，共同协商抗击刘镇华之策。

  陕西督办李虎臣部与刘镇华镇嵩军屡战于渭南、临潼一带，而新败之师，士无斗志，遂致节节后退，势甚危急。李遂一方面向杨虎城求援；一方面派姜宏模旅长移辎重于咸阳，作向西撤退准备。李在电话上对杨说："你来我就守，你不来我就走。"杨虎城在三原东里堡召集各将领会议。他认为西安为西北革命的根据地，若再次被刘镇华占据，将不利于革命军北伐，也会给地方和人民以极大灾难。因此坚决主张迅速驰赴西安，与李虎臣合兵抗击刘镇华来犯。当时杨曾指出：敌人兵力虽大于我，而西安城高池深有利于守不利于攻；且北洋军阀之间矛盾重重，只要我们能坚守半年，国内政治必有变化，我们就可以取得胜利。各将领一致拥护他的主张。遂留李子高旅于三原北城与田玉洁部共同防守三原、泾阳外，立即下令各部驰赴西安。时在1926年4月中旬。

杨军渡渭赴援

草滩镇为渭北各县通往西安之重要渡口。杨虎城首先派孙蔚如之第二支队驰赴草滩镇，准备船只，掩护本军渡河，仲兴哉时为孙部参谋，随军出发。这时刘镇华之先头部队，已到新筑镇、浐河沿岸水腰一带，企图占领草滩渡口，以截断三原至西安的交通，阻止援军南下。第二支队占领渡口后，我冯钦哉、姬汇百两旅长即率精锐部队，连夜相继渡河，迅速向西安前进。到达西安时，刘镇华先头部队已占领西安东郊的韩森寨，进至东关附近，正向西安城垣攻击前进。瞬息之间，即有占领西安之可能，情势异常危急。冯钦哉、姬汇百两部，未及休息，即投入战斗，奋勇击退敌军前锋，西安城转危为安。杨虎城遂率后卫各部由草滩、马神庙两路渡河，进入西安，时为1926年4月18日。当刘镇华兵临城下时，督办李虎臣对守城信心不坚，而各大绅如宋伯鲁辈又酝酿欢迎刘军，因而城中人心惶恐不安，杨军入城后，人心乃趋安定。

守城兵力配备

城中部队，共分三个系统：一为李虎臣部国民二军系统，一为杨虎城国民军第三军第三师，另一为卫定一部；卫原为国民二军第十二混成旅旅长，守城时改编为陕军第四师师长。三部兵力共万余人。杨部兵力人数较多。对防守任务，采取划地分区办法。杨军防区为东城、北城（西北城角一段，归李部担任）和东关、北关以及城关以外附近之村落。李、卫两部，共同防守的区域为南城、西城和南关、西关以及城关以外附近之村落。东、北两方敌距城既近，地形很高，为敌进攻之重点。

当时城中部队既分为三个系统，而指挥也不统一，以兵力论，杨军兵力较大，且未遭受战斗损失，以地位论，李为陕西督办，地位较高，李如受杨指挥，势所难能。杨虎城深察这种情形，遂推李虎臣为陕军总司令，而自为副司令。从此统一指挥，消除猜忌。杨既志决坚守，李亦与之一心，全城人民在刘镇华军合围、死困的情况下，只有与守军通力合作，遂致最后保持住这一不屈的名城。

敌筑长堑以困西安

刘镇华所部陆续迫近西安城郊后，东、南、北三面的许多村落，均被其占领，形成三面包围，只留西面一路与咸阳可通。不久，西面亦被敌截断，驻咸阳之国民二军姜宏模部联合西路陕军，几次向敌军攻击，企图打通西安咸阳通路，均未成功，从此西安陷入四面被敌包围之中。我军亦常采取以攻为守之策，抽出精锐部队，乘夜重点突袭敌军阵地，如突击西北城角附近之大白杨等村。但多是予敌以重创后，仍退守原防，确保兵力。

刘镇华镇嵩军纪律甚坏，素为全陕人民所深恶（刘镇华曾任陕西督军兼省长八年），这次来犯时，西安附近人民，畏之如蛇蝎，故男女扶老携幼逃入城中避难者甚众。至此，城已四面被围，有欲回家探亲者，出城后均被敌兵拦阻，并劫掠其所带衣物，然后逼其仍回城中，妇女则辄遭其侮辱。因此，城内人民对刘镇华恨之入骨，人各具同仇敌忾之心，无不愿与我军坚守此城。

刘镇华鉴于我军不时乘夜出击，乃强征各县人民，掘长堑以困城（解放初期，故垒犹断续可见）。堑宽、深均一丈多，堑后筑堡垒设大炮。刘军此举意在困死城中军民，用心至为恶毒，其计亦至愚蠢。他们并没有想到因此使我城内各军更加团结，军民一心，守城之志更加坚决，只是害苦了数县挖掘长堑的人民和糟蹋了绕城数十里的农田和麦苗，引起广大人民同仇敌忾。

东北城角的反围攻战

刘镇华包围了西安以后，占据了城东北方龙首原上的含元殿（唐之大明宫）。该村距城只有数里，为敌炮兵阵地，可以俯瞰距城较近之村庄。同时，城东韩森寨最初即为敌所占领，而韩森寨前之韩森冢地势尤高，敌设炮兵阵地于其上，可以瞰制城东一带。敌兵掘地道潜攻东梢门，用棺材满装火药，轰炸城墙，城墙崩塌数丈，敌兵乘势蜂拥而上，但经我军顽强堵击，英勇搏斗后，终于将敌击溃，敌伤亡甚大，攻城之企图未逞。继而转向大城之东北角一带进攻。此处村庄如午门、钟架子、郭家圪台子等距大城较近者只数百米，但城高（约三丈六尺）池深（约丈余），攀登仰攻非易。敌又从巩县兵工厂调来工人和工具，从地下掘隧道，企图穿过护城河，直进城内，亦经我军侦知，即派官兵沿护城河侦察。侦察之法系置大铜锣于地面，撒豌豆于其上，侧耳倾听，即可辨识隧道挖掘的方向和距离，我即按其方向成直角，掘深沟以防之。敌挖掘既近，铜锣响声愈显，豌豆跳动也越高，我即备柴草和以辣椒粉，并用鼓风器具以待之，一见挖透，即向洞口引火扇风，浓烟一缕挟带强烈辛辣气味冲入隧道之中，再用短枪从洞口猛射，洞中之敌不死即逃，从此不复从地下进攻。

敌在隧道进攻失败以后，复从东北城角架云梯仰攻，以求侥幸得逞。敌离东北城角较近，而此处城壕水也最浅，遂被选为攻击点。敌乘夜在午门附近筑一高台，台高约与城齐，上置山炮、迫击炮。某日，又于暗夜向城下运云梯，企图拂晓以前登城。东北城角守军为孙蔚如之第二支队第一营，发现后，立即猛烈射击，并连续投以麻辫子炸弹（系土法制造，效力很好）。当时有一敌兵攀登已近垛口，为我一担水的炊事员发现，即将扁担水桶向该敌劈头掼下，敌兵应声从云梯滚下去。接着敌炮兵即从东北的含元殿和东边的韩森寨以及北边的午门等处集中向东北城角打来。东北城角的亭子和许多墙垛都被打毁，瓦砖木石与炮弹之炸片齐飞，烟尘弥漫，笼罩城上。我官兵虽有不小的伤亡，但都能坚守防地，英勇杀敌。连长王金奎身受重伤，犹坚决不离防地，终至壮烈牺牲。此时天色破晓，敌兵暴露于城下，死伤亦很多。匪首王老五（师长）、柴云升（师长）不甘失败，亲来督战，继续增兵进攻。我各处部队亦纷来增援。首先是姬汇百旅长和孙蔚如司令各带勤务员兵赶到，即时上城，加入战斗。孙蔚如司令看见敌还没有退却模样，即令我向师部打电话，请再派队增援。师部即增兵上城，师参谋王俊生参加战斗手部带伤，仍不肯退。我军复抽派精锐兵力，出东门向北、出北门向东均沿城壕边缘和菜园子、午门等村庄向敌侧击。大战至傍晚，敌终被迫溃退。这次战斗是刘镇华围城以来攻城最激烈的一次战役。刘镇华在战前曾作了极大的准备，其肉搏部队纠合著名悍匪王老五部的官兵，并悬有重赏（云梯上钉有布条：第一梯赏千元，二梯五百元，三梯三百元），妄图一举而下西安。不料遭到我军沉重之打击，从此不敢再作强攻的梦想。此役系在初秋的时候。

城内军糈民食

坚守西安，粮食为主要条件之一。我军入城后即注意到这个问题，曾进行详细调查。由于陕西先年（1925）麦子丰收，谷价很贱，各粮行、商家争相囤积，图获暴利，因而从各县购进麦子甚多。囤积数量最多者达数百石，百余石、数十石者，更为寻常。因此，估计坚守半年，粮食足够应用。但守城后期发生了严重的缺粮。主要的原因有三个方面：第一，兵站对于粮食没有采取计划用粮、计口授粮、节约用粮的措施，糟蹋浪费非常严重。再加上对粮食的保管不善，以致发生霉烂变质等情事，造成很大的损失。第二，由于西安附近居民，进城避难者数万人，吃掉一大部分粮食。第三，由于战争拖长，超过了估计的时间。在8月以前军民粮食尚能维持，到9月间已日渐缺乏，9月底以后已呈严重的缺粮现象，以致很多居民断炊，遂以油渣、谷糠、野草为食，到11月更为艰苦，发生军民争食的现象。各部队往往派员到居民家中征粮，引起秩序混乱。杨虎城乃在其师部召集营长以上军官讲话。他说明坚守西安的重大意义。他说：北洋军阀祸国殃民，是人民的敌人，刘镇华是北洋军阀的走狗，我们抗击刘镇华，就是直接打击北洋军阀，也就是协助革命军北伐。又说，我们坚守西安也是为西北革命争人格，我们一定要坚守到底，取得最后胜利。万一不幸西安被敌攻破，我各部官兵必须坚守防地，与城共存亡，与敌巷战打完最后一颗子弹，流尽最后一滴血。我不是要大家战死而我独生，我已下定决心，城破之日我就自戕于钟楼底下，以谢大家，以谢人民。言时声泪俱下，我们许多人都异常感动地流下泪来。他最后说：我们革命是为救国救民，倘不顾老百姓，怎能算得革命？近来各部队往往各派官佐到居民家中征粮，秩序太乱，这还能坚守西安吗？从今天起，各部队必须营长以上官长才准许征粮。二军我派丁增华纠察，三军我派姬汇百纠察，倘有不遵规定，私自征粮者，在哪里查出，即枪毙在哪里。从此以后，秩序复归稳定。

虽然如此，但缺粮问题仍存在着，且严重日甚一日。居民对凡是能吃的东西，都罗掘俱尽，各部队也杀战马以充饥饿。更加是年降雪特早，真是饥寒交迫，一斗麦子约值百元，而且有价无市。街上已看不见卖食物的人，只听见有"一大块一吊"的叫卖声（一大块系一块糖与油渣合的饼）。人们走在街头，上冒雨雪，下践泥泞，一经滑倒，便死于泥水之中。每日死者数十人以至数百人，以后路毙者日有增加，但官兵登陴坚守，无动摇者。一日孙蔚如司令和我去李子逸先生家，坐定后，李即以抱怨的口气说："把人都死完了，守下城做啥。"孙即应声曰："以前死的都是官兵，李先生没说话，现在轮到李先生头上了，就不情愿了。"盖李为主张坚守人之一，此时忽呈动摇。这时在绅士阶层里，又出现了一种投降派，散布悲观论调。他们互相串连，组织请愿等等，企图动摇人心，瓦解士气。杨虎城以其危害革命，乃枪毙其倡议最力者一人。投降派从此以后，便销声匿迹了。

西北城角之假投降

我军以粮食严重的缺乏，外援不至，乃将城关外的阵地逐渐缩小，以集结兵力。北关外除西北之秦女坟和东北龙首原上之小冢有强固的防御工事据点外（也系出击的道路），其他村庄大都放弃。因此，敌遂进占了城西北角一带之村庄。纸坊村等距城甚近，敌我士兵之声音清晰可辨。夜静后，兵士隔垒攀谈，敌兵夸耀其生活饱暖，企图瓦解我士气，并诱我军投降。这个地区的城防部队为二军戴万镒连，即将此情况向总司令部报告。经李、杨研究后，决定将计就计，令戴连派兵下城向敌军假投降，以诱杀敌人。李、杨两司令即移驻西北城角之广仁寺以便就近指挥这一战斗。原来刘镇华深知我守军以杨虎城部为最坚决，今见二军部队投降，遂信以为真。戴连与敌约定次日晚引敌上城，我军即准备好活捉敌人的办法。次晚，敌果然按指定地点上城，来一个捉一个，上近百人，下面不闻枪响，知必上当，即向后撤退，我军猛烈投弹，毙敌很多，敌从此不再作诱降之打算。

坚守西安的最后胜利

9月下旬，南城门楼忽然失火延烧，数日不熄。城楼守兵为李虎臣某部之机枪连。敌见城楼起火疑为城内有变，随即向我小雁塔及南门外之据点猛攻，均经我军坚强反击，终未得逞。当城楼失火，最初我亦疑该处守兵不稳，后经彻查，始知确系锅炉靠近大柱，熏烤日久，遂致燃烧起火。

11月初，城中忽闻西北乡一带有枪炮声，并且逐渐激烈。被困居民知系援军已到，全城男女老幼都非常兴奋。估计援兵位置系在三桥与猴儿寨子一带，正与敌作战。但枪炮声忽近忽远，可以推知是刘镇华军顽强抵抗，援兵未能骤然接近城垣。这时城中粮食已到了断绝的时候，真所谓罗掘俱穷，官兵均缺乏气力。但是援军之来鼓舞了每个人的信心和勇气，忍受饥饿，防守更加坚定。李、杨两司令决定待援军与刘镇华军战斗至最激烈时，城中抽出较强兵力约两个团，乘夜从南门外之草阳村向敌进攻，以收内外夹击之效，战斗延续半夜未能奏效。李总司令主张增兵猛攻，杨以我军具体情况，不宜再攻，结果仍撤回原防。延至11月25、26日，忽闻城南黄五坡一带枪炮声甚烈，料系我援军迂回成功，直捣刘镇华军之心脏——东十里铺。入夜，城北红庙坡一带忽然喧哗嘈杂之声大起，城上清楚可辨，知系敌军溃乱，人们均彻夜不睡，等候胜利的消息。27日夜敌全线溃退，28日困守八个月之西安城围始解。是日天气非常晴朗，人们好像重睹天日。

（1961年10月）

1928年杨虎城将军的出国
和第十军险恶的历程

王子义　口述　韩俊生　整理

一

　　1927年秋末冬初，奉系军阀直鲁联军，乘宁汉分裂、冯玉祥在河南立足未稳之际，以褚玉璞、徐源泉、张敬尧、刘志陆、方永昌、袁家骥、王栋、潘鸿钧等八个军，由陇海路东段向西猛扑，企图进犯归德、开封，与盘踞京汉路北段的奉军第三、四方面军团张学良、韩麟春所部会师郑州，摧毁冯系势力，重温其统治全中国的旧梦。时杨虎城将军所部第十军，在冯玉祥的东路军总指挥鹿钟麟节制下，与庞炳勋、王鸿恩、吕秀文等三个军，常好仁、王金韬、李元藻、王毓芬等四个师（均是冯玉祥的非嫡系部队），在归德以东地区防守，甫经接触，各友军即纷纷溃退。第十军在坚守西安八个月后，疲敝已极，此次请缨出关参加北伐，又未得到人员、马匹、武器、装备的补充。然犹在马牧集一带，节节抵抗。郑大庄之役，第二师副师长孙蔚如仅带步兵一营和师部手枪连，抗击了步、骑、炮联合进攻的数倍敌人，孙副师长和师参谋长王一山几被敌炮轰塌的墙土埋没。战争的激烈可以想见。结果予敌人以大量杀伤，牵制了敌人大部兵力，争取了时间，掩护了各友军安全撤退。卒因伤亡过众，粮弹不继，冯虽允派郑大章、马鸿逵两部骑兵增援，并由电话、电报上说：郑、马两部援兵已到归德。事实上迄无一兵一卒前来。又值第八方面军刘镇华部姜明玉师在柳河一带叛变附敌，第十军腹背受敌，但仍一面坚持战斗，一面请援，不料段象武由归德电话报告，鹿钟麟的总指挥部已经撤退。第十军此时完全陷于孤立，而冯竟仍电令第十军固守马牧集一带阵地。杨将军认为鹿既撤退，归路已断，孤军奋斗，牺牲无益，在无可奈何的情况下，只得向南撤退到皖北的太和县，暂行休整。

在豫东大战以直鲁联军失败，国民革命军第二集团军冯玉祥胜利告一段落后，冯曾函电交驰，并先后派段象武、冉寅谷、刘定五来太和，促杨将军率部回豫。但杨感到冯在豫东战役中，以装备不良，械弹缺乏的杂牌军队，挡敌人精锐之师，坐视不救，其用心可以想象，他认为不能再和冯共事。故对函电一概置之不复，对来人亦表示了决绝的态度。顾既拒绝与冯合作，而困处一隅，补给无着，亦非长久之计，因之向南京方面寻求出路，也就成了必然之势了。

二

与此同时，杨将军认为将来无论谁属，必须增强部队的战斗力，尤以加强政治训练，提高官兵革命思想觉悟，为当务之急。乃由每连挑选三名青年班长和兵，组成干部学校。通过第一师参谋长寇子严约来共产党人南汉宸，委为副校长。全校各级负责官长，除教育长瓮巨青一人外，均系共产党员。此外，军部秘书长蒋听松，政治处处长魏野畴，亦系共产党员，对于干部学校全力支持，准备作为将来改造部队的骨干力量。该校成立之初，蓬勃焕发，弥漫着革命空气，人们对之亦寄予无限希望。此时，冯玉祥的第二集团军和武汉政府，继蒋介石之后，都进行了所谓"清党"，独第十军仍保持着国共合作局面。风声所播，不能不引起蒋之疑忌，乃派韩振声携款三万元，以劳军为名，来太和侦察实况。韩与南汉宸系山西同乡，且在冯玉祥五原誓师后，随着以鹿钟麟为首的赴苏参观团，同去苏联参观，自然稔知南的政治面貌。蒋听松、魏野畴等人的身份，在前些时候也是公开的。韩睹此情况，已露不满之意。事有凑巧，寇子严一天写给南汉宸关于报告工作和询问有无党的指示的一封信，未及发出，随手置之案头，与几位密友同作方城之戏，适此时韩振声来访，无意中发现此信，竟乘人不备，仿效了蒋干盗书的故事，纳之怀中，匆匆辞出，径去见杨将军。相见后谈及南等为人，杨将军以南等来军工作，并未公开宣布其党派关系，佯装不知，并竭力为之辩解。阴险狡猾的韩振声，乃袖出该信以为佐证，杨遂语塞。韩此时亦宣称回京复命，并说，你说要归中央编制，如果留着他们，那岂不是缺乏诚意？暗示如不驱逐南汉宸等共产党人，第十军将无前途。

杨将军以韩振声这一阴谋对南汉宸很不利，遂密与孙蔚如商讨应付之策。认为太和位居皖北平原，在蒋冯大军监视包围之中，自己力量又极薄弱；况其时中共在"左"倾机会主义路线指导下，各地革命力量蒙受了很大损失，绝不宜轻举妄动。应以保存实力，静待时机为宜。于是决定与南汉宸等暂时分开，对蒋介石让步。当晚即指示秘书米暂沉分别致函南、蒋、魏，告以实情和苦衷，请其谅解，并着重申述了后会有期之忱。果然暂别重逢，在1929年第十军移防南阳后，蒋听松就来军中，主持当地南阳报工作，1930年杨将军回陕主持军政，即任南汉宸为陕西省政府秘书长。独魏野畴奉党命，负责河南、安徽党的地下工作，举行暴动失败，不幸被反动派杀害，深为惋惜。

三

第十军既不愿接受冯玉祥的节制，而蒋介石又迟迟不予收编，韩振声之来军侦察，更增加了危机。当地官绅，探悉此中情况，对于筹办饷糈，逐渐表现了冷淡和拒绝的态度。杨将军处此困境，如坐针毡。他认为必须亲到南京，求得一解决办法。乃同韩振声于1928年旧历一月初起程南行，车过蚌埠，与蒋介石专车失之交臂。此时蒋介石东山再起，正与冯、阎密切合作，积极准备第二次北伐，特去徐州亲自部署军事，并与冯玉祥会晤。杨将军到南京后，方知蒋已北去，乃借此难得消闲的机会，畅游了西子湖、普陀山诸名胜。归来暂寓南京李仲三家中，仍因形格势禁，无法与蒋介石晤谈。但忽一日接到蒋的命令，着第十军归方振武指挥，参加北伐战斗序列。方振武原亦隶属冯的第二集团军，此时改归蒋的第一集团军，编为第四军团，与贺耀组、陈调元等沿津浦路和其以东地区北进。杨将军至此意态更趋消极，遂将原令转寄太和军部，并以外事托给冯钦哉，内事托给孙蔚如，嘱其共同代理军长职务。他却通过陕军卫定一的军需处长强云程由卫处借到3000元旅费，偕夫人谢葆真和秘书米暂沉等于1928年旧历四月间由上海搭轮东渡日本，暂息仔肩。事后闻悉，蒋在徐州晤冯时，冯曾盛赞第十军的革命历史和战斗精神，并表示要畀以方面重任。以后怎样又拨归方振武指挥，此中奥秘，就无从揣测了。

四

第十军原编为两个师：第一师师长冯钦哉，第二师师长姬汇百。因姬在出关时中途离军他去，遂以副师长孙蔚如兼代师长。论资历，杨将军离京后，应由冯钦哉全权代理才对，但杨素悉冯性粗暴，长于冲锋陷阵，不善于应付复杂局面，且贪财好货，不孚众望，深恐难以保全部队。孙蔚如深沉稳练，工于心计，驭下宽厚温和，兼收并蓄，托以重任，当不辱命。记得杨将军常说：冯钦哉能冲，孙蔚如能蹲。在1929年冬京汉路讨唐战争时，孙被委为南阳守备司令，出色地完成了维持后方秩序的任务。至今思之，杨将军可谓知人善任。

冯钦哉之对外代理军长，不过徒有其名，实际责任落在孙蔚如一人身上。他既为大义所迫，只得勉膺艰巨，为着保存杨将军半生艰难缔造的这一革命力量，对内对外，确实煞费了苦心，进行了不少复杂曲折的斗争。

首先，蒋介石既有令拨归方振武指挥，参加北伐，势不能置之不理。但杨将军就因不同意归方，才离国远游，如果在北伐战争中被人暗算，何以对杨将军，更何以对三秦父老。果然冯钦哉在得到参加北伐消息后，即冒冒失失地来到军部，和孙商量开拔事宜。经孙晓以利害，乃商定派孙五洲去见方振武，表示愿听指挥，避免抗命之嫌。接着就提出几项具体问题，作为延缓开拔的借口。第一，军中群龙无首，必须电请杨将军回国领导。第二，先拨开拔费和欠饷若干万。第三，补充弹药和筹办运输工具。方听了后，认为这些问题，在他都不易解决，也就未置可否，同时对第十军也不再过问。这一难关总算应付过去了。

其次，归第十军指挥的萧之楚师，此时驻防阜阳，因截留烟款，与南京发生了摩擦。原来皖北大量种植鸦片，南京财政部视为利薮，势不能容许当地驻军越俎代庖，影响收入。财政部第一步派委员前来接收，萧之楚意欲拒绝，派冯勉之就商于孙蔚如，孙当劝以勿走极端，无妨敷衍一下，表面上欢迎其接收，但由自己派一副职人员，掌握实权。这样一方面不损害中央的面子，同时也满足了接收委员的要求；自己仍能分润一部烟款，可以相安无事。无奈萧利欲熏心，犹豫不决，致使南京乃采取先礼后兵的办法，派方鼎英率军前来，实行武力保护烟款。该军途经太和，竟以战斗姿态扑向城边。第十军在当时情况下，时刻保持着高度警惕，驻守北门的军部补充营王劲哉营长，意欲下令开枪，经孙制止后，双方仍保持着对峙局面。方鼎英派其参谋长何浩若进城见孙，说明此来系假道驱萧，与第十军无涉，但太和位居后方交通线，不能不派兵驻守，以防意外。遂商定由该军派兵一团驻守北关。但何浩若回去后，变计食言，竟提出第十军全部开离太和的要求。经孙派王一山据理交涉，并担保我方不妨碍其驱萧军事行动，仍由该军派兵一团驻守东关，才算了结。就在此往返磋商时间，孙已派李百朋向萧之楚透露了消息，故方鼎英军未到阜阳，萧之楚师已开赴前方，随方振武参加北伐去了。此时第十军已奉令移防苏北之丰（县）、沛（县）、萧（县）、砀（山），冯钦哉师且已开拔完竣。如非肆应得宜，姑无论第十军留太和部队将遭到很大损失，万一与蒋介石闹翻，其后果将不堪设想。至于保全了萧师更是余事。

另外，第十军连年苦战，官兵缺乏严格训练，当此动荡时期，纪律尤不无废弛之处。在太和竟发生了某营长强迫当地大绅某人将其寡媳和闺女双双据为己有的骇人听闻事件，一时舆论哗然，备受责难。部队全部到达苏北防地后，驻丰县的第一师旅长曹国华又枪毙了当地清乡委员周文林，引起了轩然大波。周文林横行霸道，以清乡为名，经常在当地教堂中私设法庭，拘留、诬陷、勒索群众，形同绑票。有一天周把一个乡民拉去拷打，其家属向曹控诉，曹一时气愤，就派兵一连包围教堂，收缴了爪牙的枪支，并将周文林逮捕枪毙。这在周本是罪有应得，但曹采取了直接行动，究非适宜。此案发生后，当地各界组织了联合机构，向南京中央监察院、军政部和最高法院控诉第十军，何应钦先下令解送曹国华到京就讯，后又电告冯玉祥解决第十军，事态至为严重。经孙蔚如多方应付，最后仅予曹国华以撤职处分，平息了此案。

五

冯玉祥对何应饮要解决第十军的电令，不但拒不执行，还电请蒋介石代第十军说项。曾忆冯的电文中有"第十军在革命历史上颇著勋劳，请政府优予安置，以酬有功"等语。这一电文在当时各大报纸上公布后，当地官绅很快地改变了以往倨傲态度转为恭谨听命。徐瑜斋驻杨山车站办事，县长一向对他不理，连面都见不上。自电文载出后，居然请徐吃饭，并表示以后有什么事可以尽量帮忙，人情冷暖，于此可见一斑。由于冯玉祥对第十军表现了这样出人意外的爱护，等于雪里送炭，使孙蔚如感到虽然不愿与他合作，但在人情上不能不有所表示。况其时，冯以行政院副院长兼军政部长，地位重要，也不能不敷衍一番。于是由孙亲自执笔，以杨将军、冯钦哉和他自己的名义，电冯略申感谢之意。记得原电是这样说的：

> 去岁长安被围，钧座万里赴援，使待毙之众得以复苏。厥后追随出关参加北伐，自恨绵薄，以致归德失旅，影响全局。嗣值二次北伐，各友军纷纷出动，钧座宵旰勤劳，将士努力杀敌，我军因损失过大，无力应战，以致累方鼎命，负疚良深。钧座不咎既往，复经电请中央优予安置。不特我等三人感激，即全军官兵亦蒙厚赐于无既矣。我等将来只有以报党国者报钧座，来日方长，续图衔结。

这个电报发出后，次日即接到冯的复电。略谓：

> 去岁豫东之役，贼以倾巢来犯，众寡悬殊，岂战之罪。玉祥指挥无方，致使你部蒙受若大损失，午夜彷徨，问心不安。前电中央，纯系良心驱使，并无其他用意，请各同志努力前途。

冯玉祥为什么对第十军这样屡次成全？第十军在革命历史上究竟有什么勋绩？冯玉祥为什么说是良心驱使？这里应当把往事回溯一下。杨等致冯的电文中说："去岁长安被围，钧座万里赴援，使待毙之众得以复苏。"这当然是一方面。但另一方面，如果没有杨虎城部坚守西安八个月，就不会有"九一七"的五原誓师。冯玉祥所统率的国民军一、三两军，在1926年南口挫败后，紧接着国民军第二军也在豫西溃散。刘镇华以讨贼联军陕甘军总司令，得到吴佩孚、阎锡山的大力支持，统率着号称十万之众，浩浩荡荡地杀进潼关，如入无人之境，很快地包围了西安。当时陕甘境内，尚有驻扎汉中和凤、宝一带的第七师吴新田部，驻平凉的陇东镇守使张兆钾部，驻天水的陇南镇守使孔繁锦部。还有原靖国军第一路郭坚旧部归附刘镇华的麻振武和另一支陕军缑保杰，分踞大荔、蒲城一带。他们或受吴佩孚命，或受刘镇华节制。就是在陕西的国民二军内部，也不无通敌动摇分子。形势如此，冯的兰州大后方，且一度被张兆钾、孔繁锦包围。如果西安不能坚守，则陕甘局面早已改变，麇集绥西的冯军残部，不被张作霖消灭，也将被阎锡山收编。冯即得到苏联援助，也将无处立足，即使找到立足点，也难一时平定陕甘，更谈不到出潼关与广东北伐军会师郑州，其理至为明显。冯内省多疚，因之不忍坐视对革命付出最大代价，建立极大功勋的第十军终归消灭，而不援之以手。冯玉祥总算良心未泯，第十军也不好拒人过甚，双方至此又恢复了以往的感情与来往。

六

约在1928年夏，何应钦既未达到解决第十军的目的，乃下令第十军开出第一集团军的江苏防区，转入第二集团军的山东防区。到达山东不久，正值北伐完成，全国军队进行编遣。第十军奉到军政部长冯玉祥的命令，改编为暂编第二十一师。这期间内外险象环生，第十军又经历了几濒崩溃的艰难局面。

先说外部所给予的困难和压力。部队到达山东后，指定单县、成武县为防地，但因彻底改编，必须将原在陕西的后方留守部队和留在太和的干部学校，集中起来，听候点验。留在太和的家属也须随之前来，这就发生了两县不能容纳的情况。经过交涉，另拨金乡、鱼台两县驻扎。但当地政府和地方武装（民团）以未奉到上级命令，采取了拒绝的态度。当王一山率第二旅开往金乡的时候，先头部队韩世本团到后即被民团包围，党振海团走到半路也被民团包围，他们都声言要缴枪。王一山闻报即向孙蔚如请示办法。孙答以应向他们尽量解释：就说我们到山东是归孙良诚主席指挥，当然要听他的命令，如果他说要我们缴枪，我们就缴枪。这是试探他们是否真正奉有上级命令。按道理讲，冯玉祥和孙良诚决不应，也不会对第十军来此一手。孙并指示王一山：若果他们仍蛮不讲理，一定要缴枪的话，那我们无妨先缴两个连的枪，看看他们是否适可而止。再不行，我们也不能束手就缚，可以实行抵抗。这叫作先礼后兵，其亏在彼。经王一山对民团进行了以上的解释，他们很快就退了，幸而未发生流血事件。

在鱼台，第三旅赵寿山团开到后，县长和民团不但不准进城，连粮都不让买，眼看着部队就要断炊。这时赵的军需官韩光琦施展了走后门的手法，居然转弯抹角地买到了粮，暂时解决了军食问题。后经县长请示上级，终于进驻县城，也未发生冲突。

另一方面，北伐完成后，地方秩序逐渐安定，政治也走上了一定轨道，不比前些时候在皖北、苏北可以就地征发粮款的混乱状态。第十军在蒋冯之间，即两头不沾，此时虽奉令改编，饷项仍无来源，即吃粮问题，因无现款购买，亦极感困难。时届深秋，西风落叶，棉衣尚无着落。不意前年长安被围的惨状，复见于今日。但是困难吓不倒久经考验的革命队伍第十军，当时军粮不继，每日仅以两顿稀饭充饥，官兵仍保持着旺盛精神。为了解决饥寒问题，采取了白昼睡觉以疗饥，夜晚出操以御寒的非常办法，其艰苦情况，真非人们所能想象。后经第十军派驻泰安（时日本人尚占据济南和胶济路，山东省政府和山东剿匪总指挥部临时设在泰安）的办事处长史宪章奔走呼吁，和在孙良诚部工作的杨其祥等一些陕西人的协助，孙良诚乃派其剿匪总指挥部军务处长宋锡朋来单县点验，才正式解决了饷项和粮服问题。

不料一波未平，一波又起，外部的困难渡过了，内部却发生了严重的争权夺利问题。前面已经提到，第十军到达山东单县后，奉到军政部改编的命令，孙蔚如等当然要分别通知原先离开部队的各级负责人员来单县共同商讨（陕军那时以朋友义气结合，来去自由，缺乏严格纪律），以示大公，并加强团结，但是，冯钦哉首先暴露了个人的野心，他凭借着自己资格老，派人四处活动，想当改编后的师长，姬汇百也跃跃欲试，想取杨将军而代之。他们对于孙蔚如都想拉拢。冯内定以武勉之为第一旅旅长，柳彦彪为第二旅旅长，孙蔚如为第三旅旅长。姬内定任子扬为第一旅旅长，王玉柱为第二旅旅长，孙蔚如为第三旅旅长。至于孙蔚如本人，论资历比不上冯和姬，但又不愿屈居他们之下，特别是为着保全团体免于分裂，他始终一贯地坚持欢迎杨将军回来主持大计，冯钦哉在南京多方活动，马青苑也为之奔走，但对内威望不足。姬汇百论实力比较雄厚，且有一定的威信和号召力，但因他在出关时中途离军赴北京达一年之久，他的两个得力助手任子扬、王玉柱，也在行军中途潼关、郑州自由行动，或回陕西，或去上海。这时部队前途微露曙光，他们就来争夺位置，一则自己感到理亏，二则别人也不知他们的行为。在此种情况下，经过孙蔚如反复周旋，耐心说服，才决定了以下的编制名单：

暂编第二十一师师长杨虎城。（未回国前由孙蔚如代理）

第一旅旅长冯钦哉。辖三团：第一团团长武勉之、第二团团长柳彦彪、第三团团长于忠林。

第二旅旅长姬汇百。辖三团：第四团团长韩世本、第五团团长张自强、第六团团长党振海。

第三旅旅长孙蔚如。辖三团：第七团团长赵寿山、第八团团长段象武、第九团团长李价人。

师直属部队：特务营营长孙辅丞、手枪队队长王振华。还有炮兵营、机枪连等。

任子扬、王玉柱野心未遂，后来于随军开赴鲁南行抵临城、枣庄时，又相继自由行动。姬汇百亦深感无趣，在杨将军回国到达临沂防地后不久，也终于二次离开军队。所遗旅长一职，由马青苑接充。此外，杨将军回国后，为了取信于中央，曾要来三个陕籍黄埔学生——郭仰汾、严沛霖、刘宗宽，接替了于忠林、张自强、李价人的团长。

第十军改编为暂二十一师，在鲁西整训未久，盘踞胶东诸城的军阀张宗昌旧部顾震，拥兵自卫，抗不听命；鲁南惯匪刘桂堂（外号刘黑七）扰害闾阎，更形猖獗。暂二十一师奉山东剿匪总指挥孙良诚的命令，开往鲁南和胶东剿办。部队于1928年旧历十一月间经由丰县、沛县渡微山湖，再经临城、枣庄向临沂集中。行军序列：第一旅冯钦哉部为先头部队；师部和第三旅孙蔚如部居中；第二旅姬汇百部为后卫。第一日夜师部宿营在丰县境内一个小镇，忽接冯钦哉报告，二、三两团抗命不进。这时姬汇百虽勉强就任旅长，但以私党未获安置，心实不甘，故采取消极态度，并不随军照料。而任子扬、王玉柱，更为愤恨。他们处心积虑，暗中对其二、三两团旧部挑拨离间，希图造成混乱局面，乘机夺取权力。王玉柱竟擅自向柳团提取枪支，俾作自卫，当冯钦哉报告到达师部后，孙蔚如、姬汇百和任子扬、王玉柱等，正在一榻横陈，吞云吐雾，说长道短。听了这一情况后任子扬以得意和尖锐的口吻说："军队是谁的军队？随便儿就编呢！"孙蔚如对他们的暗中捣乱，早有所闻，只因顾念大局和朋友的面子，隐忍未发。此时实在忍无可忍，乃一骨碌坐起来，正色厉声对任反驳："谁的军队，国家的军队。政府要改编国家的军队，谁能挡住，怎么能说是随便呢？军政部对本军改编的命令，是马青苑送来的，哪个不知道。"任等对孙一向认为是忠厚懦弱，此时忽见其发怒，面面相觑，不吱一声。经过短暂沉寂后，孙的辞色转趋和缓，继续对任等分析利害。他说："此去鲁南，不是做官，是祸是福，未可预料。如果仗打胜了，有团体在，大家无论走到什么地方，都可得到掩护。万一失败了，且不说把这些带出关的三秦子弟如何安置，我和钦哉无论走到哪里，给人当司书，都能混一碗饭吃。你们就不然了，岂止吃饭问题，你们老上司王银喜就是榜样。"（王银喜在陕西胡作非为，结怨人民，军队失败后，逃匿北京，被仇家告发，被逮捕枪决。）末了，还对他们在部队开拔出关时，认为前途黯淡，就自由行动，这时看到有了一线希望，又来争权夺利，指出这是一种缺乏义气，不够朋友的表现。一席话说得任等面红耳赤，闭口无言，从此再未兴风作浪，部队顺利地开到了新防地。

七

前边已经提到，孙蔚如是始终坚持欢迎杨将军回国复职，继续领导这一支革命队伍的。但他究竟采取了哪些措施？在太和和苏北期间，他曾先后派遣杨的副官曹润华和请杨的老友王宝珊赴东京谒杨，一面探视，一面报告军中情况，兼申欢迎回国之意。及至部队开到鲁西单县奉令改编，他认为一方面部队有了前途，杨将军回国条件已经成熟，是自己卸下这个重担子的时候了。另一方面，内部发生了冯、姬争夺师长位置，隐伏了危机。认为唯有杨将军回来，才能收拾这种局面，免于分崩离析。于是决定第三次派人迎杨。冯钦哉既怀异志，当然对迎杨缺乏热情。他曾对人扬言："虎城出国，是他自己走的，谁也没逼他。他愿意回来就回来，我们也不拒绝。"这就可以看出冯的态度。姬汇百对迎杨表面虽不反对，但内心里也有矛盾，不回来师长固然落不到他手里，回来了恐怕连旅长也保不住。孙蔚如为着避免别生枝节，暗中商得姚丹峰的同意，派其持孙的亲笔信，密赴东京，面致敦促之意。临行不由军需处支领旅费，由孙的妻子任修身将历年积蓄七百元垫付，以防泄露。姚丹峰途经南京，通过王宗山转托刘定五，引见了冯玉祥，冯亦极表支持，并致书杨将军速驾，交姚带去。姚在南京时遇到马青苑，不慎流露了赴日之意。马即建议说："等一切问题解决了，虎城自然会回来，虎城回来容易，那时写一封信就行了。"盖马此时仍为冯钦哉奔走活动，如果他所说的问题解决了，就意味着冯钦哉野心得逞，当然杨将军只能归田，用不着再敦请了。姚到东京见杨后，具陈始末，杨亦以团体事大，乃决计回国。途经南京、泰安，分别与冯玉祥、孙良诚会晤。于1928年旧历腊月下旬回到临沂防地。久别重逢，悲喜交集，从此结束了崎岖艰险的路程，逐渐步入康庄坦途。

八

孙蔚如在第十军历史上比较后进，但在杨将军出国期间，能与冯钦哉合作无间，除过他诚信素孚、平易近人外，还有一个重要原因，就是他和冯钦哉很早结为异姓兄弟。本来在旧社会的"结拜"，有两种含义：一是气味相投，纯封建的所谓共生死、共甘苦，一是彼此互相利用，官场中的拉拢把戏。据孙蔚如事后对人讲，他们的"结拜"属于官场中的一类，并不是志同道合，但不论怎样，这种关系确实起了良好的作用。冯自居老大哥，对孙甘于退让，孙亦自恃小弟，对冯也敢于争执。因此，冯虽名为对外代理军长，事实上孙则独当重任，而冯对之竟毫无猜忌。

应当承认，孙蔚如在杨将军出国期间，对于保全第十军这个革命团体，在对内对外斗争中，确实绞尽了脑汁，紧接着在胶东剿匪战役中，又立了战功。论劳绩当然首屈一指。但同时也滋长了自满情绪。记得当胶东战事结束后，他一再要请假到国内各大都会游览，兼治自己的胃病。杨将军初未允许，他就表示很不高兴，并当面对杨说："你可以到外国休息游历，我就应该病死在这里吗？"最后杨将军终于允许他经由莒县去青岛就医，但派王子义跟随照料，杨并一再告诫王子义说："你的任务是监视蔚如在青岛养病，不能让他离开青岛上别的地方去，否则你要负责，并将受到处分。"这只能说明杨将军对孙的倚畀之深，不可能有其他解释。孙虽一时任性，也不会有其他念头。

最后应该交代一下马青苑这个反复无常、胆大妄为的危险人物。马原是第十军的参谋长。杨将军未离开太和时，就极端厌恶其言大浮夸，华而不实。但仍碍于朋友面子，不好解除其职务，采取了"送客"的体面方式，给了些路费，嘱其到外边走动走动，替咱们跑跑。并未交代具体任务，亦未向任何方面写信介绍。这在当时官场中不乏其例，马当然会意。

但他到南京后，施其招摇撞骗手法，不知以什么名义，军政部竟将改编第十军的命令，交他转送山东单县防地。他也许想借此复职，但孙蔚如对之仍不理睬，最后只得怏怏而去，仍回南京。不料杨将军回国途经南京时，却被他编造了什么鬼话，杨竟认为他是一个人才，又带回临沂，并逐渐提拔为旅长。记得暂二十一师在诸城打完顾震回到沂水县时，一日杨将军在孙蔚如家里吃饭，座中有姚丹峰、王子义、黄展云和张骏京等。在酒酣耳热之后，姚丹峰对着杨将军说："你一个冯钦哉就够受了，还要弄来一个马青苑，如果马将来不叛变你，你给我脸上唾。"杨将军赶快截住并连说："丹家子醉了。"（杨对姚惯以"丹家子"相称）果然在1932年马青苑驻防甘肃天水时，被蒋介石收买，公开叛变了杨将军，而在马失败后逃经冯钦哉防地潼关时，冯竟以礼相送。冯亦于1936年"双十二"事变后叛杨投蒋。姚丹峰可谓不幸而言中，杨将军亦可谓当局者迷。

（1964年12月）

回忆杨虎城将军在日本

王惟之

　　日本的樱花，是举世闻名的。光日本首都东京，就有好多处地方大片大片地种植着各种颜色不同的樱花树。

　　1928年春，东京的樱花依旧怒放，欣赏樱花的日本人虽然照例狂欢，但是，中国留学生并没有被这五颜六色、万紫千红的樱花和迷人的春色所吸引住。他们怀着沉重的心情，对日本军国主义者出兵山东，阻止北伐军北进的行径极为愤慨。

　　"中华留日学生社会科学研究会"，是中国留学生在东京的一个进步组织。其中成员，半数以上是共产党员。在该会组织和推动下，1300多名在东京的中国留学生，推出代表，分别到各省同乡会或同学会，开展了反对日本军国主义出兵山东的活动。

　　反日高潮掀起后，中华留日学生社会科学研究会及时地领导了这一运动，并组成五人主席团，以"中华留日学生总会"的名义（在日本各主要县、市均有分会）发出通知，定时（时日失记）在东京神田区中华留日基督教青年会大礼堂，召开中国留学生反对日本军国主义者派遣福田大将出兵山东阻止北伐的大会。

这一天，到会的人特别多，除留学生外，还有不少居留在东京的华侨，带着子女，参加了大会。真是人山人海，坐无隙地。盛况是空前的。

大会未开始前，神田区警察署就派出了许多武装警察，持枪站立在青年会的四周，穿便衣的刑警（亦称特高警察），夹杂在留学生和华侨中走来走去，注视着每一个到会人的动态。这次大会，就在这许多武装警察和穿着便衣的刑事警察严密包围和监视之下，于当日上午10时，正式宣布开会了。大会始终在严肃和紧张的气氛中，热烈地进行着。

我忝列为主席团五人之一。当我正致开会词时，适杨虎城将军偕同夫人谢葆真和秘书米暂沉，由上海到了东京，趋车至神田区中华留日基督教青年会。他们不顾旅途疲劳，甫卸行装，即参加了大会。杨虎城将军听我讲话是陕西口音，着米暂沉去找我。我和米暂沉，是1921年在西安认识的。那次是为了响应各省学生反对美国哈定总统召开的阴谋瓜分中国的"太平洋会议"。他是陕西省立一中代表，我是二中代表，我们经常出席陕西各校学生联合会，以故相识。现已有七八年没见面了，今忽在此相见，彼此都感到高兴。

我从他口中得知他们是刚到这里的，还没找到住处。同时，也知道杨虎城将军这次化名呼尘，为的是避免日本军国主义者对他的注意。

经米暂沉介绍，我和杨虎城将军第一次见了面。他握住我的手说："你们今天的会，开得好，开得及时而热烈。日本警察虽严密包围着会场，监视着你们，但没能够阻挡住大会的进行，你们这种斗争精神，是符合全国同胞对你们的期望的；同时，也打破了我多年来认为中国留日学生，多半都是'亲日派'的糊涂想法。"说罢，哈哈大笑。

初次见面，他就给我说了这么一段话，简直使我无法回答。当时，他给我的印象是：对人热诚、直爽、坦率。

接着他说："初到这里，人地生疏，住的问题，还没解决。"我即去找青年会总干事马伯援。他说，宿舍现无空余房间，让他们暂住在二楼会客室，然后再想办法。他们搬进会客室后，我就告辞开会去了。

我刚回到主席团休息室时，即被预伏在那里的两名刑事警察由侧门架走。站在侧门外的两名武装警察，监视着主席团的人员，不准出外窥视。

当我被架到神田区警察署门前时，青年会干事何庭流（陕西乾县人，东京帝大研究生）迎面走来，我向他瞟了一眼。他回到青年会即时告知了大会主席团。主席团把这个消息向大会宣布后，群情激愤，纷纷要求主席团以大会名义，向神田区警察署提出质问。杨虎城将军马上去找青年会干事和大会主席团人员，一再请其从速设法。

我被架进警察署后，被关在一间单人房间里。里面昏暗而潮湿。除铺有六尺长、三尺宽的榻榻米外，其他一无所有。

我被关进后，曾经过两次讯问，四次谈话，由于我坚持正义，据理争辩，他们对我也提不出任何罪证，终于在不到24小时的拘留限期内，由青年会和留学生总会具名，保释出来了。

我们回到青年会时，杨虎城将军一见我，就亲切地握住我的手，一再安慰我和鼓励我，并对我说："一个人要能经得起考验。能经得起考验的人，就能得到胜利。你这次算是胜利归来了。以后遇到这种事，要以更坚强的态度，来对付这些无理取闹的刑警。"

他接着说："弱国无外交，爱国也被拘，日本军国主义者，欺压中国人太甚了！"言谈间流露出对日本军国主义者无限的愤慨。他问我被拘留后的情况时，我如实地告诉了他。

他对青年学生的那种热情和诚恳的态度，给我的印象很深。

我是住在东京市郊目黑区奥泽村大井幸一家，距大岗山和池袋都很近。大岗山是一个小商业区；池袋紧靠大岗山，树木成林，湖水荡漾，又是一个风景区。这一带住的中国留学生，不下五十人，光陕西学生，就有六七人。

连接市内的高架电车，由目黑到多摩川公园，来往都要经过大岗山和奥泽村车站，交通极为便利。要到市内去，在目黑下车，换乘环绕市区的高架电车，或乘平地有轨电车、公共汽车、"一元均一"的私营商车，要到哪里去，都很方便。因此，我就邀请他们搬到我那里暂住。但杨虎城将军谦虚地说："一动不如一静，等你给我们把房子找好后，搬一次就行了。"

接着他说："最好，能在你住的附近，给我们找一所租金低廉的日本式木板房子，只要有一楼一底，就可以了。西式洋房，绝对不要！"我听后也想：大名鼎鼎的杨虎城，不带万儿八千，绝不会来日本做寓公的。他为什么不住西式洋房，而要住租金低廉的日本式木板房子呢？

可是，我和他才是第二次见面，不了解他的实际情况，不好当面问他，只得照着他的意图去办事。

不久，即在距离我的住处不到一公里的大岗山，一个风景优美的地区，给他找了一座新盖起来的一楼一底的单间日本式木板房子。每月租金，不到日币二十元，而且是一个独院（按：当时中国硬币一元，计折合日金一元四角三分）。他看后，感到满意。随即搬出青年会，迁进了新居。

杨虎城将军定居大岗山后，初因语言不通，购买日用品，感到困难。经交涉，由出售食粮、蔬菜和柴炭的商店，按时将所需要的东西，给他们送上门去，半个月结账一次，双方均称便利。以后，他们学会了一些日常应用的简单日语，能够上街自买东西，才取消了这种办法。

报纸是杨将军日常生活不可缺少的。他每天阅读报纸，要占去几个钟头的时间。由于日文中夹杂有汉字，即使不懂日文的人，只要看到其中的汉字，也可了解一部分大意。因此，他在定居后，就订了东京《朝日新闻》和大阪《每日新闻》。每早报纸送来后，先由秘书米暂沉就报纸中汉字大意，给以概括的解释。晚上，同乡来访时，再请他们将原文摘要读给他听，并就要闻给他加以说明。有时，还和来访者展开讨论，直至将问题完全搞明白为止。

同时，他还订有国内报纸，如上海《新闻报》《申报》，天津《大公报》等，邮到即读。对于国内和日本的情形，处处留心，从来没有放松和忽视过。

他常这样说："我们都是中国人，今虽身处海外，对于国内各方面的变化，不能漠不关心，至于日本呢，那更应该注意了，因为它是我国最大的敌人，时时想侵吞中国，把她攫为己有。我是一个革命军人，日本军国主义者这样欺侮我们，把兵开到山东，阻止北伐，中国留日学生都起而反对，我能对此无动于衷吗？"

"我既来到日本，必须要随时随地了解日本的情况。阅读日文报纸，只是借以了解日本的一个方面，另一方面，还需要深入到各方面，去作实际的考察。例如：你们常说的德田球一所领导的日本共产党，安部几雄所领导的社会民主党，大山郁夫所领导的劳动农民党，以及日本总评议会等等，究竟他们在日本国内，能起多大的作用，这也是我必须要了解的一个方面。"

"此外，中国留日学生，都有哪些进步的组织，其中成员，哪一省的人多？对于这些进步的青年学生，我想今后多和他们接触，听取他们对国事的主张，并和他们交换一些意见，以丰富我的知识。"

"总之，我这次来到日本，想利用一切机会，多知道日本的一些情形和中国留日学生的动态，作为我回国后的必要参考……"

他有一次这样发问："听说你们留日学生中，思想分歧，派别不一，有什么国家主义派，即'醒狮'派，拥护'五色国旗'，有'第三党'，有'西山会议派'和南京的蒋介石派，拥护青天白日旗。因政见分歧，主张不一，经常相互斗争，打架闹事，是真的吗？"还听说："中国共产党员，在日本的也不少，他们有没有公开组织和活动？陕西留学生中都有哪些组织，参加的是谁？希望告诉我，给我以参考……"

他就是这样地关心留学生的动态，只要是进步的青年学生，他多方与之接近，虚心听取他们的意见。有几位和他交谈过的学生，如章严和童长荣等，常常说："杨先生对人诚恳、热情，又很客气，使人容易和他接近，畅所欲言……"对杨虎城先生流露出敬佩之意。

杨将军的求知欲很强。常说："我是个军人，带兵多年，过的是纯粹部队生活。不是练兵，就是打仗，读书和习字的时间很少。我这次来到日本，有充分的时间，可以用来学习文化。我要尽最大的努力，加强自己的学习，多读书勤写字，在知识方面，给自己多增添一些本钱，以适应自己的需要……"

杨虎城将军每天清早起床后，即到附近的洗足池边散步和做柔软体操，长时间中，未尝间断。散步归来后，阅读报纸，打扫卫生，并帮助做饭。饭后，略事休息，即临帖习字，由于他勤学苦练，进步很快。入夜，亦常在天朗气清或月明如昼时，约来访友人或陕籍留学生相友好者二三人，去池袋乘小划子遨游湖中，有时划至湖心深处，谈心论政。

他平均每天要写一封信，寄给国内友人于右任、蒙浚生等和他的原部队第十军中高级僚属孙蔚如、冯钦哉、马青苑等，报告他在日本的生活和学习情况，以及他对国内外一些时事的看法。

对于来信，多系他亲笔作复，假手于秘书米暂沉者很少，从不让他的夫人谢葆真代笔。他所写之信，我曾看见过多封，字体虽大，但笔劲有力，而且言简意赅，无繁冗之句，其中还夹杂有不少的成语。我问他："你在信中，所使用的这些词语和成语，都从哪里学来的？怎么运用得这样恰当？"他说："关于这一点，是要归功于我在部队时的书记官和秘书们了。他们将公文函电送阅时，或者将拟稿念给我听时，陆陆续续记下来的。日子长了，无形中就记得多了。因而在写信时，不自觉地就把它们应用上了。"我说："至于词语，是人们日常应用的东西，不必说了；唯有成语，人们不大常用，如果能将其含义弄清，偶一用之，也有好处。例如在谈话、作文，或者在写信时，能够恰当地运用一些成语，它可以简洁明了而生动有力地说明问题，使人容易了解问题的实质，多记成语，好处不少。"他很以我的话为然，并说："今后将要更多地记些成语。"

他常写信给他部队中一些行伍出身的军官，如姬汇百、党澄清、张自强等，勉励他们多和新的事物接触，逐渐改变自己的旧意识、旧作风、旧习惯，以适应新的环境。

他还常写信给第十军官兵，多方鼓励他们要好好聆听政治处人员的政治讲课和时事报告，并教导他们少下操场，多打野外，在艰苦中练好杀敌本领，随时随地准备打垮北洋军阀，扫清北伐障碍，驱逐日寇，挽救祖国危亡。

曾记得他写给于右任的一封信中，有这样几句话："日本人欺侮我们太甚了，出兵山东，阻止北伐，还杀害了我国外交官蔡公时，造成新的'五卅惨案'，此仇不报，誓不为人！我要以毕生的精力，把兵练好，和日本军国主义者拼个你死我活，将日本在华的势力扫除尽净，竖军旗于长白山之巅，饮战马于日本海之滨……"等等。由此可以看出，他在那时就抱着坚强的抗日决心和誓雪国耻的雄心壮志。

他的每一封信，寄到前方部队后，对第十军的全体官兵，都起了极大的鼓舞作用，增加了无穷的战斗力量。

国民革命军第二集团军第十军的前身，是原国民第三军孙岳部的第三师。第三师的前身，原是陕西靖国军于右任部的第三路第一支队。这一部队，在十多年来的历程中，虽经过几次改变番号，但是，领导这一支部队的，始终是杨虎城将军。因而全体官兵对杨虎城将军抱有深厚的情感和崇高的信仰。如今，他突然离开部队，东渡日本，大家都感到有些惶惑不安，殷切地盼望他早日归来，统率全军，参加北伐。在这种情况之下，第十军军部先后派曹润华、王宝珊、姚丹峰等来到东京劝杨回国，终以时机尚不成熟，不能归国，直至1928年冬，经部队不断呼吁及冯玉祥函电敦劝，始回国到达山东军次。

我所知道的杨虎城

WOSUOZHIDAODEYANGHUCHENG

与杨虎城共同反蒋的片断回忆

连瑞琦

一

1929年1月间，我与杨宇霆反蒋失败后逃到日本东京，住在久世山好屋。过了几天，忽然杨虎城来找我，他首先问我跑到哪里去了？说他自去冬就来找过我。我把在东北的经过告诉了他，他接着说："我也是被逼逃出来的，想请你陪我去苏联找斯大林，和他谈谈中国革命的问题。"我就向他建议："（1）不能去苏联，要回国去抓队伍，尽一切力量在西北建立武装革命根据地。（2）不能脱离共产党。（3）武汉革命政府的纲领和孙中山先生联俄、联共、扶助农工的三大政策，在中国现阶段还是通用的，请你考虑。"杨说："这要从长好好地研究。"以后我同杨虎城，请胡佩芬（我的爱人）给我们做翻译，去日光、箱根等处，以观风景为名，实则是研究杨回国的问题。我对杨说："革命军人一定要抓枪杆。你中文不通，俄文不懂，到苏联去研究马列主义理论是不适宜的。你去苏联一趟，戴上一顶红帽子，回来后，军队里不能再进去，这是我不同意你去苏联的理由。"我向杨建议："你回国把军队抓到手里，设法到西北建立革命根据地，练10万革命军，同共产党联合起来，推翻蒋介石的反革命政权。万一失败，可以退到苏联。这样进可以攻，退可以守。"杨听到我这一段话，很对他的胃口。但他提出些具体问题："回部队后，新旧两派矛盾如何解决？杀新派还是杀旧派？"我说："都不要杀，旧派为了升官发财，筹些钱送他们去京、津、沪、杭等大城市玩，腾出空位置来吸收新派补充（吸收对象，为武汉政府撤退下来的不公开的共产党员及国民党左派）。这样，新派是乐于接受的，旧派亦不见得反对。"杨同意我的建议。但是提出万一共产党还要暴动，如何办？我说："说服。说不服，给路费送到安全地，绝对不能杀害。"杨又提出要脱离冯玉祥（这时杨是第二集团军第十路总指挥兼第十军军长）。我问脱离冯以后，那部队归谁呢？杨主张归蒋，直属南京中央。我说："这不是投降蒋介石反革命派吗？我不同意。"杨说："凡是新旧军阀都是反革命；蒋反，冯也反，脱离这个反革命，归降那个反革命，都是一样的。归蒋后，可以利用其地位，壮大自己的力量，到西北的机会多些。"杨又说："我们打入反革命阵营，就是打进敌人的心脏，使其不疑而又得到敌人的信任，回到西北建立根据地不是更容易吗？"我最后同意暂归蒋介石。这时杨劝我与他一同回去干。我开始不同意，因为我在武汉政府干过，不能公开活动。杨劝我到南京做一次官，过个渡，然后再到他的部队干。他给我写了三封信，分别给于右任、张继与邹鲁，因为他们都是国民党元老，可以庇护我。我同意杨的建议，与他回国干革命，其目的是想利用杨进入西北，建立革命根据地。杨又说："目前要在国民党旗帜下掩护其工作，要以国民党的面貌做共产党的工作，这就叫作地下工作。"杨称这办法为曲线革命，万一暴露了，设法避到安全地。我问杨："要到什么时候共产党才能公开活动？"杨说："部队到了西北，根据地巩固了，并且能够独立，这时就能公开。我们是无条件接受共产党的领导。"当时我同意杨的意见，根据以上谈话的结果，决定以下计划，我们称它为"箱根计划"。因为这个计划，是杨和我在箱根车站候车室拟定的。

箱根计划具体是：（1）杨虎城决定回到部队，并约我一同回国去活动。（2）部队脱离冯玉祥，直属南京中央，归蒋介石直接指挥，以图扩充发展。（3）尽一切力量，使部队到西北，建立革命根据地。（4）部队干部，尽量吸收武汉政府退下来的青年干部，主要是未公开的共产党员与国民党左派。（5）利用反动派内部矛盾，扩展革命势力，同时联络友军，互相帮助。（6）部队中的共产党活动，一律采取秘密方式，万一暴露，设法送往安全地带。以上六项意见，作为我们回国后的计划和行动目标。这时杨虎城部队派代表姚丹峰（杨部旅长）等来东京，请杨回国。杨就乘此机会回到部队，仍任第十路总指挥兼第十军军长。我也由东京回到杭州。

二

1929年夏，我在杭州接到杨虎城来信，约我去山东莒县一谈。这时杨的部队已缩编为新编十四师，杨任师长。当时正是蒋介石和冯玉祥酝酿中原大战初期，冯玉祥已令山东省主席孙良诚将部队向西撤，目的是对付蒋介石，想用欲擒先纵的战术。杨虎城乘此机会，不服从冯的命令，未跟孙良诚部队西撤，仍驻在山东莒县、诸城一带原防未动。杨同我见面时，他首先说："已同冯玉祥决裂了！没有服从他命令西撤，估计他现在还不敢来打，但是我们要赶快同南京中央接头。你不是认识很多在蒋左右的人吗？请你来就是为了咱们部队要很快地同蒋接上头。咱们既脱离冯，又没有同蒋接上头，就成了野的。"我说："这不是要我帮助你投降蒋介石吗？"杨说："这是咱们在东京计划中的一条，你忘记了吗？"杨留我住了几天，把他打刘黑七、顾震等向我谈了一番，还说他部队中吸收了一些由武汉政府退下来的干部。

杨虎城派我为新编十四师上校参议，亲自把委任状送给我，并拿500元现洋给我做去南京的路费。他再三关照我说："要设法使部队直属南京中央，归蒋介石第一集团军。"

我从山东到南京，首先去见我的岳父胡大猷〔他是蒋介石的老师，蒋在日本留学时，他代理留日学生监督。以后担任浙江第一师（师长陈仪）第七团团长。这时陈仪任南京政府军政部次长代部长，胡任军政部总务厅长〕。我把杨虎城决定脱离冯玉祥，愿归蒋介石的经过告诉他，并和他商量。他说："冯玉祥突然把河南、山东一带的部队撤退，蒋介石知道冯玉祥是在想法对付他，但又摸不着底细。今得杨虎城离冯来归，必定喜出望外，一定同意。"第二天胡就同陈仪、林蔚、方策（胡的团附）等浙江系军人研究，这些人都是蒋介石的重要幕僚。他们把杨的要求向蒋介石报告，蒋表示很欢迎。因为蒋介石准备打冯玉祥，所以对杨的要求只好答应。以后杨由第二集团军新编十四师，改属于第一集团军。自调驻河南南阳府后，提升为第七军军长。

我为参加杨虎城部队工作起见，通过胡的关系，由军政部派我为陆军卫生材料厂厂长。这时蒋介石用升官与金钱来引诱分化冯玉祥的部队，如拉拢鹿钟麟为军政部长。鹿一上任，就将我免职。我本来为了公开参加杨部队，所以做这个过渡的材料厂厂长，卸任以后，就去南阳府参加杨部队工作。杨虎城先派我为第七军交际处长，后又兼军医处长。

1930年4月到11月，蒋介石同冯玉祥、阎锡山展开大规模的中原大战，各方面军事集团代表，都来南阳府同杨虎城联络，如蒋介石的代表何成浚、阎锡山的代表弓富魁、冯玉祥的代表南汉宸。当时我担任交际处长，各方来的代表，都由交际处负责招待。那时杨交给我的任务是，凡由各方面派来的代表，先同我接谈。杨说："你画格格，我填空。"意思是由我把问题谈妥，他最后请客送行，在吃饭时只说照连处长所谈的办。其中最感难以应付的，就是冯玉祥的代表南汉宸，他是杨的老部下（北伐时做杨的政治部科长），又是一个地下共产党员，他代表冯玉祥要求杨反蒋。冯允反蒋后杨做陕西省主席，阎允杨做河南省主席，蒋介石也允杨做陕西省主席兼西安绥靖主任，把西北军政大权都交给杨。蒋的条件，与杨的回西北计划是符合的，因此杨拒绝了冯、阎的要求。

这时蒋介石提升杨虎城为十七路军总指挥兼第七军军长，在河南驻扎的萧之楚、刘茂恩等都归杨节制。杨已下令由南阳府出发进攻冯玉祥。但杨对于这次大战仍很慎重。他同我商量，派我去南京、上海等地再了解一下各方军事情况，把蒋介石和反蒋军事力量，作一番详细的调查；待"底子"摸清楚后，再作最后的决定。我首先到南京，以十七路军军医处长名义，向军政部军医司要求拨给后方伤兵医院一所（以后改为军政部驻陕十八陆军医院，我担任院长），军政部很快批准，并拨发医院开办费1万元。这证明蒋介石对杨的重视。

阎锡山一方面联冯倒蒋，一方面又秘密与蒋介石联络；阎把冯骗到山西，扣留在建安村，目的是为了讨好蒋介石，冯玉祥觉察阎的两面手法，密令他的高级将领先打阎锡山。因之阎由北平赶回山西，与冯言和，共同反蒋，并送冯玉祥金钱和武器，百般讨好冯玉祥，但是心口仍不一致。同时蒋介石还引诱韩复榘、石友三等倒冯。

冯玉祥当时是孤军作战，反蒋的力量是分散的。

我到上海碰见柏文蔚、常恒芳和冯、阎方面的代表，他们都要求杨虎城反蒋。他们知道我一贯反蒋，因而把冯、阎的内幕情况告诉了我，还希望杨虎城做冯、阎的调解人。因为冯和阎是貌合神离，阎实际上是按兵不动，对冯有戒心。而冯的内心，也是先打蒋，后打阎。冯、阎间的矛盾，无法解决，这种情况，一定要失败。

当时唐生智反蒋虽然失败了，但他还是反对冯玉祥。至于桂系李宗仁、白崇禧和张发奎等，都不愿与冯玉祥合作。

我由南京到河南漯河，十七路军总指挥部已进到临汝镇，这时漯河到临汝镇的交通已断绝，我赶到临汝镇，向杨汇报各方面军事情况。杨说：你回来乘飞机，就知道消息很好，这一次我们的生意做成功了。冯玉祥是个单干户，而且树敌过多，他一定是失败。我们一定能够回到西北，革命军事基地的建立，是没有问题的。

杨虎城摸清楚各方面军事情况后，决定帮助蒋介石打冯玉祥，即下令由临汝镇出发进攻龙门、洛阳、渔关直达西安。这时杨的兵力共有三个旅和两个特务团，别动队配合作战，而河南民团和农民，都协助杨部作战。

因杨的政治工作干部，大多数是大革命时期武汉政治部和农民运动的干部，他们在河南参加领导过农民运动，所以杨部进军，沿途得到地下党和群众的协助。

杨在9月17日攻克天险龙门，冯军全部向洛阳溃退。10月19日，杨部又占领洛阳西宫。龙门是河南天险，洛阳又是中国历史上的军事重镇，这两处的战事，双方伤亡均重，杨部伤亡在千名以上，而对方伤亡有2000多人。洛阳是冯玉祥在后方的军事基地，设有两个伤兵医院，当时收容着2000多名伤兵，未及撤退，都被杨部俘虏，同时缴获冯部的武器辎重亦甚多。杨高兴地对我说："这比在驻马店缴获唐生智的武器还要多。"

杨部打下洛阳后，蒋介石几次来电嘉奖，并发给杨部士兵"双十节"赏洋每人五元。我向杨建议："要优待俘虏的伤兵，对于医务人员，一律编入十七路军，医院改为十七路军后方医院。所有伤病员兵，一律按照十七路军员兵待遇，就是双十节每人节赏费五元，亦同样发给。"杨皆同意。但参谋长王一山和军需处长等不赞成。他们说："敌人的伤兵，为什么还要发节赏费？"杨叫王参谋长同我商量。我对王说："冯玉祥就是在政治方面太糊涂，但他训练的士兵，是能作战的，而且纪律也很好。我们要设法利用，就是要以冯的下级干部和士兵补充十七路军，这比自己训练起来要快得多。优待俘虏，就是为了吸收敌人方面的力量补充自己。就以这两个医院的医务人员来说，把他们收编到十七路军，待遇同十七路军医务人员一样，使他们可以安心为咱们工作。至于俘虏的伤兵，待伤愈归队，亦成了咱们的兵，并且对其他投降过来的官兵，起着良好的作用，尤其对接收冯在西北的全部机关人员，亦起着安定人心的作用。"杨虎城完全同意我的意见，并说："优待俘虏这个原则，是瓦解敌人的一个最好的方法。"

杨到洛阳，即下令继续西进，10月10日攻克天险函谷关，26日占领潼关。杨到灵宝同我商议接收西安计划，我建议先以原机关负责人接收原机关。杨同意，并派我跟第二旅攻克西安时，主持接收并筹备欢迎杨进西安等事宜。

杨虎城于11月15日在西安就陕西省主席兼西安绥靖主任①及省国民党党部主任委员。中原大战后，冯玉祥败退到山西，杨虎城回西北的目的达到了。

三

杨虎城到西北后，就开始实行在日本时所订的反蒋计划，积极建立革命军事基地，组织力量，准备打倒以蒋介石为首的国民党政府。杨到西北没有几天，就对我说："咱们在南阳府时，只有二三个县的地盘，现在扩大到一省。将来整理西北，干部实在太少了，你赶快把武汉政府时期的干部叫回来。"我问要多少？他说："韩信将兵，多多益善。"我问："干部的标准如何？"他说："照咱们在东京所订的计划办。第一，不反共。第二，要反蒋。第三，要不公开的共产党员，因为公开的蒋介石不同意，咱们的秘密被揭露，这一台戏就不能唱了。至于脱离了共产党的人，只要没有受过处分的都要，但是托派分子和出卖共产党的叛徒而投降蒋介石的不要。第四，要国民党左派，不要蒋介石的嫡系。第五，技术人员也要有相当的政治水平、反蒋不反共的。至于大革命时期武汉政府的政治纲领，目前还是正确的。"当时陕西省政府的人事安排，就是根据这些原则。如省政府秘书长南汉宸（地下共产党员）、财政厅厅长李子刚（原来是任应岐的代表，参加过共产党，以后脱离）和建设厅厅长李宜之（陕西人，德国留学生，水利专家）、教育厅厅长李范一（湖北人，留美学生，蒋介石硬塞进来的）。杨要我负责联络李宜之和李范一。杨说："你们都是留学生，都是技术人员，你要尽一切力量去拉拢他们。"陕西省机器局（冯玉祥留下的兵工厂）局长由我以十七路军军医处长兼任，杨说："建设厅同机器局有密切关系，机器局要在物质方面满足建设厅的要求。"

---

① 台湾《民国大事日志》记载：1932年1月2日"国民政府令：特派杨虎城为西安绥靖公署主任"。

我所知道的杨虎城

　　蒋介石因为杨替他打败了冯玉祥有功，特派何应钦为代表到西安慰问杨虎城，当时杨指定我负责招待。何对杨说："蒋总司令希望杨在西北整理五年，就是在这五年之内，不至有什么变动。过去冯玉祥在西北的军事、政治、经济、文化等设施，一律由杨负责接受整理，中央不另派人，所有冯玉祥留在西安的物资，也由杨接管处理，中央决不插手干涉。"杨虎城听了这番鼓励他的话很高兴。他对我说："这与咱们的计划相吻合。但是蒋介石一贯说的是一套，做的又是一套，好话说完，坏事做尽，对于这种人，要随时提高警惕。"当时何应钦要参观陕西省机器局，有人不赞成何去参观。杨说："5000多人的一个机器厂，就是不让何去看，他也会知道的。"杨叫我陪何去参观。何看了以后说："每月十几万元开支的军需工业，应当由中央接管办理。"我说："生产军火，是过渡性质的。陕西省政府已将它改为机器局，预备制造农具，因为陕西省的农具万分缺乏。将来作为营业性企业，非但不要公家开支，还可补助省政府的经费。"何说："这样做是很好的。"这时何在西安召见陕西民军总司令甄士仁（寿山），拟为他编几个师，直属中央，目的是想与杨对抗。这就是蒋介石的代表何应钦的言行不一致，当然也就是蒋介石的言行不一致了。

　　杨虎城得悉何应钦与甄士仁见面时的情况后，甚为愤怒，当晚就将甄士仁枪毙，第二天天未亮，就约我去临潼华清池洗澡。杨首先问我："枪毙甄士仁你同意吗？"我说："已经枪毙了，我同意不同意有什么用呢？只要共产党同意就行了。"杨说："不但共产党同意，就是蒋介石亦不得不同意。"杨又高兴地说："砍倒大树有柴烧。"这句话的意思是：打垮了冯玉祥回到西北，枪毙甄士仁统一陕西，还可收编甄部一万多人。杨又对我说："善后之事，要请你出马料理，就是去西路收编甄的部下。"因为甄过去也是靖国军的一个支队司令，与杨同过事，甄的部下多半是郭坚部下，杨与郭是江湖上的对头。杨又说："你经常在外边跑，甄部与你不但没有疙瘩，而且还有好感，他们不是也帮助过你的学费吗？所以你去最适当，万一事情有变化，他们也不会杀你的。"我说："杀也不怕，为了实现反蒋计划，牺牲了也光荣。"杨说："我估计不会失败，一定成功。"杨又具体地告诉我："甄部有一万多支枪，可以编一个师，师长由李云奚担任；下编三个旅，旅长由甄部原来的人担任，团长多少，由旅长自行决定。"于是我代表杨虎城去岐山、凤翔一带收编甄部。首先安慰甄部高级官员，说明枪毙甄寿山，是奉南京中央的命令，与其他的人无关。其次是向全体官兵讲话："我们陕西军人要团结起来，克服三年的严重灾害。杨主席此次回应的主要任务，首先是救灾，为穷人报仇。"甄部都是陕西人，军官中走江湖的相当多；士兵大部分都是穷苦农民的子弟，听了这番话很感动，尤其是为穷人报仇一句话，说到他们的心里。因此，很顺利地按照杨主席的意见，改编成为一个师、三个旅，旅长是碧梅宣等，团长、营长由旅长提名，师长决定。并派包围桥等为全权代表，随我来西安，欢迎李云奚做他们的师长。这样杨虎城的武装力量，又增加了一万多。

原属十七路军第七军的三个旅，都升为师，除了四个师之外，还有警备旅、补充旅、特务团、宪兵营等，共计约有五万多支枪。这时杨对我说："咱们的军事计划，已完成一半了。"

蒋介石对杨虎城很不放心，又派于右任以查灾名义回来之便，想了解杨到西北的动向。杨已料知于的来意，故拒绝于进西安城，把他接到距西安50里的华清池，指定我负责招待。杨对我说："于胡子是老奸巨猾，此次查灾回来，主要是为蒋介石做说客；我们要当心，千万不要露出马脚来。"杨接着说："于右任曾经谈起过，大革命失败以后，反蒋的势力都失败了。先是桂系李宗仁、白崇禧反蒋，失败了，其次是张发奎反蒋，失败了，第三次是唐生智反蒋，失败了，最后一次是阎锡山、冯玉祥反蒋，亦都失败了。于还说，今后国内没有一个力量能把蒋介石反下去。蒋既有英、美、日等帝国主义和江浙财阀的支持，又有中央地位，谁都不能把蒋政权推翻；就是共产党要想推翻蒋政权，那亦是很遥远的。于劝我在西北巩固势力，做个西北王，支持他在中央做个有权有势的大官，巩固蒋介石王朝。这次于的回来，就是担任着这样说服的任务。"杨又说："若在西安接待于，势必要开群众欢迎会，他在会场上替蒋介石讲话，对咱们的计划是不利的。因为咱们干部中的思想相当复杂，有些人还正在动摇状态中，被于一鼓动，就要混乱。倘若他骂共产党，拥护蒋介石，咱们的干部亦接受不了。所以把于安排在临潼华清池，不让他与群众接触，这是对咱们有利。"杨又说："你去同于谈谈，就会了解他的来意了。"

我去临潼华清池招待于右任，向他提出在西北修建铁路通至苏联的问题。于说："计划是很好，但是蒋先生不会同意的，因为他正在反共、反苏，怎能同意从西北修一条铁路通往苏联。这肯定是办不通。"于还说："中央已怀疑虎城与共产党有关系。"我问于："你看有关系吗？"他笑着说："那你知道的比我多些。"我说："我知道没有什么关系。于先生相信我与共产党有关系吗？"他说："你不是共产党员，但为什么又不参加国民党？"我回答说："我不是在北伐战争前在德国就参加了国民党吗？"他说："那是国共合作时期参加的，不能算数，要在清党以后参加的。"当时于右任要求我参加国民党，以后还叫杨虎城来劝我参加，并由他们两人作介绍，表格上已签好于右任、杨虎城两名字，要我填表，但我拒绝了。杨请我陪于到各处看看，最主要的是不让于接近群众和干部。最后杨送了于右任10万元，使于回南京向蒋介石汇报，杨在西北是按照中央指示办事的。

四

陕西机器局是由冯玉祥遗留下来的六个兵工厂改组而成的。因为杨虎城计划利用制造农具的名义，可以使兵工厂归陕西省自办，不受南京中央的节制，故改名为陕西省机器局。就是在冯玉祥占领的时候，亦怕蒋介石知道他办兵工厂，对他不利，亦不公开叫作兵工厂。如第一个叫南机器厂，第二个叫北机器厂，第三个叫吉鸿昌修械所（以上三个厂在西安），第四个叫华阴庙机器厂，第五个叫华山制药厂（生产炸药和弹药），第六个叫潼关机器厂。这六个厂共有5000多工人，其中半数以上是大革命时代汉阳兵工厂的工人。这些工人因武汉政府被国民党反革命政权统治后，大量屠杀工农干部，所以逃难到西安来，被冯玉祥录用。制造武器的品种是捷克式机关枪、步枪、迫击炮和炮弹等。当时中国新军阀混战，每个军事集团都有帝国主义支持，供给武器。因为冯玉祥盘踞在西北，没有海口，除没收民间枪支（如河南红枪会和民团，陕西土匪等），及苏联帮助武器外，主要是靠自己制造。同时武器进口价钱比较贵，运输又太招摇，常常被其他军阀抢去。至于购买钢材自造，既比较便宜，又比较保险。但钢材亦都购自国外，实际上也是帝国主义用经济侵略殖民地的物资。

杨虎城部队一进西安，杨就派我代表他去机器局慰问工人，要他们安心工作，并表扬工人保厂有功。过了几天，省府秘书长南汉宸以电话通知我，杨主席派你担任陕西机器局长，任命状已发出。以后杨虎城又到我家来说："机器局工人联名要求你去做局长，好领导他们。因为你给工人们讲的话，还有武汉政府时代的精神，同时在机器局内的工人，多数是由汉阳兵工厂过来的，他们认为在大革命时，你曾经做过汉阳兵工厂政治部主任，颇肯关心工人的政治和生活。"杨又说："这是咱们兵器制造厂，也是咱们军事基地的命根子。"

同工人搞好关系，不是一句空话就能成功，要在政治、经济、生活各方面为工人打算才行。工人具体考验我们的问题来了。因为在冯玉祥时代积欠工人三个月工资，要求补发。我同杨虎城、南汉宸都同意补发，但是参谋长王一山和军需处长韩威西表示反对。他们的理由是：冯玉祥任内欠的工资，我们不发，从杨接任起，按月发给，不欠不扣。这种说法，若站在军阀一边讲，似乎是有理由的，但站在工人一边讲，做了三个月工而不给工资，是讲不通的。韩说："三个月的工资要30多万，在军需账上没有这笔钱。"当时工人们提出说："我们保护兵工厂的机器，半成品以及其他重要财产，价值有几百万元，军需账上为啥没有这等收入？难道就不能支出吗？"最后杨虎城同意了工人的要求，所欠三个月工资，分三个月补发完。

中原大战冯玉祥失败后，阎锡山亦收缩自己的摊子，如太原兵工厂闹裁员减薪。陕西机器局则在原来的基础上大大扩充。通过南汉宸关系，吸收太原兵工厂的技术人员和工人。如刘某是太原兵工厂高级技术人员，来担任机器第一厂厂长（第二厂厂长王人旋，德国留学生。第三厂厂长是吉鸿昌之弟吉世昌）。因此生产军火的数量与品种，都比以前增加了几倍。如步枪、水机关枪和子弹等都增加了。这时机器局生产军火，已成公开，杨虎城对外也不隐瞒，当时有人还想偷偷摸摸地干，杨说："有四五千工人的厂，生产枪炮子弹，要叫人家不知道，这是不可能的。但对生产数量、开支和工人实际数目要保守秘密，尤其是对这些军火的用途，更要保守机密，绝对不能让蒋介石知道底细。他若只知道我们生产些军火，是为了保卫西北治安，使他可以专心在江西与共产党打仗，那他何乐而不为呢？倘若被他知道我们所造的军火，就是为了帮助共产党打他自己，那他绝对不会应许的。"

　　蒋介石是流氓出身，对杂牌队伍，向来不相信。杨虎城是江湖出身，流氓要比江湖派狡猾得多。蒋派何应钦来西安慰问杨虎城时说："西北在五年之内，全权交杨主席整理。"并同意机器局划归省办。但是何回南京后不久，蒋介石指示军政部来电："陕西机器局交由中央接收。"杨接电后，十分愤怒地说："蒋介石欺骗我。"杨认为机器局对在西北建立革命军事基地和反蒋计划，是个关键所在，决不能随便放弃，就派我去南京交涉。

　　1930年12月间，杨派我代表他去南京和上海，只有三个任务：（1）参加南京军政部召集的军医处长会议，要求十七路军几个师的军队卫生材料，按照中央待遇。（2）向中央交涉，机器局归陕西省办。（3）秘密去上海与邓演达联络，合作反蒋。第一个任务在军医处长会议上通过，凡是中央师的卫生材料，一律按照中央待遇。第二个任务，我去找军政部常务次长代部长陈仪，要求机器局归陕西省办。陈仪说："何部长在西安参观了陕西省机器局之后的报告上说：'机器局就是冯玉祥时代的兵工厂，生产步枪、机关枪、迫击炮等大量武器，华阴庙厂还在生产子弹用药。共有5000多工人，合起来是一所规模相当大的兵工厂，每月开支十五六万元，陕西省政府各厅全部开支每月只有八万多元，而机器局开支比省政府超过一倍之多。陕西在三年灾害之后，人民实不能再负此重担，若归中央接办，可以减轻陕西人民负担。'

蒋先生已在何的报告上批示：'电杨主席，陕西省机器局交中央接办。'"陈问我，杨主席的意见如何？我答："杨主席的意见，认为这些厂都是由陕西人民的血汗办起来的，应归陕西省政府接办。而且陕西在三年大旱灾之后，农民渴望兴建水利，使旱田变水田，农业机械化，这是陕西800万人民的要求。杨主席体念农民的痛苦，特将兵工厂改为机器局，计划制造农具与水利设备。若归地方办理，可以减轻中央负担。"陈说："你是自己人（我做过军政部卫生材料厂厂长），中央把这样大的兵工厂让杨接办，是不放心的。"他还以拉拢我的口气说："由中央接办后，仍然任命你担任厂长。"我们反复讨论的结果，把华阴庙药厂、机器厂及潼关的机器厂划归中央接办，改为华阴庙兵工厂，派刘楚才（陕西人，美国留学生）担任厂长。我和杨皆同意这个办法。但我们预先把制造军火的机器和生产弹药的设备，全部搬运到西安。给刘厂长行贿17500元，由他呈报中央，就说顺利接办了事。

五

杨虎城在1930年12月间，约我到三原东里堡他家里去谈了两天。这次谈了三个问题：第一件是要我兼任民政厅长，我坚决不肯，因为工作太多。但我向杨提出建议：请他同南汉宸商量，由南找个人做民政厅主任秘书，厅长仍由杨兼任。我当时对杨说："民政厅管县长，县长领导各县公安局、民团等武装力量，共产党干这些事是有经验的。"杨说："你太天真了！共产党的干部，大部分都调到江西去反抗蒋介石的'围剿'，在西北的很少。汉宸介绍过几个县长，结果没有搞好。因为国民党做县长，是靠贪污舞弊过日子的，而共产党不会贪污舞弊，是一心一意为人民服务，结果都亏空了，所以他们都不愿干县长。"当时澄城要换县长，一定要我找个人，我实在没有办法，只好把军医处材料科长叶舟调去，一个学药的去干县长，当然是有些问题，我送他盒子枪两支，还在机器局内抽了两个人去保护他上任。虽然县长的人选是这样的困难，我还是坚持要汉宸负责，因为他是秘书长，与民政厅有密切关系。杨同意我的意见。以后派申伯纯（共产党地下党员）担任民政厅主任秘书。第二件是去新疆与盛世才联络，以及去四川与刘湘等联络的代表人选。这种人选，实在难找，既要实际反蒋，又要表面拥蒋。我介绍傅剑目为驻四川成都的代表，他是四川人，曾参加共产党，其妹是黄英（军长）的弟妇，又是共产主义青年团团员。杨说："像这样的人很好，要多介绍几个。"黄维时（浙江人，在"五四"运动时与我同事）为去联络新疆盛世才的代表。杨问我靠得住吗？我说他是反对蒋介石的。第三件是要吸收大量干部。杨对我说："需要你这样的人，还有技术人员，如修建公路的和工业建设的都要。"杨又说："靠蒋介石来建设西北交通，是不可能的，这要靠自己；尤其是有关军事方面的交通，他不会帮助我们。"

1930年10月间，杨虎城派我秘密赴沪，联络邓演达扩大反蒋运动。第一次我们见面是在黄琪翔家里，由黄请客，在座的有郑庠（思成，前国民二军骑兵旅旅长，陕西人）。我把当时代表邓演达同奉军杨宇霆等联络反蒋的经过情况，向邓汇报。他说："张汉卿没出息，将来要上蒋介石的当。至于杨宇霆、常荫槐等做了一辈子的坏事，最后想做好事，断送了老命，他们之所以致死，你我都要负相当责任。"他还批评我"胆大而不心细"。

邓约我第二天到他家里去谈。我在他家，向他汇报杨虎城在东京的反蒋计划，以及暂时利用南京中央，设法到西北建立革命根据地。一来接近苏联，二来在家乡容易发动群众，依靠群众。现在杨在西北已有五万多武装力量，准备训练十万精兵，就在西北独立，公开与共产党联合，实行北伐战争时期的政治纲领，讨伐背叛革命的蒋介石，与江西的工农红军南北呼应。邓听了这些情况以后说："杨虎城的计划，我基本上同意。"并问我杨在目前需要些什么，我答："需要大批干部。"他问要什么样的干部，我答："杨的意思，不要蒋介石的嫡系，要国民党左派，或者共产党而又不是公开的。"他问我要多少，我答："杨说多多益善。"他接着说："杨虎城很进步，希望他能接受我们的纲领，我们同杨要在政治上合作，希望你把国民党临时行动委员会的纲领传达给杨，争取杨参加这个组织。"邓又问我："西北政权实际上是谁在领导？"我答："是杨虎城领导，共产党参加意见。"邓说："那就不是共产党领导的，而是做杨的参谋。"我问："行动委员会的领导，是工人阶级还是小资产阶级？"邓说："是小资产阶级知识分子领导的平民政权，来实现社会主义。"我问："这样的政权，如何能实现社会主义？"他说："节制资本和耕者有其田，来完成这个任务。"我问谁来领导土地改革？他说："由农业改造训练班，并以自行耕作的农民子弟为骨干。"（当时邓没有提及以贫雇农为主。但杨虎城时常对我说，穷人拿到刀把子，才能为穷人报仇，应以穷人为主，指的就是贫雇农。）我问："武汉政府时期，你拥护国共合作；现在为什么不这么做？"他说："我回国后到上海，曾约共产党负责人来谈判合作，他们不理我，只好待推翻蒋政权以后再谈。"他还说："共产党在左倾机会主义占上风的时候，统一战线是不能实现的，将来毛泽东一派领导，可能实现，因为他同我对中国农民问题的看法是一致的。"我问："毛主张土改应以贫雇农为主，你同意吗？"他说："这问题不大。"我问："我们的武装部队碰到共产党的武装部队怎么办？"他说："杨虎城的办法很好，让路。万一冲突，决不伤人。"我问："行动委员会里有共产党员吗？"他说："有了政权，而且这政权是反帝反封建的，它一定会帮助。"

这时，邓演达介绍我参加了中国国民党临时行动委员会。当时这个组织的经费来源相当困难，我就代表杨虎城帮助了2000元。邓问杨同意吗？我说杨会同意的。他说："革命同志间对金钱来往，要特别清楚，有时因为手续不清楚，会影响革命。"我把这笔钱的来源告诉他，因为陕西机器局时常在沪购买材料，有5%的回扣，大概每年有3万多元，杨虎城把这笔钱叫作革命基金，他指定专门为革命用途，凡是帮助革命的组织或个人，都从这笔钱中开支。邓说："那你要事先得到杨的同意，才能动用。"我说："杨已给了我这个权。因为他对我说过，邓先生如果在经济方面有困难，你可酌量帮助，在革命基金项中开支。"以后杨时常帮助这个组织的经费，都是由机器局的革命基金内开支。邓给杨虎城介绍了一大批干部，如周士第、王人旋、马明达、金闰生、黄国梁等数十人，这批干部里有的是共产党员、国民党左派，也有的是脱离了共产党而未受过处分的人。

我回到西安，把同邓演达联络经过，向杨汇报后，杨很高兴。他说："我们反蒋运动，有了基础，邓演达和共产党，都是蒋介石的劲敌，加上我们的力量，这三方面的反蒋力量联合起来，蒋介石有可能很快就垮台。邓是蒋的心腹之患，他能拉拢蒋的主力军，如十八路军、十九路军等，都有可能。邓演达不但在黄埔、保定系统中有威信，就连我这个杂牌军人，对他也有信仰，我们以后要同邓合作。"因此，邓要求在西安建立组织，杨也同意。不过有个条件，军人如要参加，要得到他的同意。他本人未能参加，但能一致行动。至于我，杨不同意做西安负责人，因为我工作太忙，而且亦太招摇。以后这个组织在西安发展到360人，军政人员占多数，负责人是周士第，邓演达死后，就停止了活动。

从此以后，杨特别加强了反蒋的军事准备工作。西北和西南方面军事代表的来往，都由我担任招待。杨为便利军事上联络，加强修建公路，设省公路局，由我介绍王若僖（德国留学生，江苏人）为局长。并要求欧亚航空公司开设西北、西南及京沪直达线，如西安至新疆、至成都，又由上海至西安等航线，都是为了各方军事代表往来的便利。当时西安到新疆往返一次，原来要两个月，航空只需两天。欧亚航空公司西安站长，由王若僖局长兼任。邓演达为了在西安发动反蒋，于1931年秋，派邓宝珊代表他来西安，协助杨虎城的军事行动。

六

邓演达被帝国主义特务在上海英租界逮捕引渡给蒋介石后，蒋介石对杨虎城十七路军驻在西北重镇特别不放心，但又无力进攻西北，故用种种破坏与限制，如派他的心腹陈立夫、陈果夫为首的特务组织CC，以及蓝衣社来西北破坏十七路军。蒋介石还压迫孙蔚如让出甘肃主席，由邵力子继任。蒋介石又以卑鄙无耻的美人计，派女特务向影心，在十七路军做破坏工作。

向影心是某女中学生，生得相当漂亮。被特务头子戴笠诱奸后，送给十七路军驻京办事处长胡逸民（南京陆军监狱长）做第三个姨太太，胡带至西安，介绍给杨虎城、马青苑等。他们去南京时，胡就派向为女招待。"英雄难过美人关"，马青苑以后在天水叛变杨虎城，投降蒋介石，就是胡逸民与向影心所分化的。当时马青苑部下旅长严云生（第三党党员），在去天水时，特来新城手枪营看我。他问我杨与马如果冲突，应当跟谁？我答："跟杨，绝对不能跟马投蒋。"严在马叛变时，听从杨指挥，打败了马青苑。邓演达被蒋介石逮捕后，杨虎城对我说："邓的性命，凶多吉少，推翻蒋介石政权的责任，只好落在共产党肩膀上。"因此把我软禁，并把南汉宸调离西安，一心一意保存军队实力。

1931年九一八事变前夕，邓演达被蒋介石扣押在南京。上海同志来电说："家长在医院，决定用手术开刀，请急速来沪签字。"我当时同邓宝珊商量，认为这是要我去营救邓演达，他同意我速去。这时杨在临潼华清池养病（杨有重要事，就借名养病），我在西安向参谋长王一山辞行后，即赴临潼向杨汇报。但王一山已将我的情形，用电话向杨报告，杨即派卫士一排，在距离西安20里的灞桥，将我挡回，软禁在绥靖公署手枪营。第二天南汉宸来看我，他说："杨没有叛变，请你放心，就是不让你去南京，因为蒋介石来电要你，杨不肯，你去南京，不是正中蒋介石之计？"邓宝珊亲自去问杨："为什么把连仲玉押起来？"杨说："这是爱护朋友。"邓说："爱朋友也不能这样。"杨笑而不答。在我被软禁前，杨约我去逛公园。对我说："请你休息一个时期，机器局长由我暂时兼任，免得蒋介石找我们的麻烦。"但我兼任的十七路军医处长及陆军医院院长等职，仍然未动。

我被软禁一年四个月后，这时中国工农红军已进入陕西，到达距西安30里地的苮家卫，杨才恢复了我的自由，并请我到他家里去，当时他在门口等我，问我："为什么来得这样迟？"我问他病好了吗？他说："没有好，好了我就把你杀了。"我说："你把我杀了，才算是个英雄。"两个人握手一笑，一同进门密谈。杨问我："你看红军会不会进西安城？"我答："不会。"他又问："你得到情报吗？"我说："没有。"杨问："那你为什么知道他们不会进城？"我说："这是我的判断。"杨问："你认识徐向前吗？"我说："认识，但不熟。"杨说："现在到荫家卫的红军，就是徐率领的，其方向是向西安进军。我想把部队撤到渭河以北三原一带，西安只留少数军警，由你负责维持秩序，并请你带领西安市民，欢迎红军徐向前。"我问杨："我们在东京决定的反蒋计划，不是要同红军会合吗？现在正是好机会，为什么又要撤退呢？"杨说："我们现在还不能同红军会合。第一，共产党的左倾机会主义路线尚未根本改变，他们的口号还是要兵不要官，会合后势必被红军消灭。第二，我们队伍目前共有36000多人，内部意见还不一致，一旦公开与红军会合，红军是不会在西安久驻的，一定不能跟红军上山，势必投降蒋介石，结果也是被蒋消灭。所以我认为目前还不能会合。留你在西安欢迎红军，并向红军秘密谈判今后合作的具体办法。"结果是红军路过西安附近，并未进西安城。

1933年春，杨约我到他家里吃饭。杨对我说："这次红军进入陕西，我们没有抵抗，并且让路，蒋介石一定更怀疑我们同红军有关系。这一年来，我们被蒋介石压得透不过气来，让出甘肃、陕西两省主席，将来恐怕还要派大军来西北，压迫我们去打共产党，到那时候，更难应付了。现在主要的困难是，蒋介石要对我们下毒手，请你去南京一带活动：1. 使蒋介石不怀疑我们同共产党有关系。2. 阻止马青苑破坏十七路军。3. 与反蒋势力联络：现在我们的反蒋运动，正到了极其关键的时候，要主动地去联络一切反蒋势力。"从此我就离开西安，到南京、上海等处活动。

回忆杨虎城将军和他与蒋介石的关系

李志刚

　　我在杨虎城将军领导下任职八年，经管过民政、财政并充任他的驻南京代表。从亲身经历中，对他的事迹及他与蒋介石的关系知道一些。谨回忆记录，以供参考。

鲁东剿匪

　　1928年冬季我由耿寿伯介绍加入杨虎城将军的部队。杨部番号是暂编第二十一师，归国民革命军第二集团军冯玉祥节制。时奉冯的命令，由鲁西单县开往鲁东临沂一带剿匪。

　　杨于1928年11月间由日本回国，他到南京后只见了冯玉祥（冯当时任军政部长），没见蒋介石。冯催他速回部队往鲁东剿匪。杨于12月下旬到泰安与孙良诚见面后没多停留，就去临沂回到部队。

　　我是在临沂与杨见面的，他让我住在师部。不久，熟悉了部队情况，让我到泰安担任与孙良诚的联络工作及领运经费和军用品。那时，暂编第二十一师的经费数目没有确定，冯玉祥每月仅给两三万元的维持费。孙良诚对杨部费用一点也不肯多发，其他军用品更是一点不发。我再三交涉，均无效果。孙良诚的机要秘书刘跨灶告诉我，孙良诚在冯的控制下，不敢多发，要想多领，非去开封见冯不可（此时冯、蒋关系正恶化，冯回到开封）。我去开封见冯。冯装作同情杨部的困难，告诉我说："虎城部队的困难，我是知道的，但中央没有他的部队的经费预算，这点维持费还是我在第二集团军内部挖肉补疮来拨付的，希望你把我的苦衷转告虎城。你既然来了，我就打电报给孙良诚对费用和子弹酌量多发些。"他是把过推与蒋介石，把功归到自己。我又跑回泰安，向孙良诚多领了一万元，又领了一些子弹，解回临沂。我把冯的话说与杨听，杨冷笑着说："冯先生的这一套，我算领教够了！"

杨离开部队半年多，回来时，全师官兵在物质生活上虽极困苦，在精神上却大为振奋，相信他回来一定有办法，因为这个部队是他一手领导起来的。他的办法是什么呢？主要是抓训练和教育。严寒腊月，他一早就到操场亲自督练，操练后经常集合官兵讲话。他讲话的内容多属革命、反帝、救国、爱民的道理，有时还引述他在日本时的一些观感来教育官兵。我留住临沂期间，听过他几次讲话，迄今还留有深刻的印象。他讲过："日本确是一个工业强国，但它是帝国主义，国内贫富悬殊，对外则进行侵略，现在还强占着我的胶济铁路和沿线城市，并且掩护土匪，苦害我人民。我们现在的任务第一是消灭这些土匪，再进一步就是收回胶济铁路。"他还讲过：日本当局对我国派去学军事的留学生并不认真教军事本领，秘密技术和军事演习还禁止中国留学生参加。他对剿匪，强调："一定要和当地民众合作，才能迅速肃清。因之，军队要讲纪律，不扰民，并尽可能帮助老百姓。"

杨在临沂把部队亲自训练了两个月，于3月下旬开始剿匪，他以突然的行动首先打垮了盘踞莒县、日照的刘桂堂匪部，紧接着又完全消灭了盘踞诸城、安邱一带的顾震匪部。把这两大股匪军打垮后，他又分派部队剿灭了沂水瓦屋崖和蒙阴一带的薛传凤、黄起凤、尹士贵、张黑脸、毛大将等股匪。仅两个月的时间，就把鲁东铁道以南十几县的匪患彻底肃清，鲁东人民对之都热烈赞扬和拥护。

离冯附蒋

在鲁东打垮的刘桂堂和顾震两部匪军，都有蒋介石委任的番号，是经北平行营主任何成浚收编的。杨打垮了他们，是替冯打击了蒋向山东所伸出的手。但在这样短时间内能肃清铁路以南的匪军，引起冯、蒋双方对杨军的重视，冯一再来电嘉奖，蒋的总司令部也派一个高级参谋（忘记姓名）到临沂视察，向杨表示好感和拉拢。

这时，正值冯玉祥下令撤退其山东、河南部队向洛阳以西集中，作欲伸先屈之势，准备对蒋介石作战。孙良诚奉冯令退出山东，冯、孙俱有电令杨部迅速集中，随孙部西撤。杨复电说："剿匪以后，部队分散各县，正在集中，一俟集中完毕，即向鲁西撤退，再转河南。"就在这时，蒋介石给杨直接来电，要他仍驻原防，维持治安，一切经费和补给由南京拨付。杨就秘密由海路经上海到南京，见到蒋介石和何应钦，发表了新编第十四师番号，由蒋直接节制。他很快地回到部队，并要我到南京成立新十四师驻京办事处；嘱咐我去见于右任（监察院院长）、邵力子（蒋的秘书长）和何应钦，了解情况，从速回电详报，以便联络关系。

我到南京后，知道于右任向邵力子介绍了杨在陕西靖国军时代不与北洋军阀妥协的革命精神，坚守西安八个月的胜利事迹和肃清鲁东匪患等获得人民爱戴的情况，邵转向蒋介石说明。于、邵两人那时对杨是帮忙的。邵又带我见蒋，面报了杨军的纪律和剿匪经过，蒋对杨表示重视和嘉许，关于经费和补充等问题，要我向何应钦请示解决。我又和胡逸民往见何应钦，何批定预算，每月约十万元。据何说，这是新编师中最高的经费额。

我在邓府巷租胡逸民的房子正式成立了办事处。杨派我为处长，胡逸民为驻京代表。胡是浙江永康县人，是南京总司令部军法处长王镇南的下属。据说，王是蒋的表兄弟，因此，胡能在蒋的下边活动。当杨在日本时，曾派马青苑到南京活动，胡与于、邵全熟识，帮马活动，批了一点临时补助费。因此，杨便派他兼任驻京代表。

1929年夏季，蒋日达成协议，日军由胶济铁路沿线城市撤退。蒋介石令杨接该路从张店到博山一段防务，杨派孙蔚如旅前往接防。这一段有不少日侨，工商企业甚多，蒋使杨接防，说明他对杨部的军纪和战斗力达到可以信任的程度。

守备南阳

1929年夏初，冯玉祥把他的部队由山东、河南向洛阳以西撤退，韩复榘、石友三两部，叛冯投蒋，冯、蒋决裂已趋表面化。蒋介石对冯作战的部署是以主力使用于郑州以西的陇海路西段，以一部使用于襄樊、老河口一带，防备冯军由荆紫关东出截断平汉路，威胁武汉。他把守备老河口的重要任务选择了杨军担任。事前胡逸民和我知道后就把这个消息密报与杨，8月间蒋的命令才正式下达：令新十四师在半个月内全部集中于胶济铁路附近，再乘火车直达平汉铁路花园车站下车，再徒步至老河口，所遗防务由陈调元派队接防，并邀杨到南京一见。

新十四师移防的消息传出后，鲁东南十余县的机关、学校、团体联合电蒋恳切挽留，各县代表和地方父老还到师部请愿挽留。蒋介石备战情急，不顾驻地人民的一再恳求，连电促杨，迅速开拔。

杨在9月初旬由山东用火车把队伍输送到湖北花园车站。他经徐州去南京见蒋。蒋对他备加慰勉，说他在山东时的军纪好，当面密示调动他的部队是为了防备冯玉祥部由荆紫关东进，并问他的部队是否能与冯军作战。杨表示他才脱离冯的节制，马上就去打冯，不甚合适，但如果使他守一个地方，冯军来攻激发了部下敌对情绪，就一定能坚守到底。蒋认为他的话很对，决定使他守备襄樊的前哨老河口。经蒋的幕僚研究，认为老河口太靠后，不是挡住冯军出荆紫关东进的要路，乃使杨改守南阳。改守南阳决定后，蒋当面问杨能守多久，杨说："只要有米面吃，有子弹打，命令守多久就能守多久。"蒋大喜，说："你曾经坚守西安八个月，我相信你可以守住南阳，至于粮食子弹，自然充分供应。"于是，把杨的部队改调南阳。杨部已由花园站下车，徒步向老河口行军。杨遵照蒋的命令，发电报给部队：到老河口后，继续转向南阳进发。蒋为固定杨部任务，又给杨加委了"南阳守备司令"的名义。杨在山东打垮蒋所收编的匪军，本为蒋所不喜，但却表现了他的部队的战斗力和良好纪律，后来又离冯附蒋，蒋对杨打垮顾、刘等部的芥蒂便消失了。

杨在南京见蒋后，即经汉口去南阳部署一切。不久，发生了一件不愉快的事。新十四师由山东开拔时，第一旅旅长冯钦哉带了几火车食盐被山东盐务局查知，报与财政部长孔祥熙。孔大怒，便用蒋中正名义发电对杨斥责，电报头上连杨师长的称呼都没有，电文大致为："南阳杨虎城：据报该部由鲁开出时，私运大批盐斤，偷漏国税，扰乱财政，仰即彻查具报，以凭究办。"杨当然不愿把部下查报上去，但他附蒋伊始，又看辞句严重，就把详情电告我，嘱我就近设法了结。我去见邵力子，邵看蒋中正电尾字码不是由总司令部拟发的，而是财政部用蒋名义发的，答应向蒋关说，并嘱转告杨不要顾虑，以后不再这样做就可以了。这事就这样不了了之。

新十四师到达南阳后，蒋介石从汉口发来大米1万包，面粉1万袋，步、机枪子弹100多万发及手榴弹、野炮弹和一些做工事的工具。新十四师以1.2万人计算，可足够半年之用了。

杨师到达南阳后，一面补充兵员，重加整训，一面构筑工事，准备长期固守。这时，所有经费和粮弹物品俱由汉口发领，我把驻京办事处一部分人员移驻汉口办公。

1929年冬，蒋、冯战争爆发，冯玉祥被阎锡山诱禁于山西五台建安村，冯的总司令职务由宋哲元代理。双方主力在洛阳以西作战，宋派刘汝明部由商、洛出荆紫关东进。当时蒋令唐生智的第五路军集结洛阳一带对付冯军主力，令杨坚守南阳，阻刘部东进之路。杨用兵非常机动，他派部下商、洛籍贯的一些官兵化装回籍，侦察荆紫关以西冯军兵力番号及动静。他侦知刘汝明部并无后续部队，乃改变坐守南阳的战法为"以攻为守"，以主力控制南阳守备，另派孙蔚如旅向西迎击，刘汝明由商、洛出发时原侦知南阳以西除内乡有别廷芳的民团外，没有蒋方的部队。不意孙蔚如旅行动迅速，突然出现于西峡口对刘汝明军袭击，刘军无备，被打得大败，向西溃退。这次打退了刘汝明，获得蒋的嘉奖。

唐生智在洛阳以西打退冯军主力后，12月间与石友三约同反蒋。石友三在浦口发动，唐随后自称护党救国军总司令通电讨蒋，率其主力刘兴、龚浩等军由平汉路南下，进攻武汉，总司令部驻在驻马店。唐的讨蒋通电未征得杨的同意而列入杨的名字，杨也未通电否认，只电我向蒋方表示否认。唐派人到南阳与杨联系，杨虚与委蛇，表示合作。

蒋介石对唐生智的突然叛变，十分惊慌，认为如果唐军进入武胜关，湖南何键必然起而响应，会攻武汉。如果武汉不守，就会失去他的半壁江山。因此亲到武汉主持讨唐的军事，并派刘峙为总指挥，在信阳一带布防防堵。因唐的通电中冒列杨名，刘峙的参谋长刘耀扬数次问我，杨究竟靠得住否？蒋只令杨归刘峙指挥，相机侧击唐军右翼。

杨接蒋电令后，正电调孙蔚如旅由西峡口东撤，接防南阳。他亲率直属部队和第二旅一部到赊旗店（今改为社旗县，时冯旅驻此），调第一旅冯钦哉部随他去打唐。冯钦哉认为打唐没把握，推病不肯去。杨说："你不能去，我把你的队伍带去打！"最后，冯还是同部队出发了。当时下大雪，雪深没膝，杨率部两日两夜行200华里赶到驻马店附近，利用夜暗对唐军奇袭。唐生智主力正对南面的刘峙军作战，对西面未多加防备，被杨部突然攻击，顿时混乱。当夜杨军即将驻马店大部分地区攻占。次日，唐军曾一再反攻，终被杨军击败，唐生智及重要人员化装逃走，其总部官兵被俘甚多，检查战果，约俘唐部官兵四五千人，缴获两个炮兵团的野炮六七十门，步、机枪两三千支及其他军用品极多。唐的总部及直属部队大部被俘，残部向东逃去。

冯钦哉为了邀功，他攻入驻马店后就用俘获的电台用明码给蒋介石发了一个电报，说他率部已攻占了驻马店。蒋在汉口收到冯电后半信半疑，稍缓收到了杨的电报，才确信杨军攻占了驻马店，打垮了唐军。

蒋介石原来只希望杨侧击唐军右翼，协助刘峙主力军作战，今杨竟用奇袭战法一举而解决了战争全局，实在出乎他的意料。蒋除复电杨备极嘉奖并着查报有功官兵以凭奖叙外，并立即批发了奖赏10万元，接着明令把新编十四师改为陆军第十七师，升杨兼任第七军军长；还召见了冯钦哉，当面夸奖，闻还赏给他两万元。这时，我在汉口具领经费物品，军需人员对我也另眼相看，批发手续极快，一改过去留难折扣等情。刘耀扬对我说："虎城这次是奇兵致胜"，把从前的怀疑也作了解释。

蒋对杨部所俘获的全部野炮及步、机枪一再来电索要，杨只得把野炮上交，步、机枪都未交去。经过这次战役，蒋认识了冯钦哉，从此逐步挑拨，成为限制杨部发展的环节之一。

参加蒋、冯、阎中原大战

1930年4月间，阎锡山、冯玉祥联合反蒋，演成民国以来最大规模的军阀内战。蒋介石发表杨为讨逆军第十七路军总指挥，令他担任平汉铁路以西广大地区攻守任务，就是西向对荆紫关方面的防守，北向对平汉路正面协同蒋军进攻，任务是十分艰巨的。

平汉路方面蒋方部队，除杨部外，还有徐源泉、上官云相、萧之楚等军。阎、冯方面，有樊钟秀的第八方面军做主力，配合王振、宋天才、万殿尊等河南土著部队。在蒋和阎、冯看来，双方的这些杂牌部队，都是不十分可靠的，但也是可以争取的。因此，双方对这些杂牌部队进行了秘密活动，互相争夺。

蒋介石知道这些杂牌军不易指挥，他对症下药地派何成浚为第三军团总指挥，指挥平汉路方面作战。

何成浚是日本士官学校早期毕业的，但他早已成了腐化透顶的政客。1928年，他就以蒋的北平行营主任身份，既拉阎又拉张，起用唐生智赶走白崇禧也是他主演的拿手好戏。他来做平汉线方面的总指挥官，怎样指挥呢？我记得在1930年5月间，他由汉口进驻漯河，先把吃、喝、嫖、赌、吹搞个全套，杨不会打牌，请人代打，也得奉陪。何的参谋长朱传经对我说过："何老总这一套是高明的，起码把他们牵住不去打别的主意，平汉路根本不是决战的方面，只要内部不发生变化，能在对峙中顶得住，就是胜利。"事实上，平汉路双方杂牌军队谁也没有卖力气，就这样对峙了几个月。

7月间，阎、冯联合汪精卫等在北平开扩大会议，决定组织政府与南京政府抗衡，这时双方更是造谣离间，秘密勾结，已到不择手段的程度。北平扩大会议开幕时，北平的报纸就登出杨有代表参加。一次我由汉口到南京，于右任、邵力子都问我杨的真实态度如何。何成浚的几个重要幕僚陈光祖、杨揆一等也常用开玩笑的口气向我探听杨的态度。所以办事处不但需要宣传作战胜利，还要随时辟谣。在四五月间，冯玉祥先后派徐维烈、赵燕卿密来拉杨反蒋。杨用优待方式把他们软禁在南阳。但杨还是十分注意探听蒋及阎、冯双方的军事、政治变化。当陇海主战场胜负未分的时候，杨要我切实注意该方面的战况，随时密报。他还要我与徐源泉部驻在汉口办事处的副军长马海峤密切接触，了解该军动向和他们得到的情报。

八九月间，张学良率东北军入关，阎、冯在山东和陇海路战场先后失败。蒋介石部署平汉路方面的杂牌军，分五路向陇海路西段挺进，切断冯军联络和后路，杨军为最西面的一路，目标是攻占洛阳。

杨观察大局，认为阎、冯必败，奉命后即率全部兵力由叶县附近出发，以急行军速度经鲁山、宝丰、商酒务、临汝镇、白沙镇（当时叫自由县），突然出现于洛阳以南的龙门山前。侦知龙门山一带由冯军葛云龙师防守，乃以冯钦哉部佯攻正面，亲率主力由延秋镇（龙门西）向敌后迂回。敌陷于半包围状态，被迫退守洛阳城，杨挥军跟踪追击，把葛云龙师围困在洛阳城中，并切断了陇海铁路的东西交通。杨的司令部驻于西工。

杨把战况电报蒋介石，蒋顾虑围攻洛阳会耽延时日，令杨把围攻洛阳任务交与徐源泉部接替，速率所部沿陇海路向西急进，扫荡冯军残部，攻占潼关，直捣冯军陕西根据地。

这个任务虽是艰巨，但符合杨和他的官兵回陕愿望，因之官兵踊跃，兼程西进。攻下潼关后，杨率主力经二华、渭南直趋西安，令孙蔚如部北渡渭河，经朝邑、大荔西进。

当时刘郁芬负冯军后方总责，并兼任陕西省主席，得悉杨军攻入潼关，认为大势已去，乃率其军政部属仓皇出西安，经渭河，企图由大庆关渡黄河逃往山西，被孙蔚如部堵截。刘派人向孙求情，孙徇情把刘部武装收缴后，人员和财物等一概放过河。

1930年11月，杨占领了陕西，摧毁了冯玉祥盘踞五年的根据地。12月我在南京从邵力子口中得悉，蒋对杨军迅速入陕，极表满意，但对放刘郁芬过河不满。蒋曾电杨查问，杨复电说自己兵力不够，不得不如此，把放刘责任揽在自己身上。放刘一事并未影响蒋对杨的好感和信任。至杨入陕为止，蒋、杨互相利用的关系达到最高峰。

组织陕西省政府的一些情况

中原战争末期，杨军以破竹之势，攻入潼关，控制全陕已成事实，蒋介石的嫡系部队距离尚远，因而蒋不得不把陕西省政府主席一职给杨，至于陕西省府人选，要杨提出名单由他核定。杨提出的省府委员名单是李协、李百龄、李志刚、王一山、胡逸民等，杨自兼民政厅长，李志刚为财政厅长，李百龄为教育厅长，李协为建设厅长，南汝箕（即南汉宸）为秘书长。蒋除添二陈派的李范一为委员兼教育厅长、李百龄仅为委员外，其余未动，杨自兼民政厅长是想亲自把各县整顿一个时期，再物色适当人担任。李协是水利专家，特邀来兴办陕省水利的。李百龄原系于右任的亲信，但已与于貌合神离，实际上与杨接近，杨荐李入省政府，标榜着是用于的人。因此，为于内心所不喜而又有难言之隐。

陕西省政府人选发表时，我在汉口，后去南京结束应领而未领的经费和物品。到京后，我去见财政部长宋子文，宋当面要来任命状一张，委我兼任财政部驻陕西特派员，告诉我特派员公署的编制和应征特种消费税的种类与税率等文件即直发西安；征税时不要随意附加和扩大，以至成变相的厘金税。他又说，为了接济陕西省财政，征收的税款直接拨陕西省库并报部核销。

我又见邵力子。邵说：这一年多来，杨的表现和战绩全好，陕西省政府的人选，尊重他的意见，这是蒋对他信任的表示。邵荐马本诗充财政厅秘书，说马能协助办理财政。

我又见陈立夫。陈介绍李范一的能力和经验，说他能协助杨主席办好教育，希望拨足教育经费，让李放手去做。陈立夫向来与我认北洋大学同学，曾带我见过蒋介石，那时他是蒋的机要秘书。杨每次到京，他总是与杨拉拢，杨部由山东开往南阳时，杨到了南京，陈果夫邀杨在家中便饭，陈立夫作陪，亲切地谈了整半天。二陈拉杨是要伸手抓陕西省的党政组织，是控制杨的主要活动，这自荐李范一任陕西教育厅长和组织国民党陕西省党部开始。

我还见了于右任。于说："陕西省政府的人选，虎城没有和我商量，人家就是和我商量也不听我的话。"不满的情绪溢于言表。自从杨部入陕之后，于、杨间的感情逐步下降了。

获得西北地区军权的经过

当蒋军把阎、冯的部队基本解决以后，就伸手到西北。1931年春，设立陆海空军总司令潼关行营，派顾祝同为行营主任，指挥陕、甘、青、宁各省的军务，十七路军也在潼关行营指挥之列。还派陈继承的第三师和蒋鼎文的第九师入潼关，驻扎于二华、渭南一带，咄咄逼人，有取杨而代之之势。

杨对顾祝同、陈继承、蒋鼎文等表面上极表欢迎，陪他们游华山，去临潼温泉洗澡，又请到西安开欢迎大会，大宴小宴不断。但在暗中杨却把十七路军布置在临潼、高陵、大荔、朝邑一带，形成对中央军的半包围形势。

另外，杨还要我到庐山见蒋，表示甘、宁、青、新等省全由杂牌军割据，请将陕西军政大权交与中央，自带部曲西进，做肃清西北的先头部队。经过再三研究，杨以为这样对蒋表示是有益处的：（1）可以探出蒋是否要直接完全控制陕西。（2）可能继续取信于蒋。（3）如果邀准，要他到更西北的地方，也有广阔发展的天地。他告诉我，要向蒋表示诚恳而坚决的态度，不然，探不出蒋的真意，难以决定我们的动向。于是，我由西安去庐山，两次见蒋，报告陕西的政治军事和杨与顾等融洽相处的情形。蒋说："告诉虎城，安心进行陕西的军政建设，要把他的家乡治理好，切勿三心二意犹疑不定，这样的态度是做不好事的。至于西北的事，将来或许有用他的地方，但那是以后的事。"蒋表现的态度也很坚决。我回来后，向杨做了详细的汇报。杨后来说，他把对蒋的表示告诉顾祝同，顾冷笑说："你何必多此一举？"又过些日子，蒋把顾祝同和陈、蒋的两个师调走，将潼关行营主任遗缺派杨接替，从而杨获得广大西北地区的军权。

经略西北中蒋、杨矛盾

1931年秋季，杨接任潼关行营主任之后，对西北各省杂牌军积极进行联系与收编，先后委任青海回军马步芳为新编第九师师长、陇东的陈圭璋为新编第十三师师长、陇西的鲁大昌为新编第十四师师长、在甘肃走廊的回军马仲英为新编三十六师师长、天水的回军马廷贤为陇南警备司令、陇北的石英秀为新编第九旅旅长、李贵清为新编第十旅旅长。当时西北甘、青、宁（马鸿逵）各省的军队首脑都派有代表常驻西安，表示听命。唯有冯玉祥的残部雷中田、王家曾两部盘踞兰州一带，抗不听命，雷中田自称甘肃保安总司令。杨曾电蒋拟派军入甘解决雷中田部，蒋主张对甘不要用兵，以政治方法解决，他由南京直接派出以马文车为首的甘肃政治视察团赴甘。

1931年冬，吴佩孚率其所谓八大处及几百人的卫队由川北入甘，打着兴国军总司令的旗号，沿途对各地军政人员乱发委任状，收编队伍。沿途各军政小头领慑于吴"大帅"的威名，多招待应酬，间亦有送款报效，企图投万一之机。吴到兰州后，雷中田对吴表示拥护，连马文车也表示对吴拥戴。吴见雷中田拥有武力，乃思以兰州为根据地，向外发展。

陕西省民政厅行政人员训练所所长耿寿伯（吴佩孚任直鲁豫副巡阅使驻节洛阳时，耿为胡景翼的代表，常川驻洛，耿与吴的第三师副师长张儒清又是甥舅，所以与吴很熟）忽接到吴佩孚亲笔信一封，要耿从中运用和杨合作。耿立即把吴信交杨看。杨看后笑对耿说："这是个很好的题目。"他连同所获吴佩孚到兰州后的活动情报一齐电报蒋介石，提出派兵入甘，已再不宜迟。这样，蒋才令他速派部队入甘平乱。

杨得到蒋的同意后，即派三十八军军长孙蔚如指挥十七师及驻平凉的新编第十三师陈圭璋部分路向兰州前进。在定西一战击败了雷中田的主力，迅即进入兰州，吴佩孚、雷中田仓皇逃走，从而平定了甘肃。

当时甘肃省行政无人主持，杨电令孙蔚如暂代甘肃省政府主席并电报蒋备案，杨所以不保荐孙蔚如为甘省主席，意在试探蒋介石的意图。蒋复电仅明令发表孙蔚如为甘肃宣慰使。这说明蒋不同意孙正式主甘，而在甘省纷乱的情况下，又怕派自己的人不为杨所支持，因而就以孙为甘肃宣慰使暂代主席。

杨对甘省主席人选是经过一番深思熟虑的。当时，杨愿意提出的人还是孙蔚如和邓宝珊（时住西安，为杨的上宾），孙已为蒋所拒，而邓在蒋、冯、阎中原大战中为樊钟秀的第八方面军副司令，是反蒋的，又不能提出，因而久久不决。后来杨想出从蒋方人物中提人选，但必须是接近十七路军的，因而选了邵力子。提邵在杨是以此取信于蒋，并认为邵是蒋的重要幕僚，不见得就能分身来甘，或者省主席还能落实到孙蔚如的身上，或者发表邵而由孙代理下去。电报去后，蒋很快明令发表邵力子主甘，并即行到任，这是杨没有意料到的。1932年2月，潼关行营改为西安绥靖公署，杨计划把邓宝珊派到甘肃，利用他是甘肃人的关系，加强西安绥署与西北各省军队的联系。时邵力子赴甘就任，途经西安，杨对邵提出邓的问题，邵允在蒋介石方面疏通，于是杨就先斩后奏任邓宝珊为西安绥靖公署驻甘行署主任。以后蒋也同意了。

邵力子主甘后，蒋介石的势力逐步深入西北。后来以"追剿"红军为由，派第一师胡宗南部由豫西入汉中，再入甘肃，军事上蒋在西北也扎下了根。

不久，杨的警备师师长马青苑在天水叛变，虽被杨迅速解决，但从此杨、蒋间的矛盾表面化了。马逃到南京，蒋安置他入陆军大学深造，以后又派充平汉铁路局警务署署长。在南京，胡逸民曾得意地对我说："青苑想独立是失败了，但却升了官，你看虎城还有什么办法？"马青苑的叛杨是葛武棨（宁夏教育厅厅长，实是西北复兴社的负责人）还是胡逸民搞的，我说不清，但可以肯定是蒋派人搞的。

1932年，红军由鄂豫皖边区进入川北。蒋介石马上借了这个题目，令杨把孙蔚如部调回陕西防共，只留孙部的杨渠统旅驻防陇东平凉一带。以后蒋又拉拢杨渠统，扩编为新五师，调到河南归刘峙节制。接着，蒋介石又派朱绍良为驻甘绥靖主任，邓宝珊调榆林，从此，杨的势力退出甘肃。

新编三十六师马仲英部是杨派入新疆的部队，还派了几个人随马工作，马进入新疆后，与杨的军事力量接连不上，最后被盛世才消灭。

青海的马步芳被蒋直接拉了过去，宁夏的马鸿逵依其父马福祥的关系也归了蒋。

1932年夏，我由民政厅长调充西安绥靖公署驻南京代表兼陕西省政府委员，取消了胡逸民的驻京代表职务，原因是杨见蒋时，蒋说胡逸民说话时靠不住，重要的事不可使他传达。从此胡怀恨在心，到处拆杨的台。

当杨把孙蔚如军撤出甘肃时，曾邀南汉宸秘书长、王一山参谋长和我谈话，他深感自己的力量不够，但雄心壮志没有减消，把退出甘肃看成是伸缩发展中的曲折。他说："当前的形势，蒋好比太阳，我们好比地球，我们不能不围着他转，但我们必须有拒力，不要被他吸进去。"

1932年秋，蒋电召高级将领在南昌开会，我同周梵伯随杨前往，住在南昌百花洲饭店。应召者除刘镇华、张钫、梁冠英、徐源泉、上官云相等杂牌军将领外，还有蒋的嫡系将领刘峙、朱绍良等。蒋一连几天讲曾国藩、胡林翼治兵方法、军队精神教育等，其中特别强调"军人以服从为天职"。大家不知蒋的葫芦里装的是什么药，几天过后，蒋的药葫芦才揭盖，要各杂牌部队交出10万名徒手兵，集中洛阳，由刘峙编训，为"剿共"的预备力量。蒋当面分配数额，有2万名的，有1.5万名的，1万名的不等，杨的十七路军被指拨2万名。蒋要他们好好地考虑能否照拨，然后对他作答复。这一下把杂牌军将领难住了，稍有不当，就会犯拥兵自大之咎。

当时，刘镇华对这些杂牌将领殷勤联络，自带厨师，熬特好的小米粥，做河南猴头、果子狸等名菜，和大家又吃又玩，在乱谈乱扯中，许多人表露了真实态度。张钫说："这就是宋太祖杯酒释兵权。"有人说："这是办不到的。"杨却对我说："刘雪亚混在里边，说话要特别谨慎，说得不当，恐被扣在南昌。"杨同我们每天往城南的青云谱（八大山人出家处）游览，兴之所至，杨引吭高歌，大唱秦腔。刘对杨的招待殷勤，出乎别人之上。

杨为探听何时能回去，曾偕我去看杨永泰。杨永泰是蒋的秘书长，已成为蒋一人之下极有权力的人物，远远压倒了二陈的势力。杨永泰见杨时，讲了些蒋的"剿共"要诀：七分政治三分军事的"理论"。告诉杨准备着蒋召见，没有说什么时候可以回去。又等了几天，蒋分别召见留下的将领，对每人都说："你有特殊情形，徒手兵不必拨啦。"自动解决了这一做不到的难题。据说，刘镇华给蒋做了这次特务工作，得到了信任，不久发表为安徽省政府主席。

杨在回陕时说："这次到南昌有收获，看了一次官场现形记。"

主持陕政及与蒋介石的矛盾

我在陕西省任过省府委员兼财政厅长、民政厅长及西安绥署的驻京代表。从我的回忆中，杨主持陕政期间的表现是进步的、民主的和爱国的，也是和蒋介石反动势力不断斗争着的。

在用人方面，他采取并包兼蓄的方针，大量引用青年进步的人士，包括地下共产党员和失掉与共产党组织关系的青年人。例如省府秘书长南汝箕（汉宸），杨是知道他的情况的，但是信任他，要他负责筹划一切政务，还由南介绍不少青年到省政府工作。又如绥署办的《西北文化日报》的总编辑宋绮云和省府办的《西京日报》社社长蒋听松，杨也知道他们的情况，但完全信任他们，让他们负责办理文化宣传工作。再如用申伯纯为民政厅秘书主任，张默夫为省立印刷局长，张汉民为省政府警卫团团长，王泰吉为骑兵团长，连瑞琦为机器局局长等，这都是引用进步青年的例子。在教育界中用的共产党人和进步青年更多。他邀请李协为建设厅长，来兴办陕西水利事业。李是全国知名的水利专家，杨对李非常尊重。李也常说："我不在中央，来地方，就是知道虎城有决心要实干，能做出成绩。"杨用李百龄为省府委员，后又兼任教育厅长，李在陕西教育界站在进步方面。他也用黄埔学生，如用唐嗣桐为省会公安局局长。杨用人是只要有能力并为他所用，却不论他们政治背景。还有杨用人不限地域，打破一般人所常有的封建乡土观念。

在民政方面，杨强调民主和重视民意。他认为过去当过县、局长的老手，即是所谓"好"的也不过是会敷衍公事，四平八稳而已；至于坏的，那就贪污腐化，无所不为。当时省府顾问耿寿伯经常讲"新精神""合理化"问题，杨特用耿主办行政人员训练所，招训大学毕业和有相当文化的青年，毕业后出任县、局长。我任民政厅长期间，他屡次嘱咐我调用青年人，有朝气才能积极替人民办事。按他的计划，是分期分批用训练和调训的方法，把各县旧官吏完全扫清。

在经济建设方面，杨是最重视的。在陕省连年大旱灾以后，财政困难，不能百废并举，他认为兴办水利是最急需的事，常在省政府的政务会议上说："陕西的问题是'水'的问题，'水'的问题解决了，一切问题就能解决了。"他就千方百计地筹措经费，举办水利。

为开发陕省和西北的资源，他函电交驰地请求南京建设委员会派员勘查和拨款办理，还派绥署办公厅主任陈子坚到上海，把当时国民党负责主持建设事业的宋子文邀到西北视察考察，希望他投资开发。宋子文在西安设立了建设委员会的办事处，派刘竹君为主任，作要投资的姿态，但后来却什么事也没做。

在教育方面，他也十分重视，在财政困难的情况下，增加了教育经费，并规定专征专用的方法保证教育专款不被挪用。他还开始筹设武功农学院，培育农业技术和水利人才。

他提倡培养学生的爱国思想和课外阅读研究的自由。因此，在九一八后，西安学生的抗日救国活动，非常活跃，学校中可以公开阅读马列主义和其他进步书刊。教育厅长李范一执行蒋介石的反动教育政策，想更换思想进步的校长和教员来扭转教育方向，因而引起了驱李风潮。杨暗中支持学生和教职员，并派李百龄出面劝说。李百龄佯为劝说，实际助长教职员和学生的声势。因此，李范一才不得不离开了陕西，李百龄接任教育厅厅长。

驱逐李范一后，1933年4月，考试院院长戴季陶来陕西视察。戴季陶在游历了古迹名胜之后，对杨表示，陕西的学风不好，他要对学生训一次话。杨预料戴对学生讲他那套"理论"会发生不愉快的事，因而对戴婉拒，说西安多是初中学生，对他的"高深道理"不一定能听懂。但戴坚持要对学生训话，杨只好着教育厅长李百龄集合学生在民乐园听训。李陪戴上台介绍后，戴大讲中庸之道，四维八德，从文、武、周公、孔、孟直扯到孙中山、蒋介石，说蒋介石现在继承了这个道统。他要学生读死书，不要谈主义，乱搞运动，听得学生不耐烦，群起提出质问，如："政府为什么不抗日？""学生爱国救国不对吗？""爱国的人们全要准备往东北去抗日，你为什么反倒来西北逍遥自在地游古迹看风景？"等等，要戴答复。戴瞠目结舌，答不上来，学生便一哄而起，朝讲台上扔石子和铜元。戴见势不佳，便由后门溜跑，学生又把他坐的汽车烧毁了。从此，戴不但恨透了陕西学生，连所有陕西人也都被看成"化外之民"，说陕西出过张献忠、李自成"犯上作乱"之人，现在学生都是这一类型。他主张把陕西的陕字要加上"犭"旁，列为没有"王道教化"的"夷狄之邦"。其实，陕西社会上舆论是同情学生的。西安有一小报——《民意报》说："苏州结子扬州绦，杭州剪子并州刀，真打得好啊！"打戴季陶是反映陕西进步力量与南京亲日派间的斗争。

南京教育部认为陕西教育非大加整顿不可，未征得杨的同意派来了CC分子周学昌来接替李百龄任教育厅长。周学昌是个流氓，以做官为第一，欺软怕硬，对杨表示："立夫先生着我来一切服从主席，主席叫咋办就咋办。"杨对周很少假以辞色。周以李范一为前车之鉴，鬼头鬼脑地做两面光的教育官，不敢执行南京"整顿陕西教育"之命。

蒋介石认为杨的举动是他下面有共产党人活动的结果，不断来电要杨防止共产党的活动，最后竟指明南汉宸是共产党，要调到南京察看，并要杨另用秘书长。杨不得已，让南去职，以耿寿伯为秘书长。

九一八事变后，杨的抗日情绪是高昂的，除派四十二师北上参加抗战外，对部队以抗日救国收复失地为政治教育的重要内容。此外，对陕西各界的抗日救国运动也极力支持。

1932年春，日本间谍在西北活动，并勾结美、瑞间谍由甘来陕，被杨侦知并截获，有小泉浩太（日）、艾克佛（美）、多福寿（瑞典）三人，查到测绘的新、甘、宁等省草图、密电码和勾结少数民族的函件等物证。杨怕解到南京会被害怕帝国主义的蒋介石白白放走，在抗日爱国激情下把这伙间谍处决了。这就引起了日、美、瑞三国对南京政府严重交涉，蒋介石严令杨就地了结此案，否则要撤去他省主席职务，并派员督促办理。蒋既怕帝国主义，同时也借此对杨施加压力。日、美也派外交官员来西安坐催。过了几个月，杨巧妙地了结了此案，使蒋失去撤杨的借口。

1933年3月，蒋介石到石家庄约张学良晤面时，我陪杨往石家庄见蒋。杨见蒋请缨率部北上抗日，说比在陕西对国家的贡献大。蒋又慢又低地对杨说："现在抗日还用不着你的部队，你回去好好地训练部队，就好了。"出来后，杨分析蒋是不以杂牌军队对待他，同时知道杨对陕西省并不恋栈，所以表示满意。在会见中，蒋又以关怀的语气对杨说："你读书少，不知道古今兴衰全在用人的得失，例如，胡逸民欺骗了我，也欺骗了你，以前我告诉过你，你还用他，以后把用人的事，要多加考虑，你那里还有些不三不四的人，回去要查查。"杨分析，这是对他用人的控制，也就是为CC派和复兴社开路。

我回南京不久，从于右任和甘籍监委等处听说，蒋有另派大员主陕西军政之说。果然不久，蒋就发表邵力子由甘肃调陕西接替杨任省主席。这是蒋利用杨、邵关系进一步削弱杨在陕西的政治势力，杨当时情绪是愤怒的。

庐山受训

1933年夏，杨交代了陕西省府主席职务后，到庐山训练团受训，我随他前去。受训期中，蒋所讲的无非是"安内攘外""三分军事七分政治的剿共方略"以及"剿匪"战术等内容。总括起来，只是一个"剿共"。一次蒋集合一些高级将领作秘密训话，杨对我说："今天委员长讲的与平时稍有不同。"我问有何不同，杨说："今天他把安内和攘外分开来讲。他说所以集中力量先安内，其目的是为了攘外，因为内不安便无从攘外。希望大家能了解他绝不是不抗战的。要求大家团结一致，先把共产党消灭，他决定领导大家一致对外。目前谁欺负压迫我们最厉害，你们是全都知道的。"杨又感慨地说："他说了半天，还是百说不离其宗，必须先安内。他这次所以把攘外提了一下，是因为日本进逼而不抵抗，实在说不过去了。但他只是露出攘外的苗头，连个'抗日'都不敢明说出来，这还是骗人的！”受完训，杨对我说：“这样只剿共而不抗日的办法，再剿几年，恐怕要亡国了！”

在蒋介石的“剿共政策”下对红军的防御战

杨与蒋介石和共产党两方面的关系都是很复杂的。他一方面依附蒋介石发展自己的力量，一方面又同情共产党，引用共产党员和接近共产党的人。当红军进入陕境，杨在蒋的压力下，也曾作过防御战。例如，1933年红四方面军进入川北，在蒋介石的严令下他派十七师五十一旅赵寿山部据守南郑和褒城，阻止红军北进，同时他又暗派武志平往川北与红四方面军商定互不侵犯协定。又如徐海东部红军进入商、洛一带，他又奉蒋令派张汉民、唐嗣桐旅在商洛和镇安、柞水阻截。曾记得他说过：“蒋调我出去打红军，咱还可用各种借口不出去，现在红军进入陕西，就很难应付了。”还有一件事，也是使他难于应付的。他的骑兵团团长王泰吉是共产党员，带着队伍投向刘志丹。杨得报后，迟迟地才派团长严佩霖带兵去追，当然追不上了。以后王泰吉秘密到耀县活动，被民团指挥雷乾一捉住，公开解交陕西省政府（主席是邵力子），报纸上也登了消息，陕西省党部的特务们都睁着眼看杨如何处置？杨不得已把王泰吉枪毙。事后，他屡次谈到此事，犹深表痛惜。

1935年5月，红军长征入川。蒋介石电杨预作防堵准备。杨估计红军如能通过四川，可能到甘、宁和陕北一带。蒋既电令防堵，杨利用这个机会派我到四川见蒋，携带参谋处的“武器弹药补充计划书”要求补充，因为平时蒋对杨部武器弹药补充控制极严。他要驻四川的代表傅剑目和我一同与川军各派将领会见，进行联络，并探听他们如何对付蒋，如何对付红军。我于5月下旬到成都见蒋，报告了防务准备情形并请求批准武器弹药补充计划。蒋说：“共产党很有向北窜入甘、陕的可能，那就是虎城的存亡关头，告诉虎城一点不能大意，更不要迟疑观望，失之交臂，要早作准备。至于武器弹药，用时可由陕库充分供应。”我当即将见蒋情形电告杨。

参加国民党五全大会和竞选中委

1935年11月中旬，国民党召开第五次全国代表大会。陕西省选出杨虎城、冯钦哉、孙蔚如、缑克敬、田毅安、张志俊等人为代表，杨不得不往南京参加会议了。当时，"何梅协定""秦土协定"先后签订，华北形势岌岌可危。杨到京后，见国民党的大员们很少谈论如何对付日本帝国主义的侵略，而喧嚷着竞选中央委员。杨对竞选十分消极，还认为蒋介石要他当中委，不竞选也会选上，如是不要他当，竞选亦属无用。南京的朋友劝他说：各省的军政大员，因地位关系，应该竞选中委；党的组织虽由二陈掌握，但在争夺剧烈的时候，陈家也不能完全控制住；再说，如果不参加竞选，会惹起蒋的怀疑。杨听了才有活动之意，同时，陕西省的几位代表拥护他，要给杨做基本票。这样，他才决定竞选。

那时竞选，第一必须得到蒋的允许和陈立夫统一安排，第二自己要有基本票，才能与别人交换；第三会场内须有人监视画票，不然，选举人尽管信誓旦旦，而临时变卦，就完了。

当时，各地的代表互访交谈，酒楼饭馆相征逐。有的干脆讲价卖票。各系各派的要人，伸手向蒋要中委名额，互相排挤，彼此攻击，形形色色，无奇不有。

杨决定竞选后，派我和正在陆大上学的陈子坚与驻京办事处处长缑克敬三人分工负责活动。

杨竞选的第一关是蒋介石批定他竞选中央监察委员。因此，陈立夫也是给他安排监委，而我们要求的是执委，再三与陈交涉，他说中央的意思，他不能变动。杨自己分访各代表，风头很高，我们觉着票数也确有把握，就不管陈立夫的安排，继续竞选执委。其实杨对执委或监委不在乎，只要有个中委名义就算完了。

11月中旬，代表大会开幕。杨最关心的问题是如何对付日本。但蒋介石在讲话中提出的对日政策仍然是："在和平未到完全绝望，决不放弃和平；牺牲未到最后关头，亦决不轻言牺牲。"杨听了表示非常失望。

投票选举之日，会场内乱成一团，进行了很长时间，夜间开票结果，杨的执委和监委全选成了，执委的票数比监委还多，陈立夫仍照蒋的意思，把杨虎城的名字列在监委中。

杨参加了国民党第五届第一次中央委员全体会议。他在离京回陕的时候，曾对我们表示：蒋介石对日不抵抗的政策是非常错误的，国民党领导中国是没有前途的，中国要救亡图存，必须另走一条道路，等等。

杭州见蒋

1936年10月14日，杨应召到杭州见蒋，我随同前往。韩复榘、徐永昌等也应召到杭。在会见蒋后，杨问我："你感觉这次蒋是不是对我们冷淡呢？"我就反问他："你怎样感觉冷淡呢？"他说："今天会见时，蒋对韩所谈的整军和剿共问题，特感兴趣和重视，对我谈的建议全面抗日问题，只哼哼哈哈，不作答复。在宴会上，对韩和我的态度也不同。他把咱们的军政权削减到现在的程度，认为我们作用不大，还要谈什么呢！"

次日蒋安排到杭的大员游天目山。杨说："咱们不陪韩向方了。"当晚向蒋请假赴沪入虹桥疗养院检查身体，于10月22日返陕。

杨虎城将军散记

童陆生

关于杨虎城将军的事迹,有人写了传记,有人写了西安事变的回忆文章,我还想就耳闻目睹和杨将军的交往,写点回忆,名曰散记,用以悼念这位中华民族的优秀子孙。

一、知人善任重视人才

早在1932年,杨虎城将军就已执掌国民党统治地区陕甘两省的军政大权,并兼十七路军总指挥。这并不是由于蒋介石对他的信任,相反,而是对他这个握有重兵的西北地方势力无可奈何的任用。

杨虎城知道蒋介石对他极不信任,为了加强他的实力,便想大力整顿军队,提高部队水平,于是开始筹办陕西讲武堂,希望轮训和培养他的军事干部。他聘请的军事教官,均须北洋陆军大学、保定军官学校、云南讲武堂出身的军事人才,要求的条件非常严格。后来因向国外购买的新式武器，被国民党地区的其他军队截留，加之他为此害了一场大病，所以讲武堂未能办成，改办了一个步兵训练班，由金闽生主办。训练班的各队队长，由王根僧按杨虎城的意见聘请。王根僧北伐前在黄埔军校当过队长，受到大革命的洗礼，思想进步。他聘请的都是倾向进步、不反共和可靠的人，作为这个训练班的骨干。

1933年，杨虎城委任保定军官学校毕业的唐哲明为十七路军总部军械处处长，1934年又委任王根僧为少将参谋处长。1932年春，我被邀请到陕西讲武堂任教官，因讲武堂未办成，被委任为十七路军总部宪兵营副营长。这个营的营长由杨虎城本人兼任，任务是整顿部队军风纪，并代行西安警备司令部的职能。杨虎城不兼营长后，由金闽生副营长升任营长。

1933年11月，福建事变发生时，杨虎城找我去问：十九路军内有同学、朋友吗？我说："有。"接着说："邓志才师长就是同班同学。还和蔡廷锴军长的副官长谢东山是朋友。"因此，杨虎城要我代表他去福建进行联系，表示完全信任。从福建回去后，委任我为他的十七路军总部参议。这对我做党的地下工作比较方便。

1935年，杨虎城邀请保定军官学校毕业的李行中，担任他的中将参谋长。

这些人并非杨虎城的老部属，都是经人推荐邀请任用的，他对这些外来人才委任后，都采信任态度。至于王菊人担任他的机要秘书，南汉宸、杜斌丞先后担任他的陕西省政府秘书长，也是由于他能知人善任。

杨虎城爱护人才，还注意培养人才。当年在他那里培养出的军事人才，现在在我中国人民解放军中工作的，还大有人在。

杨虎城尊重人才和有学识的人。军事家李根源老先生寄信西安，想要西安碑林的全部拓片。金闽生向杨虎城讲到此事时，杨虎城毫不迟疑，满口答应，请人购到后立即寄给李根源。他对陕西当地有学问的宋伯鲁、李协等人也很尊重。宋伯鲁是清朝光绪皇帝的老师，戊戌政变后被迫回陕，专门编修陕西省志。李协是水利专家，修泾惠渠时，曾多次向这位专家请教。1932年，杨虎城重病在身，特请当时的北平名医施今墨老大夫去西安诊治，他病愈后以重金相酬，表示敬谢的心情。

杨虎城出身贫苦，幼时没有读过书，文化程度不言而喻，但他注意学习不耻下问。他对问题的理解和反应较快。他在会上讲话滔滔不绝，听众赞扬他像教授讲课。这是他爱学习的结果，是和一般不学无术的赳赳武夫不同的。

我和杨虎城面谈时，他对不了解的事、不懂的问题，都是当面就问，态度虚心诚恳，决不不懂装懂。这种好学好问的精神留给我很深的印象。可是，我们谈话的经过，决不能向外传说，如不注意下次就出不了他的办公地址——西安新城。因此，他每次找我去谈何的事情，我除向党组织汇报外，从未向外人透露过半句风声。所以，我与杨虎城的来往内情，局外人无从知道。

二、同情共产党掩护共产党人

杨虎城早就同情中国共产党，对红军更没有敌视之意，而且掩护了一些共产党人的活动。1932年春天，南京蒋介石政府有电报给杨虎城，查问共产党员唐哲明潜伏在他那里的情况，并要这个人。他收到电报后，一面叫秘书王菊人送300元给唐哲明，让他当晚离西安（那时，唐哲明任十七路军总部的军械处处长）；一面给蒋介石复电，说此人早已离职，不在西安。后来，我在延安参加"七大"的一次晚会时，看到唐哲明同志，他谈起在西安脱险的经过，盛赞杨虎城的掩护、帮助，才能安全离开西安。新中国成立后，王菊人来全国政协开会时，常到我家来谈心。他说，杨虎城对共产党人是同情、爱护的，所谈放走唐哲明同志的经过，与唐哲明所说大致相同。

1933年秋，南京政府又一次电令杨虎城不能再留用南汉宸、王菊人。他知道南汉宸等同志不是一般的共产党员，向蒋介石硬顶是不成的，所以，为此事很烦恼。最后，送给王菊人数千元，让他去日本留学。对于南汉宸，不仅赠款让他走，还考虑到他离职后有被西安国民党省党部特务逮捕的危险，便令随从自己多年的亲信警卫姚云清负责护送他出潼关。当时，姚云清在宪兵营任副官，对西安守城的军、警、宪人员都熟悉，他连夜开汽车送南汉宸到潼关，南汉宸从潼关换乘火车到郑州转车北上。因之，南汉宸同志能一路平安到达天津，再搭轮船东渡日本。姚云清就是现在铁道部工作的姚光同志。

1935年，徐海东同志率部去陕北经蓝田时，谣传红军攻打西安，西安形势一度紧张，蒋介石也电杨虎城堵截。当时，王菊人秘书电话约我去新城，说杨请我吃饭。我到新城后，杨虎城等候接待。饭后，杨问我：徐海东会来攻西安吗？我答：徐海东不像是来西安的，而像是北上抗日路过此地的。他接着问：怎么应付蒋介石的来电呢？我答：徐部北上后，即电南京"报捷"。杨虎城采用了我这个意见，向南京政府应付过去。

西安事变中，党中央为了增强张学良、杨虎城的自卫力量，派徐海东率红十五军团援助，杨虎城听说徐海东同志率部援助，特派宋绮云和米暂沉代表他去慰劳，《西北文化日报》记者杨滨清同行，宋绮云等还和徐海东同志合影留念。

三、爱国、爱民

杨虎城热爱祖国，他参加发动西安事变，逼迫蒋介石同意抗日，当然是他爱国的集中表现。平时，他也是支持抗日爱国活动的。西北抗日救国总会（简称"西救"），能在西北地区开展活动，也是由于杨虎城的支持。他曾命杜斌丞将1000多元现款交韩琢如转送"西救"，作为公开宣传的费用。这笔钱由我负责接收，经大家议定，作为"西救"的开办经费和扩大抗日救国宣传的费用。他支持"西救"，也就是支持我们当时的陕西地下党特支的救亡活动。

杨虎城在西安时，对陕甘两省人民没有搞苛捐杂税，没有过多地增加人民的负担。他看到农村遭受灾荒，极力主张兴修泾惠渠，解决三原一带的水利问题，并解决关中地区的农田用水问题。他不像其他封疆大吏那样大刮地皮，所以他在外国银行里无私人存款。

他还重视军队纪律，不准部属扰民。我在西安五年多，没有听到他的官兵发生严重危害人民的事情。因而陕西人民对杨虎城有好感。

四、帮助张学良完成捉蒋任务

西安事变前，张学良、杨虎城两位将军商量同心合力活捉蒋介石，他们完成了兵谏任务，扭转了当时国家民族的危局。他们的分工合作十分恰当。临潼方面，由张学良将军派一位姓王的团长率军负责捉蒋。西安市内，由杨虎城将军派军官率军队负责解除蒋介石派驻西安市内的宪兵营的武装，并负责逮捕蒋介石率领到西安的一批高级将领和高级官员。他们之中有些是应蒋介石之召到西安参加西北"剿共"会议的，都住在西京招待所内。这个任务是杨虎城指定他的参谋处长王根僧完成的。

张、杨两将军发动的西安事变，在中国共产党帮助下，终于使蒋介石被迫屈服，停止了十年内战，同意一致抗日，并释放和不再捕杀爱国人士，成为中国历史上的转折点。

五、接受中共代表团建议，达成国共
第二次合作，共同抗战

蒋介石在临潼被活捉后，被送到西安。张、杨两将军一面发出兵谏宣言，一面联名电请陕北中共中央派代表到西安协商国家大事，经中央研究后，派周恩来、叶剑英同志率代表团到西安会见张、杨两将军。第一件要解决的大事是对蒋介石如何处理的问题，即放蒋介石，还是杀蒋介石呢？周恩来同志代表党中央说明当前的国内外形势，如何处理蒋介石对国家民族有利，结论是不放蒋介石会引起大规模的内战，正是日本帝国主义者和国内野心家何应钦等所希望的，放蒋介石，可以避免大的内战，争取国民党共同抗战。张、杨两将军听了这一番道理后，同时赞成放蒋的意见，接受中共代表团的正确主张，从而达成国共两党的第二次合作，促成中华民族对日本帝国主义的抗战。

当时，我在西北抗日救国总会，知道各地到西安的代表的反映，都是想把蒋介石置之死地而后快，东北军、西北军内部也有很多人要求杀蒋介石。张、杨两将军没有个人意气用事，而是真心为了抗日，接受了我党的意见一致对外，这是很不容易的。

六、杨虎城出国前，妥善安置部属

西安事变后，张学良将军亲自送蒋介石回南京，却被蒋介石扣留，东北军也被调出潼关。杨虎城的十七路军的番号，也被蒋介石明令撤销，让他出国考察，以他的部下孙蔚如为军长兼陕西省主席；冯钦哉升为军长，调出陕西，他的其余部队和人员，也由他自己提出妥善安置的方案：以李行中为师长，许权中为李行中师的旅长，赵寿山为师长。这些都是杨虎城的基本队伍。这两个师编好后，所有军官都妥善安置在这两个师内。南京政府同意这个方案后，杨虎城才离西安赴上海准备出国。

杨虎城出国以前，在上海照了张身着陆军将军礼服的半身八寸照片，连同《出国告官兵书》，分别寄赠给他的师、旅、团以上军官，我也收到了一份。后因忙于抗日救亡活动，未能保存下来，深为惋惜！1953年，王菊人同志来京参加全国政协时得知此事，回西安后将他所保存杨虎城将军着中山装的遗像一张寄来，作为对这位爱国将军的纪念。对杨虎城将军在西安事变中的丰功伟绩，我也和全国人民一样，将永志不忘。

（1982年12月12日于北京）

杨虎城和孙殿英协议
"经营西北"的由来

常黎夫[*]

    1933年3月,孙殿英因热河阻击日军,一时博得抗日美名,同时吞并了汤玉麟和义勇军李纯华的部队,保持有相当的实力。5月间,冯玉祥在张家口成立民众抗日同盟军,争取孙殿英合作抗日。蒋介石为了破坏抗日,指使何应钦尽力拉孙反冯。孙见风使舵,利用冯、蒋矛盾,向蒋捞得青海西部屯垦督办头衔,企图插手西北,借"屯垦"之名,开辟新的地盘。而蒋早有阴谋,已密令宁夏军阀马鸿逵中途截击孙。孙为便于军队行进和尔后在西北的立足和发展,遂经李锡九邀请南汉宸到包头任该部高级顾问。孙通过南汉宸与杨虎城取得联系,提出杨、孙联合共同"经营西北"的协议。南汉宸以杨虎城代表随孙军西进。我是在孙部围攻宁夏受阻,形势恶化的情况下,接受杨的派遣去和南汉宸取得联络的。现将我在宁夏李岗堡和南汉宸会晤的经过记略如下。

---

    [*] 作者原名常应黎,系杨虎城部工作人员,中共地下工作者。

　　1933年，杨虎城联共反蒋抗日，与红四方面军建立了联系，支持张家口抗日同盟军，同情"福建事变"，对孙部开赴西北也很注目。同年12月，杨虎城电催高级参议杜斌承由汉中赶回西安，共商大计。

　　我按照中共陕南特委的指示，随杜斌丞到了西安，隐蔽在杜家，帮助工作。杜斌丞回西安之初，杨虎城和杜斌丞的活动频繁，如派李龙门（李述膺，同盟会员，1919年曾为南北和议陕西代表）去山西、广西分别与阎锡山、李宗仁取得联系；派崔孟博（原任陕西省政府秘书科长）去孙殿英部做南汉宸助手，派杜立亭（1932年任甘肃酒泉专员时为马仲英部的参议）、刘天鸣去孙部，准备分赴甘肃马仲英部和陕北等地进行活动。

　　时隔不久，形势突变，"福建事变"失败，孙殿英进军宁夏阻滞不前，西安先后派给南汉宸的人杳无音讯，杨虎城和南汉宸之间的联络中断。杨恐南在孙部活动的消息泄露于己不利，心里焦急，乃与杜斌丞商量决定，尽快派一可靠的人去宁夏，务必见到南汉宸以建立联系。杨的机要秘书王菊人向杜斌丞建议派我前去，杜未答应。王又向杨虎城建议，由杨直接向杜提出说派我去，杜不好拒绝，才征求我的意见。

　　杜斌丞对我说："从当前形势来看，此去没有实际意义。蒋介石给孙殿英青海西部屯垦督办，别有用心；而孙反复无常，打个人的小算盘，他能否进入西北，能否站得住脚，毫无把握。杨虎城实力单薄，不起主导作用。所谓'孙杨联合'没有现实条件和可靠基础。不过，你去了能和南汉宸、葛霁云会面结识，以后参加社会活动的路子会宽广一点。同时，借此机会和杨建立关系，以后找机会出国留学也方便一些。去不去，你自己慎重考虑决定。"我认为有机会同南、葛会见值得，当即表示愿意去。

　　次日，王菊人就约我见面，说他将立即报告请示杨虎城，并约定第二天晚上见面详谈。当天下午，王菊人就将杨写给南的信送至杜斌丞手中。杜将这密写在一块白绫子上的信交给他的夫人米佩英亲手缝在一条棉褥子里边，由杜的公务员取回交我。晚间，我去王菊人家。他殷勤接待，说了许多好听的话，说杨、杜上午见过面，一切都谈好了，杨主任就不再约我面谈了，争取时间立即起程，归来再见。他最后的一句话是："希望应黎

（我的原名）兄以'布尔什维克'精神完成任务！"

第三天，我扮作大学生，由西安动身，于1934年除夕晚抵达北平。初一铁路停车，初二搭上火车去包头。在包头住了两天以后，乘汽车到临河，住入范家客店。范掌柜接待十分热情，他用18元钱代我买了一头小毛驴，雇了一个带路人。两三天后，我由临河动身前往宁夏，借口是去孙殿英部找我患重病的叔父。途中，被孙部哨兵阻拦，引至副官处长王胜处。我说明来意要找南汉宸，王处长亲自陪同我至李岗堡"顾问处"见南汉宸。"顾问处"在李岗堡的一个四合院里，住着总顾问李锡九、高级顾问南汉宸，还有葛霁云和"道道"秘书（"道道"是绰号）四人。我在"顾问处"待了约二十天，给我印象最深的是南汉宸的冷静沉着、深谋远虑。他的诚挚态度和许多远见卓识，使我深受教益。从他同我多次的谈话中，他对杨虎城和孙殿英之间联合行事的分析及见解是这样的：

首先，关于杨、孙合作，共同"经营西北"以及在一定时候发表"通电"之事，没有留下任何文字的东西。杨与孙谈判此事，经过了李锡九的反复考虑，接受了孙的意见，采取杀牲歃血、盟誓示信的方式进行。宰鸡、焚香、宣讲誓言没有字据，没有什么"通电"、文稿留在孙的手里，外人不会拿到什么把柄，孙也不可能利用它搞什么别的名堂。这方面杨主任和十七路军可以放心，不会惹出麻烦。

其次，南对孙殿英部作了全面介绍和分析。他说孙部号称五万之众，不一定准确，但他手里掌握三万支好枪是实在的。孙本人出身不正，名誉不好，但他确实是个"怪才"。此刻他急于寻找出路，求得立足生存之地。孙为了去西北站得住脚，和杨虎城力求合作的心意可以理解。现在国内形势变化，"联合反蒋"没有条件，而蒋却授意马鸿逵阻击孙。孙对宁马估计不足，采取大兵密集，攻打宁夏城，倘攻城不利，旷日持久，粮食、弹药不继；加之蒋介石、阎锡山在孙的内部进行分化瓦解，前途很难设想。

最后，孙殿英为争夺宁夏城，不顾后果，别人的话听不进去。杨虎城实力单薄（他对杨部团长以上军官逐个点名作了分析），不能起主导作用。孙部中，我们能够直接掌握的武装力量只有阎红彦掌握的两个连，宣侠文还可以影响带动三四个连，到了不得已时，可拉出去同陕北红军会合。他还说他和宣侠文、葛霁云几个人在孙部是比较安全的。因为孙与李锡九的关系深，孙以师礼相待；南汉宸他们几个人又是经李介绍聚集在一起的。

对我们之间的关系，南坦诚地对我说，我们是同志式的关系，是建立在共同理想和政治目标基础之上的，不仅仅是杨的代表和联络员的关系。我们和杨虎城之间的关系，也不仅仅是建立在与十七路军的共事和与杨个人友谊方面的单纯关系。至于我们和杜斌丞之间的政治主张，则是完全一致的。

孙殿英攻城失利，军心涣散，内部分裂日趋明显，而孙仍执迷不悟，孤注一掷，组织总攻。南认为败局已定，我必须立即赶回西安报信。

南给杨虎城写的密信，仍然缝在我的棉褥子里。不久我雇用了一个熟悉黄河绕过"水桥"和内蒙古沙漠地段道路情况的人，牵着我在临河买的小驴，驮上行李，于1934年农历二月初一清晨从黄河冰上过了河。当天进入"三段地"，我被伊盟巡逻队扣押，幸于次晨脱身，晚宿独家店（张天驿）。第三天，我走出内蒙古地段，晚抵大水坑，持南汉宸的信住到郑思诚（陕西定边人，曾任国民党骑兵旅旅长）处。当时，郑回陕北与杨猴小及三边、盐池地方一带的团匪串联，与孙殿英相互策应，招兵买马，伺机而动，试图东山再起。深夜，安边地方团匪头子张廷芝来郑处发现了我，向郑提出要扣留我。多亏郑解劝，并于次日下午派赵思忠率骑兵五名，护送我经环县等地进入西峰镇境内。在西峰我住了两日，后乘汽车回到西安。

杨虎城看过南汉宸的复信，表示很满意，说汉宸办事老成持重。

历史证明，当初南汉宸的分析和论点是符合实际情况的。孙殿英久围宁夏两月未下，直到粮尽兵疲，进退难舍，被阎锡山全部缴械。阎红彦拉出来的几个连，因黄河解冻不能去陕北，开进沙漠地区也告失败。

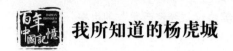

1934年5月，南汉宸在天津和吉鸿昌一起搞地下活动，曾经多次来信邀我去他那里帮助工作，因我决心要从"当兵"做起，皆婉言谢绝。但是我们之间一直保持着良师益友的关系，即他所说的"同志式的关系"。后来，在延安时期，我在南汉宸的直接领导下，一起工作了五年。

（1989年12月15日）

我所知道的杨虎城
WOSUOZHIDAODEYANGHUCHENG

记西安事变前后的几件事

王菊人

西安事变前后，本人在十七路军总指挥部任杨虎城将军的机要秘书。下列记载或属经历，或属见闻，唯所知者只是点滴。事远易忘，记忆难免讹漏。

一、从1933年至1936年间，杨虎城同中国共产党和工农红军曾有过联系，这种联系开始是通过南汉宸进行的。

九一八事变后，榆关弃守，冀东成立"防共自治政府"，华北政权"特殊化"……这几年中，日本帝国主义对华北从各方面进行了侵略。在蒋介石"安内攘外"的反动政策下，西北人民深切感到，自己即将处于抗日前线，救国保家已成为日益迫切的要求，抗日情绪逐渐高涨。

在"九一八"以后，中国共产党提出的全国团结、一致抗日的主张，越来越为全国人民所拥护，即便在国民党内的各地实力派中，凡具有爱国思想的人，也都注意到这个正确的爱国主张。

随着红四方面军进入川陕与陕北红军力量的日益增长，共产党的政治影响，在西北地区日益扩大。相形之下蒋介石的所谓"抗日准备"的宣传，越来越没有人相信了，他的"攘外必先安内"的反动政策，在西北人民中日益受到抵制和反对。

红四方面军进入陕西时，蒋介石以其嫡系胡宗南的第一师尾随红军，胡宗南到了天水，便按兵不动，这是蒋系兵力深入占领西北的开始。当时据十七路军所了解的情况，胡宗南驻在天水，一是防堵红四方面军向新疆前进，一是对十七路军进行监视。此后，十七路军和蒋介石的矛盾便逐渐尖锐了。这时，蒋介石在对红军作战方面的企图，是让十七路军在陕南给他当炮灰，使同红军两败俱伤，他坐收渔人之利。这严重地影响到了十七路军的生存。

1933年初，红四方面军进入川北后，蒋介石命令十七路军的十七师孙蔚如部从甘肃集结于陕南汉中地区。杨曾派杜斌丞到汉中见孙蔚如，暗中商妥派参谋武志平到川北与红四方面军协商互不侵犯的办法，取得一定的效果。1935年1月间，红二十五军进入秦岭地区，蒋介石电令十七路军阻击红二十五军，陕西警备第一旅旅长唐嗣桐很反动，在奉命出发时，对杨说："我是委员长的学生，我要为三民主义牺牲。"说罢还哭了一阵。结果唐兵败被杀。警二旅旅长张汉民（共产党员）由于太逼近红二十五军，红二十五军不知道张汉民的党员身份，也兵败被杀。安康绥靖区司令张鸿远本是个反动军人，兵败仅以身免。因杨屡遭失败，蒋介石电令中带了许多讥讽和训斥的言辞，杨当时的心情是很苦闷的。

1935年12月间，汪锋奉毛主席的命令到西安见杨，并带来了毛主席给杨虎城的信，提出了联合抗日的主张，阐明了抗日民族统一战线的政策，对杨有许多勉励和希望之词。杨同汪锋面谈关于抗日救国问题，十七路军与红军如何合作等问题，谈得较多。

杨与汪谈过后，曾和某几个人商量过。

他对汪的来历不敢相信，毛主席的信会不会是蒋介石方面为了侦察杨的态度的假信？为此，他通知在天津的南汉宸，请他派一个中共党员到陕北问一下汪锋的真实情况。南汉宸商请王世英、梁明德去红区，去红区前，由崔孟博陪他们先到西安，这是1936年2月间的事。王世英等到陕后，杨向他表明了愿同红军合作抗日的愿望，请王问明汪锋的来历，约王回来后再次见面。汪锋和王世英一起被护送着从阎揆要团驻地淳化进了红区。

王世英自红区回到西安后，再次和杨见了面。经过几次商量，共同的意见是：十七路军为了同红军合作抗日，要训练骨干力量，双方维持原防，互不侵犯；给予红军在十七路军防区内人员来往、物资运输以便利；红军应多方面对各杂牌军（当时指的是陕北绥德的八十四师和榆林的八十六师）进行抗日民族统一战线工作，等等。王世英证明了汪锋的身份。

自汪锋、王世英相继到西安后，前线已无形停战，接着红军派张文彬为代表，常驻西安，张文彬被委任为十七路军总指挥部政治处主任秘书。当时，因电台未建立，关于蒋介石重要的军事部署，便口头告诉中共代表。为保持双方的来往，杨虎城密令设立了交通站，在西安的有三处：西安城内甜水井，以特务第二团（阎揆要团）留守处名义，派副官原润泉负责，专为一般外来的或自红区出去的共产党人设置的。宋文梅的特务营营部和特务营营副谢晋生的家，是专为重要共产党人设置的秘密住所。这两个地方，保护极为周密，与杨直接接触的共产党人，住在这里。为保密起见，这里住的人，不与其他一般共产党人往来。如张文彬即住在谢晋生家中。在前线也有三处交通站：一为驻淳化之阎揆要团，由阎揆要负责；一为洛川、延安间的四十九旅和程鹏九团，由旅长王劲哉、团长程鹏九负责；一为宜川的四十二师武士敏旅，由旅长武士敏负责，武去南京陆大受训后，此一交通线取消。关于电讯器材，电台地址，杨派特务营长宋文梅负责，地址预定在特务营营部（新城外西北角）内，由于种种原因，此项工作迄未进行。另外，由杨交付王世英带去的干电池、墨水、笔尖、笔杆、报纸本等物资，经由前线给红军运过一次。

二、在1935年张学良到西安以前，杨虎城在中国共产党抗日民族统一战线的影响之下，受到了全国人民抗日高涨的推动，从本身利害关系考虑，已下定决心，不和红军再打仗，并且开始觅取停止内战增强抗日力量的办法。杨当时曾说："抗日，国家有出路，大家都有出路；打内战，大家同归于尽。要抗日，先要停止内战。在抗日这一点上，我们与共产党有共同的基础。"为解决这个问题，杨曾分别与蒲子政、王炳南商量过，并派崔孟博到天津和南汉宸商量过。他自己对中国共产党的"八一宣言"也进行过反复研究。杨曾设想过两个停止内战的办法：一是与红军合作反蒋，以停止内战；二是注意国内各地方实力派的反蒋动向（当时注意联络华北的韩复榘、宋哲元，两广的陈济棠、李宗仁、白崇禧），设法联合反蒋，先打破蒋的武力统一企图，推翻蒋的"攘外必先安内"的反动国策，以停止内战。杨当时着重于实现第二个办法。

东北军调到陕、甘以后，如何对待东北军的新问题。

在历史上，十七路军和东北军没有往来，杨和张也没打过交道。对张和东北军到陕、甘来的真正意图，杨一时摸不清楚。从张回国和他任鄂豫皖三省"剿共"副司令时期的言论看，张是拥蒋的。但九一八事变后，东北军到处颠沛流离，受尽了失地丧家的痛苦，还得在蒋的威胁下为他拼命。从这一方面分析，东北军的绝大部分官兵，对蒋是不满的，只是抗日情绪暂时受到了压抑，东北军入关，处处受蒋歧视，实力削弱，地位日下，张对蒋也是不满的，张受蒋骗，把九一八事变的不抵抗帽子巧妙地让张一个人独戴，张不会服气；张、蒋之间必然蕴藏着很深的矛盾。爱国抗日的思想，在十七路军和东北军大部分官兵中是普遍的。深受蒋的压迫，力量不断被削弱，这种处境，十七路军和东北军是相同的。就这些情况估计，在反蒋抗日这一点上，十七路军和东北军有基本一致的要求，在这个前提下，两支部队团结合作，觅取停止内战一致抗日的办法，是可能的。杨赞同这些看法，并且说："患难的朋友好交！"但是，他也有疑虑的地方：论兵力，东北军比十七路军大数倍，如果东北军受了蒋的愚弄，和蒋在陕、甘的兵力一起，对十七路军采取压迫的态度，那对十七路军是极不利的。不过东北军初到陕、甘，根基不固，人情不熟，而且受到红军的压力；东北军既然奉命"剿共"，力量势必分散，不会立刻对十七路军下手。我们兵力虽比东北军小数倍，但我们是地方部队，久在陕西，在地方上有很多潜在力量，陕西的团队，绝大部分我们掌握得住（杨兼任陕西省保卫委员会主任，各县民团都归这个机构指挥），东北军会有顾虑的。当前的出路，主要在联张上，只要在反蒋抗日这一点上彼此一致了，那么合作就可靠了，停止内战的办法也好想了，我们所顾忌的对十七路军的不利条件便减少了。杨说："我先试探张的动向，尽量设法和张在政治上合作。"他严嘱所属，对这些事要绝对保守秘密。

张到西安后，任西北"剿共"副总司令兼代总司令职权。杨任西安绥靖公署主任兼十七路军总指挥，军事上归张节制。两人来往很频繁，在礼貌上杨很尊重张，但在很长时期内，双方是官样酬对，内心话都不肯说。

有一次，杨去张宅，有意识地试谈了国内政治形势。杨回来说："很糟糕！张很赞成法西斯，同我正相反。"张的这种说法是不是对杨政治态度的试探呢？推测不出来。

一次，杨约王以哲（东北军第六十七军军长）吃便饭，饭后谈了很久。王以哲谈到自东北军入关、失去东北三省后的苦处，谈到他的一些部下，妻离子散家破人亡的惨况时，他潸然泪下。杨说："照这样下去（指继续打内战），我们将来的遭遇都是一样的。"事后，杨估计说："东北军高级将领尚有这样的感觉，中下级军官和士兵的痛苦会更大。上层军官的联络很重要，他们对张会发生影响。"杨即派定专人同王以哲来往。王就派他的秘书孙大胜同十七路军联系。孙在沟通王同十七路军的关系方面做了不少工作，在政治上对王也做了不少的工作。

张和杨后来有一天又谈到法西斯问题。张问杨：这个办法，在中国行得通行不通？杨说：人家搞法西斯（指德、日、意），对外扩张领土；咱们搞法西斯（指蒋）对外（指日本）投降，他（指蒋）当小皇帝，我们当亡国奴，你看行得通吗？张听后未答，从此以后，张对杨不再谈法西斯这些话了。

蒋的特务，这时极力散布张、杨不和的谣言，在双方之间制造矛盾，不是说东北军要解决十七路军，便是说十七路军要驱逐东北军，并指使双方部队里一些复兴社分子，从内部来挑拨东北军和十七路军的关系，企图使之关系恶化甚至火拼。实际上当时也存在着可以使蒋系特务利用的机会。情况是：东北军随军眷属不少，经常为了争住房而打架争吵；双方少数中下级军官和士兵，为了看戏占座甚至在街上争路，也经常打架争吵，有时几乎演变到互相开枪的地步，双方的一些人，为此确实发生了恶感。双方少数部队之间，因驻地靠得近，有时也互相警戒。日子久了，还引起了双方一些中上层军官的疑忌。十七路军中有些军官，就怀疑东北军对十七路军将有不利的行动，并常向杨报告。这时，杨和张都觉得这样下去很不好。怎样改变这些情况呢？张把他的朋友高崇民叫到西安，介绍同杨认识。以后，杨和张有些不便明谈的事，高崇民就从中作了沟通工作。这样，上层的关系有些打通了，但下层打架争吵的事，还是劝不止，禁不住。杨某次对张说：咱们握手言欢，底下（指下层官兵）动手打架，长此下去，不是好事。张随即叫总司令部下了个严整军纪的通令，吵嘴打架虽然还有时发生，比前稍好了一些。

杨和张的关系逐渐密切了，但有可能招来蒋对他们的怀疑。他们二人商量了一个"暗通明不通，上合作下不合作"的办法，就是说，暗里往来，明里少往来，上层合作，下层可以让他们闹些事，以掩护杨和张的密切关系，麻痹蒋方特务，避免蒋的怀疑。"双十二事变"发生后，我们从国民党省党部、宪兵团、西安军警联合稽查处抄获到的特务情报中发现，大部分是关于十七路军和东北军即将冲突的报告。一天，杨同张谈话回来说：张同他说："蒋在'九一八'事变时把我害得好苦，我当了替罪的羔羊，这是有证据的，终有一日我会将此事表白于天下。"杨对张说："往事不要再提了，只要我们实现了抗日，大家不光原谅你挨了暗砖（意即受了蒋的暗算），还会一致拥护你哩。"

在这时候，杨、张之间，对于抗日问题可以深谈了，对于反蒋、联共的事，彼此还在互相试探，都不敢吐露真情。其实，杨和张都分别和红军建立了联系，但都不愿明说。

东北军被红军击败的劳山战斗以前，杨看了"西北剿总"的命令，便去见张，劝他慎重，不要进攻，张不表赞同。杨回来说：他（指张）是不碰钉子不会回头的吧，还是少年气盛，等碰回来再说。

劳山、榆林桥、直罗镇战役以后，张在见杨时候很少再谈"剿共"

了。在1936年的下半年，两人一次见面时，从抗日谈到捉蒋、联共的问题，这是一次很突然的事。一天杨从张的家中回来说："我同张先生今天谈得很痛快。张突然问我：'怎样才能达到我们的目的（指抗日）呢？'我说：'先要停止内战'。张说：'我同蒋谈过好几次停止内战的事，蒋的态度很坚决，蒋让我死了以后，再不去剿共好了。我说：'软说不行就硬干。'张沉思了一下说这个办法好，刚柔相济，刚柔并用。张又说：'那我们对红军怎么办呢？'我说：'反蒋抗日，红军和我们的主张是一致的。'张点了点头。"这时，双方对于停止内战，推翻蒋的"安内攘外"政策是下了决心了，但对蒋怎么硬干，怎么软干？在什么情况下软干，在什么情况下硬干，当时还没有定出个办法来。可是杨和张的关系，已达到相当密切的程度，除联共的事还很少谈到外，其他都可以深谈了。

十七路军和东北军中奉命做这方面工作的人，秘密地在一起商量了好几次。怎么硬干呢？有人主张：等外省军人反蒋，我们便起而响应，出兵占领河南，解决在甘肃的中央军（指胡宗南和关麟征的部队），造成割据局面，叫蒋奈何我们不得，那时，我们可以联合红军，共同抗日。又有人主张：等着旁人发动，是不可靠的，我们应该先去联络华北和两广，我们干，叫他们响应援助。不然蒋的重兵开进陕西，我们想动也动不了，那样会失算。有人不赞成以上两个办法，他们说：蒋的军力在全国占优势，单纯的军事反蒋会被蒋各个击破，只有在政治主张上得到全国支持时，再辅以军事行动才比较妥当。至于软干，大家都没有信心，认为对蒋用劝说的办法，绝对无效，反而会露马脚，打草惊蛇，那更不好。大家都主张硬干。有人还说：软干是要活的，硬干是要死的（意思是把蒋打死）。最终也没定出个办法。实则在这时候，对于如何捉蒋，也没有设想到。

三、1936年6月初，"两广事变"发生了。这时候，日本帝国主义者向华北步步紧逼，所谓"华北特殊化"已渐成事实。中国共产党领导的抗日救亡运动，到处蓬勃展开，驻在陕、甘的东北军和十七路军中大部分官兵爱国抗日的思想有所提高，厌恶内战的情绪已很普遍，对蒋介石的"攘外必先安内"的反动国策,感到很大不满。杨虎城派秘书蒲子政去太原见阎锡山,到北平和济南见宋哲元、韩复榘,征询如果日本用武力进攻华北,他们将采取什么办法。他们都说:自己的兵力单薄,抵抗是要抵抗的,但要看"中央"(蒋介石政府)如何处理。当时,杨和张曾分析过华北的形势,认为如果日本进攻华北,阎可能投降日本,韩、宋将虚晃一枪,向后退却,日本将不战而占领华北和山西,那时,进攻西北便迫在眉睫了。蒋介石对日本是不抵抗的,借内战以消灭异己的军队,又是必然的。因此,内战不止,自身难保,抗日无望。所以这时候,张、杨正在寻求机会,准备先打破蒋介石武力统一的阴谋,推翻蒋介石"攘外必先安内"的反动政策,以求停止内战(包括停止对红军的进攻),全国团结,共同抗日。

"两广事变"发生前数十日,从广西常驻西安的代表刘仲容的谈话中知道,两广要联合反蒋,但具体行动,弄不清楚。杨派崔孟博去天津找南汉宸,叫他打听两广的情况,并从侧面探询阎、韩、宋等,如果两广发生反蒋行动,他们将采取什么态度。崔孟博从天津带回的情况是:两广发动军事倒蒋,将要见诸事实;韩、宋反蒋是真实的,抗日是不可靠的;阎滑头滑脑,极不可靠;西安方面能与两广联合反蒋,制止蒋的武力统一,先把内战停止,这是团结抗日的前提。杨听了以后说:"先打破蒋的武力统一,内战会停止,那时,蒋介石再不抗日,看他往哪里走!"

"两广事变"发生了,陈济棠、李宗仁、白崇禧都有密电致张、杨,要求西安方面出兵援助。同时,他们驻西安的代表(广东代表的姓名记不清了,广西代表为刘仲容)也积极地探询西安方面的态度。

杨拿着两广的密电和两广代表带来的陈和李、白给他的信去见张,张说:"这事我早有些知道,并派人去见过阎和韩、宋。阎自居为我的父执。说了好些打气话,表示支持我。韩、宋的反蒋态度是明显的,也愿意同我们合作援助两广。"张把两广给他的密电和信交杨看(内容与致杨的电、信大体相同),杨也把他了解到的华北情况和自己的看法告诉了张。当日未作任何决定,约定次日再商量。

次日晚,在西安金家巷张的住宅中,张、杨商定了下列办法:

（一）张、杨分别致电蒋介石，要求停止内战，团结抗日。电报的主要内容是：日寇进逼，国亡无日，举全国之力以抗敌，尚感力弱，若内战不止，更是手足自戕，长敌气焰，要求和平解决"两广事件"，反对对两广用兵。要求和平统一，共商抗日大计。为了免得蒋对他二人有合谋的疑忌，张、杨致蒋的电报，在文句上有所不同。

（二）如蒋对两广罢兵，西安方面便提出停止一切内战和召开救国会议（当时想参照孙中山先生召开国民会议的办法）解决国是的主张，通电全国各军事长官、各省府、各法团，征询意见。

（三）如蒋对两广继续用兵，西安方面即出兵援助两广，其军事部署的计划为：东北军编为第一集团军，以王以哲为军团长，下辖两个军，由郑州向汉口推进，担任主攻。东北军的五十一军留在甘肃担任警备后方的任务，对青海马步青、宁夏马鸿逵方面严密警戒。十七路军编为第二集团军，以孙蔚如为军团长，辖十七师和陕西警备第一旅、第二旅，由商南出南阳经襄樊向汉口挺进。十七路军的四十二师担任韩城、朝邑、大荔及豫西一带的河防，向山西方面施行警戒，确保西安以及陕县、郑州段陇海线的铁路交通。淳化至耀县、耀县以东至韩城以北，商请红军接防。

办法定了，杨便暗中部署十七路军，准备行动。

同年7月上旬，蒋介石为对付两广，召开国民党五届二中全会。张当时是国民党中央执行委员会委员，接到蒋叫他参加会议的电报，来找杨商量，说他想去看看形势，不等会完就回来。并说："我自己驾飞机来往，毫不误事。"杨说："军事变化大，你还是不去好。"张说："我告诉王军长，我未回时，军队归你指挥。你们看时机，随时行动好了。"不料两广军事，开始便不利，两广屡电催西安方面应援。因张留沪未回，恐怕一有军事行动张即被扣，迟迟未动。两广军事急转直下，广东空军受蒋贿买，叛陈投蒋，接着，余汉谋亦于7月14日叛陈，两广大势已去，只剩下广西如何自保的问题。张回西安时，两广事变已近尾声，因此，想利用这个形势，达到停止内战的愿望，只好暂时放置了。

四、1936年四五月前后，东北军和十七路军分别对所部官兵进行了抗日教育。东北军和十七路军在西安城南王曲镇成立了长安军官训练团，团长为张学良，副团长杨虎城，训练对象为团长以下连长以上的东北军和十七路军的现任军官。课程分军事、政治两门，以宣传抗日为主。东北军还成立了学兵队，在西安东城门楼内，秘密进行抗日教育。这些学兵，大部都是北平的进步学生，因遭蒋迫害逃来西安的。东北军还秘密成立了抗日同志会。十七路军很早就成立了步兵训练班，轮训班长以上连长以下的军官和士兵。

但当时东北军和十七路军的绝大部分官兵，都被蒋介石驱使到陕北前线，担任包围红军的任务（十七路军的十七师、四十二师，大部分直属旅、团和东北军的六十七军、五十七军、骑兵军等部，都推进到宜川、洛川、延安、淳化、旬邑之线），对这些驻在前方的官兵进行抗日教育，更为重要。为解决这个问题，在1936年9月间，由东北军方面的高崇民、刘澜波、孙大胜用化名写了几篇讲抗日、联共以及批评蒋介石、阎锡山阻挠红军东征抗日的文章，合成小册子，名为《活路》，在前线东北军和十七路军的官兵中散发，以鼓舞抗日情绪。

文章写出来了，却发生了印刷的困难。我们和几家有经常生意来往的印书馆商量，都不敢承印。他们说省党部（国民党陕西省党部）有命令：凡是印抗日文学作品的，都是共产党，谁承印，谁就犯了"危害民国紧急治罪法"。如果有人来交印的，把稿子扣下，立即报省党部，隐匿不报，或暗为印刷的加重治罪。因此，他们都婉词谢绝了。

张对杨说："你是地方人，你想办法。"杨答应了。

如果在外边商号印，即使勉强办到，也容易被蒋系特务侦知。当时十七路军军需处有一部铅印机，有印刷工人，经常开工，有时还做点外活，地址在新城十七路军总部军需处内，有数道岗哨，可以秘密印刷装订。十七路军军需处处长王惟之是个同情抗日的人，杨便叫他去办，并再三叮咛，要严守秘密。

王惟之决定自己监督印订，叫该处负责印刷的科长高自振挑选了一些技术好并且可靠的工人，于晚间代印《新春日报》后，加班突击印刷，天明停止，第二天晚上续印。在排版、印刷、装订的时候，王、高二人轮流监视，按实印册数所需发给纸张。印坏的立即烧毁。散工出门时，对印工搜身，以防偷带。印了几夜，印成了8000本，先用王的小汽车运到西仓门王惟之家中。隔了一天，在傍晚的时候，又用申伯纯（十七路军交际处长）的小汽车秘密运到甜水井高崇民家，交高转发给东北军前线部队。杨派崔孟博带了2000本送到宜川交孙蔚如发给十七路军在陕北前线的部队。

事前，我们估计到这本小册子一发到前线官兵手中，蒋系特务就会知道，那时就谈不到什么保密了。杨说："这本小册子发到前线官兵手里，作用很大。秘密保不住的时候，特务无非拿枪杆吓人，咱也有枪杆对付。有勇气抗日，不怕特务，特务来软的，我们软对付；来硬的，便和他们硬干。"不过当时我们认为，印刷时极为秘密，特务是不会知道的，张、杨的密切合作，可以把事情掩护过去。

没过几天，岔子出来了。蒋介石派来监视张、杨的高级幕僚、西北"剿总"参谋长晏道刚，约杨去总部，晏先谈了一些陕北军事情况，接着说："何敬之（何应钦）在江西'剿共'时，何的随从人员中有共产党，把军事计划偷送到红军方面，结果何吃了大亏。你对你左右的人要常注意。"杨估计，晏对他的话不是无因的，可能是印《活路》这件事被特务发现了，便下令密查。正在这个时候，南京政府经济委员会西北专员郭增恺被特务秘密捕送南京，郭当时是十七路军的参议，他的被捕，估计与《活路》事件有关。杨便下令军需处、军法处秘密彻查。

军需处在进行侦查时，首先侦知军需处有两个印刷工人曾在新城城墙上偷看过《活路》。根据这个线索，对全部工人的简历进行了审查，发现有两个历史较复杂的工人，一个叫连栋臣，另一个的姓名已忘记，这两个人都在西安警察局侦缉队干过事，他俩常在一起，关系密切。经有关人员邱树荣核对这两个人的照片，证实他们正是城墙上偷看《活路》的人，又侦知，这两人在续印《活路》的夜里，先照原纸（白报纸）大小带一份光纸进去，偷换了一份印的《活路》，因而按纸数，没有查出来。

军法处在调查中，发现有两个军需处的工人，下午经常到新城南门外西边木匠铺后院的蒋系特务机关中去。又侦悉：特务机关给了偷《活路》人60元赏钱。由此证实这两人是偷《活路》的特务无疑，随即把这两个特务捕押军法处，"双十二"事变结束，十七路军总部撤销，这两个人也被释放。

五、1936年12月7日，张学良约杨虎城到他的官邸，商量停止内战的办法。张说：我们再劝蒋一次，他再不听，"先礼后兵"，那我们对得起他。杨起先不赞成这个办法，张坚持这样做，杨只得答应，并约好次日上午张先去见蒋，杨后再去。

杨回到十七路军总部和人们商量，杨说：蒋是个死不回头的顽固家伙，哪能劝得过来。张和蒋的交情，虽然可以深说，但他和蒋走的路是相反的，蒋决不会听的。我虽同意了张去对蒋劝说，但据我看，凭嘴说服蒋不打内战，去抗日，是不可能的事。他同蒋说翻了不好，万一被蒋看出马脚，很快地走了，又该怎么办。当时张对我说："看不出蒋有提防我们的迹象。蒋很骄傲，他以为我们只会服从他，或许蒋认为我们既去劝说他，便不会有其他的举动。"我不好过于阻挡，便答应试一下再看。

8日上午，张去临潼华清池见蒋，10时过，回到西安，张告诉杨："我劝说的结果失败了。蒋还拍桌子和我吵了一阵，你可再走一趟。"据杨说，蒋对张很发了脾气，争辩很久，弄得两人面红耳赤下不了台，无结果而回。

杨去见蒋以前，很斟酌自己应持的态度和措辞，总以不引起蒋的不满或怀疑为原则，因为他已预料到，劝蒋停止内战是无望的。

杨于这一天上午11时左右去华清池，他对蒋说：看国内形势，不抗日，国家是没有出路的，人心是趋向于抗日的，对红军的事，可以商量办，宜用政治方法解决，不宜再对红军用兵。表面上蒋当时的态度很平和，但措辞是骄傲而严厉的。蒋对杨说："我有把握消灭共产党，我决心用兵，红军现在已经成为到处流窜的乌合之众。他们必须听从政府的命令，缴出武器；遣散共产党。我已叫邵主席（邵力子）拟传单，准备派飞机到陕北散发，如果共产党还要顽抗，我们以数十倍的兵力，对付这些残余之众，清灭他们有绝对把握。现在我们东西南三面合围，北边我已令马少云（鸿逵，当时的宁夏省政府主席，十五路军总指挥）派骑兵截击，一举可以把红军打到长城以北沙漠一带，在那里红军无法生存，只有瓦解投降一条路。这次用兵，要不了多长时间，即可全部解决，十七路军若果兵力不足，担任进攻的战线可以缩短一些，如果有不主张'剿共'而主张抗日的军官你放手撤换，我都批准。"蒋还对杨说："你是本党老同志，要知道，我们和共产党是势不两立的。消灭了共产党，我会抗日的。"杨看蒋的态度无法挽回，再谈下去，恐怕造成僵局，就回西安了。

当时西安谣传甚多，蒋军万耀煌十三师要经咸阳向西安推进；蒋有命令，叫樊崧甫军的董钊二十八师迅速进驻临潼：蒋命张驻洛川，杨驻韩城督战。这些谣传，都意味着威逼张、杨离开西安去和红军作战。

另一主要情况是：西安各阶层，特别是青年学生，反对内战要求抗日的运动日益蓬勃发展。十七路军前线官兵，和杨关系一般的，寄信到杨的家中（寄到十七路军总部，要经过收发、拆看、摘由等手续，易于泄露，所以直寄杨的家中，请杨直接拆看），和杨交情久的或寄信，或找杨密谈，纷纷向杨表示自己反对内战，主张抗日的意见。有的信上说："我愿意死在抗日战场上，不愿死在内战战场上。"有的写道："打死一个日本人，祖宗有光，打死一个中国人，死了无面目见先人。"他们要求杨率领他们上抗日战场。这时，共产党驻十七路军的代表张文彬和救国会的负责人，也采用不同方式，分别进行争取各界人士的工作，加紧进行反对内战、一致抗日的宣传鼓动和组织活动。因而，社会上各阶层人士，都普遍地发出了停止内战一致抗日的呼声。

这时，华北的宋哲元、山东的韩复榘通过朋友间接地向杨探询：日本在华北将有新的策动，他们的势力甚孤，处境甚危，如果蒋倾全力"剿共"的时候，日本在华北向他们进攻，杨将采取什么态度。

杨鉴于上述种种情况，从华清池见蒋回来后，立即去见张，商量怎样立即行动，不能再失时机（指上次对"两广事变"的失机），不能失去人心（指适应全国人民一致要求停止内战团结抗日的要求）。他们表示，为了抗日救国，牺牲这两个团体（东北军和十七路军）也值得。张当时说：我们为了国家，对蒋也仁至义尽了，现在只有干的一条路（指捉蒋）。他们这次商谈，还是没有定下行动的日期。

六、12月9日那几天的形势是很紧张的。蒋介石准备在陕召开西北"剿共"会议，蒋系反动的高级将领，除何应钦、刘峙、顾祝同等人外，其余如陈诚、蒋鼎文、卫立煌等均到了西安。蒋准备调其嫡系主力部队约30万人，陆续开入陕西，向红军大举进攻。蒋内定蒋鼎文为西北"剿共"军前敌总司令，卫立煌为晋陕绥宁四省边区总指挥，陈诚以军政部次长名义指挥绥东中央军各部队（此项部署，见于12月12日在临潼华清池蒋室内缴获的蒋致邵力子函中）。西北军民各阶层绝大部分人，对蒋介石压迫抗日力量，残酷进行内战，极度反对。尤以西安学生，反对最为激烈。中国共产党在西安的地下组织，通过救国会，准备在9日发动西安的大、中、小学生和热心救国人士，纪念"一二·九"救亡运动一周年，举行大规模游行示威，并向西安军政当局和反动头子蒋介石请愿，要求停止内战，一致抗日。救国会的一位同志和十七路军联络，他估计，这天的示威游行，会受到西安警察局（军统系统）和蒋嫡系宪兵第二团的阻止，要求十七路军予以支援（因为当时担任西安城防和警备的部队，是十七路军）。张、杨于8日得到这个要求支援的报告后，曾商量了一次。他们当时的考虑是：我们捉蒋是决定了，如果这次群众运动引起蒋的注意，他搬到他的嫡系部队中去住，那便弄成打草惊蛇，捕蒋计划会落空，其次，蒋系部队对群众开枪，我们又阻止不了，发生了血案也不好，因而建议救国会停止游行。当时还决定，如果救国会非举行游行不可，就由十七路军特务营沿途在两边紧贴游行队伍前进，将蒋系的宪兵和警察隔在外层，使他们无法进行破坏活动。8日下午，通过与救国会有联系的人向救国会的负责人之一谢华提出了停止游行活动的要求，因为捉蒋的问题不能说，谢华不明内情，曾愤慨地予以指责，并说："这个运动，已无法停止。"因此，张、杨便采取了暗中保护的办法。

蒋介石得到特务的报告，在恐慌之下，凶相毕露，电话令知西北总部和西安绥靖公署和他的特务机关——宪兵第二团、省会公安局、西安军警联合督察处、国民党省党部，"学生来请愿时，格杀勿论。"（西安事变中，发现蒋当时给他的特务机关的密令中说：这次学生运动，系共产党"操纵指使"，着"查明拿办"。）看来，蒋在下一步要大肆逮捕，进一步镇压爱国运动。但消息传出后，群众并不畏缩，而是更加激愤。这次游行胜利结束后，9日傍晚，十七路军特务营营长宋文梅忽来绥署报告：他到东城门楼去看东北军卫队二营营长孙铭九，在城坡上碰见孙带"自来得"枪两支，说："我去临潼。"还看见城下几辆卡车，满载全副武装的士兵，准备出发。据他判断，孙是去捉蒋的。这个问题极为重大，发生得又紧迫，需要立即作出决定。可这时候，张、杨正在请蒋系高级将领在易俗社看戏，并都在那里作陪。便请杨回到新城十七路军总部，作了汇报，杨听了这情况后，马上决定配合东北军行动，按以前与张说好的十七路军的任务（在西安城内解除蒋系武装，占领特务机关，接收蒋系各级机关并逮捕蒋系高级将领）作了部署。他为了不使蒋系方面的人看出破绽，下了命令后，又去易俗社陪蒋系高级将领看戏了。当夜的兵力部署是：十七路军陕西警备第二旅孔从洲部（共三个团）和炮兵营（归孔从洲指挥）担任西安城内的任务；特务营宋文梅部（四个连）作总预备队，卫士队两个连，包围易俗社担任逮捕蒋系高级将领的任务，并担任新城至易俗社的警戒，十七师五十一旅旅长赵寿山驻新城担任临时指挥官。各部队于8时均开始出动，各街口均布双岗，只候蒋捕到后即开始行动。等到10时左右，孙铭九方面仍没有消息过来，杨从易俗社回总部问了情况，决定请陕西几位士绅再点几段戏，以延长蒋系将领看戏的时间，等待临潼方面的消息。他仍回到易俗社陪客看戏去了。过了11时，宋文梅去东城楼见了孙铭九回来报告说："我去看孙铭九，他的警卫说，营长已睡了，我大吃一惊，推门进去，孙已睡着。我把他叫醒，问他去临潼为了什么事？孙说：张副司令怕学生晚上又去请愿，遭蒋毒手，叫我去巡路，如果碰上有学生去请愿，叫我劝回来，我才巡路回来，睡了。我看他若无其事的样子，很生气。来不及再说什么，赶回来报告。"这时，杨还没有回来，大家相对愕然。好在当夜下命令时是以夜间军事演习为掩护，便不等向杨作请示报告，即时决定：迅速命令出动的部队，立即停止军事演习，限拂晓前，完全归还建制，回原驻地。杨于深夜1时前回来，听过情况报告后，斥责办事人员太鲁莽，把大事当儿戏。10日拂晓，张已得到报告，要求负责这件事的人去面谈，张要求急切，连着来了两次电话，后来杨说："我去谈吧。"杨对张谈了9日晚间发生的事，并告诉张，看近日情况，学生、市民、东北军和十七路军的大部分中下级军官，对蒋是愤恨的，他们的情绪很激动。捕蒋时间，不能再迟了，万一我们对部队控制不了，发生骚动，那更危险。张也是一样的看法。他们便决定：12月10日准备好，11日晚行动。

七、对于捕蒋的计划、行动的时间、任务分配等事，于12月11日在玄风桥金家巷张的官邸，商量了两次。在下午2时左右，确定了三件事：（一）决定于12日上午6时在西安、临潼两处同时行动。（二）为了侦察蒋的行动，凡蒋与南京和西安方面的通话，必须通过张官邸的总机接线，注意蒋与各方面的通话内容和其他方面向蒋的电话报告。在我们行动时间以前，如果发现蒋有察觉，或有移动，或有特务和其他方面向蒋告密等情况，随时准备以两个加强连立即由西安驰往临潼逮捕蒋，如果由西安方面派兵来不及，即命令驻临潼县内之刘多荃部，火速执行逮捕的命令。（三）如情况无变化，12日凌晨在临潼捕蒋的任务，交由十七路军派可靠军官和得力部队担任。当时张对杨说：他有几个作战有经验的老军官，只是在捉蒋的这件事上，他觉得没把握；青年军官可靠的有几个，但没有作战经验，所以请杨派人到临潼捉蒋。杨说："这事我有把握。"杨回到新城十七路军总部后，即作了一些必要的准备：（一）着特务营营长宋文梅立即组成一个加强连，每人配备手电筒一个，随时准备出动。派定大卡车四辆，随时准备载兵往临潼捕蒋。到了傍晚，杨恐怕宋文梅在指挥军队的经验上不如许权中，又把许接到新城，让他秘密地住在电务科科长原政庭房中，等候命令。（二）命令陕西警备第二旅孔从洲，着所部（包括郑培元、沈玺亭、唐得楹三个团及归孔指挥的一个炮兵营）官兵，均不得擅离营房，准备内务检查（因为在行动以前，未明白告诉军官捕蒋的行动）。

（三）又研究了一次原定的在西安的军事部署：①特务营宋文梅率兵一连，担任临潼捕蒋的任务，归许权中指挥。②特务营（缺一个连）由该营营副张希钦指挥，担任逮捕住在西京招待所和花园饭店内的蒋系高级军政人员，并担任解除中央宪兵第二团（当时在西安的除担任陕省府警卫、临潼华清池蒋的警卫的以外，下余不足一个营的兵力）武装的任务。③警备第二旅孔从洲担任占领公安局、飞机场、中正门外火车站、西安军警联合督察处、保安处并解除各处蒋系武装的任务。④教导营担任新城守护和解除别动队及蒋系部队各留守处、办事处官兵武装的任务。炮兵营（归孔从洲指挥）担任占领省政府，解除驻在省政府宪兵团一连的任务。⑤卫士队白志钧部有两个队，以一个队准备担任住在新城大楼的蒋介石的中层警戒（当时计划，蒋被捕后，押在新城大楼东房杨的办公室内，警备部队分三层，室内、房屋上边和台级下边的四周），以一个队担任新城临时指挥部（即新城内西边杨的住宅）的守护。⑥西北"剿匪"总司令部参谋长晏道刚，在陕西特务头目如陕西省会公安局局长马志超、西安军警联合督察处处长江雄风、西北"剿匪"总司令部政治训练处处长曾扩情、陕西保安处处长张坤生、宪兵第二团团长杨镇亚以及专员张笃伦和省党部的特务等，务必设法逮捕。其任务，临时分配。⑦准备以电话下达命令，着冯钦哉派精锐兵力，迅速由大荔经三河口袭击潼关，确实占领该地。⑧准备以电报令陕北前线西路一带的第十七师、警备第一旅、警备第三旅及十七路总指挥部直属各部队，不分昼夜，轻装前进，分别集合于渭南、西安等地区，策应对潼关方面之防御作战；令警备第三旅以隐秘行动，迅速占领咸阳，解除蒋军第十三师万耀煌部两个团之武装，巩固后方。⑨西安金家巷张学良官邸和城内东南区的保卫工作以及肃清该区内特务的任务，由张的卫队第二营担任。⑩东北军卫队第一营王营长，除担任包围华清池与十七路军派往捕蒋的部队密切配合行动外，并担任逮捕蒋的侍从室人员，解除其武装的任务；住在临潼县城内第一〇五师担任占领临潼火车站，监视蒋的专车和解除车站方面蒋介石卫队之任务。⑪西安和临潼的统一行动时间为1936年12月12日上午6时。这时，军事行动，任务分配全确定下来了。

12月11日这一天，杨去张处的次数较多。上述任务分配，张也赞成，决定由杨下口头命令。午后，张叫在临潼华清池担任外围警卫的东北军卫队第一营王营长来西安，准备告诉他，叫他在十七路军捕蒋部队到达后，把该部队接应进去。张以此事先同杨商量，杨说：王营长固然是可靠的，但这种事先告诉王的做法有泄露机密的危险，不可不防。王营长既来了，甚好，可以临时给他命令，让王营长随捉蒋部队一同回临潼。张也赞成这个慎重做法。杨回新城后，给宋文梅下了到华清池捉蒋的命令，并叮咛他说：你和许权中都对蒋介石有仇恨，这一回是为了国家大事，对他不应从个人仇恨出发，你必须给我捉回活的蒋介石，不要死的蒋介石，如果打死了蒋介石即要你偿命，谁打死了他，都以军法从事。又说：尽可能避免开枪，要迅速逮捕。还叮嘱宋要服从许权中的命令，先不要告诉许，等临出发时我亲自告诉他。这时已是傍晚的时候了。

杨反复考虑，总感到这方面的部队安排不够妥当，双方军官平日都不相识，共同执行这个任务指挥上不方便，如果发生误会必致贻误大事，还是叫孙铭九去为好。杨又拿这办法同张商量。张说：孙铭九没经验，我加派几个得力人去。于是又变更了去临潼捉蒋的部队，其他仍照原定计划执行。

捉蒋的事情安排定了，张约定12月11日晚12时到新城与杨共同指挥军事。张来后，十七路军各部队才能照预定计划开始行动。

11日晚10时左右，杨和孔从洲、宋文梅对过了表，杨在新城官邸东边客厅内等候张来。当时，对于事情的发展，把蒋捉来后，一些事情的估计和安排，都详细商量过。例如：（一）改组南京政府时，主张成立抗日联合政府（包括国民党、共产党及其他党派在内），行政院院长不主张蒋兼任，主张以宋子文为院长。改组方式，采取救国会议通过，而不能像过去由国民党一个党决定。对于救国会议的组成，拟照孙中山提出的国民会议之精神办理。（二）为打破蒋介石一手把持的局面，各省行政拟采用分权制，各省成立省救国会议，行使相当于议会的职权，产生省行政机构，推定人选。（三）西北成立军事联合指挥机构，暂负责党、政、军的统一领导，将来移归联合政府。（四）陕北行政人员，在红军区域内部，先撤销原来邵力子委派的亲蒋的县长以上的人员，更换为亲共至少是不反共的人员，职权暂时不变；俟人心安定后，除八十四师高桂滋、八十六师高双成防区外，其他地区概由共产党派人接充县长，但仍受陕西省政府的节制，对共产党和红军要以友党友军看待。（五）将来红军的指挥关系。（六）民众训练，由全国救国会、西北救国会、东北救国会办理，候共产党代表到西安后商定。（七）估计蒋介石被捉后，南京政府对西安方面必然采取经济封锁的办法，首先是军费停发。准备由中、中、交、农四行之陕西省分行提取现金，作为准备金，由陕西省银行发行纸币（自法币停止兑现后，陕四行存有一批硬币），以济军用。（八）东路交通断绝后，民生日用品的来源将断绝，准备与阎锡山商量，由华北采购，经山西运陕，阎利税收，不会拒绝。（九）当时也想到冯钦哉会不会跟上来，本来想立即派车去大荔接他来西安（当晚11时由西安派车，12日中午一定能来西安），由于想到数小时后即下令给冯袭占潼关，旅长武士敏在南京，非冯亲自指挥不行，遂又作罢。

将到夜12时了，张学良还没有来，杨很着急，也有许多疑虑：他怀疑张学良会不会向蒋出卖他？东北军内部会不会走漏消息？孙铭九能不能担任起把蒋捉来的任务？张会不会又变卦？蒋是一个久于军事的极其狡猾的人，上次在临潼和张发生争执，以后又同他自己谈了话，蒋会不会起疑心，秘密逃向潼关？十七路军内部也有些特务，9日晚间的军事行动，会不会向蒋报告，使蒋事先逃脱？孙铭九等年轻军人，有一股反蒋感情，会不会忘记大局，把蒋打死？……杨说：有三条路要做准备：（一）蒋如果跑了，孙铭九扑了个空，那时怎么办？（二）万一蒋被打死，那时怎么办？（三）捉来个活蒋介石，必然还得放个活蒋介石，既捉又放，该怎么办？杨又说：我们为了抗日，先得停止内战，除捉他逼他，没有别的停止内战的办法。只要把蒋捉来，他预定的一切军事部署都会落空，内部自然就停止了。不抗日，蒋介石没路走。我们除抗日外，也没路走。那时候，谁不抗日，百姓更会反对谁，举国一致抗日的局面，自然会形成。杨谈到这里，心情极为乐观。杨又说：张汉卿突然举起抗日大旗，是很难见信于国人的。蒋被捉到后，要立即作援绥行动，带上蒋介石一道援绥何尝不好？我们离帝国主义远，谁也给我们戴不上勾结帝国主义的帽子（这是有感于"两广事变"而言），顶多只能造谣说我们勾结苏联，真能勾结上苏联也是好事。杨又说：这回事情，政治上是成功的（他指主张抗日），军事上可能失败（指十七路军这个部队），我们的抗日主张会得到全国人民的同情，只是在军事上，我们却处于蒋介石部队的东西钳制中，我们的部队，一时集中不起来，一旦要打仗，对我们是不利的。蒋跑了，或者把蒋打死，立刻会有战事。他叫拿地图来，详细问了蒋系部队和东北军的位置。杨认真地思考了如果战事爆发应该作的军事部署，以防万一。同时，他看着地图，问了国内各地方实力派的兵力，分析了他们对蒋的真实态度，他说：如果蒋真要死了，国内各地方实力派都会起来的，那时，南京方面会自顾不暇，对我们就无兵可用了。后来杨想了想说：万一蒋死了，开始打一下免不了，头一仗一定要打胜。那时我们的士气是高涨的，对方的士气是低落的。又说，头一仗一定能打胜，也必须打胜，打胜才能稳定局面，促进南京内部和国内各方面的变化。可请李兴中参谋长准备三个方案，一是同东北军、红军联合作战的方案，一是同东北军联合作战的方案，一是我们单独应战的方案，三个方案都要在咸阳、渭南阻击东西进犯之敌，以坚守西安为目的。主力放在东路，并以强有力之一部（最好由红军担任）进入商洛地区，以确保我右翼的安全。杨又慨然地说："我进陕西后，没有像在山东时那样训练军队，步兵训练班的政治训练也做得迟了。十七路军这个团体，已是将骄兵惰。一些中上级官佐，置地买房，娶小老婆，开商号，做生意，发财的发财，享乐的享乐，到了拼命的时候，谁跟上我来呢？也好，借此机会，整顿一番，抗日的来，不抗日的走，这个团体当初还不是几根破枪干成的吗？整顿一下，走新路，会成功的，即使失败，为了救国，把这个摊子摔个响亮，也值得。"这时候，杨谈得很兴奋，他的精神，紧张而严肃。接着，问了东北军高射炮队的情形，叫早把位置安排妥当。又叫把十七路军的自造高射机枪（把重机枪架在三角架上，可以转动仰射）分配在新城四周城墙上。他笑着说："咱的那些有钱人，最害怕飞机炸弹。把他们也保护保护吧！"在这时，曾有人问："把蒋捉了，其他实力派不响应，怎么办？"杨说："实力派不响应，我们照样单独干。我们干的是百姓愿意干的事，百姓一定会响应我们，老百姓的力量比任何实力派的力量都大得多。"

张学良和他的高级将领及亲信幕僚，于夜晚12时，一齐坐了几辆小轿车，到了新城杨的寓所。张见了杨，笑着说：把我们都交给你了，看你怎么办？孙蔚如在旁笑着说：我们向来是不出卖朋友的。这时十七路军的高级将领也陆续来了。杨将张请到西边客厅，将他在上半夜想到的八项事（如前所记，只将冯钦哉的事未提）告诉了张。张说：这些办法，都是对的。

张到新城后，知道去临潼捉蒋部队立即出发，杨即命令孔从洲、宋文梅隐秘布置，准备行动。到了12日上午6时，孔从洲电话问杨："现在是几点钟？"杨说："时间到了。"孔从洲的司令部便放了信号枪。西安城内，和临潼华清池差不多在同一时间，开始行动了。

天大亮了。刘多荃由临潼来电话报告说：华清池已完全占领了，只是蒋介石还寻不见，他的被子尚温，估计跑不远，正在搜查中。张接了电话后，放下听筒不语。大家也相对愕然。

因为这次事件，决定时间紧迫，布置不够周密，行动又很仓促，所以发生了漏洞。东北军捉蒋的部队，对华清池周围的地形不清楚。张在事先带白凤翔、刘桂五去见了一次蒋介石，只是认清了蒋介石住的房子，旁的地形是不清楚的。蒋的住房，南窗甚大，可以开关。跳出窗子，向西是华清池的房屋，跑不出去，向南是陡山，上不去，只有向东沿房后山边是空地，可以上山、下坡向东跑。因为事先无法观察地形，包围圈不周密，漏掉了这个地方。所以当时估计：蒋可能向东跑上山，或者再向东跑向公路寻他的专车上的武装，也可能由东南逃向山区。那时还担心蒋介石急急忙忙绊倒在石崖下被摔死。当时我们判断，蒋没有事先跑了，而是临时逃走，按体力说他跑不动，按时间计算（距开枪时间不到一小时）他跑不远，按地形说他只能在骊山附近。张随即命令临潼部队，立即加派部队扩大包围范围，并以一部迅速截断临潼后山一切大小路，特别注意山沟、窑洞、岩间隙洞、山石四周、民房寺院，严密搜查。约8时，刘多荃来电话说，蒋介石已捉到了。这时，大家拍手称快，张命令孙铭九等立即把蒋押送西安新城。

蒋介石被押送到新城时，从前门十七路军总部交际处门口下车，步行走向大楼。看来，蒋介石这时又冷又怕，脸色灰白，头上还沾了一些黄土，走路也不稳。白凤翔去搀他，他还故作姿态不叫扶他；白一放手，他又左右摇摆走不动；后来还是两个人把他扶到新城大楼去的。

张、杨相继见蒋以后，蒋写了个条子，叫邵力子去谈。这时邵力子已被拘在新城。蒋见邵时，因为宋文梅奉令在旁监视，蒋以目向邵示意后，即向邵大讲总理（孙中山）蒙难时，他是如何"忠贞"地"拥护"总理，"使免于难"等，以自欺欺人。邵力子当时只说了一句话："我和委员长一样了。"蒋默然，邵即退出。

蒋介石被捕后，需要立即由《西北文化日报》（十七路军总指挥部机关报）出号外，通告市民；还应立即向全国发通电，说明事件真相和政治主张。这时，设计委员会（事变后成立的政治咨询机构）尚未成立，一些人便立即商量这件事。

（一）对这个事件应怎样称呼？有人主张叫"一二•一二革命运动"，有人主张叫"双十二抗日革命运动"，名称定不下来，号外、通电无法拟稿，时间又刻不容缓，后来有人主张用"兵谏"二字，大家觉得合适。所以在号外第一号中这样说：张副司令、杨主任暨西北各将领对蒋委员长实行兵谏。（1）停止内战，已将委员长妥为保护，促其省悟；（2）通电全国并要求政府立即召集救国会议；（3）请南京政府释放一切政治犯；（4）此后国是完全决诸民意，容纳各党派人才，共负救国责任。

（二）关于八项救国主张的商讨。这在两广发动反蒋军事行动时，杨曾派他的秘书蒲子政去见韩复榘和宋哲元，当时经过商量提出了三方一致同意的六项主张：（1）改组南京政府，容纳各党各派共同负责救国；（2）停止一切内战；（3）释放一切政治犯；（4）开放民众爱国运动；（5）保障人民集会结社一切政治自由；（6）立即召开救国会议。准备在反对蒋介石武力进攻两广，并赞同两广的抗日主张的通电中列入的，当时因为张学良滞留上海，通电未及发出，"两广事变"已被蒋介石镇压下去了。这天早晨，十七路军方面，便将这六条提出商量。大家对这六条无异议。后来觉得这是一个爱国运动，对于沈钧儒等人须积极营救，便作为第三条列了进去。对于后来公布的八项主张的第七条大家商量较多。因为估计到南京政府一定要给我们戴个"赤化"帽子，以此在国内各实力派中孤立东北军和十七路军；同时国内各实力派也必然注意到我们同共产党究竟是什么样的关系，所以就加了"确实遵行孙总理遗嘱"一条，以表明这是国民党范围内的事，以防止南京政府的造谣，也有利于争取国内各实力派的同情。在另外第二号中就提出了八项救国主张，在通电中也列入了它。

12月13日深夜，杨虎城曾约十七路军的几个人，研究如何处理蒋介石的事。杨先让大家说。这时有人主张立刻杀蒋，理由是：蒋很顽固，他是不会改变反共政策的，要反共便无力抗日，因此不杀蒋便无法实现抗日；鉴于张学良过去和蒋的关系不错，不杀蒋，难免将来出毛病；不杀蒋，国内各实力派将采取骑墙态度，我们在政治上军事上都不利；杀蒋，共产党是高兴的，同我们的合作将更真诚；十七路军内部有的人庇护特务，暗送秋波，为自己亲蒋预留后步，冯钦哉的事已出现了，不杀蒋，难免第二个冯钦哉出来，杀了蒋，就断了这些两面派亲蒋的念头，可以巩固十七路军内部。立即杀蒋的办法是以蒋夺枪自杀对外宣布。有人认为杀了蒋无用，放蒋危险，南京政府如不照我们的主张改组，不明确表示抗日态度，中央军不开到抗日前线，我们就不放他，即使南京政府对我用兵，战事对我不利，我们走到哪里，便把蒋介石带到哪里，也要坚决达到上述目的。估计南京政府内部会有分化，打一下是可能的，持久打，他们打不下去。我们的士气比他们高，能打胜。蒋军即使打仗，也不过是个姿态。有人主张放蒋，但要有保证有条件才放。主要的是保证放弃"攘外必先安内"的政策，表示坚决抗日，并有确实的抗日部署，中央军要调到抗日的前方，绝对不许蒋介石个人专权，要照我们的办法成立联合的抗战政府，到了这个程度上再放他。至于如何实现上项条件，大家一时也定不下个什么方案。杨说："捉活蒋介石，还得放活蒋介石，杀是不能杀的，放是一定要放的，只要我们提出的救国主张，蒋能接受并保证实现，中央军能退出潼关，我们便放他。"

蒋介石被押在新城大楼，开始他用"写遗嘱"（即写给宋美龄的信，是12月12日那天写的）和拒绝吃饭的姿态，试探张、杨对他的态度。张去见他，他仍旧摆出一副"老子的架子"，拍着案子叫。张严厉地对蒋说："我们不要吵，等到民众大会上去讲理。"蒋听了，以为要在民众大会上去公审他，立即收起了流氓吓人的架子，突然坐在椅子上，一声不响了。蒋还时时用乞求、拉拢的手段，对看守他的军官、勤务兵买好、许愿。但这些看守人员都奉到严格命令，不许泄露外边任何情况。蒋由于摸不着头脑，对看守人员的一举一动，房门的一开一关，时时表现出疑惧的心情，日夜不能入睡。

张、杨对这事，曾经商量过。认为将来还得放他，不能使他身体吃亏，这一点要考虑到。为了给蒋安排一个安静的地方，13日决定，将高桂滋在西安新建的住宅收拾好，让蒋介石住进去。当晚12时左右，派刘多荃、宋文梅等人办这事，不料把蒋吓得要死。

国民党秘密处决政治犯，一般都在夜深人静时，蒋懂得这一点，所以他一见刘多荃、宋文梅等进来，宋又在武装带上挂着一支左轮手枪，便立刻吓得面无人色。当时怕蒋自杀，把房内的电灯摘了，点了一支蜡烛，在烛光摇曳下，蒋的面色惨白得更难看。他睡在西北角的床上，面朝西，浑身打战。蒋手支着腰，连声哎呀，表示疼得受不了。其实这些人未进去以前，在门口听了一会儿，他虽然未睡着，但并未呻吟。大家看了蒋这个样子，知道他是怕枪毙，又恼，又好笑。

当时刘多荃向蒋说："委员长身体怎样？张副司令、杨主任都时时关心。知道委员长休息不好，因为新城是个兵营，一天吹号、上操，很不安静。张副司令、杨主任觉得委员长住个安静地方好。高桂滋的公馆，地址幽静，设备比这里好，今晚想请委员长到那里住……"刘的话还没说完，蒋就大声地哎呀起来，他上气不接下气地说："我兼行政院院长，西安绥署是行政院的直属机构，我死也死在这里，哪里也不去。就在这里枪毙吧！"接着，哎呀之中带出了哭泣声。大家劝了一阵，蒋介石还是唠叨着要死，话也说不成句，也听不清，看来他实在是害怕到了极点。宋文梅使了个眼色，大家便到大厅中去商谈办法。刘多荃见宋文梅腰间挂着明晃晃的左轮枪，说：怪不得吓死他，把枪带在衣服底下吧。正商议着，孙铭九奉张学良的命令来问搬家的事，腰带上也明带着一支左轮手枪，刘多荃便说，你又来吓蒋介石哩。孙铭九不知为什么，大家告诉了他蒋介石丑态百出的样子，孙和宋都把手枪藏到了衣下，几个人二次进到蒋的房间，刘、宋、孙再次向蒋说明，请他移居是为了使他有个安静的环境，决无他意。蒋显得更害怕了，话都说不上来，只是呻吟呜咽。等了一会儿，四个人仍然没有办法，才分途回去向张、杨报告。这时已是深夜两点了。

第二天，张、杨才陪着蒋介石搬了家。

12月10日晚，张、杨对于捕蒋的意见，已完全一致，并已决定于12日拂晓立即行动。这时候，对于捕蒋后的政治军事形势，不能不作一次估计和安排。当晚，张亲自驾车，未带一人来到杨的新城官邸，谈至深夜1时，张才离去。

这时的估计和安排是：

（一）广西李、白的支持是可靠的，刘湘也会积极响应，但远水不救近火；韩、宋曾经表示，愿以兵力支持，这是较为有力的；阎锡山是靠不住的，但不以兵力威胁河西和豫西是可信的。

（二）据当时得到的情报，蒋军正陆续向陕西开进，在豫西一带，正在行进中的部队不到10万，且分散在郑州至潼关外一线，无立即集中对我方作战的可能。

（三）当时主要在于控制潼关这个隘口。确保潼关，才有时间从陕北及陕甘宁边界调集我们的兵力。当时估计：前线部队，日夜行军，要集中到西潼路上，平均约五天。

（四）使用于迅速袭占潼关的部队，只有驻在大荔的四十二师冯钦哉部能够担任，此外无其他部队。

（五）商请中国共产党派红军一部进入商洛地区，以确保潼关右侧的安全，估计红军在10日左右可以到达商洛一线。这时蒋军在商洛无军队，红军到商洛的行军距离比蒋军短，行动比蒋军速，红军对商洛的地形熟，且有群众基础，当时希望红军担任的任务，主要在于策应潼关方面的防御。

（六）希望红军以一部兵力进出于西兰路甘肃境内，以监视蒋系胡宗南、关麟征等师的行动，使其不能向陕境进逼。

（七）对驻在咸阳的蒋军第十三师之一部，由十七路军警三旅采取迅速行动包围缴械。对于蒋军在汉中之王耀武旅等，我军只在宝鸡一带布防，防止其北进，因其兵力不大，对我们威胁较小。

（八）在政治上我们可以获得人民和共产党的支持。在军事上我们可以确保潼关及逸南商洛一线。同时，五十一军于学忠部要巩固西兰路的布防。北面是红军，是可靠的友军；汉中蒋系王耀武部，一时尚无力进犯关中地区。

（九）驻洛阳的东北军的炮兵旅及其他部队，迅速破坏交通以迟滞蒋军西进的行动。

（十）预计蒋一被捕，南京政府必然采取军事行动，但我们有蒋介石在手中做抵押品，南京政府方面也必然不敢认真地向我们进攻。韩、宋如果陈兵于平汉、津浦两线，南京政府也必然不敢孤军深入。这些，对我们集结兵力进行防御是有利的。

（十一）这时的政治目的，在于打破蒋介石进行内战的局面，造成西北、华北、广西、四川分立形势，使南京政府对于西北方面没有武装进攻的可能，强迫蒋介石改变"攘外必先安内"的国策，召开有各个方面参加的救国会议（当时曾设想在西安召开），组织抗日联合政府。蒋介石必须声明放弃其错误国策，并确实保证东北军和十七路军的现有地位，才放蒋走。

这是1936年12月10日晚，张、杨交换意见的结果。

但是，事变一起，形势大变。

先是十七路军四十二师冯钦哉叛变，东北军的炮八旅旅长黄永安在洛阳叛变，致使潼关门户大开。蒋军樊崧甫军的董钊二十八师，在华县击溃了东北军一个营随即进至赤水一带。接着蒋军迅速大量西进。冯钦哉叛变后，我军在渭河北岸、洛河西岸，已无险可守，军事危急。

在外援上，阎锡山背弃诺言，只是不出兵攻我们罢了。韩、宋态度犹豫，按兵不动，李宗仁、刘湘积极响应，但无法以实力援助我们。

不久，在咸阳的蒋军十三师万耀煌部被陕警三旅解除武装，一小部逃入秦岭。驻甘肃的胡宗南等师尚无异动，汉中王耀武旅亦无向北进攻模样。红军迅速大兵南下，日夜行军，某部已进入商洛地区，有力地支援了我们。

我们的兵力弱于蒋军，但抗日反蒋的士气是高的，如桂永清的装备优良的教导总队向我军进攻时，被我一击即溃，即其例证。

但，这时外援无望，内部可虑之事尚多。在对何应钦、汪精卫等亲日派的阴谋活动进行初步了解后，觉得把蒋长此拘留，这个人质也会失去作用，使蒋回去，反而可以造成南京政府内部的矛盾，至少使亲日派汪、何等拿不到实权。自然，放蒋回去，对我们也有不利的方面，但两害相权取其轻，放蒋之害还是较轻些。

中共代表团到西安，和平解决的主张提出后，放蒋、和平解决之议乃大定。但杨的主张是有条件、有保证地放蒋。即：（一）蒋介石之"安内攘外政策"必须改变，至少以谈话方式向全国公开表明（当时考虑由南京政府正式发表声明是办不到的）。（二）改组国民党政府为抗日联合政府，应有行动表现。（三）东北军、十七路军的驻地和政治地位不变。（四）红军问题，由以后组成的抗日联合政府解决。

以上各项，记得是在1936年12月20日，在杨的官邸，张、杨一起经过商量意见统一了的。

我在杨虎城将军身边的两年

——记西安事变前后几件事

于明江

　　九一八事变以后，我从日本辍学回国，在青岛从医。当时的青岛，"洋"味充斥一切，是典型的殖民地社会。我很想到内地看一看真正的中国，遂经石介人、薛强初推荐，于1935年5月4日应聘来陕，给杨虎城将军作保健大夫。西安事变前后，我都在杨将军身边。现就个人回忆，据实叙述当时的几件事情。

一

　　1935年8月，我来西安才三个多月，杨将军就交给我一件不寻常的任务：陪他的儿子杨拯民去日本游玩，顺便检查一下身体。
　　拯民当时只有十四岁，同我年龄相差悬殊，一般地说，是不大容易谈到一块的。但拯民早熟，言谈有度，举止端庄，办事老练，待人接物宛如成人，所以我们关系非常融洽。杨将军嘱机要秘书周梵伯付了旅费以后，我同拯民即动身去青岛。在那里购置衣物，兑换了日本钞票，月底乘轮东渡。

9月上旬，抵日本门司港，经下关到达东京。奇怪的是，我们刚一上岸，那儿就有人嘀咕："杨虎城的儿子来日本了！"几天之后，一个偶然的机会，我又发现有人打电话向对方报告我们的行踪。我虽然是个医生，钝于政治，不可能认识到这是特务盯梢，但明显地察觉到有人监视着我们的行动。

按照事前的计划，我们先后游览了东京、大阪、江子岛、名古屋、神户、京都、奈良、日光、香根、热海、雄本和长崎。所到之处，无不显露出歧视华人，侵略中国的气氛。我清楚地记得，9月18日，我们从门司到下关时，一个尾随的日本人，用日语问我："你晓得今天是什么日子？"我照实回答后，从其扬扬自得的神态，才省悟到这个家伙是有意奚落我们，使我既懊悔又气愤。

因为拯民本无啥病，所以只在东京给他拍过一张胸片，再未作过任何检查。

12月初，我和拯民从长崎离开日本，经上海，同杨虎城将军一块回到西安。

二

根据蒋介石"围剿"陕北红军的部署，十七路军一部驻扎韩城县境。1936年春，杨将军去韩城视察防务，带我随行。到了韩城，他既未前往阵地，也不涉足兵营，而是领着随行人员观光游览。韩城周围的庙宇很多，而且建筑考究，杨将军几乎逢庙必进。记得几次发现庙宇的墙上，有人用粉笔写着："停止内战，一致抗日""欢迎杨虎城将军抗日"之类的标

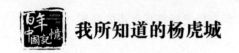

语。署名都是工农红军。随行的人都很惊讶，杨将军却泰然处之，既无任何异常表示，也从来没有追究。我当时曾想，这到底是咋回事？

三

1936年11月底的一天，杨将军突然跟我说："老于！你带拯民到北平去看看病。"我一下愣住了：拯民只有轻微的慢性结肠炎，为什么要到北平去看病呢？但见杨将军的坚定态度和语气，我知道已无可更改，也就未再发问。稍事准备，便同拯民匆匆登程。到了北平，我们住在前门外中国旅行社。一落脚，我就带着拯民到日本人办的同仁会医院看了一次门诊。经检查，说是患阿米巴痢疾。紧接着，我托一位山东老乡帮忙，使他住进协和医院。经协和医院多方检查，未发现有什么严重疾病，只是按慢性结肠炎对症治疗，每日肠注两次生理盐水。

拯民住医院后约一个礼拜的一天早晨，我突然从报纸上看到张学良在西安发动兵变，扣押了蒋介石。凭以往的印象，我深知杨将军同张学良的交往十分密切，怀疑兵变与杨将军可能也有关系，惊慌地拿着报纸到医院去给拯民看。并问拯民："你爸会不会参与这件事？"

拯民摇摇头，若有所思地回答："很难说。"

翌日，报上果然登出了张学良、杨虎城共同发动西安事变的消息。这一下，我更坐不住了，急忙又赶到医院告诉拯民。我俩一致意见，此地不可久留，必须马上出院。时已晚上9点多钟，好说歹说，医院也不给办理出院手续。最后，还是给病房的工友花了两块钱，他才悄悄放我们走了。第二天，我去协和医院补办了出院手续。

有趣的是，前几年西安市政协在解放饭店开会，闲谈中涉及杨拯民当年去北平治病的事，第四医院的宋淑贞同志说："那时候我是协和医院的护士，就管着杨拯民的床位，早晨上班后不见杨拯民了，问夜班护士，他们说是先一天晚上一个大个子特务带走了。原来带走杨拯民的是你！恐怕不明真相的人至今还把你当特务呢！"

外边关于西安事变的风声越传越紧，我们住在中国旅行社也越来越焦虑。我整日熬煎，如果拯民出个差错，我怎么对得住杨将军！拯民也意识到，此时此刻，在北平多待一阵，就多一分危险。嗣经商量，我们认为去青岛比较安全。那儿既是我的老家，又有薛强初等熟人，便于隐蔽。12月20日前后，我们秘密去青岛隐匿起来。好在当地无人知道我们的底细，故未引起什么麻烦。

那时交通中断，消息闭塞，形势很乱。我们既无法同杨将军取得联系，更不敢贸然返回西安。

1937年元旦以后，我们从报上得知西安事变和平解决，蒋介石已经回到南京，十七路军的李志刚往返于西安、南京之间，充当"和平使者"。征得拯民同意，农历腊月二十日，我乘飞机去南京，想通过十七路军驻南京办事处处长苟耀庭找李志刚探听虚实。及到办事处门口，我疑惑此处是否已被南京政府接管，不敢进去。正在徘徊之际，大门里走出一个青年军人，主动招呼："于先生，你从哪里来？"从他热情的态度，我判定情况无变，便随着进了办事处。青年人知道来意后告诉我，李志刚去了杭州，苟耀庭也不在南京。未敢逗留，我即乘火车北上，去郑州惠东药房找熟人打听西安是否通车。他们也不知道。我又试探性地乘火车西行。一到洛阳，车就不通了。我只得折返青岛。途经济南时，人们传说，往西安的火车已经通了。

回到青岛，正是农历年关。薛强初告诉我，局势平静以后，拯民到天津找一个熟人去了。

正月初三，我从青岛动身返回西安。一到西安，即去黄楼向杨将军汇报了此行的详细经过。杨将军频频点头，表示满意。

由于职务所在，给杨将军汇报完毕以后，我顺便说："这一向恐怕紧张得很，我一直担心你的健康。"杨说："紧张确实是紧张，但身体还可以。"他双手一摊，爽朗地笑了起来："你看不是蛮好的吗！"我又问："提出来的条件蒋介石答应了吗？"杨将军慨然地说："当然答应了，不答应还能放他走！"

几天之后，拯民也从天津安全回来了。

西安事变前十多天，杨将军派我带杨拯民去北平"治病"，这到底是偶合呢，还是他的有意安排？五十年来，我百思不解，一些同志和朋友询问，我也只能一笑作答。诚望知情者解开这个疑团。

四

杨将军待人宽厚，关怀部属。1936年春，在蒲城县视察时，有一次他带我刚出公馆大门，一个衣着不整的人从后面赶上来，伸手要钱。杨将军边走边说："没钱！""没钱不行！"来人似乎乞求，但却语气坚定。杨将军反问："上次给的200块钱呢？""用完了！""那你把一号汽车卖了！"杨将军顺手扬起手杖指向他的专车。来人并无惧色地说："那我不敢。"杨将军回头一笑。跟在后边的白志钧副官领会了他的意图，立即掏出一百元钱塞给来人。这突如其来的场面，一下子把我搞糊涂了。我问白副官："这个是谁？"白答："过去跟杨将军的一个副官。"

西安事变以后，杨将军身处逆境，但关怀部属之心仍一如既往。他辞去军政职务之前，对身边工作人员一一作了妥善安置，据我所知，资助周梵伯赴英国留学，给了石介人一大笔钱供其子女读书，介绍我去陕西省立医院工作……我们这些受过杨将军恩惠的人，对于他的高尚品德一直铭记在心。前不久，石介人的儿子石谨夫同志还向我谈及，其父生前多次表示对杨将军景仰之情，并嘱咐子女要永远牢记。

五

1937年夏，蒋介石百般逼迫，杨将军违心地同意出国考察。他由西安去上海准备出国时，邓宝珊、周梵伯、申明甫和我随机送行；中共代表团周恩来副主席也乘同一架飞机。飞机中途曾在武汉降落加油。到了上海，谢葆真和杨拯中已在机场等候。杨将军一走下舷梯，就高兴地亲吻了拯中。

杨将军一行刚进机场休息室，外边就开来一辆黑色小轿车接走了周副主席；接着，上海警备司令杨虎对杨将军举行了相当规模的迎接，除了军乐队之外，沿途似乎还有警戒。这就是后来人们传说的"上海的杨虎迎接西安的杨虎"。

我们刚到下榻的宋子文公馆，消息灵通的新闻记者先蜂拥而至。很不凑巧，此时周梵伯因事外出，好大一阵也不见回来，无人应酬。没办法，杨将军亲自到会客室接见记者，回答他们提出的问题，先后共约个把钟头。

因为陕西省立医院医疗任务紧张，我在上海只停了一个礼拜，杨将军就让返回。他乘船离境时，我已不在上海。

上海分手以后，我日夜思念杨将军，总盼望着早日同将军再次晤面。谁料这次分手，竟成为最后的诀别，每每忆及，痛心至极！

西安事变前后的回忆

赵寿山

一、西安事变是当时客观形势发展的产物

西安事变发生在1936年。当时日本帝国主义已做了充分的准备,企图灭亡全中国。全国人民的抗日救国运动风起云涌,蒋介石却继续推行其"攘外必先安内"的错误政策,一方面对日本帝国主义力求妥协,步步退让;一方面积极地继续进行反共反人民的内战,镇压爱国进步力量,以致人心激愤,民怨沸腾。中国共产党1935年8月1日发表了《为抗日救国告全体同胞书》,中国红军革命军事委员会1936年5月5日发出了要求南京政府"停战议和一致抗日"的通电,号召全国人民共同团结,组织国防政府、抗日联军,要求国民党立即停止内战共同抗日,挽救民族危亡。这些伟大的号召,受到全国人民的热烈拥护,也受到国民党内进步人士和中下级军官士兵的拥护。以张学良为首的东北军和以杨虎城为首的十七路军,当时正处在"剿共"军事的最前线,大多数官兵很快地接受了中国共产党的这一正确主张。

张、杨两将军所率领的部队，在蒋介石的军事体系中属于所谓杂牌，历年来受尽了蒋介石的压迫与歧视；在"剿共"战役中又不断遭到中国工农红军的严重打击，实力日益削弱。张、杨不仅对于国家民族的危亡表示忧心，对于自己及其部队的前途又不能不慎重考虑。他们在中国共产党的抗日民族统一战线政策的号召和全国人民抗日救国高潮的影响下，于1936年上半年分别和中国共产党取得联系，并且秘密签订了抗日友好协定。他们相互之间经过在两部的中共地下工作同志的沟通，也建立了合作关系。他们曾经对蒋介石作过停止内战一致抗日的劝告，但都遭到了蒋介石的无理拒绝。

1936年11月，蒋介石乘解决"两广事变"的余威，把他的嫡系部队约30个师，从两湖调到平汉线汉口—郑州段和陇海线郑州—灵宝段，准备入陕，达到一举消灭红军的目的。12月4日，蒋介石由洛阳到西安，向张、杨摊牌，提出两个办法，要他们作最后的抉择：一个是服从命令，把东北军和十七路军全部投入陕北前线，在其嫡系部队监视之下积极"进剿"红军，一个是如果不愿"剿共"，就将东北军调闽，十七路军调皖，把陕甘让给其嫡系部队。蒋介石所提出的这两个办法，都是张、杨所不能接受的，他们既不愿再替蒋介石打内战，也不愿让自己的部队离开西北这个根据地，为蒋介石所消灭。出路只有一条，就是迫使蒋介石停止内战，联共抗日。张学良将军为了最后争取蒋介石能同意联共抗日的要求，12月7日还向蒋介石进行了一次"哭谏"。不料蒋介石听了勃然大怒，骂张年轻无知，受了共产党的迷惑，张、杨忍无可忍，才下了"硬干"的决心。

当时西安各阶层的广大人民，都积极拥护中国共产党提出的团结抗日的主张，中国共产党通过西北各界救国联合会在知识青年中进行的抗日爱国教育，有力地激发了学生们的爱国觉悟和革命热情。12月9日，西安1万多学生为纪念"一二·九"一周年举行示威游行，要求停止内战一致抗日。蒋介石的特务警察竟开枪打伤了游行的小学生，激起广大游行群众的义愤。群众当即决定前往临潼华清池向蒋介石请愿。蒋闻讯后令张学良严行镇压，"格杀勿论"，张急忙赶往十里铺劝说学生回去，学生们群情激愤地向张请愿，张深为学生们的爱国热情所感动，更加坚定了逼蒋抗日的决心，他当场对游行群众说："我与你们是站在一条战线上的，你们的要求也就是我的要求，再往前走就要被机关枪扫射，我不忍看到你们遭受伤亡。你们现在回去吧，一星期以内我一定用事实答复你们。"言至此，声泪俱下。结果，不到一星期，张、杨就发动了震惊中外的"双十二"西安事变。

二、事变前我和杨虎城将军的谈话

1935年10月，我在十七路军十七师五十一旅任旅长，部队由陕南调到陕北前线，当时国家形势岌岌可危，内战不止，我又新遭母丧，心情非常苦闷。因之就借看病为名（我患肠胃病）向杨请准了假，离开部队到平、津、沪、汉等地观察形势，同时也希望利用此机会重新阅读一些进步的及有关马列主义基本理论的书籍。在各地旅行访问了将近一年的时间，接触过一些进步人士，看到日寇企图灭亡中国的军事行动已迫在眉睫。蒋介石对外妥协退让，对内积极"剿共"，排除异己，镇压爱国人民，这种误国政策日益把中国导向亡国之途。全国各阶级、各阶层，除了一小撮甘愿当亡国奴的汉奸卖国贼以外，都在不同程度上接受了中国共产党提出的停止内战、团结抗日的主张。全国人民坚决抗日的伟大力量，汹涌澎湃，势不可当。

我在十七路军的时间比较久，知道杨虎城将军是一个有爱国心的人，他与共产党发生联系是很早的，他的朋友和干部中，也有共产党员和进步人士。当时日寇灭亡中国的企图迫在眉睫，他的部队面临被蒋介石消灭的威胁，在联共这一点上，他基本上已没有问题。他和蒋介石之间一向有矛盾，这时更不满蒋介石"攘外必先安内"的政策。因此，反蒋联共抗日，对他来说是有一定思想基础的。1936年10月，我回到陕西，脑子里有很多问题想和杨谈，同时，也急于想把自己在各地所见所闻及一些想法汇报给杨，因此我先后和杨谈过好几次话，谈话中，我着重向杨陈述了当前形势，说明日本帝国主义已经做了充分准备，企图进一步灭亡全中国的各种事实，同时也谈到我在平、津和济南与宋哲元、韩复榘见过面，也接触了其部下许多人员。杨以询问的口气说："听说他们的抗日情绪很高？"我回答说："在将领中，坚决抗日的只是个别的。"杨又问："听说张自忠很积极，是不是这样？"我说："是的，张是积极的。但萧振瀛派是多数，是亲日的，很坏。"谈到韩复榘时，我说，韩在被日寇欺压得无可忍耐的时候，也曾经吓唬过日本人，说他虽然打不过日本人，但是可以在一日夜之间，把他防地内的日本人杀光。虽然韩的话是这样讲，但是还是没有决心抗日的精神准备。最后我说："总观韩、宋两部的情况，他们内部奢侈腐化，醉生梦死，已没有冯玉祥当年在南苑练兵时那种精神了。"杨略显惊异地问道："那不是华北形势相当危险吗？"我说："我看如果一旦日寇进攻，华北有很快失掉的可能。"接着我向杨汇报在南京、上海等地彻底看清了蒋介石政府祸国殃民，腐败透顶，争权夺利，排除异己，特务横行，怨声载道的情况。杨问我："听说蒋最近严办了几个人，你是否听说过？"我说："蒋介石政府的贪污腐化、争权夺利已经成了根深蒂固的习气，不是惩办几个人可以改变得了的。有一个蒋介石身边的高级官员曾对我说，不管共产党怎么样，国民党是腐朽了，像一座梁柱已被蛀空的大厦。一有风吹草动，就要倒下来。我很同意这个看法。"杨说："这个人可算是深知国民党内情的。"我同时又以十分兴奋的心情，向杨汇报了全国人民在中共领导和影响下，抗日救亡运动空前高涨的许多事实，以及自己思想上得到的感受。杨听了关心地问我："你在外面这样长的时间，都接触了些什么人？"我说："各方面的一些朋友，主要是在上海的一些陕西同乡，如杨明轩、杨晓初、赵宝华等进步人士。"杨又问，"你对共产党和红军是怎么了解的？"我说："我这次出去，主要读了三本书，一本是《社会发展史》，一本是《政治经济学》，一本是《国家与革命》，受到了很大的启示。我是穷佃户家庭出身，一家人靠父亲种地主的几亩地过活，母亲给地主家做杂活，不料地主中途把地收回，父亲被活活气死，因此，我从小就对富人十分痛恨，就想打富济贫，给穷人出气，这次读了三本书，使我懂得了一些革命的道理，建立了无产阶级必胜的坚强信念。"并说："我了解到红军是人民的力量，不论在战略上、战术上都有最新的东西，人民非常拥护，红军是一定能够发展并取得最后胜利的。"杨注意地听我说着，还不时点头。当说到十七路军的团结问题时，我请杨考虑是否可以开办一个干部训练班，进行抗日救亡的教育，并借以加强杨与各部队军官，尤其是与冯钦哉部队军官的关系。杨说："绥署有一个步训班。"我说："那个步训班不解决抗日救亡的思想问题。"杨当时对这个问题没有立即回答，表示以后可以研究。我又向杨建议要搞好十七路军与东北军的交往，密切联系，以便随时互相沟通意见。杨肯定地说："我们一定要同东北军合作。以前我们两部互相间有过一些猜疑，虽则经过东北方面高崇民先生的联络解释，情况好转，但两部的关系还不够十分密切，你也要注意这个工作。"并着重指出："我们必须做到和东北军精诚团结，才能共同抗日。"最后谈到联络红军问题，我知道杨与中共中央早有联系，我的部队在汉中时与红四方面军订过互不侵犯的协议，杨也是知道的，只是彼此没有直接谈过。我就直言无隐地说："红军虽然今天只有几万人，但它是会发展的，将来整个江山会都是它的。我们的部队都遭受过红军不同程度的重创，我的队伍由于与红四方面军有密切联系，贯彻执行了互不侵犯的协议，才完整地保存下来，现在我的部队虽已调到陕北前线，但全部官兵都不愿与红军作战。我们可否派得力的人员，与红军进一步加强联系，订立互不侵犯协议，以便将来共同抗日。"杨听了略微停顿了一下，沉静地对我说："我同意你的看法，但我们要慎重考虑。"

在最后一次和杨谈话中，我看情况愈紧，便对杨说："目前的形势，对国家的兴亡，对我们的前途来说，只有反蒋联共抗日这一条路。看蒋介石最近调兵遣将的举动，是要对红军大举进攻，并且要把我们也拉入内战旋涡，以便消灭我们。因此，是否可以考虑，蒋如果来西安，必要时我们把他扣起来，逼他联共抗日。"杨听了显得有些惊异，望着我说："天大的事，我们敢干？"我说："只要你把当年打李桢的精神拿出来（李桢是蒲城县的大恶霸，杨在青年时把李击毙），就敢干！"杨看起来不反对我的意见，但是他却以深沉而又带责备的态度对我说："你在外面转了一圈，回来脑子发热了，这样的大事要好好考虑，不能轻举妄动，随便乱说。"我便进而表示："如果这一举胜利了，整个国家就可以振兴；万一失败了，我们就背靠北山，全部集中到耀县以北，或者干脆就打出红旗与红军合作，将来我们还是要打回来的，就像当年由武功撤到陕北，然后又打回来一样。"最后杨很严肃地告诉我："你这些话只能对我说，绝对不能对其他任何人讲。"又说："国内外形势相当险恶，是国家民族生死存亡的关头，一举一动要慎加考虑。国家好了，我们才能存在，国家亡了，我们不是死就是去做亡国奴！你近几日所谈的，有些是对的，有些很冲动，要冷静些，咱们以后再谈。"并命令我说："你离开部队很久了，赶快回去看看部队，安慰安慰官兵，对红军可以用你以前在汉中的办法，但切莫令人看出破绽，把你的部队先整理好，以便应付时局的变化，咱们整个十七路军也要作一番整顿。"我听了之后很高兴，第二天就回部队了（当时旅部驻在白水县）。以后听说杨和我谈话后，告诉他左右的人和杜斌丞说："寿山变了。"表示很高兴。从这里也可以看出，他当时对形势和他自己以及十七路军的出路问题，已经心中有些底了，只是由于他处事慎重，又机密，事先不会向我讲。我去部队不久，杨便把我叫回西安，要我筹办训练班，训练全军团、营、连三级干部。当训练班正在积极筹办中间，各部队的学员名额已经分配下去，第一期学员正待集中的时候，西安事变爆发了。

三、事变当日的经过

张学良和杨虎城之间早已有所谅解，到了1936年12月8日，张、杨已商定准备扣蒋，并做了适当的分工，大体是：临潼归东北军负责，西安归十七路军负责，待机行动。也就在这个紧急关头，12月9日发生了一场误会。那天傍晚，杨的特务营营长宋文梅到西安东城门楼上去看张的特务第二营营长孙铭九（他们在此以前都曾接到准备扣蒋的密令，正在待命行动），正逢孙全副武装率领部分士兵登车出发。宋即问去哪里，孙说去临潼。宋以为要扣蒋，急忙回报杨的秘书王菊人。此时杨正在易俗社剧场陪南京来的军政大员们看戏，张因事尚未到剧场，王即从剧场将杨接回，告杨以宋的报告：东北军今晚行动，孙铭九已出发。杨听了后又想到张未去剧场，信以为真，立即命王转告我，队伍归我指挥，马上布置行动，随即又匆匆返回剧场。王立即用车接我到绥署，转达了杨的命令。我立即布置，派兵包围了易俗社，由剧场到绥署的路上设了岗哨，在北城墙上布置了炮兵，准备行动，杨回剧场后，发现张竟在看戏。久等不见动静，他顿生怀疑，便着人继续点戏以拖延时间，自己马上回绥署。他命王菊人赶紧查问，并说如果行动时要事先向他报告，以便与张离开剧场。为了不使南京的军政大员生疑，杨说罢立即又回剧场。王即叫宋文梅找孙铭九查看究竟。不料宋去看孙时，孙正在睡大觉，经问明后，才知道孙去临潼并不是扣蒋，而是查路，宋急忙跑回告知我们真实情况。我未待杨的命令，立即撤兵，并限令于明晨5时前撤归原防。结果，各部队均按时撤完，幸未发生乱子。这次误会虽然引起了一场虚惊，但使我进一步认识到了张、杨扣蒋的决心。

11日晚9时许，杨派车接我到他的住所，我在外室见了王菊人和孔从洲（陕西警备第二旅旅长）。王说："主任有话要亲自对你讲。"我便想今晚可能要行动。又见孔从洲在一旁低头沉思，我向孔说："从洲，请你给我找一张西安市的地图来。"他说："我这里有。"随手就从衣袋里掏出一张地图给我。我正在看地图，杨就唤我："快来。"到内室后，杨对我说："今晚要行动，叫你来商量做准备。"我问杨是否已通知冯钦哉，杨说没有，来不及。我又问孙蔚如（三十八军军长）、李兴中（绥靖公署参谋长）是否已经知道。杨说没有通知他们。我说："冯远在大荔，来不及可另派人通知，孙蔚如、李兴中是否现在可以约来予以说明，共举大事。"杨问我："把他们请来，他们如果不同意怎么办？"我说："孙与你在一起多年，他心里也许不同意你的主张，但是你下了干的决心以后，他会跟着你走的。把他找来在你左右商量些大事有好处。"谈到李兴中时，我说："时甫（李兴中）此我还激烈。我这次回陕以后，跟他谈过多次，曾和他谈到蒋逼我们'剿共'是要消灭我们，我们必要时可以扣蒋。他听了非常高兴，积极表示赞同。我看他是真心赞同的，没有问题。"杨听了很诧异地说："时甫还是这样！"表示很高兴，随即把孙、李接到绥署。他们到后，我们就分了工。杨与孙在绥署掌握全局，军事方面交给我和李商定。杨命我与李提出一个军事计划。我即到李的办公室，并把孔从洲请来，三人共同商议。

当时西安的敌我兵力是这样的：

我们方面：十七路军的主力均在外县和陕北前线，只有西安绥署特务营、教导营、炮兵营、卫士队和陕西警备第二旅三个团等少数兵力在西安。这少数部队中，有些还是靠不住的。如教导营营长李振西是黄埔学生，思想反动，态度暧昧，有可能和军统特务有关。孔从洲带领的警备二旅除了郑培元团可靠外，沈玺亭、唐得楗两团均系新由张鸿远的地方团队改编，军纪不好，旅长孔从洲到任仅两个月，还未来得及进行训练，对这个部队的使用尚无把握（西安事变和平解决后，这两个团叛变投蒋）。总计起来，可靠的部队官兵还不到3000人。此外，东北军卫队第二营孙铭九部在西安市东南一隅，不归我指挥。

敌人方面：蒋系在西安的单位，包括特务机关，约有120个，有武装的为42个。其中以宪兵第二团（团长杨镇亚）、保安司令部（司令张坤生）、西安省会公安局（局长马志超）、警察大队、西安军警联合督察处（处长江雄风）武装最多，枪支在3000以上，其他特务机关（国民党省党部等）和蒋系各军、各师的留守处、办事处的武装尚不在内。

根据以上情况，我们的部署是：命陕西警备二旅孔从洲担任解除宪兵团、保安司令部、警察大队、省政府长驻的宪兵连和西关飞机场驻军的武装，并占领飞机场（当时蒋系在西安机场停有数十架战斗机和轰炸机）的任务，并以一部担任西安各街巷口（东南一隅归东北军）的警戒，每一街巷口有一武装警察时，我们即派武装士兵一名监视，为了加强警备二旅的领导力量，增派许权中为副旅长。命炮兵营归孔从洲指挥，炮兵位置在北城门楼上，对西安车站方面警戒，准备轰击外来的蒋军。命西安绥署卫士队（两个队共200人）担任绥署及杨将军公馆的警戒。命特务营营长宋文梅率特务营及卫士队各一部分士兵负责逮捕住在西京招待所的蒋系军政高级官员，特务营其余部队作为预备队待命。派绥署参谋处长王根僧去教导营监视李振西，该营归我直接指挥，担任警戒新城城防及解除新城东北的几个警察大队的武装。

军事计划拟定后，我即向杨作了汇报。杨表示同意，命我任总指挥，并说："我们准备好，等张副司令来共同确定，与临潼统一行动。"此时，张正在公馆与其高级官员开会，旋即带着11名重要将领来了，张一跨进杨的内室就带开玩笑地高声说："虎城兄，干不干？不干了就取绳子，我将我的这十一员大将都带来了，你赶快叫人去拴，拴了送往南京，给你升官领赏。"当时我和孙蔚如都在左右，孙说："副司令，我们这些人绝不会出卖朋友。"接着杨和张就立即着手研究具体行动问题。张说他已派刘多荃、白凤翔、唐君尧、刘桂五和孙铭九五人去临潼做准备，问杨准备好了没有。杨说："我们准备好了，专等你来以后下命令。"当晚，张终夜在杨处共同指挥行动。

12月12日早晨，约5时许，听到临潼已有枪声，我向张、杨请示后，即放了信号枪，各部队就同时开始行动。约到7点半钟，已将大部分敌人解除武装，枪声也停了下来，只有新城北门外警察大队的一连武装尚在顽抗。我即令李振西："限半小时内消灭新城北门外的据点。"李如限完成了任务。到8时，西安的军事行动全部结束，我即向张、杨报告，全部胜利完成任务。张听我报告以前，曾接到刘多荃的电话报告说："委员长跑掉了，尚未找到。"听完我的报告后，张即要临潼电话查问，接电话的是白凤翔。张问找到蒋没有，白说还没有，张即命令白："如果9点找不到委员长，就把你们的头送来！"张打罢电话与杨出室外散步，我也随着出来。他们走到假山上站住谈话，情绪紧张，心情都有些不安。张说："虎城兄，如果委员长到西安后，采纳了我们的意见，我便送他回南京。"杨低头沉思说："委员长生死未知，是否能找到？"当他们回到室内时，旋即有电话来，报告蒋介石已经抓到。张、杨听了忧虑顿消。9时许，蒋被押送至西安，即住在绥署大楼。南京政府在西安的军政大员在蒋到西安前已全部被扣押起来。

张、杨在蒋被扣以后，立即向国内发出了抗日救国八项主张的通电。并打电报给陕北中国共产党中央，请他们马上派代表团前来共商抗日救国大计。

中国共产党对西安事变的政策是要争取一切可能争取的力量共同抗日，只要蒋介石答应抗日，就可以合作。党的这一正确主张对西安事变的和平解决和停止内战、发动抗日战争起了决定性的作用。12月16日，党中央派出的以周恩来为首的代表团到西安，与张、杨协商并且一起和蒋介石的代表进行了谈判（宋子文、宋美龄和端纳代表蒋介石）。同时，对防御南京政府亲日派发动的"讨伐军"的进攻也作了军事上的准备。经过谈判，蒋被迫接受了联共抗日的要求。12月25日张、杨释放了蒋介石，张并亲自把蒋送到南京，西安事变遂告和平解决。

四、事变和平解决后蒋介石的背信弃义，
东北军和十七路军内部的分化

西安事变的当天，杨为了迅速安定西安市内的秩序，命我任西安市公安局长。到任7天，一切安排就绪。因为要准备对南京"讨伐军"作战，拟将十七路军的主力部队都集中到泾阳、三原一带，同时，红军部队也将开至关中，因此杨又命我任渭北警备司令，驻三原县，统一指挥在渭北的十七路军。临行时，杨对我作了重要指示，他说："今后任务很重，你的主要任务有两个：一是准备防御战，一是联络红军，并将渭北群众发动起

来，武装起来，以备万一，望你努力。"

我约在12月19日到三原，巡视了渭北十多个县，对部队作了动员，准备必要时与红军一起夹击南京政府在潼关以西的四个师及一个教导总队。为了发动群众，武装群众，在各县召开了群众大会，揭露了蒋介石"攘外必先安内"的错误政策，宣传了联共抗日的道理，说明了扣蒋的必要和张、杨的八项主张，并说明红军将要开到三原，我们十七路军、东北军要和红军结成友军，准备抗日。各地群众听了以后都很高兴。但是三原不少绅商由于以往受反动宣传的影响较深，听说红军要来，有些恐慌。我分别召集他们开了几次会，说明红军是人民部队，军纪优良，不必担心，并保证如果红军来后谁家有丝毫损失，我情愿完全负责赔偿。因为我在三原先后住过四次，他们对我还信任，听我这样说，也就放了心。我又派了一连兵驻在三原北门，指示他们：见了红军要握手问好；红军携带武器可以自由出入，不受检查；红军问路要热情做向导。不久，红军开到三原西北的云阳镇和富平县的庄里镇一带。我与红军中的负责同志经常互有来往，我的司令部也成了红军的联络站。为了对南京政府的"讨伐军"作战，我请红军将领给十七路军讲解和演习游击战，左权同志也请我们给红军演习平原河川战。当时，陕北粮食较缺，我们就派军需人员协助红军在渭北各县购粮，并派了150多辆大车送往陕北，彼此关系十分密切。在与红军的长期来往中，使我在思想上受到很大的启示，进一步认识到红军是革命的、人民的军队，只有共产党才能救中国。

我到三原后不久，就听说东北军和十七路军中，对是否释放蒋介石意见有分歧。张学良提出放蒋时，杨虎城由于受过蒋的多次欺骗，对蒋是否能恪守共同抗日的诺言，是否不对东北军和十七路军进行报复，很有怀疑，因而对放蒋有顾虑，但是最后仍然同意了。

两部的上层官员对放蒋问题看法也不一致。我起初也不大明白放蒋的道理，后来经过任弼时、南汉宸等同志的解释，才明确认识到放蒋是对的。

蒋介石回南京后背信弃义，扣留了张学良，并积极调派军队向陕西推进。东北军和十七路军内部，一部分人主和，一部分人主战，相持不下。

这时汉奸、土匪和特务四处活动，在两军内部进行挑拨，破坏团结。在东北军中，少壮派与元老派互相争斗。1937年2月2日，以孙铭九为首的少壮派枪杀了元老派军长王以哲后，以致东北军内部发生分裂。四五月间，东北军各部被蒋介石分别调至豫南、皖北、苏北各地。十七路军方面，冯钦哉部和沈玺亭、唐得楹两团叛变投蒋。西安事变和平解决后，王劲哉的一个旅也被蒋挖走。1937年5月5日，蒋介石批准杨虎城将军辞去本兼各职，杨虎城将军被逼出国考察。十七路军其余部队被改编为三十八军，孙蔚如被任命为陕西省主席兼军长，共分编成两个师另两个旅，由我和李兴中分任师长。此后，蒋介石进一步采取了"金钱收买""扩编利诱"以及"分割使用、战场消灭"等的卑鄙毒辣手段，对付十七路军。

1937年7月7日，卢沟桥事变发生后，全国人民在中国共产党的领导下，奋起抗战，蒋介石也被逼抗日。我自告奋勇率部队于7月13日动身开往华北前线，经娘子关、保定、石家庄等地转到敌后，在高平一带打游击，并与八路军取得了密切联系。1938年7月，蒋介石为抓取陕西政权，把原十七路军所有部队编为两个军，合成为第三十一军团，后又改为第四集团军，任孙蔚如为总司令，撤销了孙的陕西省政府主席，我被任为第三十八军军长，李中兴被任为第九十六军军长，开赴中条山抗战。从此，我即以十七师为骨干，在党的领导下，对部队进行了必要的改造，先后吸收进步的青年知识分子5000多人担任干部，十七师中的营、连长和班长三级干部绝大多数都是共产党员，党已能够完全掌握部队。蒋介石非常害怕，企图把三十八军调过黄河消灭。但是，由于党中央、毛主席的格外关怀，不断指示，以及三十八军党组织的坚强领导，部队内部十分团结，蒋的企图无法实现。于是蒋介石又用偷梁换柱的手段，1944年春派其嫡系将领张耀明为三十八军军长，调我任第三集团军（从胡宗南部拨出三个军）总司令，驻甘肃凉州，事实上是把我软禁起来。我离开三十八军时，在部队中作了具体安排：一、一致拥护孔从洲的领导，亲密团结；二、团长绝不能换掉，蒋介石要撤谁的团长，全团就起义；三、估计孙蔚如在一年以内也可能要被蒋调开，调孙之日就是全军起义之时，那时我将与部队联系。此外，将蒙定军同志安置在西安办事处，与各地加强联系（携有电台，东通部队，西通凉州，北通延安，南通重庆，当时我在凉州）。1945年春，孙果被调任第六战区司令长官。我闻讯后，以为部队起义再不能拖延，即一方面电周恩来同志，请求党中央派人协助；另一方面通知部队积极准备，以待党中央派人来后立即行动，后来经由中央派周仲英同志前往指导，由刘威诚、张复振（都是共产党员）率十七师部队于1945年7月17日在河南洛宁县固县镇起义；孔从洲于1946年5月15日在巩县起义。1946年秋，我急于进入解放区，便以赴美国考察水利为名，要求蒋介石批准脱离第三集团军，于1947年初穿过了敌人的重重封锁，进入晋冀鲁豫边区转到延安，投入了党的怀抱。

西安事变发生到现在已经28年了。西安事变的和平解决，对当时国内团结抗日局面的形势起了积极的促进作用，正如毛主席在《论联合政府》一文中所指出的："西安事变的和平解决成了时局转换的枢纽，在新形势下的国内合作形成了，全国的抗日战争发动了。"张、杨两将军为抗日救国，毅然发动了西安事变，但对蒋介石阴险恶毒的反动本质估计不足，张送蒋去南京，满以为三五日后即归。不料蒋以怨报德，一直把张辗转扣押，至今仍在台湾囹圄之中。杨在全国抗战爆发后，迅即回国，切望对抗战有所贡献，以达当初发动事变之夙愿。但甫到香港即受特务监视，旋即被蒋诱至南昌逮捕。新中国成立前夕，在重庆为特务头子毛人凤密令特务杨进兴、熊祥由匕首刺杀，其公子杨拯中与随从副官和勤务兵亦同时遇害。这种惨状，闻之令人发指。张、杨两将军虽被囚被杀，但是他们发动西安事变，促成团结抗日的爱国精神和推动全国抗日战争的贡献，将载入史册。对于参加西安事变的东北军和十七路军来说，在西安事变以后，虽然一方面由于蒋介石的分化和特务分子的破坏，以及他们内部的不团结，力量逐步瓦解，大部分部队跟着蒋介石走并且被他消灭。但是，另一方面，东北军和十七路军中也各有一部分官兵在西安事变之后，进一步受到中国共产党的影响和教育，提高了革命觉悟，最后参加了党所领导的人民军队，走上了更加光辉的革命道路。今天，在党的领导下，一个伟大的社会主义新中国已巍然屹立于世界，中国人民在社会主义革命和建设事业中取得了辉煌的成就，比之28年前西安事变时的旧中国已经完全不同了，对此，张、杨两将军已可得到更大的安慰了。

（1963年9月）

我在西安事变前后的亲身经历

郭增恺[*]

　　震惊中外的西安事变距今已有45年了，但回想起来，仍记忆犹新。

　　我是1933年夏去西安，在杨虎城将军的西安绥靖公署任参议，并经杨将军介绍，给宋子文任经委会西北经济处处长。现将在西安事变前后的亲身经历，尤其是杨虎城将军竭诚爱国的思想和忠勇奋发的行动以及宋子文在西安事变中的活动追忆如下。

杨虎城将军在西安事变之前

　　杨将军联共反蒋的思想由来已久，早在1924年，他就和共产党人魏野畴和进步人士杜斌丞有密切往来，经过1924—1927年的大革命，陕西学生"驱逐吴新田"，声援上海"五卅"惨案运动，"保卫西安"战

　　＊　作者时任西安绥靖公署参议。

争，杨将军总是和广大群众紧密地结合起来。当时，他的部队内已有许多共产党及青年团员王授金、赵宝华、张性初、张含辉、张金印、吴化之、狄步月、校明济、王林等和杨将军同生死，共患难。在发动群众支持军队方面做了极其重要的工作。杨将军在和共产党人的接触中，逐步对共产党有深刻正确的认识。这样，在1930年率部驻陕，首先把西安在押的政治犯全部释放，其中有中共陕西省委书记潘自力及共产党员王炳南、江隆基、亢心哉、蒲子政、郭则沉、崔孟博、崔仲远等人资送日法两国留学，为反蒋联共培植和准备人才，并重任共产党员南汉宸为省府秘书长，将民、财、建、教全权交给南，实行政治民主化，学术自由化。后来，大批共产党员和进步人士如：杜斌丞、陈子坚、申伯纯、宋绮云、金闺生、王尧青、吴波、王菊人、米暂沉、张道五、赵和民等在杨将军军处分任军政职务，杨将军在部队中任用了许多中共党员如张汉民、阎揆要等。

1934年国民党反动派在北平、天津大捕参加过抗日同盟军的共产党员王林等二十余人，杨将军得悉后，即派赵和民前去设法营救，并将徐全忠、支应林、贾振中、周茂兰、尹心田、宋文梅、张希钦、李锦锋、李醒吾等抗日同盟军军官（均系中共党员）秘密接进西安，供给一切生活费用，随即派在步兵训练班中，任宋文梅为特务营营长，张希钦、李锦锋、何永安、李醒吾、席珍儒等为连长，后被蒋介石发现，蒋介石电杨将军将宋文梅等解京法办。杨将军拒不执行，并电复，查我部并无此人，经此，杨将军更加深对宋文梅等的信任。西安事变时，即派宋文梅等看押蒋介石。

蒋介石对杨将军驻陕时用人行政存有戒心，他派人随时监视杨的一切地下革命活动，在杨将军杀掉了蒋委派的《西京日报》社社长邱元武，驱逐了教育厅厅长李范一后，陈果夫又派周学昌、宋志先为肃反专员，专门来陕捕杀共产党人及进步人士。1934年冬，周学昌向杨将军说：你的两个参议都是和南汉宸有关的，都是煽动抗日反政府的人物，请杨先生注意。杨将军听后勃然大怒，当面斥责："我用南汉宸，你说南专门抗日反蒋，我用郭增恺，你们又说郭和南有关，我用你们政校毕业的学生，受过党的专门训练四年的学生（指赵和民），你们也说是南派来抗日反政府的，南汉宸有三头六臂吗？你们对南汉宸为什么这样提心吊胆呢？难道我用的参议、秘书，都是南汉宸派来的吗？那只能我什么都不用，我不干了，请你们来干！"

九一八事变后，中共号召停止内战，一致抗日。1933年冬，杨将军就秘电南汉宸由东京返回。南汉宸回到平津后，住北平拐捧胡同17号，我们就和杜斌丞、周梵伯、崔仲远、崔孟博、金闻生、赵和民等密切协商，派赵和民、崔仲远等两次到平见南为杨将军写了一个意见书（由赵和民执笔经南阅后交周梵伯呈杨），希望杨响应党的号召，挽救民族危亡为己任，联合各地力量，共同抗日反对南京安内攘外的政策。1933年，我随杨将军到汉中西乡一带视察，我向杨将军建议：蒋介石企图造成红军和十七路军部队短兵相接的局面，使红军与我们两败俱伤，他坐收渔人之利，我们绝不能上蒋的当，我们要和红军订立互不侵犯保存实力，让出一条路叫共产党顺利入川的条约。杨将军就密令赵寿山、张汉民等坚决执行和红军互不侵犯相互支援的政策，使红军很快就到达川北。蒋根据胡宗南的报告，曾电责杨将军"剿共"不力，杨虚与委蛇表面应付，实际上只要对共军入川有利，他就给以各种方便。1936年夏我给阎锡山一密电劝阎实践前约，相机联合韩、宋组织华北抗日同盟……密电被蒋介石译出，事隔两天即被蒋派特务江雄风将我逮捕押解南京入狱，逮捕我的命令由蒋直接下达，杨将军、宋子文均事前不知，（杨曾向邵力子表示：蒋对于逮捕郭增恺一事的原因何以不叫宋子文及我知道呢？）冯玉祥曾向蒋为我说情，请予释放，蒋以我"阻挠'剿匪'、煽动抗日"罪名而拒之，不料几月之后，张杨两将军兵变，囚蒋，发起震惊中外的"双十二"事变，我仍是被杨将军救出狱的。尔后宋子文又借我与杨将军至交，偕我去营救蒋介石。

西安事变中我与宋子文到西安的活动

　　我和宋子文原不相识，杨将军认为宋子文在南京政府中是英美派的代表，比亲日派进步，又与蒋介石有亲戚关系，杨将军眼光远大，与宋子文相交，可让宋在蒋方面为他讲话。杨将军还想让宋子文为陕西吸收些外资，以便开发西北。所以，我本着杨将军之意，善于与宋子文接触和应付，费了许多曲折和心思，终于我和宋子文日益接近，宋也认为我为杨所信任，就委任我为西北经济处处长，取得了宋子文对我的信任。

　　在这期间，我通过宋的关系为陕西拨了一笔巨款，开发西北资源，发展铜川煤矿。杨将军叫我四处奔走，联合一切对蒋不满的人，联合北方将领商议组成反蒋大同盟。我曾三次出访到了冀察、山东、山西。我的活动被特务头子戴笠向蒋告密，蒋即直接下令叫特务江雄风把我押解南京。杨将军对此向宋子文、邵力子严厉地指出："郭是我的朋友，是我推荐给宋先生为经济处长的，他犯有什么罪，蒋先生逮捕他还不容易吗？只要一纸电令，我即送他到南京，何必要直接逮捕，之后还不叫我们知道，犯了什么罪呢？"当时，杨将军向宋子文提出抗议，宋子文也莫名其妙。蒋以为我是在杨虎城方面，推动杨专门联共反蒋的主谋人物。

　　"双十二"事变发生后，即1936年12月17日，宋子文深知我和杨将军有密切交情，他以为我是最能在杨面前说话的人，宋就借机将我从狱中要出来。一见面，宋子文就说："蒋先生有些事做得太冒昧，不和别人商议叫你也受委屈了，我们大家既往不咎，这一次救救他吧（指蒋介石）！"宋子文约我同机到西安，宋在飞机上告诉我说："此行很困难，我料到张、杨的话很难说，你先争取虎城的意思，只有你能和虎城说话，虎城只要愿意，我们再做张学良的工作（其实这时我们在被人监视）。"

　　到陕西后，我首先见了杨将军。杨对我先有戒心，以为我和宋偕行，又系在押犯，唯恐我替蒋讲话，可是我对杨说："蒋之国策，我们早已反对，我因为反蒋联共抗日被蒋关押，现在又为联共抗日救蒋而陪宋先生前来西安。我赞成你们的主张，你们的举动我也是赞成的。既然扣蒋，就得有个具体的做法，就得联合全国一致。"我就为杨分析宋哲元、阎锡山等人的态度。杨将军问我宋子文的看法，我直言相告说："宋子文有抗日的要求，当然，他此来是以救蒋为目的的，他认为共产党的力量不是蒋的武力所能消灭的，蒋光想靠武力灭共，所以才有今天（即蒋被扣起来）。"杨对我说兵谏是为了要蒋停止内战，领导抗日，不会杀害他的。你可告宋好好劝劝蒋。我把杨的话转告给宋子文。

杨将军和宋子文有相当的交情。杨把希望寄托于宋，宋对杨之希望也最大，因此，宋又希望做杨的工作释放蒋介石。当时我了解到周恩来来西安，我就向宋子文说："周恩来现在西安，不管周之主张如何，周是关键性人物，你要首先找周。"宋子文说："周一来，西安的事情就更难了，我料周不会和我们的意见相同。"我说："共产党是始终主张团结抗日的，他们早就发表了宣言，不会记私仇的，不妨试一试？我认为共产党和我们意见一致，张、杨两将军的工作是易于着手的。"在从西安飞回的途中，宋子文把蒋介石让他带回南京的手令拿出来一看，上面写的主要内容是"主张继续用武力威胁"这一手令与余日章的女婿黄仁霖带的手令一样，宋子文气愤得将手令撕碎，一边撕一边说："我们当作他（指蒋）是病人。"说着就把手令纸屑从飞机上抛下去。在第二次飞回西安的路上，宋子文讲："我们除了鸦片烟不干，什么都是人干的（指共产党也是人干的），没什么奇怪。"他还讲："他们以为我是资本主义的代表。"我说："民族资本家也是抗战的。"回到南京，宋子文对英国大使兰青说："现在决定抗战，你借给我一千万英镑吧!"英国大使兰青表示赞助中国抗战的态度。

1948年我第一次与周恩来会晤，周恩来一见面就提起蒋介石"双十二"事变中背信弃义，囚禁了张汉卿，残酷地杀害了杨虎城的全家老幼。周恩来勉励我们返虎穴，潜伏在敌阵营作地下斗争。我即返港工作三十载（1948—1978年）。蒋企图一手掩尽天下人的耳目，诱我去台湾，借以欺骗中外人士，但我坚定地拿起笔来，写了十万余言，曾发表在香港的《大公报》和《热风》杂志上，大造舆论揭露了国民党政府欺骗世界的阴谋手段。

（1981年9月）

西安事变见闻

谢晋生[*]

　　在西安事变的整个过程中，我都正在西安。事变前夕，我担任西安绥靖公署主任杨虎城将军的宪兵营中校副营长，尤其是在事变前几个月，我是代理营长。由于担任过西安的城防工作，与当时东北军张学良将军的随从参谋兼警卫营营长孙铭九过从颇密，与蒋介石的宪兵第一团团长杨震亚、陕西省保安处处长张坤生等人工作上联系也不少，因而了解他们一些情况。由于宪兵营长期掩护了共产党西安的"西北特支"，我与这些老同志日夕相处，对当时国共双方的斗争，群众的运动，他们的地下活动，也略知一些；另外，由于宪兵营是归杨虎城将军直接指挥的，他常秘密地给予一些特殊任务，如保护中共代表，看管蒋介石，担任重要军事任务等，因而对他本人的活动，也知道不少。

　　事变时，我调任绥署特务团副团长（团长阎揆要），最先奉命率领本团挺进渭南，防止中央军进犯，掩护大军集中，故对当时的军事斗争情况，也了解一些。

---

　　* 作者时任第十七路军宪兵营副营长。

我是怎样同"西北特支"搭上关系的

我是1935年10月前去西安绥署杨虎城的宪兵营工作的。当我到达西安车站时，李木庵和徐彬如亲自驱车到车站接我。他们事先还为我在梆子市街准备了一间房屋，让我同徐彬如住在一起（我住前房，他们夫妇住在后房），使我感到异常温暖，大有宾至如归之感。

李木庵与徐彬如，后来都是"西北特支"委员。新中国成立后，李任中央司法部副部长（病故），徐彬如任中国革命博物馆副馆长。他们为什么同我认识，又敢于介绍我到宪兵营工作并要我掩护他们的工作呢？这是有一段历史渊源的。

（一）我开始对蒋介石不满

我是黄埔军校第四期毕业的，蒋介石是把黄埔军校学生作为他的嫡系来培养的。我1928年被派到南京黄埔同学会当干事。黄埔同学会是由蒋介石亲自任会长，也由他亲自负责。他不管军政事务如何繁忙，每周总是驱车来同学会两次或三次，亲自处理会务。尤其是自从他在上海发动"四一二"反革命政变以后，更加重视利用同学会来组织他的黄埔嫡系，控制军队，以遂其独裁野心。

不久，我由他指派到三十二军担任黄埔同学会特派员。当时，钱大钧任三十二军军长兼上海警备司令，随后整编为陆军第三师，仍由钱任师长，由上海移驻苏州，担任京沪铁路沿线防务。该军被蒋介石之重视，由此可知。我这个特派员的工作，表面上是在校长直接领导下联络同学感情，为国民革命发扬黄埔校训"亲爱精诚"的精神，实际上，却是蒋介石利用它去监视同学及军队将领。我的任务是按规定定期向同学总会汇报同学和非同学的思想情况，也包括师长钱大钧、副师长陈继承等的思想言行，考察他们是否忠于蒋介石。这是蒋介石在军队中实行法西斯统治最得力的也是最初形成的一种形式。

我是个具有军人性格的人，喜欢直来直去，不喜欢鬼鬼祟祟和当面一套背后一套的政客作风，对这样的工作早觉得与自己性格不合，久存去意，总感到不如带兵打仗来得痛快。恰在这时，第三师师长钱大钧被蒋介石撤职，遗缺暂以副师长陈继承代理，钱与陈过去都是黄埔军校长官，钱去陈继，黄埔同学都没有意见。不久，蒋介石将第八师师长毛炳文调任第三师师长，毛炳文与黄埔同学毫无渊源关系，同学们的意见很大。当时带头反对的是军队中地位较高的同学，一个是旅长李玉堂，一个是团长蒋超雄。他们和全体同学都表示拥护陈继承为师长，拒绝毛炳文到职。因为我是同学会特派员，便推我当代表，从苏州到南京去向蒋介石汇报，请求收回成命。我到南京黄埔同学会，见到了蒋介石，将大家意见向蒋报告，他没等我讲完，就将桌子一拍，声色俱厉地斥责说："你们对本校长的命令也不服从了！这个，这个，这个还要得吗？"我当时感到非常难堪，也觉得委屈，于是鼓起勇气顶了他一句："报告校长，这是李玉堂、蒋超雄和三师全体同学的意见，我不敢不据实向校长报告。"蒋介石这时才火气小了一点，沉吟一会儿，对我说："既是这样子，你就快点回去，好好对尧阶（李玉堂别号）他们说，对我的命令一定要服从。我调毛师长到第三师自有我的道理。"蒋介石的道理，后来事实证明：蒋介石把毛炳文调开第八师，派了他的参谋长朱绍良去接充，将该师中下级军官几乎全体换了黄埔学生；而毛炳文到第三师任师长却只能带来一个少校副官宋仁楚，而且还是黄埔五期学生，不到一年，毛炳文又被调走，由陈继承继任师长了。

我被蒋介石训了一顿，怏怏不乐地回到苏州，在特派员办公室举行了一个小型座谈会，李玉堂、蒋超雄、成刚、黄焕荣等都出席了，我如实地、毫无保留地告诉了大家，有的说："他有什么鬼道理？"黄焕荣因当了多年的通讯营长没有升官极为不满，骂蒋是"新军阀"，弄得大家不欢而散。我是备受辱骂的，更决心不干这个差事了。

（二）苏州巧遇中共党员李木庵

正在我苦闷已极的时候，这年秋天的一天，我正在苏州自己住宅附马府堂大门口徜徉，看见一辆黄包车拉着一个穿长袍的人经过，这人手提皮包和行李，温文尔雅。我仔细端详，认出来原是一个远亲，即我祖母的堂弟，排行第七，我常呼他"七外公"。他是我家乡——湖南桂阳（住在郴县地界）的著名共产党员李木庵。我叫了一声"七外公"，便前去将黄包车挡住。他吓了一跳，见到是我，忙下车寒暄几句，但他见我全副武装，胸前佩有第三师黄边三朵花的符号，为之一愣。他急忙对我说："你，你怎样在这个部队里？你对我的事切不可向外人说啊！"说完，马上坐车走了。我知道他有戒心，不便在路上多谈，便让他走了，但我仍远远地跟着，见他就住在离我的住宅不过有几十家远的地方。天黑了，我便跑了过去，找到他的住房。我恳切地对他说："七外公，您老就住在这里啊！请您放心，我对您老的事绝对保密，决不会泄露出去！"他这才放心了：我见到了他妻子田氏夫人，老三和老四两个儿子（现都在北京工作）和两个女儿，他见我无恶意，态度诚恳，转忧为喜留我在他家吃了晚饭。以后时相过从，我很直率地将被蒋责骂以及第三师黄埔同学对蒋的不满情绪告诉了他，他对我也就更加亲切。我是从他口中才知道蒋介石是封建地主、买办阶级的总代表。他指出："蒋介石必定会垮台，共产党将来一定会胜利。"后来，他还告诉我，他在上海工作，由于苏州生活便宜一些，才把家眷安置在苏州。我再三向他表示："有我在苏州，你可大胆一点，一切我可以负责保护。"这样，我们相互之间，已无芥蒂，有时，我也同他到上海去玩玩。

我对李木庵是以长辈来看待的，认为他是具有长者风度的。他17岁时，便考取秀才，在原籍桂阳县就有才子之名。他当年的名字叫清泉，号兴午。他是步行到北京京师法政学堂攻读，因成绩优异，毕业后被派到福建工作，历任法官、检察官、福建高等审判庭庭长与检察厅厅长。在李厚基督闽时，曾任福建督军公署秘书长。李走后，他任闽侯县知事。因他与督军公署独立团团长曹万顺交谊很深，在1926年广东革命政府行将北伐时，他说服曹万顺响应广东的革命号召，请求一同去参加北伐。他代表曹来到广东，广东革命政府马上将曹万顺的独立团破格扩编为国民革命军第十七军，任命曹为军长，李为政治部主任。李清泉（李木庵）在这一年加入了共产党，随军北伐。1927年"四一二"蒋介石叛变革命，曾密电第十七军军长曹万顺："该军政治部主任李清泉等，系共产党员，立即就地处决。"曹因与李关系很深，于是将李等资遣到上海。李从此便转入党的地下工作，回到桂阳老家进行农民运动。可在这年秋又被桂阳保安队包围抄了家，幸有堂弟李弗荃的援救，乃逃离家乡而到上海。从此就在上海进行地下工作，而将家属秘密安置在苏州。

后来，第三师从苏州移驻南京，我便随到南京。李木庵从"四一二"以后，不曾来过南京，因害怕蒋介石的白色恐怖。这时，由于我的掩护，他也随我常来南京了。同我往来的朋友，都知道他是我的外公，谈吐之间，都认为他是个学识渊博的长者，从未有人怀疑他是被蒋介石通缉的鼎鼎有名的中共党员。我家由于父亲去世，继母在南京八卦洲买了50亩荒地，定居下来。李木庵因儿女众多，生计困难，于是也在我继母住处附近买了一块荒地，将家眷从苏州移居到八卦洲，以务农来维持生活。他本人则奔走于上海、南京等地为党从事地下工作。

（三）企图袭捉蒋介石

李木庵除参加中共地下活动外，还参加了当时在上海的国民党左派——改组同志会。后来我由于他的介绍也加入了改组同志会并积极参与活动。

李在上海租界与国民党中委、左派的头头们王法勤、王乐平等来往很密切。我感到奇怪，问他："李老，你是中共党员，为何又参加国民党的改组同志会呢？"他告诉我："蒋介石在江西疯狂地'围剿'苏维埃红军，在全国造成极端的白色恐怖，到处逮捕共产党人。帝国主义都极力支持蒋介石的反共政策，对上海租界的共产党人，他们可以公开引渡给蒋介石。至于国民党左派——改组同志会，帝国主义还认为是政治犯，可以加以保护，不予引渡，所以我们必须借它来掩护。"

我同改组同志会的人员接近后，见到他们提出的口号："打倒独裁，实行民主！"感到与自己的思想相投，便由李木庵介绍与改组同志会的组织部长王乐平认识。王知道我是黄埔学生，便介绍我加入改组同志会下面隶属的反蒋黄埔同学会。这个同学会是同蒋介石的南京黄埔同学会针锋相对的，总会设在广州，汪精卫以党代表的身份担任这个反蒋黄埔同学会的会长（黄埔军校党代表原是廖仲恺，廖被暗杀后，汪精卫任党代表）。汪精卫为了反对蒋介石，必须拉一批黄埔学生，挖蒋介石的军事墙角。上海反蒋黄埔同学会的主持人潘学吟（黄埔一期）、赵惠谟与我是黄埔同期同学。他们政治上主张反蒋，但也"反共"。我对他们说："要反蒋又何能反共？必须联共反蒋方有希望。"我对赵惠谟等主办的《夹攻》刊物，表示既反蒋又反共是采取反对的态度，赵不同意我的意见。好在大家团结在反蒋的号召下，各行其是罢了。

我秘密地加入反蒋黄埔同学会后，公开身份仍是蒋介石第三师黄埔同学会的特派员，毫无阻碍地出入南京、上海各地。赵惠谟派我担任组织部的交通联络工作，将一批批重要文件，反蒋刊物带到南京等地。我利用与第三师的关系，把第三师中不满蒋介石的同学如黄焕荣、成刚、陈铭鼎（现在江西当参事）等人，也秘密地拉入反蒋黄埔同学会。

当时，第三师驻在南京三牌楼国民党中央党部附近，我同李木庵密谋过，利用第三师中反蒋部队袭捉蒋介石。因为黄焕荣、成刚他们都掌握了一部分兵权，如果趁蒋介石去中央党部开会的机会，完全可以有把握采取突然袭击手段将他捉住。捉住蒋介石后又怎样办呢？由当时山东孙美瑶案件得到了启示，拟仿照他把蒋介石扣留作为人质，如果调军队来打，我们就"撕票"；如果谈判，我们就强迫他交出国民政府的权力，实行政治的民主改革。后来，李木庵去上海还来信对我策划的这一行动表示支持。信中说："进行之事如能成功，将成为丰功伟绩。"正在密谋策划之时，第三师突然奉命立即开往徐州驻防，此事遂成泡影。

我由于进行反蒋活动，被曾扩情等发觉了一些，不久，将我调回南京黄埔同学会。这时，恰逢九一八事变发生，汪蒋进行合作，顾孟余任铁道部部长，我便到铁道部路普管理局任防务科科长去了。

（四）在南京认识共产党员徐彬如

我在南京既不能抛头露面，又迫于生活无着，苦闷异常。有一天，一个同学老李（是湖南资兴人）来看我。不知他怎么知道我在莆田暴动的事，他对我备极安慰和赞扬。经他一鼓动，我勇气陡增，又跃跃欲试了。我们两人当时谈得异常投机。最后，他说："我介绍一个很不平凡的革命同志给你做朋友好不好？"我当然欣然同意了。后来我回想老李可能也是中共地下党员。

天黑了，老李把我悄悄地引到南京丹凤街一家寿材店里。里面阴森森的，不是死了人谁也不会进它的门。我就在这里见到了共产党员徐彬如。徐之所以住在这里，大概是因为他才出狱，在白色恐怖下，借以躲避特务的耳目。在他的房间里，摆着一些破破烂烂的瓶子和几片秦砖汉瓦古玩，当时的老徐，化装成一个古董商人。他的妻子韩钟秀，是河北大学毕业的，又是留俄学生，为了党的工作也委屈自己在丹凤街小学教书，一同住在那阴暗的屋子里。我同徐彬如虽是初次见面，由于他了解我，一见如故，我们无所不谈，谈得非常痛快。

徐彬如原是广东中山大学的学生，原名叫徐文雅，是文学系学历史的，当年，他还担任中山大学共产党的特别支部书记。蒋介石发动四一二反革命政变后，立即派军队包围了中山大学，搜捕徐文雅。他住二楼，很机智地躲到三楼一个老教授房间的床底下，幸免于祸。后来，这位老教授为他换上西装，戴上黑眼镜，拿着自由棍，俨然是一位教授模样，由老教授陪他聊天参观，从从容容地离开了学校，转道赴香港。这时，改名为徐彬如，继续从事党的地下活动。

徐彬如知识渊博，谈笑风生，我在他的影响下，对当时形势有了认识，自己悲观苦闷的情绪也大大地减少了。他当时想邀我同到新疆去，他说："将来我可能到新疆去，你如愿去，我们同到那里去好不好？"我已走投无路，无处安身，当即答允了他。

在这个时候，由我的继母出面，找了我父亲的老朋友陈其采。当时，陈任国民政府主计长，由他写了一封信给江苏省政府主席陈果夫，让我担任沛县保安队长。我嫌官小位卑，不愿前去，就商于李木庵，李却极力主张我去。他说："一个队长地位虽小，但可以掌握100人的枪支弹药，还是大有可为的。革命总是从无到有，以少胜多的，百多人枪，将来发展以后，就是了不起的力量。"他又说："沛县是汉高祖刘邦发迹的地方，以之成帝业。它处在苏鲁皖豫四省交界，现在封建军阀互相割据，我们可以利用各省彼此矛盾，利用国民党政府腐朽，可为长期工作不易被发觉，打下一个坚实的基础。"他还拿出地图给我看："沛县与山东的微山湖毗连，这个湖纵横数百里，港汊交错，可以与洪湖媲美，它是一个很理想的革命根据地，这不跟到福建龙岩苏区是一样的吗？"我被李老这一席话说得五体投地，决心去沛县了。

1935年春，李木庵随我一同到了沛县。

在李木庵精心策划下，工作劲头越来越大的时候，接到徐彬如从徐州打来的长途电话，邀我即去徐州与他一晤。到徐州时方知徐彬如是经过徐州前去西安工作的。他与我详细分析当时形势，认为西安是陕北的门户，至关重要，邀我前去。他说："我先去西安，了解情况后再来邀你。"我满口答应了。不久，徐从西安来信要我辞去保安队长职务，去西安。沛县保安队是我们苦心经营的，已很有成绩，实在有些舍不得，犹豫不决。最后决定请由李老先代我去西安，由他了解情况后，做出最后的抉择——去或者不去。李到西安后，当即来电促我迅速成行。建立微山湖根据地的理想，又成为泡影，我有些恋恋不舍的。后来，我才知道西安的任务，是掩护上海派往西安的"西北特支"，我才渐渐地解开了这思想疙瘩。

中共"西北特支"在西安活动情况

1935年10月我去西安后，徐彬如直接告诉我："你这次来西安，准备介绍你到西安绥靖公署宪兵营去担任中校副营长兼任步兵训练班的教官，这个宪兵营是由杨虎城将军直接掌握的部队。营长是我们的同志金闻生，你协助他工作，对我们的革命事业将会有很大的贡献。"这使我精神为之一振，感到前途希望无穷。

（一）在白色恐怖笼罩下建立的"西北特支"

在我到西安这个时期（1935年10月），是白色恐怖空前高潮的时期，也是共产党地下活动极为艰巨和最关键的时刻。

红军到达陕北后，1935年蒋介石便在西安设立了"西北剿匪总司令部"，蒋介石自己亲任总司令，张学良任副总司令，在配合军事进攻的同时，大批特务和反动军官涌入西安。到1936年上半年，西安几乎是军、特机关林立。如"剿总"的政训处处长曾扩情，"剿总"的情报处处长江雄风，西安省会公安局局长马志超，中央宪兵第一团团长杨震亚，保安处处长张坤生，交警总队队长公秉藩等，都是军统的全国著名人物。另外，属于CC系统的有国民党陕西省党部书记宋志先，民政厅厅长彭昭贤，教育厅厅长周学昌等，共产党的叛徒杜衡成了CC系统的特务，也躲在阴暗角落里积极活动。据不完全统计，南京在西安的反动机构达120多个，其中有武装的40余个，各个部队在西安的办事处、留守处还不计算在内。

当时，西安城市范围并不大，人口也不多，国民党的特务云集，军警密布，真是撒下天罗地网，给共产党的空隙是极为有限的。中共"西北特支"便是在这种恐怖情况下于1935年冬成立了。

（二）在战云紧迫的形势下"西北特支"展开斗争

1935年"西北剿匪总司令部"刚成立时，蒋介石仅挂了一个名，实际上是由张学良负责，因为当时南方尚在多事之秋。1936年上半年，蒋介石迅速解决了两广事变，汪精卫被迫出国。蒋的权势已达到空前高峰，他认为南方已定，踌躇满志，正好率兵北征，一举消灭共产党于陕北，以遂其统一中国实行独裁的野心。蒋介石为了先声夺人，他亲自到山西见阎锡山，到山东晤韩复榘，传达他的"剿匪"方针，另派陈诚到绥远，进行"剿匪"部署。胡宗南的部队已在天水一带，张、杨的部队在陇东、渭北、汉南逼近陕北。

于是，蒋介石在布置停当以后，便召集他的所有高级将领陈诚、蒋鼎文、卫立煌、朱绍良、万耀煌、陈调元、朱绍良、陈继承等，及张冲、蒋作宾、邵元冲等到西安，共商"剿匪"大计。他自己带领蒋孝先一小部分宪兵驻在临潼，其余大员均住西安西京招待所。

当时，形势紧张，大战已迫在眉睫。共产党经过二万五千里长征到达陕北，虽然接连打了几个胜仗站稳了脚跟，但是剩下的不过几万人，而且供给奇缺。蒋介石正是利用这个时机，准备大举进犯，妄图速战速决一举成功。这对共产党确实极为不利。

共产党中央早已看穿了蒋介石的阴谋，早在1935年"八一"宣言中就已针锋相对地提出"亡国灭种大祸迫在眉睫"，号召"兄弟阋于墙，外御其侮"，倡议："停止内战，以便集中一切国力（人力、物力、财力、武力等）去为抗日救国的神圣事业而奋斗"。并建议"成立国防政府"等。这一号召在群众及地方军阀中都产生了很大的影响。这给在艰难环境中的中共"西北特支"开展地下活动增添了极大的威力。当时如何扭转紧迫的战争局面，保卫共产党中央，成了"西北特支"的重任，时间很紧迫，但"西北特支"的同志都充满胜利的信心，夜以继日地工作。

1935年下半年，在劳山的东北军——〇师10月间全军覆没；在甘泉榆林桥的东北军一〇七师，10月间又被消灭四个团；在直罗镇的东北军一〇九师，11月份又全军覆没。蒋介石对损失了的东北军不仅不予以补充，反而取消它的番号，利用红军来消灭他的异己。这样，东北军感到自己前途无望，对蒋介石产生极为不满的情绪。反之，共产党优待俘虏，实行统一战线，主张联合抗日，反而看到了光明。这使东北军认识到"剿匪"不是他们的出路，也不是国家的出路。蒋介石"安内攘外"的宣传，是一种欺骗。这使"西北特支"开展工作有了广大的群众基础，并及时引导东北军走上反对内战、团结抗日的道路。

至于西北军呢？杨虎城领导的十七路军，一贯受到蒋介石嫡系的歧视。东北军入陕，蒋介石想利用它对付杨虎城。另外，蒋任命马鸿逵任宁夏主席，从背后监视他，利用胡宗南追击红军进驻天水，控制陕甘，从侧面监视他，使杨虎城动弹不得。现在，准备"进剿"，逼着十七路军在渭河以北，进入"剿匪"第一线。蒋的大军四面云集，这使杨的部队有同共产党同归于尽的趋势。在这种形势下，西北军接受了共产党的统一战线主张，走上反对内战，团结抗日的道路。

由于蒋介石的阴谋，使东北军和西北军均无法自存，于是张、杨的矛盾，被形势逼着降到了次要的地位，而他们同蒋介石之间的矛盾，反而变得异常突出了。共产党的政策，使他们从敌对道路走向主动同共产党进行联络、寻找和解途径。1936年5月以后，在共产党中央和"西北特支"努力工作下，"反对内战，共同抗日"，已经变成东北军、西北军和红军三位一体的共同方针。表面上，蒋介石气势汹汹，不可一世，可是在骨子里却害怕全国人民团结抗日，害怕张、杨同红军的加强合作。

现在西安的地位成为国共双方斗争的焦点，"西北特支"所处地位的重要性可想而知；这一斗争关系国家前途命运，"西北特支"所负使命的重大也是可想而知的。

（三）共产党员童陆生的桥梁作用

谈到"西北特支"的成立，使我马上想到童陆生，因为据我所知，徐彬如、谢华、李木庵是"西北特支"负责人，金闽生、王根僧等都是由他介绍到西安工作的，这些共产党员在当时都起着重大的作用。

童陆生毕业于云南讲武堂韶关分校，在大革命时期就加入了共产党。当时，他在国民革命军第二军鲁涤平部工作，随军北伐。蒋介石叛变革命，他同其他共产党员一样遭到残酷迫害。1930年秋，杨虎城因在河南驻马店解决唐生智战争中，有功于蒋介石，得以掌握陕西省军政大权。杨一朝掌权，感到人才奇缺，求贤若渴。童陆生同志便受同学黄国栋（曾任第三军朱培德的师长）的推荐，来到杨虎城的幕府。

当时，杨虎城任讨逆军第十七路军总指挥并兼任陕西省政府主席、西安绥靖公署主任。他雄心勃勃，很想有一番作为。但感到自己的部队，长期以来南征北战，转战千里，很少休整，军队风纪很差，这次由豫转入关中，可以得到一个时期的稳定，认为应该好好地休息整顿。可是有不少人认为自己随杨多年，生死与共，自负有功，横行霸道，滋扰人民，甚至强奸妇女，杀人放火，无法无天，难以制止。杨感到很苦恼，认为陕西是桑梓，是过去发迹的地方，现在又主陕政，如不能将部队加以整顿，取得绅民好感，就无法巩固地盘，实现个人理想。他感到百废待兴，苦无办法。童建议成立一个宪兵团，一面维持部队的军风纪，一面维持西安的治安秩序，正中他的心愿，大加赞许。杨便托童陆生负责筹备，并授意将来担任宪兵团团长。后来，由于蒋介石的掣肘，经费支绌，枪械奇缺，便改为成立宪兵营。各军设宪兵，南京政府是不能允许的，加之成立伊始，怕在部队中威信不高，于是由杨本人兼任宪兵营长，童这时只得暂时离开西安，纪子中、金闻生任副营长，这些人都是由童陆生向杨虎城推荐的。到了1935年，这个宪兵营事实上已为南京方面默认了，杨便不再兼这个宪兵营长，而由金闻生升任营长，副营长无适当人选，又怕杨派的人不能很好合作，于是力请童陆生回来暂屈就任副营长职务。童任职时期，因患病需要休息，才辞去这个副营长职。杨委童为绥署参议，但宪兵营已牢牢地掌握在共产党的手中了。

童陆生能与杨虎城有如此深厚渊源，原因是在福建人民政府成立时，童曾被派往福建取得联系，所以他为杨罗致人才，得到信任。后来，西安事变发生时，杨又特派童到新成立的独立旅许权中的旅部任幕僚长。抗战开始，由于童作战经验丰富，党的需要，便把他调到山东敌后去从事党的地下工作了。

（四）徐彬如介绍我到杨虎城宪兵营任副营长

我到西安在徐彬如家里稍事休息，随后即同徐前去拜会了宪兵营营长金闽生，当时金闽生除担任宪兵营营长外还担任西安绥靖公署步兵训练班主任这个重要职务。

金闽生是杨的进步派中权势最大、所处地位最重要的人物。他主持的步训班，曾训练一批又一批有为的思想进步青年，输送各地；他所统率的宪兵营也为共产党培养了不少骨干。如现在南京军区担任副司令员的张希钦，成都军区副司令员茹夫一，及在京广铁路局工作的姚光，天津医学院中共书记刘金等，都是由当时步训班或宪兵营出来的。在蒋介石的中央宪兵第一团未来之前，宪兵营负责西安市整个城防，也给共产党开展活动以很大的便利。

金闽生把我推荐给杨虎城，还详细地介绍了我的历史。杨见我虽是黄埔军校毕业的，但是反过蒋的，他就很放心任用了。在他的十七路军部队中也有不少陕西籍的黄埔生，但他认为都不免同蒋介石有千丝万缕的联系，在紧急时刻，不一定会效忠于他。而认为我是被蒋介石通缉了的，在紧急时，决不会再被蒋利用，所以表示欢迎。但杨做事素以机警著称，他觉得我如果仍用原来的名字——谢乃常，一旦被蒋介石发觉对他会很不利。他在接见我后，对金闽生示意，最好不用被通缉的那个名字。金闽生同我商量后，我毅然将谢乃常改为谢晋生，将原籍湖南郴县改为江西萍乡。这才任命我担任宪兵营副营长，兼任步兵训练班军事教官。

徐彬如把我介绍进去，徐同我住在一起，几次搬家，也是如此。党的一般活动，大都在我家进行。

（五）在杨虎城宪兵营掩护下的"西北特支"

我同徐彬如住在一起，他名义上是西安绥靖公署的咨议，但实际上，他是为建立"西北特支"而奋力工作。起初，因我们住的房屋过于狭窄，同时还因我们房屋后面住的就是许克祥，他进出大门，都必须经过我们的房门口，感到工作不便。我便利用宪兵营名义设法在城西城边，找到了一栋雅静宽敞的公房，与徐一同迁了去住。嗣后，他同我又换了几个地方住。

徐彬如介绍我认识了西安绥署少将参谋处长王根僧，陕西文化日报社社长宋绮云，杨虎城的机要秘书王菊人等人。他们热情洋溢，和蔼诚恳，一见如故。以后，王根僧、李木庵、宋绮云、金闽生和谢华等，都经常到我们家里做客，有时还谈到深夜方才离去。

条件已经成熟，"西北特支"在1935年12月成立。支部三个主要负责人是：谢华担任书记，李木庵、徐彬如担任委员。他们主要的集合地点是徐彬如家。因为我是李木庵的亲戚，又是徐彬如介绍来西安的，他俩对我过去的历史都了解，对我的为人也很清楚，所以有许多事情没有避开我。他们对我很信任，我对他们也变得更加忠诚了，对敌人的警惕性也更加提高了。

谢华，在当时名义上是在宪兵营营部担任副官，表面上他成天坐在营部无所事事的样子，他经常是在夜晚等官兵们都睡着了才处理他的公务。他态度和蔼，做事认真负责。尤其使我感动的是，从我看来，他是一个学识渊博的人，为了党的事业，不计个人名利地位来担任这个小小的职务，是难能可贵的。我虽是党外人士，深受到他的影响和感染。

谢华是湖南衡阳人，大革命时加入中国共产党。北伐时，曾任国民革命军第二军谭延闿下面的一个团党代表，"四一二"反革命政变后，他受到残酷的迫害，辗转逃亡，最后，在上海从事党的地下工作。他是历史学家，对中国历史造诣极深。他来西安是第三次，早在1932年他曾在西安进行兵运工作，与童陆生、金闽生、王菊人都很熟悉，这回重来西安，可说是驾轻就熟，对工作开展方便得多了。王菊人是杨虎城的机要秘书，大革命时，曾加入共产党，谢华早在1932年就同他很熟悉。这次谢重来，杨便派王菊人与"西北特支"联系。

徐彬如表面上是西安绥靖公署的咨议，但他仍是以一个考古学者的姿态出现。由于他对古玩有很高的鉴赏能力，西安市当时的古董商人凡是得到出土的文物，大多登门向他求教，请他代为鉴定真伪，古玩商人都公认他是著名的古玩鉴赏家。

他的古玩鉴赏能力，使我佩服得五体投地。我受他的影响，有时也欣赏古玩，后来便闹出一个笑话。在抗战期间，我在晋南的晋城，在老百姓手中花了50元买到一个金装的佛像，如获至宝，马上写信告诉他。他回信要我照个相给他，他看了相片马上写信告诉我，这是赝品，但50元不算贵。后来带回西安，他看了后，果如前言，后以100元卖给古董商人了。

李木庵在宪兵营营部名义上是编制内的书记官，负责实际工作，每天坐办公室。我同金闽生的私章以及营部关防与大大小小的事情，都由他代折代行。因他在我们中间，年纪最大，大家都很尊重他。他办事一丝不苟，老成持重，经验丰富，所以他在宪兵营实际上是大权在握，主持一切。

"西北特支"有他们三位领导，有宪兵营作为他们的基地，在这个关键时刻、关键地区，自然起到了关键性的作用了。他们三人之中，由谢抓全盘，负责党的组织与发展工作，李与徐负责群众运动工作。李以年高，过去有一定的社会地位，负责上层知识分子联系；徐则以社交广阔，负责一般群众工作。就这样，在"西北特支"领导下轰轰烈烈地展开了"反对内战，团结抗日"的群众运动。当时，西安仅是一个20万人口的城市，由于他们的大力宣传，使党的口号家喻户晓，他们执行统一战线政策，把绝大多数的群众都团结在党的周围了。

（六）王炳南讲演

1935年冬，中共中央为了对杨虎城进行统战工作，还从延安派了汪锋拿了毛主席的亲笔信去西安，向杨转达了党中央意见，加强了双方的合作。由于杨虎城过去（1927年）在皖北曾经掩护过中共皖北特委的活动，合作得很好。这次中共中央直接与他联系，他又处在蒋军与红军对峙的夹缝中，自然同意合作，而且合作得更好了。后来又派了张文彬长期住在杨部成为正式代表，使杨部与红军互不侵犯，互通情报，并设立交通站运送物资给延安，进而团结抗日等，均大有进展。

"西北特支"配合中央做了许多具体工作。如宪兵营在"西北特支"的指导下，不断公开地对官兵进行了抗日、统战等的教育，西安事变后，不少宪兵自动跑到延安去了。

我记得王炳南就以救国会的名义被"西北特支"邀请，曾经到杨虎城的特务团作过一次极为生动的讲演。他的题目是："蒋委员长的新生活运动。"他口若悬河、滔滔不绝地把所谓"新生活运动"的丑态，描绘得淋漓尽致。大意说："蒋委员长搞新生活运动是在提倡一种新风气，创造一种新道德。但搞些什么玩意呢？例如他使人们只注意一些小动作，如服装要整齐、纽扣要扣好，吐痰要入盂，对长官要尊敬，要讲究卫生等等，但是让人们忘记政治的腐败，日军的侵入这些大节。宋美龄讲究卫生用牛奶洗澡，而让你们这些为国效劳、出生入死的官兵，连饭也吃不饱，这是什么新道理？他为实现个人独裁野心，企图消灭异己，消灭共产党，天天拼命叫'安内攘外'，大打内战。而对侵占我国东北领土，现在正在进攻我们华北的日本帝国主义却奴颜卑膝，委曲求全，置亡国灭种于不顾，这哪里有一些气节呢？"句句扣人心弦。两个多钟头的讲演，王炳南用客观事实两两对比，把"新生活运动"批判得体无完肤，激起了在场听讲的一千多官兵的爱国热忱，增加了大家对蒋介石的仇恨。那天天气严寒，大家都站在露天，全场鸦雀无声。他最后喊出："你们都是军人，手中握着枪杆，今后一定不要再打内战，一定要举起枪杆一致对外。"当时，群情振奋，大家深受感动。这是一堂生动、富有民族感情的政治教育课。后来，我同团里官兵闲谈时，他们都印象深刻，津津乐道，大都坚定地走向反蒋抗日的道路。

在步训班，在杨的部队中，当时也都大力开展了抗日宣传的教育活动，使杨的部队在政治上得到普遍提高，与蒋介石斗争的声势愈来愈浩大。

"西北特支"领导下的西安群众运动

（一）西北各界救国联合会

"西北特支"在西安的活动，主要是宣传抗日救国，把广大群众组织到救亡团体中来。他们一方面与杨的上层人物、地方绅士取得联系，宣传救亡、统战。另一方面由南汉宸、王炳南等共产党员以学者名流身份出现，进行公开活动，或在大会讲演，或作私人拜访谈心，用各种影响，造成浩浩荡荡的声势。后来，韩望尘、刘文伯、武念堂等陕西大绅士，也能认清形势，大谈反蒋抗日问题。党在宣传抗战救亡运动、提高广大群众思想觉悟的基础上进行组织，发展工作。

首先，党在学生中进行了大量工作。"西北特支"在西安高中、西安师范成立了学生救国会，接着其他各校青年激于爱国热忱，也纷纷仿效成立了学生救国会。随后，在学生组织的影响下，各校老师也组织了"教职员联合救国会"。形势发展很快，组织也由西安扩展出去，在西安以外的三原、汉南各校也相继成立了救国会。群众运动的声势越来越大。为了统一行动，发挥更大效力，"西北特支"便指导成立了"西北各界抗日救国会"，由杨明轩任会长，简称为"西救"，并发表了抗日救国宣言。后来上海成立了"全国各界救国联合会"，发表抗日救国宣言。经"西北特支"考虑，与各方协商，认为"西北抗日救国会"应立即响应号召，遂改为"西北各界救国会"，以表示爱国群众步调一致，行动统一。

西安群众运动中，特别值得一提的是童陆生的作用。他曾代表杨虎城赴闽与福建人民政府联系。他转回西安时，途经上海带回了全国总会的宣言，向杨虎城汇报，得到他的默认支持。使"西北特支"在发动群众运动，展开组织"西北各界救国联合会"上，起到很大的作用。

其次，使人值得称颂难忘的是优秀中共党员韩钟秀。她是留俄学生，早期在淞沪一带从事地下工作。1935年初到西安，在城西学校教书。她在"西北特支"领导下，在教育界中发展了不少共产党员，成为当时中小学抗日救国工作领导的核心人物。"西救"成立后，她是"西救"主持人之一，为当时抗日救亡运动做出了卓越的贡献。新中国成立后，她曾任中央交通部教育局局长，后因病逝世。

（二）东北救亡总会

"东救"是东北军成立的"东北救亡总会"。自东北沦陷以后，东北军家破人亡流落关内，早已是人人五内俱焚。现在又开往西北"剿共"，当地群众因受共产党宣传教育，政治觉悟较高，对东北军既可怜又憎恨，既同情又仇视。东北军装备虽较西北军精良，但精神状态，却较西北军更为颓丧。在这种心情下，在西北政治空气影响下，加上共产党从暗中进行宣传组织，于是由东北来陕的上层人物，如刘澜波、高崇民、宋黎、车向忱等人出面，号召组织"东北救亡总会"。"东救"在东北军中和在他们举办的东望小学等处，进行了大量抗日救亡的宣传，得到张学良的直接支持，成为张学良的宣传鼓动机器，受到"西北特支"的极为重视。思想既已一致，自然行动也就统一了。

（三）轰轰烈烈的群众运动

群众组织起来，各种运动高潮接踵而来。

1.　"九一八"事变五周年

"九一八"是全国人民最痛心的国耻日，在"西北特支"策划下，事先广泛地发动群众，然后再由"东救"和"西救"的名义联合召开了声势浩大的纪念大会，这是一次极为具体生动的爱国教育。会上讲演的人，声泪俱下，群众也情绪激昂，热泪盈眶。大会发表了宣言，呼吁"停止内战，一致抗日"。驳斥了蒋介石一伙所谓唯武器论的观点，大大提高了群众的政治觉悟，推动了群众走向团结抗战的热潮。

2. 鲁迅追悼会

1936年10月19日，卓越的革命文学家鲁迅在上海逝世。一代伟人陨世，举世同悲。上海组织了10万人的游行示威，使反动派闻风丧胆。西安文学界进步人士，在"西北特支"的策划下，也随即响应，组织起鲁迅追悼会筹备处。特务林立的西安，他们自然会多方面进行恐吓、破坏。"西北特支"通过内部关系，促使张学良、杨虎城率先送了花圈，摆在极显眼位置。特务们看了只得徒唤奈何，不敢公开阻挠了。会上，宋绮云他们都发了言，阐述了鲁迅生前对革命事业的伟大贡献，号召大家要向他学习。

3. 纪念坚守西安十周年大会

"西北特支"之所以要发起这么个大会，是为了提高西北军的士气，号召他们继承国民革命的光荣传统，走向全民族的抗日统一战线。1926年，当国共合作的广东革命政府正出师北伐之际，吴佩孚为了迎击北伐军，事先想肃清其侧翼的国民军，于是派刘镇华入陕。杨虎城当时任国民三军第三师师长，是唯一建制完整、实力雄厚的部队，又正驻防三原、临潼一带，首当其冲。为了反对北洋军阀，支援北伐，杨部毅然于4月16日进入西安。刘镇华以号称10万之众，猛向西安进扑，也已进抵西安城下。这样，刘镇华围攻西安，达八月之久，战斗异常激烈。城内军民死亡竟达五万人之多。后因广东革命政府7月正式北伐，9月之后，吴佩孚自顾不暇，刘镇华围攻的锐气也大挫了。冯玉祥自苏联归来，策应北伐，率国民一军援陕。10月中旬，先头部队已开始向咸阳地区的敌人发动总攻，到11月28日西安解围。这是北伐战争中在西安的一个很有名的战役，所以每年都举行纪念活动。现在在新的形势下，非常巧妙地运用它搞好统战关系，鼓舞杨虎城本人及其部队的革命斗志。由"西救"倡议发起组织纪念大会筹委会，自然不好邀请"东救"参加，只限于邀请省府所属各机关，十七路军的各部队以及西安市各学校，各群众团体参加。在开会前夕，张学良得知此事，主动要求"东救"及东北军参加，这就使原来筹备的大会更加隆重了。

大会在革命公园举行，东北军和西北军并肩站在一起，"东救"和"西救"各团体手携手地进入会场，尤其是东北军所办的东望小学的学生，高声唱起各种救亡曲，引起全场歌声此起彼伏，抗日情绪十分高涨。大会开始时，张、杨一同出现在主席台上的时候，全场欢呼，掌声雷动，群众热情达到了高潮，气氛之热烈是空前的。在大会上，张、杨都讲了话，一致表示要抗日救亡。他们的密切合作，在群众中已公开化了。这次大会实际上成了东北和西北广大群众和军队团结抗日的救亡誓师大会了。

4. "一二·九"运动一周年纪念大会

一年前，由于蒋介石的无耻卖国行为，在北京爆发的"一二·九"运动，是震惊全国、影响世界的一次伟大的爱国群众运动。它动员了广大青年深入农村工厂，奔赴陕北，使革命向纵深发展，产生了极其深远的影响。"西北特支"利用西安当时形势，组织"一二·九"运动一周年纪念大会，是为了把已取得成功的统一战线更向前推进一步，也是对迫在眉睫的蒋介石大军"围剿"给以一个有力的回击，意义非常重大。

这时，张、杨因分别劝说蒋介石停止内战，一致抗日，遭到了严词拒绝，已心怀不满，所以对这次群众运动表示积极支持。我们宪兵营奉命全体出动，保卫大会的安全，防止发生意外。那天清晨6时，学生便从四面八方向南院"剿总"门前集合，西安警察局出来干涉，打伤了东北竞存小学一个12岁的小学生，激起了群众的愤怒。群众抓住了那个开枪的警察押着随着大队游行，其余的警察吓得屁滚尿流，四处逃散了。示威群众向张学良送上事先准备好的请愿书，直截了当地责问他："你们置国家民族的危亡于不顾，还要到西安来打内战，真是岂有此理！"提出请愿书的第一条便是："立即撤销'剿共'计划。"张学良自己没有出面接见，由他的参谋长晏道刚——蒋介石派去的起监视作用的反动分子来代表接见，正好是让这个反动家伙接受到群众的教育机会。

接着游行群众到省政府去见陕西省政府主席邵力子，邵摆起老前辈的架子，劝大家"好好读书""不要胡闹"。激起了群众的愤怒，高呼反对内战等口号，邵吓得连忙躲开了。

最后，来到新城大坪，向杨虎城请愿，杨也未出面，由参谋长李兴中代表接见。李说了几句敷衍的话："大家爱国热忱，非常敬佩，我一定将大家意见转告杨主任、委员长，必然会得到满意的答复。"这时已经到了下午4时了，群众已坚持了10个钟头，没有吃中饭，精神始终饱满，而且参加游行的人越来越多，估计已有两三万人了。人多热情高，口号叫得震天动地。这时，不知谁提出："我们到临潼向蒋委员长请愿去！"一呼百应，队伍便浩浩荡荡出发了，将到灞桥，天已黑了。张学良恐怕发生事故，亲自驱车赶来，劝阻群众。一个学生站出来，大声向张学良质问："张先生，你的家乡东北沦亡已五六年了，你祖宗的坟墓还在那里，难道你忘记了吗？你的军队现在还拿着枪打自己人是何居心？我们要同蒋介石算账去！"说罢，放声大哭。周围的群众也跟着哭了起来，张学良当时也激动得无法抑制随着放声哭起来了。这时，张举起拳头用极愤怒的语调保证："我没有忘记家乡，我没有忘记祖宗坟。我的枪，决不打自己的人，你们抗日救国的要求，我保证一定实现，一个星期后，我用事实答复你们。"最后劝说大家："你们相信我吧！现在天已黑了，大家先回去吧！"

群众见他说得非常诚恳，便返回西安。回到城里，已是万家灯火，未去的群众，停立街头，热情相迎。这是一次令人难忘的最有意义的示威。使张学良受到一次深刻的教育，使他下决心，向群众提出了公开的保证，促使他几天后向蒋介石进行"兵谏"。

在西安的尖锐斗争

（一）成立西安军警督察处

张、杨都感到西安的情况变得异常复杂，社会秩序与治安维持困难。张学良虽坐镇西安，同蒋介石已是同床异梦。他为了防人暗算，维持西安秩序，以统一指挥为名，决定在西安设立"西安军警督察处"。

"西安军警督察处"成立之后，规定西安绥靖公署宪兵营、"剿匪"总部警卫营、西安市公安局、陕西省保安处、中央宪兵第一团等单位，都

归它统一指挥，由它统一分配防区与任务。每周召集这些单位举行一次例
会，进行汇报工作，必要时还举行紧急会议。这样，便可以改变过去各自
为政的状态，而统一在张学良手中了。成立时，张派了他的亲信、参谋处
中将处长谢珂担任军警督察处处长，以便全权在握。但蒋介石方面极不甘
心，派了"剿总"第二处处长、特务头子江雄风担任督察长，从中来监
督。江为人很跋扈，时常以戴笠为后台，不买谢珂的账，不听他的指挥，
有许多的事，常自作主张，擅自处理，暗中捣鬼。但是"西安军警督察
处"成立后，对我们的各方面斗争有不少好处。

（二）中央宪兵团与杨虎城宪兵营划分防区

在中央宪兵团未进驻西安以前，杨虎城的宪兵营是维护西安市治安与
秩序的主要力量。当时，西安市近20万人口，城内除第十七路军一些必要
的部队外，其他部队一概不准驻在城内。鼓楼中心制高点与各个城门，均
由宪兵守护。所有旅馆、饭店及剧院等公共场所，均由宪兵会同公安局检
查，以防奸宄。所以蒋介石的特务暗探，虽可借中央多种机关名义潜入西
安，但最终只能偷偷摸摸，胆战心惊干些小勾当罢了。

可是到了1936年，中央宪兵第一团杨展亚部忽然由郑州进入西安，这当
然又是蒋介石的阴谋。因为蒋介石看到西安的局面他已无法控制便想出这一
着棋来了。宪兵第一团开到西安，大有反客为主，取杨虎城宪兵营而代之之
势。其他中央机关也蜂拥而入，于是西安门户洞开，形势为之一变。

在这期间，张、杨已很接近，"反对内战，共同抗日"，已成为共
产党同他们共同的方针，因此必须设法应付这个局面，保护群众，维持陕
北人员来往与物资运输等。于是由杨虎城向中央坚持西安城防仍由原绥署
宪兵营担任，中央宪兵团只负责西调中央军的军风纪责任。张学良以西安
"剿总"的名义向中央建议，即西安城防由中央宪兵团与绥署宪兵营共同
担任。蒋于是不得不同意了。并商议划定了双方的防区：以鼓楼为中心，
南北大街为界，其东城为绥署宪兵营防区（因绥署与张学良住宅，均在城
东区）；其西城为中央宪兵团防区。

这时，绥署宪兵营长金闻生已走，由我代理营长。我同中央宪兵第一团团长杨震亚同为湖南人（杨为湖南桃源人，我为湖南郴县人）、黄埔四期同学，私交本来尚好，本应相处无事，互不侵犯，可是事实并不如此。首先是行动上的对立。他要保护的，正是我们要反对的；他要反对的，却是我们要保护的，自然产生龃龉。其次是他们自恃是中央宪兵，装备精良，颐指气使，盛气凌人，似乎我们地方宪兵要低他们一等，应该唯他们之命是听。这便造成了我们全体官兵对中央宪兵的对立情绪，反而更加不买他们的账。当然，我们有共产党的思想教育，又有张、杨做后台来大力支持，更加有信心和有恃无恐，这样，就各行其是了。

我们宪兵营所辖的城东区成了在蒋介石统治下的一个独立王国，共产党人在这里的活动比较安全和自由了。国民党陕西省党部书记长宋志先（CC特务）为此忧心忡忡，曾经十分仇视地说："西安这个鬼地方，红与白不分，不少人做的是国民党的官，吃的是国民党的饭，说的却是共产党的话，做的却是共产党的事。"言下不胜慨叹。由此可见当时西安斗争的激烈，也从侧面看到共产党领导的抗日救亡的群众运动在西安的蓬勃发展了。

（三）宋黎事件亲历记

1936年8月29日傍晚，我正在城东横街宪兵营部办公室办公。某连刘班长到我办公室向我报告："我们今天下午在东大街巡查时（那时，我们规定有若干巡查队，不分昼夜进行巡查），见到在东大街有几个穿便衣的人，拿着手枪抓着两个人带走。那两个人见到我们巡查队，大呼土匪绑架。我们前去查询，问抓人的便衣：'你们是哪里的？你们怎么随便抓人？'这伙便衣很傲慢地说他们是省党部的，但又无公文，因而把他们带来，请示处理。"我当即向厅堂瞧了一下，见有便衣五六人，被抓的仅两人。我命令刘班长将这伙便衣一起带进办公室进行讯问。我先问抓人的便衣："你们是哪个单位的？"一个头目模样的人回答："我们是省党部的。"我问："你们抓的是什么人？"他理直气壮地很傲慢地回答说：

"我们抓的是共产党。"他指着厅堂里那两个人说："我们侦查了很久，他们一伙共有三个人住在西北饭店。我们只抓到两个，还有一个到洗澡堂去了，没有抓到。我们已留人在饭店里守候，稍迟就可以把他抓起来。"我又问："怎么知道他们是共产党呢？"他说："他们确实是共产党，是由陕北搭汽车来的，住在西北饭店。我们的人从陕北跟踪他们到西安的。"我再问："你们带有省党部的公文没有？"他说："没有带。"我叫刘班长把他们带到厅堂里去，让他们在那里蹲着。

接着，我要刘班长将那两个被抓的人带进我办公室里，当我问到他们的姓名时，知道一个叫宋黎，一个是关沛苍。宋、关知道这是杨虎城的宪兵营，见到我讲话又全无恶意，脸上马上展现了笑容，诚实地对我说："我们是由张副司令派到陕北去的，刚从陕北回来，想到西北饭店休息一下，不料刚进饭店住下，就被他们抓起来了。"

我听到两方的供词，心中已有了底，对他们两人说："我把你们这件事告诉张副司令，让他派人来接你们？"他们很高兴地答应了。我便要他们两人到我后面的房间里休息去了。

这时，我急忙摇电话向张学良副司令报告。张亲自接了电话，感到很惊异，当即指示："你决不能将他们交给省党部，我即派孙铭九来你营部接他们回总部来。"

电话打通后，一切已布置妥当，我叫刘班长将这伙便衣又带进我办公室里，我严肃地申斥他们说："现在军警督察处规定，任何机关逮捕人犯，除了有单位正式证明文件以外，还要通知防区宪警会同办理。你们逮捕这两个人，既没有省党部的公文，又没有会同我们的宪兵部队办理，擅自进行逮捕，于手续不合。你们现在所抓的这两个人可暂寄押我营部，你们回去把省党部公文带来，再将人交你们带回去。"这伙便衣却愤愤不平，硬要把宋、关两人带走，再补送公文。我被他们纠缠很久，最后只得命令刘班长把他们赶出营部。

没有一刻工夫，孙铭九即驱车前来营部。他与我是老熟人，把副司令手令交给了我。我便从后房里把宋、关两位请了出来，让他们坐上孙的汽车回总部去了。

次日清晨，我把这一事件报告了杨虎城主任，他听完报告后，当时表示非常高兴，口头予以嘉奖，并说："你对这件事处理得很好，张副司令也有电话给我。他对你这件事的处理，很高兴。"

（四）张学良部捣毁陕西省党部经过

当宋、关回到张学良总部以后，知道了马绍周已被省党部抓去了。张学良感到惊慌，觉得省党部欺人太甚。他想到马某已入虎口，如果将他们与中共往来情况全部供认出来，给蒋介石汇报，对他极为不利。尤其害怕省党部用飞机将马某送往南京，长期作为攻击他的口实。

在这种形势之下，张学良非采取紧急措施不可。当晚，他下达了一通手令，命警卫营一个连长，带了几十个士兵全副武装，到省党部去提解在西北饭店逮捕的马某。

这些士兵一到省党部的内厅，当时见到特务们正在摆公案连夜刑讯马某。士兵睹此情景，怒火中烧，马上行动起来，将省党部这伙特务狠狠地揍了一顿，并把桌椅文具砸得稀巴烂，把厅正中蒋介石的画像撕得粉碎，将马某绳索解开扶上汽车，护送回到总部。

张学良决定在星期一召集"总理纪念周"时自己去训话。原来国民党规定，每周一上午必须举行"总理纪念周"。宋黎事件及捣毁省党部事件，恰是星期六晚上，所以星期日清早，"剿总"便通知驻陕党政军各机关，于星期一上午参加"总理纪念周"。这次纪念周，省政府主席邵力子，省党部书记长宋志先等都亲自率领所属参加，西安绥署由参谋长李兴中率一部人参加，军警督察处指挥的宪警多个单位，都参加了。张学良以最高党政军长官身份向到会人员训话。他的态度很严肃，语言很直率。他说："我今天要向大家讲一个问题。最近西安城的秩序很乱，到处发生乱抓人乱捕人的现象，弄得人心惶惶。如省党部就把我总部几个职员都抓走了，说这些职员是共产党员。他们到底是不是共产党，我当然不知道。"接着他提高嗓门愤怒地指责说："纵令他们是共产党，也应该通知我来办，难道我还会袒护共产党吗？省党部抓的这几个人，我已令交军警督察处从严法办。"接着他又指出："省党部的人员对我总部的职员可随便抓走，对其他老百姓不是更可以随便逮捕吗？人民的生命还有什么保障呢？大家都知道，不通过合法手续便抓人，这是侵犯人权，下次是决不许可的。"最后提到："我派人到省党部去提解总部职员时，警卫连的士兵把省党部的家具破坏了一些。这些士兵，是严重地违犯了军纪，我已命令警卫营将这些肇事的士兵送交军法处，从严惩办。"

第二天，报纸上大登特登他的训话，这场震动西安的捣毁省党部的大风波，也就这样不了了之。

（五）命我保护中共中央代表张文彬

1936年秋，中共中央派到第十七路军总部担任联络工作的代表张文彬，起初是由杨虎城安排住在西安绥靖公署交际处居住，由交际处处长申伯纯（新中国成立后，任全国政协副秘书长）负责保护。交际处的门卫，是我宪兵营派兵守护，关防较严。但自从宋黎事件发生后，杨虎城感到蒋介石在西安的特务人员，连西北"剿总"的职员都敢公然逮捕，疯狂可以说达到顶点，又何尝不敢搜查这个招待所呢？因此不能不提高警惕，防患于万一。因而就把我找去说："张文彬是陕北重要人物，现住在交际处，你可把他接到你家中去住，负责保护。"杨最后还叮嘱我说："切不可出乱子！"我当时感到这个任务太重大，但也因为他们对我的信任而高兴。

次日早晨，我便遵照杨的命令驱车到交际处，申伯纯事先也得到通知。我便将张文彬同他的电台报务员和交通员共五人一起接到我家中。当时，我住的是公家一栋大平房，共有三进，计有十余间。这时，徐彬如因工作关系已搬到另一个地方去住了。我感到责任重大，为了张文彬的安全起见，我特别抽调了一个可靠的宪兵排，住在我房屋的第一进，白天设岗，夜晚设双岗，叮嘱士兵要提高警惕，并命令他们特别要提防宪兵第一团杨震亚的袭击，因为他同我们的宪兵营早就处在尖锐对立之中，还要特别提防陕西省党部特务便衣暗中捣乱。

张文彬他们住在三进，我认为这是比较安全的，除了有电话通知他去参加会议之外不曾让他个人随便外出过。

我和我的家眷，住在第二进房屋，如有动静，我好亲自指挥宪兵应付。自己总是枪不离手，子弹在膛，随时准备斗争。在这段时间里，我很少外出，同张文彬他们同吃同息，同出同进。张是湖南湘潭人，年龄与我相若，生活习惯方面尚合得来。我对他为革命事业，置身于龙潭虎穴，不顾个人生死，非常敬佩。因此，我们成了极为亲密的朋友。

（六）鲁迅赠送毛主席礼物

张文彬住在我家时，常有一些物资，衣物、食品、包裹从上海、南京和其他地方寄来，要我转交，也有的是直接寄给我的，可是我对这些人一个也不认识，后来问张文彬，才知道这些物资是寄到陕北去的。

尤其是有一次收到的一批包裹中，张文彬拿着一个包裹非常激动地对我说："老谢，你知道这包裹是寄给谁的？"忙走过去详细一看，上面写着我的名，要我转交王××收，寄东西人是上海×××。我马上反问张文彬："是谁的，寄给谁的？"他告诉我这是鲁迅寄给毛主席的礼物。

包裹内有一只金华火腿，几包外国香烟。东西虽不多，但是千里送鹅毛，礼轻情义重。

这时的鲁迅先生正在病中。一个多月后，他就不幸逝世了。我想起这位一代文豪，在病中还关心着陕北，关心着毛主席，这是多么崇高的革命感情啊！每一念及，总是充满敬意，不能忘怀。

（七）咸阳古渡宪兵站

当时陕北四面遭到蒋介石大军包围封锁，物资供应极为困难，生活异常艰苦。从西安转运物资到陕北，成为"西北特支"重要任务之一。由于得到杨虎城的支持，红军经西安到各地采购的物资，经过多种渠道送到陕北，因宪兵营有各方面的便利条件，也就成为转运物资单位之一。宪兵营特在咸阳的古渡口设立了一个宪兵站，保证了物资转运工作顺利完成。

咸阳古渡宪兵站的负责人是姚光。他出身贫苦，为人忠实可靠，革命意志坚定。他过去是南汉宸的勤务兵，特由南介绍加入共产党，后介绍到杨虎城的步兵训练班学习，是宪兵营一个优秀的战士。他在这个宪兵站负责时，在物资转运方面，给了延安很大的方便，解决了不少的困难。

（八）保护中共往来人员

保护中共人员往来的安全，这也是"西北特支"的重要任务之一。当时，为了扩大统一战线，宣传抗日和反对内战工作，奔赴延安的人很多，受到了革命教育的大批革命青年奔向抗日前线。西安就成为来往的重要门户，而国民党特务，又在这些地区进行严密监视。所以在保护来往人员的安全上，"西北特支"起到了关键作用。

1. 西安绥署交际处

它是以招待国民党军政要人为名的招待所，但也招待共产党要人，因为它属绥署直接管理，一般特务是不敢随便去找麻烦的。负责人是中共地下党员申伯纯。如张文彬初来时，便住在那里，队员以各种不同身份停留的也不少。

2. 花园饭店

这是重要据点之一。花园饭店当时是西安第一流的旅馆，仅次于西京招待所。重要的中共来往人员，多由金闰生接到他家里去住，他家里经常派有宪兵站岗，一般是比较保险的。其他一般人员以及与"西北特支"联系的地下人员，则多半安排住在以宪兵营名义在花园饭店开设的房间里。

3. 莲湖食堂

是由蒋自明（绰号蒋大鼻子）开设的，它等于"西北特支"的招待所。蒋原是一个面包工人，做西餐的，在徐州开设徐州食品店，是宋绮云的老朋友。为了掩护西安中共人员的来往活动，宋特邀他前来西安，由宋绮云出面集股，杨虎城也暗中支持了一笔钱。这个食堂就开设在莲湖公园内。开张那一天，蒋自明邀请了徐彬如、李木庵和我，由他亲自动手做菜饱饱地吃了一顿。这期间有不少中共地下党员都住在他那里。我所知道的，李木庵等桂阳县来的好几个人就是住在那里。宋绮云从徐州来的一些朋友，也都是住在那里，后来都相继转移到陕北去了。蒋自明为革命确实做出了有益的贡献。

（九）杨虎城机智斗争二三例

杨虎城虽识字不多，但在复杂的斗争环境中，却十分谨慎，保持高度的警惕性，由下列几件事，可见其人。

1. 与中共人员的往来

他除了几次接见中共代表外，一般很少出面，以免发生意外。在军事方面，多由参谋长李兴中、参谋处长王根僧出面；政治方面，多由他的机要秘书王菊人出面。"西北特支"常常同王菊人联系。这样，就可避开国民党特务们的耳目，避开了南京的怀疑。

杨虎城每天上午到办公室后，总是由他的机要科科长周梵百读报给他听，很少间断。日常要件，也是由周处理，表面上是杨面前最亲近最可靠的人，可是杨却对金闰生（杨知道他是共产党员）说："他（指周梵百）这个人不可靠，什么机要的事，不要去向他谈。"表示有事只能向他当面请示。

2. 拉拢陈世虎

杨虎城在发动西安事变前夕，也很想将自己的触角伸到蒋介石嫡系部队中去。有一次，国民党军第二十四师副师长陈世虎（黄埔五期）来西安。他同我是湘南小同乡，与我私交很好。虽学过法政，但起家于绿林，到处投靠，所以举步青云。他这次是经过西安到甘肃二十四师防地去的。由我介绍与金闰生、宋绮云等相识。不久，又经过金、宋介绍去见了杨虎城。陈世虎因为知道杨的发迹与他大致相同，心中感到敬佩。在与杨晤谈中，对杨推崇备至，当面表示："我很愿意拥护杨主任在西北方面做我们的领导。"杨当时见到国民党军中竟有这样一个高级将领对他采取如此的态度，极为高兴。他正需要这样的人物在蒋军中做他的内应。会见之后，杨暗示金、宋要多方设法将他拉拢过来，便于了解蒋介石嫡系部队中的情况。

3. 派尹曜南去广西

1936年10月间，正是西安事变前夕，杨要金闽生和我代他物色一个与广西桂系李、白有关系的人，代表他去广西进行联系。金闽生同我考虑了很久，最后，由我推荐尹曜南前去。尹是黄埔一期生，过去我曾与他在广州、上海一道参加过反蒋黄埔同学会的活动。尹在广州任"反蒋黄埔同学会"书记长时，李、白是该会的指导员，因此不仅与李、白很熟，并且很了解他的政治态度，请他去广西是再恰当不过的了。当即由金闽生将上述情况向杨汇报，杨表示赞同。那时，尹曜南在南京，杨要我迅速去信，付去旅费，邀他马上到西安来。

尹到西安后，便住在我家里。金告诉杨后，杨马上给了他一本密电，另外付给一笔旅费，要我们向他转告，速到广西去与李、白联系，事不宜迟，希望迅速成行。

尹曜南向我们提出意见，认为他是代表杨去广西，连杨本人的面都没有见过，这个代表如何当呢？金闽生把这事告知杨后，杨说："他去的使命，由你们同他说清楚。明天，我请尹先生吃饭，你们作陪，但请预告尹先生在席间不要谈他到广西的事情。"果然，第二天杨在席间对尹表示欢迎，寒暄一番，只字不提去广西的事。这样，杨保持高度的警惕和谨慎，除了原有的公开往来渠道外，并开辟了这么一条极为机密的渠道（杨并不是没有人给他当代表去广西，而是恐由他派去的人，不能严守机密）。后来，在发动西安事变前夕，杨发了一个密电给尹曜南，要他与李、白联系。李、白当时即派了刘仲容代表广西，于西安事变时同尹曜南一同来到了西安。

西安事变中的点滴见闻

经过"一二·九"周年纪念声势浩大的群众运动以后，西北军民的愤怒已达到沸点，他们对待蒋介石已由原先的不断请求，变成了临潼捉蒋的具体行动。

关于临潼捉蒋的事，过去各方面报道已多，在此不再赘述，仅就我个人亲见或亲闻，略记点滴。

（一）蒋介石为何敢去西安

蒋介石是12月4日来到西安的。蒋来西安之前，东北军调防部队中最后部分正在由新兰公路向西开拔，留在西安的直属部队，只有一个警卫营，由随从参谋孙铭九兼营长，一个工兵大队，由何某当大队长，另有一个炮兵营和刘多荃一〇五师的一个旅，骑兵师一个团。至于西北军呢，重兵均已在陕北一带与红军对峙，留在西安附近的，仅有一个特务营（由原有宪兵营改编，以杨虎城随从参谋宋文梅兼营长）、一个教导营、一个炮兵营和警备第二旅。所以说，张、杨在西安兵力是很单薄的。

在中央军方面，宪兵一团已进驻西安，临潼有蒋孝先率领第九团宪兵一部分进驻。中央军第六师、第十师、第二十三师、第三十八师、第七十九师、第九十五师、第六十师、第十四师、第一〇三师、第八十三师，均已集结在陇海路东线向潼关推进，天水有胡宗南的"追剿"大军。所以，蒋介石有恃无恐，敢于前来西安召集军政大员共商"剿匪"大计。

1939年，我去重庆拟就任三十五补充兵训练处参谋长时，顺便去见了钱大钧，他证实了上述估计。钱在西安事变时是蒋的侍从室主任，与蒋形影不离。我过去在钱任三十二军军长时，担任过该军黄埔同学会的特派员，常被邀去他家便宴，因而很熟。我向钱请教："张、杨发动西安事变，你们事先一点也不知道吗？"钱叹了一口气说："情报是有的，可是判断是有错误的。最先，我们接到的情报大半是讲张、杨双方的矛盾，并说他们双方有发生火拼的可能；后来，到了11月间，我们接到有关张、杨联合的情报，并说明他们有称兵作乱的可能。我送给委座看，他一笑置之，认为不可靠。当时，我们从情报中了解到，张、杨虽各自拥有重兵，但均在远地，始终未见有调动，西安附近驻军仍如往昔，没有调动。四周中央大军压境，而在西安城中的中央宪、警、别动队人数也相当多，他们绝不敢鲁莽从事，情况的判断，有时是难以完全正确的。所以，造成了这么一件大事变。"言下不胜唏嘘。可见，当时蒋介石在西安，敢于骄横跋扈，一意孤行，不接受张、杨意见，他是有所恃的。

但是，蒋介石到西安时，还是心存疑虑。12月4日，蒋介石一到西安，马上召见东北军和西北军的中、高级将领，"亲切"垂询，以示"关注"。或许以补充军械，或奖以金钱，或给予密电码暗中联系，耍尽各种手段，尽其拉拢分化之能事，用心之险恶，使当时进步军人及各界人士，均感到惶惑。这也是张、杨毅然捉蒋的原因之一。

（二）临潼捉蒋点滴

临潼捉蒋时，张、杨分工的任务是：由东北军骑兵师白凤翔部一个团与张学良随从参谋孙铭九卫队营一部分，于11日半夜，由王曲乘汽车出发，走城外去临潼捉蒋，以免泄露消息。由西北军的赵寿山、孔从洲负责指挥警备第二旅、教导营、炮兵营、特务营等，解除西安中央所属军、警、宪、特等有关武装，扣留机场飞机、西京招待所军政要员、收缴各办事处武装等。

11日夜12时许，张率领他的高级干部来新城杨虎城的住所，坐镇指挥。当时的情况是：西北军于12日凌晨4时开始行动，西安城内仅用4个小时已解决战斗，随即恢复了市面秩序。可是去临潼的东北军却经过一些波折，因蒋介石已逃到后山，久久未能搜到。在新城指挥的张、杨，吓得满头大汗。张学良严令孙铭九等派兵进行搜山，叮嘱："一定要捉活的！"杨令孔从洲率一营人，乘汽车前往增援，协助搜查，并令临潼县县长迅速调动群众，调集保安队，封锁骊山四周道路，形势变得紧张异常。幸亏8点多钟在半山岩洞中捉到了蒋介石，才解除了警报。

士兵们高高兴兴地跟随在孙铭九后面，孙把蒋介石背到汽车上，将蒋押上汽车时，士兵们为了表示胜利的喜悦，特地跟蒋介石开了一个小小的玩笑，奏起了迎接上将的三番庄严军号，然后欢声雷动，弄得蒋介石啼笑皆非，尴尬异常。

1. 枪毙蒋孝先

当大队人马返回西安时，一辆轿车从西安方面急驰而来，孙铭九命令士兵加以警戒。经查明是蒋介石的侍卫长蒋孝先，当他在北平任宪兵三团团长时，曾残酷镇压过学生爱国运动，臭名远扬，群众恨之入骨。孙当即命令士兵从车上拉了下来，在马路旁边给枪决了。

2. 软禁晏道刚

晏道刚是蒋介石派在西北"剿总"担任参谋长的，他是在钱大钧调任蒋介石侍从室主任后继任这个职务的，对东北军是起着监视作用的人物。

可是，在事变发生后，张学良命令将他扣留时，他还茫然无所知。他大摆其参谋长的威风，严厉斥问士兵："是谁的命令？"他亲自打电话给副司令，张学良在电话中很风趣地对他说："他们既然要把你软禁起来，参座，那么就暂时委屈你一下吧！"

这样，晏道刚才老实起来，听从指挥了。

3. 打死杨震亚

中央宪兵一团团长杨震亚，是一个在西北镇压人民的凶恶刽子手，在西安他对群众运动多方阻挠破坏。划分防区后，竟敢常常越界逮捕进步人士和共产党员，同我们宪兵营早具宿怨。"双十二"事变的清晨，杨震亚正在他西城防区团部的院内做早操，被特务营（即原宪兵营）派去的部队围住，怒火中烧，当场击毙。其余守卫部队士兵，全部被缴械。

4. 马志超逃走

马志超是西安市公安局局长，黄埔一期生。他在西安作恶多端，曾指使警察干涉群众运动，打伤过小学生，人民对他愤恨已极。

事变晚上，他住在自己公馆中，当时西北军在公安局没有抓到他，转到公馆围捕他时，他偕同老婆已从后门逃走。当时街边放有一部黄包车，马志超为了逃命，便让他老婆坐上黄包车，自己扮作一个车夫，拉着车子，8时左右逃出了西安城。

5. 宋文梅看守蒋介石

蒋介石被押到西安后，开始四天（12日到15日）是软禁在新城大楼西安绥靖公署所在地。15日，四架中央飞机轰炸了渭南，并在西安上空盘旋示威，造成了严重的战争恐怖气氛。后因新城目标过大，便将蒋介石转移到西安玄凤桥高桂滋的公馆里。这里离张学良的住处很近，由张学良派兵看守。

在新城时，杨虎城是派他的随从参谋兼特务营长宋文梅负责守护。宋是黄埔军校七期学生，对待蒋介石，始终以学生自居。他守卫在房门，每见蒋时，必事先行脱帽喊一声"报告"，得到蒋允许后才进门，恭恭敬敬行个45度的鞠躬礼，才开始讲话。蒋对他很满意。宋还多次劝导蒋："请校长为国珍重。"所以，西安事变解决后，由于蒋的示意，胡宗南对宋文梅特别垂青，认为蒋的所谓"新城蒙难"，宋立了"功"，竟为宋改名为宋"念慈"，表示宋文梅怀念慈父般的蒋介石，并对他进行多方拉拢。新中国成立后，宋文梅曾在北京任国务院交际处副处长，后因病死亡。

（三）事变后西安城内情况

捉到蒋介石后，消息不胫而走，到处一片欢腾，政治气氛陡然变了样。

1. 群众情绪

上午10时许，人们如潮水一般涌上了西安的街头，人山人海，川流不息，《西京日报》《文化日报》的号外，到处飞扬。青年学生最为激动，到处张贴大字报，先是少数学生边跑边高呼"打倒蒋介石"的口号，欢呼"团结抗日万岁"等口号。随后一队队游行队伍冲向街头，形成自发的示威大游行，高呼"打倒蒋介石！""枪毙蒋介石！""打倒南京卖国政府！""全国大团结实行全民抗战！"等口号。

一般成年人则比较沉着，边看边议论。他们认为张、杨是了不起的人物，是一代英雄，居然有这么大的胆量，把蒋介石这个灾星抓起来了，赞不绝口。而对蒋介石，则无比愤怒，认为是十年内战的罪魁祸首，双手沾满了人民的鲜血，对外出卖民族和国家的利益，投降日本帝国主义。他不仅丢了东北的大好河山，还签下《何梅协定》，将华北拱手让人。真是罪不容诛，非把他枪毙不可。

2. 军队情绪

在军事方面，刚刚捉到蒋介石时，张、杨都很兴奋，认为这么一来，完全可以挟天子以令诸侯，左右蒋介石。南京政府只有听命改组一途，统一抗日的局面将迅速完成，从此他们大权在握，大有作为。不料，在南京方面"戏中有戏"，何应钦利用机会，大张挞伐，自任"讨逆军"总司令，大举向西安进逼，希望迫使西安速将蒋介石处死，以便取而代之。而蒋则顽固不屈，虽几经谈判，勉强同意张、杨的主张，但不愿公开表态和签订任何协定，仅做口头见许，以保全颜面。时日迁延，夜长梦多，各方矛盾，逐渐爆发，张、杨由原来的过分乐观而转为忧心忡忡了。

事变第二天，杨虎城依靠为左右手的两个军，冯钦哉这个军叛变了。这是一个晴天霹雳，大大打乱了张、杨军事对抗的计划，军心也大大动摇。张学良的大部队尚在西安以西较远的地区，远水不能救近火。而蒋介石部队原已布置"围剿"，集结在陇海东线的十个师早已进入潼关，在天水、汉中的胡宗南部已奉命向西安推进，原本已很悬殊的兵力，这时变得更悬殊了。希望在战争中取得优势，完全是不可能了，使张、杨与其他高级将领完全失掉了战争信心。

更重要的是政治方面，张、杨依靠共产党为靠山。共产党的策略，由原来的"反蒋抗日"，早已走上"逼蒋抗日"，现在正主张"联蒋抗日"了。这对没有受到政治教育的旧军队，在军心中不无造成混乱与不安，增加了一些不利因素。

当时，在上下级军官中，对于"杀蒋"与"放蒋"成了突出的矛盾。在高级干部中，大都主张"放蒋"，后来也自然"主和"，当然他们中也有人为了保住官位，不愿战争，看风使舵的。在中下级干部中，则激于义愤，一般坚决主张"杀蒋"，后来也自然"主战"，当然也有人想借此出风头，利用时机企图升官发财的。

至于士兵，当时已疲于奔命，为了集结西安，到处调防，风餐露宿，无休息日，困倦不堪。加上士兵大多数没有受过很好的政治教育，不知为何而战，厌战情绪相当严重。

这些情况，使张、杨无法应付，难以控制局势。后来，因张学良送蒋去南京，而更加变得严重起来了。

（四）各方面的态度

张、杨发动西安事变后，希望得到全国人民及其他各方面的支持与同情。他们首先是希望得到共产党的支持，其次，也希望争取得到曾经受过蒋介石排挤的各地方势力及具有爱国思想、同情抗日主张的政府官员的支持，从而打击以何应钦为首的投降派，得以顺利地改组南京政府。

1. 中共的态度

西安事变几天后，我特地到西安城里去找中共代表张文彬，我非常焦急地问到中共对西安事变的态度。张因为同我私交较好，对我也非常了解，所以坦率地对我说："这一次事变是张、杨两位将军发动的，我们共产党事先并不知道，事后，才得到消息，并知道他们邀请我们派代表团来西安。形势既已如此，我们对他们是采取全力支持的态度。现在，如果张、杨主张打，我们中共大概也会同意打；如果张、杨主张和，我们中共大概也会同意和的。不过我们红军只有几万人，除了保卫陕北及苏区外，尽限度也抽调不了多少军队。我们的主张是希望和平解决西安问题，避免内战，以免把国力消耗在自相残杀上，以便团结起来共同抗日。"

后来，张文彬还告诉我，由于杨虎城的部队发生了叛变，张学良的部队中也产生了不少问题，南京方面的大军又已压境，战火迫在眉睫。

同时，我与"西北特支"的李木庵交谈，他谈到冯钦哉的叛变时，感到非常伤心，认为这一下打乱了全局，使军事对抗变得极为不利，从而影响政治上的谈判。现在，应该大力稳定军心和民心，粉碎敌人的内战阴谋，坚持团结抗日，争取这一胜利。

张学良送蒋介石回南京去以后，我又同许权中于12月底的一天上午，到七贤庄中共代表团驻地去见周副主席。他住的是一间非常简朴的平房，接见时相谈了很久。许与周是老熟人，许是留俄学生，中共党员，是当年有名的"渭南暴动"领导人。西安事变后，许权中刚刚就任独立旅的旅长，是我团的直接领导。周接见我们两人时，非常和蔼可亲，垂询了十七路军内部情况等。当许权中向周提到对张学良送蒋介石回南京的看法时，周副主席说："西安事变我们是主张在团结抗日的前提下和平解决的。放蒋介石回南京去，我们是同意的，至于张副司令跟着一道前去，我认为这是错误的。他事先没有同我们商量，临走也没有告知我们。现在，事已如此，我们希望蒋介石能实践自己在西安的亲口诺言。另外，只要十七路军及东北军这些朋友紧密团结，以国家和民族的利益为重，同破坏团结、破坏抗战的行为进行斗争，就会得到全国人民的支持，取得最后胜利。任何人要违背历史大势之所趋，都会碰得头破血流，所以对时局的前途，我们是充满信心的，非常乐观的。"畅谈很久，在那儿用过午餐后才离开。周的这一席话，确给我们以后的斗争增添了不少力量。不久，我同许权中便开拔到抗战前线，参加忻口战役去了。

2. 地方势力的态度

桂系的李宗仁、白宗禧，对张、杨是明确表示支持的。在西安事变时，李、白的代表刘仲容便来到了西安。他代表李、白，与张、杨随时联系，准备配合行动。

四川的刘湘与云南的龙云，明则不敢表态而暗则表示全力支持。捉到蒋介石后，他们极其关心，从四川一天打八次电报询问对蒋将如何处置。放蒋以后，他们惶惑不解，销声匿迹。

山西的阎锡山则老奸巨猾，对张、杨捉蒋提出质问和责难，责问："将何以善后？"另一方面表示自己愿居中作为调解人，希望把蒋介石送交给他，以便鹬蚌相争，渔人从中得利。

河北的宋哲元，山东的韩复榘，他们处在与日军相联的最前线，他们既可以在日军的引诱下卖国求荣，又可以因畏蒋介石的威势，向其卑躬屈节。但是，他们总感到在日本人面前，有当亡国奴的耻辱。在蒋介石面前，是杂牌军，有受歧视和被消灭的危险。所以，对张、杨的主张表示同情，但不敢声援。然利之所在，仍以亲日拥蒋为其既定政策，故其态度非常暧昧。

湖南的何键，西北的马鸿逵、马步芳等，趁此机会向南京政府投机，公开表示积极支持对张、杨进行讨伐，以便从中捞到中央一些信任。

3. 国际上的态度

在国际上，日本帝国主义则希望西安置蒋介石于死地，造成国内极大的混乱，然后，利用汪精卫、何应钦等亲日分子，傀儡德王这些地方伪政权，大力制造内乱。以便在军事上无力征服整个中国的情况下，实现其政治上一统的阴谋。

英美帝国主义分子则认为孔、宋财团所支持的蒋介石政权，代表着他们在华的利益，共产党的抗日民族统一战线政策，比起日本的独霸中国，对它有利得多。所以，极力希望西安事变和平解决，全面展开抗战，打击日本，以便自己从中分得一杯美羹。

总之，在中国"抗战"与"投降"的问题上所展开的激烈斗争，在当时形成了极为错综复杂的国内和国际的形势。由于共产党"团结抗日"方针的正确，教育了千百万人民，终于将整个民族一步一步地引上了"抗战"这一条康庄大道，最后，取得了人民战争的伟大胜利。

西安事变后的军事斗争鳞爪

当西安事变张、杨发出通电后，12日下午，南京方面举行了会议，决定任命何应钦、李烈钧、程潜为军事委员会的常委，由何应钦指挥调动军队，迅即调动大军，向西安猛扑。16、17日派飞机向三原、渭南、赤水火车站等地大肆轰炸，战火四处燃烧。

（一）特务团挺进渭南掩护大军集中

在中央大军进迫的紧急形势下，张、杨不得不采取防卫措施，以便掩护远在甘肃的东北军和在陕北前线的西北军陆续向西安集结。

当时，西安绥靖公署的特务团装备是西北军中装备最精良的，也是杨虎城认为最可靠的一支主要队伍，该团由阎揆要任团长，我担任副团长。

"双十二"事变的黎明，我们在白水县的防地接到杨虎城急电："接到电令后，急率所部轻装急行军向渭南进发，万勿延误。"

阎当时不在防地，我遵命即率全团轻装向渭南进发，于下午3时，已进抵渭河大张渡口。正在过渡时，忽闻机声隆隆，震耳欲聋，四架飞机迅速从我部队上空掠过，显然是飞机侦察军事情况。当时，我们对西安事变尚无所闻，但知道政局已发生了重大变化，心中犹疑不定。

我趁全团士兵渡河的空隙时间，马上发一个急电给杨主任，报告全团已达大张渡口，正在渡过渭河，并请示达到渭南后的任务。当即得到复电，命令在渭南南塬一带布防，并与渭南民团觅取联系。这时，才知道已发生了事变，肯定将同西进的中央军发生军事上的对抗。

12月13日清晨，特务团接到了绥署的正式作战命令，大意于下：

敌情：中央大军集结潼关以东陇海路沿线，华阴驻有第二十八师董钊部的一部分。

任务：该团右翼依托华山，左翼隔陇海铁路、渭河与四十二师冯钦哉部觅取联系，阻止中央军向我渭南进犯。

我团达到渭南后，即凭隘道开始构筑简易工事，并会同张学良部派来的工兵，将陇海路赤水车站附近的赤水铁桥炸毁，借以阻止中央军的装甲车前进。

12月13日傍晚，我团左翼隔渭河忽传来稀疏枪声，不断地向我阵地射击。我当即打电话与绥署参谋长李兴中联系，报告左翼隔河向我阵地射击情况，李当即答复："恐怕这是四十二师的部队士兵枪走火吧？不会有什么问题。"

14日清晨，左翼、隔渭河对岸向我阵地射击的枪弹更密。方接李参谋长电话告知："四十二师冯钦哉部已叛变，你团对左翼应严加戒备。"

这时，阎揆要团长已赶回防地。我接电话后，当即与他商量。我们考虑到因冯部叛变，我团阵地突出前沿，前有装备精良的中央军董钊部大军，加上冯的侧翼袭击，处境异常危险。当时渭南又是西安门户，军家所必争，万一不能久守，将妨碍大军集结，影响全局，非同小可。于是，我们分途巡查阵地，命令加紧构筑工事，加强警戒，并电话联系后方，迅速补充各项给养，作为长期扼守打算。这时，特务团战士已知西安事变真相：蒋介石已被捉到，张、杨的团结抗日八大主张已向国人宣告。群情振奋，士气高涨，所以虽敌强我弱，但上下一致，满怀信心，表示坚决守住阵地，迎击来犯之敌。

15日，我团仍警惕守卫前沿阵地，华阴方面的中央军始终未前来进犯，冯钦哉部也仅是隔河攻击，从未正式交锋。我们紧张地守卫了一天一夜，便由十七路军警备第三旅前来接防，才算渡过这紧急关头。

警备第三旅是12月15日中午到达渭南车站的，他们刚下火车，中央的四架飞机进行了俯冲轰炸，士兵当即散开躲在车皮下面，死伤约30余人，没有造成混乱。一到达我团阵地，马上接替了南塬一带防务，我们部队便转到侧翼阵地上去了。

（二）抗日联军临时军事委员会的第一道正式作战命令

1936年11月14日正式宣布取消"西北剿总"，同时成立了"抗日联军临时西北军事委员会"。当日下午，即下达了第一道作战命令，大致如下：

抗日联军临时西北军事委员会作战命令第×号12月15日

敌情：中央军在潼关、洛阳、陇海铁路沿线集结有××××部队，共计×××师。华阴城内有第二十八师董钊部一部分。

任务：右翼利用华山峭壁险要，无法通过为依托，左翼渭河之阴……于陇海铁路峡谷隘道，构筑防御工事。纵深配备，相机采取攻势，将进犯中央军歼灭于渭河南北两岸。

兵力部署：第一线为警备第三旅。

右翼为一〇五师唐旅（系东北军刘多荃部）。

第二线缪徵流部第××师。

第十七路军特务团移驻右翼蓝田许家庙一带。

这一道命令是当时西安当局在东面对抗中央军的全面军事部署，根据命令，我团调到了蓝田许家庙布防，阻止商县、雒南方向的中央军向我侧翼进犯。

（三）董钊企图诱降阎揆要团长

我们驻防在蓝田许家庙一带，加紧构筑工事。忽有一天，一个团部卫兵带来了一个农民模样的老头儿见我。

我问："你干什么来的？"

他连连嚷道："我要找阎揆要团长！我要找阎揆要团长！"

我问："你找阎揆要团长有什么事？对我说可以吗？"

他坚持地说："我有要事，一定要见阎团长本人。"

这么一来，我马上将他引见阎揆要团长，这老头儿见到阎团长，便从他那破旧棉袄内的口袋里掏出用纸包好的一封信，当面递交给了阎揆要。

阎将信拆开，详细看了一遍，笑了一笑，马上便递交给我。我详细看了全部内容，才知道是驻华阴县中央军二十八师师长董钊亲笔写的，信的大意是：

"校长身系国家安危，我等同沾化雨，兄应弃暗投明，勠力同心，共惩叛逆，以建奇勋……"

阅后不禁一惊，原信递还给他，他看了我一眼，很风趣地对我说："他找错了人！"回头他很严肃地对那老头儿说："你给我滚出去！"那老头儿犹疑不定，站着不走，哆嗦地说："请给个回信吧！"阎站了起来大声吼道："滚，没有回信！"那老头才吓得抱头鼠窜而去。

阎揆要是陕西人，黄埔军校第一期毕业生，早期的中共党员，对党的事业无限的忠诚。董钊与他，同是黄埔同期同学，又是陕西同乡，过去感情非常好，这次在前线兵戎相见，中央军既占优势，而且升官发财的机会又多。董钊认为诱降阎揆要，是对他的关心，而且以阎现在军事上所处的关键地位，也肯定会因缘飞黄腾达。他满以为诱降一定会成功，谁知却碰一鼻子的灰呢？

阎揆要同我相处较久。他在特务团，同士兵能同甘共苦，深得群众爱戴。他待人接物十分和蔼，从未发过火，不曾给人以难堪。这一次对待这个诱降的农民老头儿算是他最严肃的一次了。但是，他坚持原则，从不苟且，不是一个浑浑噩噩依违两可的好好先生，非常值得人们尊敬。

这使我想起他以后同我相处中所处理的一件事。1937年，我团从西安开拔到抗日前线参加有名的忻口战争。从那年的10月1日起到15日止，我团与日军硬拼硬打，坚持了15个日日夜夜，终于把日军阻击下来，使它不得不迂回另一条道路从娘子关进犯了。在这次战斗中，阎揆要身先士卒，从不畏惧，所有官兵也都在他的率领下，人人奋勇争先。当时三营有个姓刘的副营长，贪生怕死，贻误战机，并借故在战地请假回到后方。阎揆要十分气愤，但正当战事激烈，士兵死亡相继，还未来得及给他以处分，就因紧急撤退，调到后方山西隰县进行休整了。

到隰县后，阎趁休整机会请假回陕北葭县家乡。临行时，我特地送了他一程，在路上分别时，他给了我一张纸条，我打开一看："第三营副营长刘××，在忻口作战，临阵退却，着即枪决。"我看了惊讶不已。因为刘副营长同他是小同乡，又是他的高足弟子，现已时过境迁，应该马虎一点算了。这时，生不逢辰的刘副营长假满返回部队，与我们狭路相逢。他向我们恭恭敬敬行了一个举手礼并报告说："我假满回来了。"我见阎向他微笑点点头，而我却心里更软下来了。等副营长离去后，我便向阎揆要说："这个条子不办算了吧！"他严肃地对我说："这是原则。军人怕死，置国家民族利益于不顾还能当军人吗？几次命令他不听，不顾士兵的生死，在抗战部队中将成为害群之马，留下来又有何用？我们决不能徇私情，贻害人民，你照我的手令办好了。"他这一席话，使我哑口无言。我对他严于律己、待人不徇私情的高尚品质无限敬佩。后来，我回到团部，只得按照他的意思，将刘副营长贻误战机的事实上报，最后，终于将他处决了。

（四）与红军徐海东部联防备战

西安事变后，红军迅速从陕北向南推进，到达耀县、三原一带，做张、杨有力的后盾。

我团在许家庙一带布防时，中国工农红军徐海东的红二十六军先头部队也进抵这一地区，因此，我们互相间进行联系，以便并肩作战。当时同我们在一起的是称为红军骑兵师的，但实际上并没有骑兵，全系步兵，枪支比较旧些，衣着与农民无别，指战员每人系一条鲜明耀眼的红布条。他们每到一地，便同当地农民打成一片，水乳交融。早和晚，红军帮农民挑水、劈柴、打扫房屋；白天帮农民种地，在田间共同劳动，有说有笑。不到几天，就亲如兄弟姐妹，难舍难分。如果真的一旦进入战争，他们就可以化整为零，化零为整，深入在群众之中，陷敌人于无可奈何的境地了。我目睹这一情景，对红军无限羡慕了。

红军的每一个战士都很年轻，精神饱满，脸上老是挂着笑容，非常活泼可爱。他们政治觉悟很高，对团结抗日、反对内战等观点，非常明确，并且随时进行宣传。他们对即将来临的战斗，情绪非常高昂，每个士兵几乎都训练得具有单独作战的能力。这与我们的士兵相比，真可说有天壤之别。我们的部队是按步兵操典教练出来的，动作变得非常呆板，由于官兵之间待遇的悬殊，长官很少关心士兵生活，造成士兵身体不健康。官兵之间，上下级之间等级森严，隔阂极大。由于是军阀式的统治，无法也不可能进行良好的政治教育，战斗情绪变得很差，更谈不上独立作战的能力了。加上当时调动频繁，疲于奔命，精神状态与红军相比，自愧不如。

当时，每个红军战士都负有扩军的任务。所以，每个士兵都宣传团结抗日、保家卫国和参加红军光荣等大道理。由于他们政治宣传的鼓动，人民群众中政治空气顿时活跃起来，使得群众都关心国事。不少农民在红军战士动员下，毅然加入了红军，投入了战斗。

（五）王老虎（劲哉）的叛变

冯钦哉叛变以后，据杨的随从参谋兼特务营营长宋文梅告诉我："冯的叛变杨主任感到很伤心。那几天，他愁眉不展，沮丧达于极点。不久，王劲哉也叛变了，他却抑制不住自己的痛苦，竟痛哭流涕了。"

杨虎城为何对王劲哉看得比冯钦哉还重要呢？因为王劲哉原是杨的随身弁目，过去对杨是忠诚的，绰号叫王老虎，打仗极为勇猛，杨因之非常相信他，把他不断地提拔，官升得很快。后来，王升到了团长，在杨的面前仍如做弁目时那样谦恭有礼。如有一次，杨虎城到汉南去督战，因公路遭到破坏，杨自坐的小轿车无法开回西安。王劲哉竟派士兵将这辆轿车抬走十多里，还亲自护送到西安。这样，杨怎么不认为他比任何人更忠诚可靠呢？所以在冯钦哉叛变后，杨虎城还敢手拍着胸脯向左右说："我不怕，只要有王老虎这一旅人（这时王已升了旅长），我还是可以干他一番。"可见，杨对他期望之深。可是，在那紧急关头，王老虎居然叛变了，这对他不是一个极大的打击吗，焉能不特别伤心？军事上的斗争失去了一只腿，自然感到无所措手足了。

后来，杨虎城被蒋介石逼迫，不得不出国去考察时，他召宴了十七路军的团以上将领。他在席上作了个临别赠言，还伤心地谈到这件事。他说："我即将出国了，有一件事使我感到最痛心，就是我养了一只老虎，他不去咬别人反转来倒把我咬了一口，我怎么不痛心。"话没说完，眼泪就簌簌而下。可见，他对此事余痛犹在。

（六）西北军内部人心惶惶

自冯钦哉、王劲哉等先后叛变以后，杨虎城主任、孙蔚如军长、赵寿山师长等主要西北军的负责人，已失去备战的决心，而是一心在安定军心，防止继续发生叛变。对于下层总是疑神疑鬼，不敢轻易信任，以防万一。同时，为了针对当时紧急情况，他们采取了一些紧急措施，即派出总部人员深入部队进行肃反工作，因而人心惶惶。

以我们特务团来说，团长阎揆要是共产党员，部队骨干大都是由他的步训班出来的，杨本人也认为是最可靠的队伍，但是到了这个时候也不敢完全信任了。当时，就曾经来两次密电说："据报该团第二营营长孟审言有异动嫌疑，应严加防卫。"对这支部队尚且如此，对其他部队就更可想而知了。

在这种情况下，西北军的中下级军官，人心动荡。一面害怕蒋介石的大军突然进行袭击，被消灭；一面又害怕上面对他们进行肃反，遭到冤枉。为了防止叛变，将部队调来调去。士兵苦于奔命，使原来具有的那股"抗日救国""反对内战"的革命热情，几乎消磨殆尽了，殊堪浩叹。由此可见，一支队伍如果没有鲜明的政治目的、没有很好的政治教育，一临大难，必然会有土崩瓦解之势，这在我亲身体会中有深深的感觉。

（七）东北军内部矛盾激化

张学良被扣、受审、判刑等这些恶化的消息接二连三地传到了西安，群情激愤。东北军中原主张杀蒋的少壮派，便把怨恨集中到"放蒋"的高级将领身上去了。

1月29日，在渭南前线的东北军举行了团级以上的军官会议，会上以何柱国为代表的主和，应德田等为代表的则主战，双方争论激烈。结果，主战派占优势，主和者寥寥无几，但问题仍未得到解决。主和的高级将领综观军事形势和政治要求，为了顾全大局，企图扭转这一局势，达到和衷共济，便采取另一措施，即马上急电兰州，请于学忠来西安，重新商议。

1月30日，于学忠从兰州来西安，高级将领重新聚会商讨，权衡大局仍决主和。少壮派闻讯后，极端不满。记得孙铭九当时在西安见到我曾气愤地对我说："老谢，我是主张打到底的。宁为玉碎，不愿瓦全。少帅不回来，我们死也是不会瞑目的。"可见他们之间的矛盾，尖锐到了何等程度。1月31日，在西安的东北军少壮派孙铭九等60多名团长以上军官签名，集体到新城去见杨虎城，向他请愿，提出的理由是："副司令临走时，手令主任指挥我们东北军，现在中央不讲信义，扣留了副司令，我们的一些头头没良心，对此无动于衷。因此向主任请求，蒋介石不放副司令回来，就请指挥我们和中央军拼个你死我活。只要副司令回来了，任凭他如何处理，我们也甘心情愿……"情辞恳切，慷慨激昂，边说边哭起来。最后，抑不住感情，竟放声大哭起来，在场的西北军将领和其他人员，包括杨虎城在内，没有一个人不流下同情之泪。但是，终以兹事体大，杨不能背着东北军高级将领，做出违反他们意见的任何决定，只得婉言予以劝慰，表示将尊重大家意见，重新与东北军高级将领共同商量，再做出最后决定。

（1980年12月）

对杨虎城先生在西安事变前后的片断回忆

孔从洲

　　1936年12月初，蒋介石完成了"剿共"军事部署。随即，大批国民党军政要员麕集西安，内战危机空前严重，如矢在弦。一天晚上，杨先生找我去，问到我部队的思想和训练情况，他特别强调了夜间训练的重要性。又问到西安市郊国民党军、警、宪、特分驻情况，以及西安市区的交通要道和所需警戒兵力。我就我所知作了回答，他不满意，要我更详细地了解后再向他报告。我回来后，意识到要对蒋介石采取防范措施，遂立即做好准备再去向杨报告。当晚10时左右，杨来电话令我11时开始夜间演习。我急忙赶到杨的住室请示演习部署。他注视着我，很严肃坚决地说："按中央体系军、警、宪、特驻地配置，他们一个营，你就放一个营；他们一个团，你也放一个团。分区演习，占领位置。"他还反复叮嘱部队必须严守三条纪律：一、对东北军不得误会；二、严禁走火；三、部队行动中，如遇中央军宪兵询问，就说进行夜间演习。根据这个指示，部队采取不同形式连续数晚进行演习。至12月11日晚9时，杨先生又叫我去，一见面就问："情况都弄清楚了吗？"我回答："清楚了。演习还顺利，没出什么乱子。"说着，我随手从衣袋里拿出一份西安城郊地图，上面标明了国民党中央军、警、宪、特驻地、兵力和装备。他仔细看后，说："很好。"我们坐下后，他接着说："蒋介石不顾国家民族的危亡，一意孤行，坚持内战，竭力挑拨东北军和我们的关系。这次蒋介石召开高级军事会议，表面上要打共产党，实际是一箭双雕，也要消灭我们和东北军。"他停顿了一下，又说："张先生和我决定采取一致行动，实行扣蒋，逼他抗日。两军的分工办法：东关以东，由东北军负责。西安市内，包括火车站、西郊机场和西京招待所，解除国民党军、警、宪、特的武装，扣留国民党军政大员，扣留飞机，统由你负责解决。你的意见怎么办？"我听说要扣蒋，心情极其紧张兴奋，当即表示坚决执行主任的指示（当时杨任绥靖公署主任）。我问："赵寿山、孙蔚如先生刚从三原回到西安，他们是否知道此事？"他说："那你不要管，你先到副官室候着。"约12时，赵寿山先来了，见我坐在副官室，惊奇地问："半夜三更你来干什么？"我翻了下手掌，示意要对蒋介石造反了。赵没有说什么即进入杨的住室。不久，孙蔚如也到了。接着，我也跟了进去。杨先生把对我说的话又大致说了一遍，强调这次扣蒋，不但东北军、西北军一致行动，还可能得到红军的支持。当征求孙、赵的意见时，他们一致表示坚决拥护张、杨的主张。孙蔚如坚定地说："要干就干到底。"当即研究了行动计划，决定次日成立戒严司令部，孙任戒严司令，赵兼市公安局局长。指示我要把握机动兵力，特别要注意国民党地下武装的扰乱破坏。并决定部队于12日凌晨4时开始行动，8时前解决战斗，恢复秩序。

当时，蒋介石在西安的兵力，有以下几部分：一、宪兵第二团杨镇亚部约1000余人；二、市公安局马志超领导下的公安总队，约2000余人；三、省保安处处长张坤生部保安团，约1000余人；四、公秉藩率领的交警总队，约1000余人，该部装备较强，多作潜伏活动。此外，还有国民党中央军各部队留守处和特务机关的零散武装，合计7000余人。我所指挥的部队，除警备第二旅三个团外，还有十七路军炮兵团、特务营和教导营，共约8000人。战斗打响后，按原定计划顺利地完成了任务，市面秩序很快恢复正常。我和部队刚回到营房，准备稍事休息的时候，杨先生打来电话，他说："临潼方面还没有找到蒋介石，你立即率部乘汽车赶到骊山以东临潼和蓝田之间油坊街一带布防封锁，以防蒋介石潜逃。"听说未扣成蒋，我很惊讶，立即率一个营赶到油坊街作了布置。直到杨总部打来电话说东北军已把蒋扣押了，我才如释重负，心情顿时轻松下来，赶回西安。

西安事变扣蒋之后，张、杨于当日即联名打电报给中共中央，请派代表到西安共商大计。12月17日，以周恩来副主席为首的中共中央代表团到达西安。这天晚上，我因事到杨先生处，他对我说："周恩来先生今天下午到西安了，这下我们就好办了。几天来，无论我也好，张先生也好，都对蒋谈过我们的抗日救国主张，但我们和蒋仍然有长官部属关系，说话不能没有一定的分寸。蒋敌视我们，更听不进我们的讲话。周先生就不同了，他是中共最高领导人之一，和蒋介石有十年血海深仇，有对蒋斗争的丰富经验，他和蒋处于平等的地位，对蒋可以说理，也可以批评。蒋介石最怕共产党，我们也就请共产党做代表和他谈判，我看蒋不能也不敢再那样装腔作势了。"他接着问我："西安那么多特务，事变后跑掉了多少？"我说："跑了一些，但绝大多数潜特没有暴露。"又问："还有活动没有？"我答："还没有发现。"他说："要特别注意，对这些人要坚决镇压，否则就会出乱子。"他强调指出："周恩来先生住在张先生那里，自然有东北军卫队营担任保卫工作，但那只限于城东南角一块地方，整个西安的治安是由我们负责的。寿山虽兼任公安局局长，但警察是马志超一手训练的，今天不仅没有用，反而成为我们防范的对象，况且寿山还有旁的事情。你是城防司令，指挥我们驻西安的部队，必须负起全部治安责任来，特别是对周恩来先生和代表团人员的安全要注意。他们都没有自卫力量，而且要到处活动，安全问题完全靠我们了。我已将十七师从渭北调至西安附近，加强对西安的防卫。关于西安市的城防问题，你和暂沉研究一下。"根据杨先生的指示，我和总部军法处处长米暂沉交换了意见，将军法处统辖下的执法队和各稽查所，统一于城防司令部领导之下，加强了保卫工作。

约在12月20日，左权同志来到西安。杨虎城先生叫我到他的客厅里会见了左权同志。左权同志中等身材，身穿灰布军装，十分精干。杨先生在谈话中强调说："'双十二'事变后，南京方面何应钦积极布置军事进攻，我们要作好防守西安的准备，更必须保障中共中央代表团的绝对安全，你身兼西安城防司令，这些都是你的责任。为防有失，我请左军团长来视察城防部署和保卫工作，你要很好地听他指导。"左权同志和我互相问好之后，便一同乘车巡视西安城防情况。左权同志登城观看地形以及在郊外一些地段进行现地勘察时，十分专注、认真，并曾问及1926年杨部坚守西安与刘镇华作战的经过，提示要作为参考。回来后，又详细地询问了我所指挥的兵力、装备及设防情况，审查修改了防卫计划。他的军事经验丰富，讲话简短明了，令我深为敬佩。我们向杨先生汇报时，杨深感满意，一再向左权同志表示感谢。关于我对中共代表团的保卫计划，在左权同志帮助下，作了更周密的部署。从中共中央代表团到达西安，一直到我奉命率部调离西安移驻泾阳，前后50天之久，我日夜在提心吊胆中度过，所幸尚未发生什么事故，这和左权同志的帮助是分不开的。1942年，我部驻河南巩县时获悉左权同志牺牲，我深为悲痛。

西安事变是要和平解决，推动救国抗战，而不是诉诸内战。这在事变发动后的通电中使用"兵谏"一词，已作了明确表示。事变以后的战争叫嚣，首先来自南京政府中以亲日分子何应钦为首的讨伐派，他们除用陆军进逼外，还派空军轰炸。放蒋以后，蒋介石背弃诺言，乱命频发，扣留了张学良，并派其嫡系高级将领指挥近40个师的兵力分五路向西安进逼。计渭河南北各为一路，分别由顾祝同、陈诚指挥；商（州）洛（南）为一路，由卫立煌指挥；甘肃、宁夏各为一路，分别由蒋鼎文、朱绍良指挥。其气焰之盛，达到无以复加的地步，大有一举吞没东北军、十七路军和红军之势。

这样的军事威胁，怎么能使西安军民不感到万分激愤呢？军民无比的激愤情绪，酿成了一致准备应战的呼声。最后，中共代表团也作了和东北军、十七路军一致应战的决定。所谓准备应战，绝非不要和平解决，而是为着防范蒋介石、何应钦之流的突然袭击。因此，西安方面在周恩来副主席与杨虎城先生决定之下，在准备应战的同时，接连发出1月5日的歌电，2月4日的《和平宣言》，2月14日杨虎城领衔的致蒋介石的寒申电，揭露南京的战争叫嚣，这对事变的和平解决发生了有利的作用。蒋介石就是害怕这种揭露，他曾对杨虎城的代表李志刚说："告诉虎城，不要再发那些无聊的电报。"他企图要大家以不声不响的和平气氛掩饰他对西安军事进攻的真相，杨虎城先生坚决不同意。

杨虎城先生出身贫苦，投军从政后，一直保持俭朴的生活。他的思想转变，主要是由于蒋介石对他的压迫日益严重，他与蒋的矛盾日益尖锐，同时，也由于多年来不断受到中共的影响和启发。大革命初期他和中共即有接触，以后在皖北太和且有过合作。特别是以毛泽东主席为首的中共中央提出抗日民族统一战线对他的感召，并派汪锋同志持亲笔信到西安见他，为他指明出路，就使杨欣然接受了中共"停止内战，一致抗日"的主张。西安事变爆发后，周恩来副主席作为中共的全权代表，不避艰险，亲率代表团到西安和蒋介石谈判，对张、杨部队进行工作，这对杨虎城的影响极大。杨先生极为赞佩周副主席的远见卓识和革命胆略。

蒋介石被释放时，张学良先生未得到杨的同意即陪蒋回南京，以后被蒋扣留，这对杨虎城刺激很大。他既担忧张学良的命运，又深虑张走后留下的摊子无人领导。记得在放蒋的当晚，我震惊之余，即去见杨。杨当时精神极其沮丧，他对我说："这样匆匆忙忙地放蒋，张先生事前并没有征得我的同意，而他一定要陪蒋走，更出乎我的意料。我原以为张纵然不对我说，一定会对周恩来先生说明的，及至我和周先生见面的时候，周先生说他事前也毫无所闻。周是他自己发觉之后，才赶到飞机场的。我不是不同意放蒋，但不能就这样放啊，没有同周先生和我商量，这还有什么三位一体！"说完长叹了一声，要我回去严密控制部队，他要去找周副主席研究商量。

南京政府演了一套扣张的滑稽剧之后，又布置了一套政治的军事的进攻。

在这种情况下，十七路军固然有王劲哉旅和沈玺亭、唐得楹两个团等部队的叛变，但毕竟还有杨、孙（蔚如）、赵（寿山）几位领导人在，尚不影响大局。严重的是东北军内部群龙无首，立即出现尖锐的矛后。特别是王以哲将军被杀害后，形势更为险恶。只是由于中共中央的英明决策，周副主席和叶剑英等同志的艰苦工作，加之张、杨两军绝大多数干部的团结谅解，才避免了事态的进一步恶化，使蒋介石企图借刀杀人、坐观自相杀戮的祸心未能得逞。

杨先生在这一时期，对我谈过他的苦衷。他说：事变不是我们一家干的，我们不能要怎么办就怎么办，必须考虑到红军和东北军的意见。红军方面还好办，有周恩来先生在这里，随时可以商量决定。问题是东北军，上下既不一致，上层也各有各的打算。他们对周先生当面不肯多表示意见，但对我的说法，往往和对周的表示有所不同，这是我在和周先生谈话中发现的。今天张先生走了，东北军这个队伍谁也抓不起来。于孝侯（学忠）名义上是头头，那也只是名义而已。我这个代张行使职权的人，更无能为力。但是就军事力量来说，他们又是最大的一方，哪里也不能不考虑他们的意见，究竟怎样考虑呢？那又很难说。我对张先生跟蒋走很不理解，现在他被扣了，我对他非常同情，我们两个人共同搞了这么一件大事，现在要我一个人来挑这个担子，力不从心啊！在东北军干部营救张先生的活动中，我怎么能漠然置之呢？我和他们一样也流了泪。但我又不能撇开上层直接对他们有所表示。我的这种心情，曾和周先生谈过，他不仅表示理解和同情，而且主动地替我出主意和解除困难，我很佩服他，也很感激他。目前只有加强同中共代表团的合作，挽救整个局势。我们对友军要忍让，一定要顾全大局。

从杨虎城先生的谈话中，我深感他的处境是十分困难的。杨向来行动果敢，勇于负责，这时，他的内心却是非常痛苦的。因此，在当时的形势下，中共代表团最后提出和东北军、十七路军共同作战的决定，乃是迫于形势而不得不采取的应急措施，也是党的抗日民族统一战线的体现，与和平解决绝无矛盾。相反，由于预先有准备，使蒋不敢轻举妄动，终于实现了事变的和平解决。

在蒋介石迫害下，张学良被扣，杨虎城被迫出国。1937年6月下旬，我赴上海送行。有一天晚上，杨先生找我长谈了三个多小时，给我留下了不可磨灭的印象。当时赵寿山也在座，谈话中间赵有事出去了。杨先生这次谈话的主要内容如下：

他首先从陕西辛亥以来的军队历史谈起，他说："张翔初（凤翙）早完结了；陈伯生（树藩）也没有搞几天就被消灭了；胡笠僧（景翼）、岳西峰（维峻）、李虎臣（云龙）都曾率领过号称十万之众，轰动一时，到1930年前都烟消云散了。十七路军是由辛亥革命以前一部分被逼上梁山的穷苦农民组合而成的，长时期内是一种合伙的弟兄关系，从民国初年成军到靖国军时期一直是这样。靖国军失败后，我们退到陕北，有了和共产党的合作以及安边教导队的举办，对我们参与北伐战争准备了条件。到1929年，留在关中地区的部队开到山东集合后，经过几番整编训练，才成为一支像样的军队。1930年回到陕西，取得了地方政权才扩充到约6万人，成为陕军中硕果仅存的部队。这倒不是我有什么特殊能耐，或者像刘镇华之类凭钻营做官把部队保存下来的。在我今天被迫出国暂时离开你们的时候，回顾过去20余年的历史，我认为，我们能够存在的根本原因，是我们能够跟着时代潮流前进，把我们放在国家民族的需要方面。辛亥革命是这样，靖国军是这样，坚守西安响应北伐是这样，这一次发动西安事变也是这样。"

其次，杨谈到十七路军历史上分化的经过，他说："靖国军后期，段懋功由我们团体中拉出去了，并和我们打了多年；到我们撤退陕北的时候，任子扬不跟着走了；西安解围后，冯华堂自动跟方振武，也去了；不久他们都完了。马青苑叛变，只落得只身逃走，成为军统特务的一个小喽罗。杨渠统虽不算叛变，但出去以后，我看情况也不妙，终有被蒋介石吃掉的一天。最近这一次分化，我也不感到意外或惋惜。冯钦哉也好，王劲哉也好，沈玺亭、唐得楹更无论矣，我看他们都不会有什么好的前途。他们走后，使我们的部队更困难，但也更纯洁了。"

最后，他出国后部队的前途问题。他说："这次事变，我的任务只完成了一半，扣了蒋介石，使他没脸，也不可能再打内战了，所谓'停止内战'一点，大体做到了。剩下的一半'救亡抗战'，我能不能亲身参加很难说，主要依靠你们了。我希望你们一定要搞好内部团结。蔚如、寿山同你相处有年，你们都比较了解，一定要精诚团结，舍此，就会被蒋介石肢解消灭。要在抗日战场上积极作战，我们是国民党军队中首先提出抗日的部队，只要在战场上有好的成绩，就会得到人民的支持，我也得到安慰，蒋介石就不敢把我们怎么样。你们要力争部队参加抗日，共赴国难。最重要的一点，我谈一谈中国共产党和我们的关系。靖国军失败以后来到陕北，我和共产党有了接触。在国共合作的形势下，我们参加了大革命的行列。你知道，我们由榆林南下的时候，就是那么几千人，但声势很大，打败了北洋陆军第七师吴新田，坚守了西安。1927年大革命失败之后，国民党日益走向反动，我把国家民族的希望和我们部队的前途寄托在共产党身上，因此有了在皖北的合作。皖北暴动失败后，一个长时间我对共产党虽没有失望，但对中共当时的政策接受不了。因此直至部队回陕，只能通过（南）汉宸、（杜）斌丞、（杨）明轩他们做些抗日救国活动，并和红四方面军达成互不侵犯的协议。九一八事变后，国民党的卖国投降活动，一步紧跟一步，而对内的法西斯统治却愈来愈严酷。我几经试探，并去石家庄亲自见蒋，要求参加抗战，均遭到拒绝，我对国民党完全失望了。和共产党的关系，因和红四方面军破裂而发生战争，以及张汉民的牺牲，使我非常苦闷。但我深信中国不会亡国，蒋介石的反动统治绝不会长久。过去有一位朋友告诉我：中国历史上各王朝的灭亡，不外三个因素，即外戚、宦官、藩镇，有一于此，便可以使这个王朝覆没。蒋介石已兼而有之，再加外有强敌日本，内有武装的反对党——中国共产党，我很同意那位朋友的看法。1935年，共产党发表了'八一宣言'，使我感觉有了希望。及至中共中央毛主席派汪锋带他的亲笔信来找我，要和我们建立抗日民族统一战线，我觉得共产党的政策对头了，也和我们有了合作的条件。我曾想过，毛泽东主席之所以要主动地找我们，要和我们建立抗日民族统一战线，这绝不是偶然的，他可能是从我们以往与中共的历史关系考虑的，也会相信我们这个部队是主张对日抗战的。因此，又建立了这一次的合作，发动了'双十二'事变，扭转了十年内战的局面，得到了全国人民的喝彩。我们这个烂摊子，纵然这一次摔掉了，也摔得值，摔得响！要知道，蒋介石是集古今中外反动派统治之大成的人物，中国军阀哪一个没失败在他的手里！我自己缠不下蒋介石，你们更缠不下他，能缠下蒋介石的只有中国共产党，没有同中共的合作，就不会有今天的局面。你在我们部队中历史较久，和（魏）野畴、（南）汉宸都很熟，也和（张）汉民共过事，对共产党有一定的认识，我们部队内也还有（王）炳南、（阎）揆要等人在，必须保持好和他们的联系。我们部队的处境，北边是朋友（时部队驻在渭北与红军毗连），南边（指西安）是冤家，北边是光明，南边是陷阱。到了蒋介石压迫我们使我们的存在发生危险时，我们就断然倒向共产党，跟着共产党走。这话我跟蔚如、寿山也谈过了。兄弟！你们负有更艰巨的任务，好自为之，十七路军的前途，你们的前途，都是光明的。"言下唏嘘。谁知这一次长谈，竟成了他对我的最后赠言。我和他的生离死别，至今思之，仍不免于黯然神伤！

记"西安事变"期间杨将军让我办的几件事

马文彦

1936年12月12日，震撼全国的重大政治事件——"西安事变"发生了。事变期间，杨虎城将军派我做了四件事情，现记述如下。

一、去大荔说服冯钦哉

记得事变的当天深夜，我在三原县，忽有人急促敲打我家的门，敲门人说他们是耿旅长（耿景惠）派来请我的，我只好随他们一道去见耿旅长。途中，我见部队都是全副武装，作急行军前进，估计可能有什么情况。到了旅部，我问耿旅长出了什么事？他说："杨主任刚才来电话，要部队急速到西安，并要你随军同来。"我问他究竟出了什么事？他估计可能与张学良部发生了冲突，我心中十分不安。

13日上午到了西安，我马上去见杨将军。他见我来了，高兴地说："昨天夜里我们把蒋介石扣留了，我们要他停止内战，一致抗日。"听说把蒋介石扣留了，我心里非常高兴。忙问让我来有什么事情做？杨将军让我先住在教育厅长李寿亭家中，到时他来向我当面吩咐。

14日晚上12点左右，杨将军来李寿亭家找我，他说："现在有一件紧急任务要你去办一下，到大荔去一趟，说服冯钦哉。"原来，事变发生后冯不理解，拒绝执行杨将军让他占领潼关的命令。杨将军认为我是西安解围人之一，帮助过冯钦哉，冯对我一向有好感，因此让我去说服他比较合适，我答应立即去大荔。杨将军又说："还有一件事，更需你去办理。你到冯钦哉那里把话说清楚之后，就去潼关，把南京派来的'西北宣慰使'于右任挡在潼关，给他吃个闭门羹。"杨将军告诉我，于这次来是招降我们的，我们不受降，所以拒绝他来。杨接着嘱咐我："如果于先生执意要来，也可以，但必须宣布取消他的'宣慰使'名义，以个人身份前来。"杨将军让我不要在这两地久留，把话说到后就回来。说罢，便叫我立即动身，门口早已预备好一辆大卡车，车上站满了李振西警卫团的武装士兵。我不解为什么还派这么多士兵干啥？杨将军说，晚上行路，万一路上车子发生什么故障，可以帮助司机及时排除，为的是保证时间。我向站在门口的杨将军、杜斌丞、李寿亭告辞后，即刻登车出发。

15日凌晨2点多，汽车到了渭河南岸，渡口上空荡荡的不见一个人，士兵们从村子里叫来了一些群众，警卫队长机警地掏出船钱，要他们把我们摆渡过河。我们一路都很顺利，天快亮的时候，到了大荔。

冯钦哉的司令部就设在大荔师范学校，当我来到时，他已在学校门口等候了。冯见到我就说："杨主任来电话说你要来，我已等你多时了。"落座后，我向他转达关于杨将军扣蒋的前后经过，并说明杨派我来的意思，希望他不要产生误会。冯听后非常生气，而且态度生硬，加之失眠后的眼睛里布满血丝，显得更加凶怒。他说："扣留蒋介石这么大的事，杨主任为什么不事先通知我，杨主任不相信我冯钦哉。"我向他解释，这件事是在突然情况下决定的，所以来不及通知，就连在西安的孙蔚如，也是事后才知道的。冯说："我不相信，杨一味就不把我当人看。"我劝他以国家、民族的大局为重，不要再纠缠这些问题，杨将军之所以派我来就是特向你做解释，希望你能体谅他的苦衷。不管我怎样说，冯的思想始终未通。我不敢耽搁，向冯说明要去潼关的使命，冯说："现在去潼关的路上都已戒严，恐怕有困难。"我说："正因为有困难，所以要请你帮忙。"他搔首踌躇了一会儿，无可奈何地说："叫郭仰汾副师长坐我的车，陪你去。"我拜谢后便同郭副师长登车南下，直驶潼关。

二、潼关挡驾于右任

"西北宣慰团"的专列已抵达潼关，由于天冷，于先生食宿均在车上。他一到潼关就给杨将军打电话，让派车来接他，杨说："我们不要任何人来宣慰，还是请你早些回南京去吧！"就在这时，我上了火车前来行见。于先生见到我吃了一惊，忙问："是从哪里来的？"我说："特从西安而来，有要事要见你面谈。"他似乎已觉察到我此行必有某种特殊使命，脸色神色显得有点紧张。就问我有什么事情？我说："杨先生派我来向你说明，他对这个'西北宣慰团'的到来，坚决表示反对。"于听后更感不快，我说："杨先生的意思是，你如果要来西安，就请在潼关宣布取消你的'西北宣慰大使'的名义，以个人身份前来。"于愤然地甩袖出了卧室车厢，顺手把门锁上了。这时，我心里忐忑不安，正在思索时，他又开车厢门进来了，但仍然一言不发。我发现车站上来了一些持枪的士兵。恐情况有变化，就问于先生："我要走了，您还有什么话讲吗？"他看了看窗外，摇摇头，似乎觉得去西安已属无望，宣慰失败。我立即同他告别，登上汽车返回大荔。

汽车在公路上疾飞起来，到了三河口渡过渭河，进入了冯钦哉的防地，我悬吊着的心才渐渐平息下来。在大荔，冯钦哉告诉我，"你刚出潼关车站，徐庭瑶就派两卡车士兵抓你。可惜没有抓到。"我奇怪他怎么知道的？他说："追兵一直赶到三河口交界处，这是守河口的团长用电话告诉我的。"在大荔我同冯又交谈一次，他的态度较上次好一些，但不可能一下子就把他说服。

我回到西安后，向杨将军详细汇报了去大荔劝说和潼关挡驾的经过，并向杨将军说明冯钦哉那里没有说通，他还是坚持他自己的看法。杨将军说，于右任已挡在潼关，冯钦哉那里的事以后再说吧！让我赶快休息，我依然住在李寿亭家。

三、去南京见于右任

"西安事变"和平解决后，杨将军急于要知道蒋介石回南京后的动态。1937年1月初，杜斌丞先生来到李寿亭家中对我说："不要外出，杨先生一会来此，有要事向你说。"果然时间不长，杨将军来了，他让我到南京去，见于右任，通过他了解一些南京方面的动态。我担心上次潼关挡驾后于还在气头上，不会接见我。杨说："我们在南京除了于右任再没有熟知的人，现在情况变了，蒋答应抗日，释放政治犯，组织联合政府……周先生（周恩来）也说，前些日子挡于也好，不挡也好，于是搞新闻工作的，会做宣传。"我心中仍有顾虑，恐到南京后被拒绝接见。其实于先生上次被挡潼关后，并未立即返回南京，而是在西安广播电台向全国广播了蒋介石于12月25日下午离开陕西飞往南京的消息后，他才于26日清晨7时许，偕同原班人马颓然离开潼关，27日上午回到南京的。我还在犹豫，杨将军又说："还是你去一趟好，有关方面也希望你去。你到南京见到于先生后先不要说别的事情，先拿出这个东西叫他看看。"说着，他从口袋里拿出一份铅印文件，我接过一看，原来是共产党的"四项声明"。杨将军很有把握地说："他看了这些东西，一定要说话的。"说罢，请李寿亭拿来一个铁筒香烟，亲自旋开烟盒的铁皮盖子，仔细地把香烟取出，又把烟盒内一层厚纸取下来，轻轻地把文件叠好，紧贴香烟盒的周围，再把原来烟盒内的那张厚纸装进贴实，然后将取出的香烟重新装进盒内，盖好铁盖，杨将军才把它交给我，并让我乘当天的火车出发。

我到南京后，直抵于右任家，适逢他外出未归，我便在客厅里等候。一会儿，于先生回来了，果然上次挡驾的气尚未消除，见到我后他气狠狠地问:"你来这里干啥?"我说:"杨先生派我给你送个东西,请你看看。"我从铁烟盒里取出那份文件交给他。起初他漫不经心地浏览着,越往后看,态度越严肃起来。他走到写字台前,打开台灯仔细地反复观看着,激动地说:"我明白了,共产党是真正要抗日哩!'西安事变'的真正内容我才知道!"这时,他后悔当初为什么不以个人名义进西安看看呢?我趁此机会对他说:"共产党要求抗日是真的,杨要求抗日也是真的,杨将军要求抗日,你在上海原是赞成的。"他说:"我赞成杨虎城抗日,并没有同意他扣留蒋介石!"于先生没有刚才那么大的气了,我们便谈到蒋回来后的情况。他向我介绍,蒋介石回到南京后只停了一天,就坐飞机到浙江去了,说是跌伤了腰骨需要休息,其他啥话都没说。至于蒋在西安同三方面达成的协议,答应抗日,释放全国的政治犯,组织联合政府等事情,于先生一点都不知道。于先生说:"新闻界也封锁得很紧,连张学良送蒋回京后,现在在什么地方等均不知道。要不是杨先生派你送来这个文件,我们还都蒙在鼓里。"

第二天中午,于先生从外归来兴冲冲地对我说:"你带来的那份文件,今天早上在孙总理纪念周上宣读了!"我万万没有想到会在这样的场合全文宣读,而且只有十几个小时。共产党的'四项声明'就在南京宣传出去了。于先生说:"我昨夜看过这份文件,心里很受感动,深夜也不能入睡。我便想了一个办法,亲自用糨糊把那份文件贴在土地上,让它粘些土,再轻轻地揭下晾干。今天早晨,我请几位老人来看这个文件,并告诉他们,这是一个熟悉的商人,路过陕西农村时揭下来,带到南京送给我的。于是,我就请张继委员在今天的纪念周上把它全文宣读了。"于先生还告诉我,张继是国民党西山会议派,一向是坚决反共的,同时又是西京筹备委员会委员长。由他宣读,不会引起别人的怀疑。我问于先生张继读后有何反应?他说:"张继认为'四项声明'讲得很沉重、很感人,看来'起义在东南,成功在西北'。其他人听后也都认为共产党是真正要抗日。"

我速赶回西安,将南京一行向杨将军汇报,他听后大喜过望,非常高兴地说:"办得好!办得好!"

四、回三原说服赵寿山

赵寿山对释放蒋介石一直想不通，仍在憋气。我向杨将军告假，准备回三原，杨同意我回去，并让我好言劝说赵寿山。要从国内外形势的对比，从蒋、我实力对比去谈，讲清杀蒋与放蒋的利害得失，以及引起内战后果等方面去谈。杨将军还告诉我"周先生（周恩来）也动员云阳红军总部的人去劝说赵寿山。"

到了三原家中，见到赵寿山和杨明轩、宋绮云、张语还、庞志杰、杨可均等人，正在我家围桌打牌。我把赵寿山、杨明轩请到里间屋，向他们谈了我在西安的所见所闻，并按照杨将军的意见说服赵寿山。赵听了我的话以后，没有再反驳什么。杨明轩说："你讲的这些，我们都是第一次听说，有些情况我们不了解。"当晚赵寿山回他的司令部去了，杨明轩留下来。他告诉我，明天红军总部的领导人也来三原，也是为劝说赵寿山的。我们决定趁热打铁，共同做好赵的思想转化工作。

为了策应东北军、十七路军、红军主力南下，总部设在泾阳县云阳镇。三原城外全都驻扎着红军，城里的红军人员往来不断。第二天，任弼时、博古、彭德怀、杨尚昆等人都来到赵寿山的司令部，我和杨发震、冯一航、常汉三也来了。

谈话间，大家谈到放蒋介石的问题。任弼时同志对杀蒋和放蒋的利害得失作了精辟的分析，并讲了很多宝贵意见，大家听了无不叹服。赵寿山这时高兴地说："现在我的思想通了！"大家都为他拍手道贺，皆大欢喜。赵寿山提议，大家到外面一起照个相。任弼时同志赞同地说："好哇！大家照个相。"这张照片现在还保存在陕西省博物馆。

以上是我对"西安事变"期间，杨将军让我办的四件事情的回忆。事隔40多年，遗漏之处，希望予以补充和斧正。

（1978年8月10日）

西安事变中杨母蒲城蒙难记

杨大实[*]

张将军送蒋回南京，久无归期，遂致谣言四起，人心惶惶。特别是东北军的高级将领们，对如何营救张学良回西安，曾多次研究对策，终因主张不同，难得一致意见，分成派系，斗争十分激烈。军长王以哲等人因主张不同而遭杀害。西安阵营，内部不稳，矛盾重重。在南京的蒋介石看得一清二楚，于是派出大批特务，身带两种法宝，一手拿钱，一手拿官，前来西安地区活动。只要背叛张、杨阵营，投降蒋介石，军长可以升任省主席，师长可以升任军长，旅长可以升任师长等等，黄金钞票大量奉上。这种欺骗手段，果真有效，把一些利禄熏心的败类将领们诱上了贼船。

当时，驻防在陕西省蒲城县的东北军骑兵军第十师师长檀自新，就是受骗叛变而投降的，蒋特务们给他30万元的现款，并将师扩编为军，檀任军长。檀遂于1937年2月2日发动蒲城叛乱，突然袭击县保安团，扣押了团长韩寅生、参谋长呼延立人，软禁了杨虎城将军的母亲，以为人质。纵兵抢

---

* 作者当时系东北军骑兵军驻西安办事处处长。

劫，奸淫烧杀，人民涂炭，杨将军对此内心十分不安。当时杨肩负着东北军和西北军的最高统帅，他的母亲正居住在蒲城原籍。他很想把老太太从蒲城接出来，但无适当人选，何柱国推荐我可以完成这项任务。我当时是东北军骑兵军驻西安办事处的负责人，当何传达杨将军的意图时，我立即承应。不久，就有几位我的要好朋友，来到我家，劝我不可去蒲城。一位朋友说："檀自新这家伙是土匪出身，杀人不眨眼。他现投降了蒋介石，就是我们的敌人了，如果再以朋友的心情去看待，那是非常危险的。你去了他可能拿你祭旗，你何必冒这个风险呢？假如你推故不去，柱国不能把你怎样，杨主任更不能把你怎样，我看你应该三思而后行。"其他说话的人都是劝我不要去冒险等意见。你一言我一语议论纷纷，把我弄得七上八下，二心不定。正在人们纷纷议论之时，忽然一个人推门而入，一言未发，只听扑通一声，跪在我的面前，并掩面啼哭。仔细一看，原来是骑兵十师驻西安办事处娄伟杰处长，把我弄得莫名其妙。我急忙说："老娄，你这是怎么回事呀，快起来。"老娄说："我不能起来，除非参议答应我一件事情。"我说："什么事情，赶快说。"老娄说："昨天我和你谈的我们骑十师有变动的消息，在见我们师长时，千万别说我谈过这话。"我说："赶快起来，这事一定能办到，一定能办到。"但老娄还是不起来，又说："我们师长那人手黑，杀人当吃盐豆。假如他知道我走漏消息，我的命马上就完了。参议呀，您要救我这条命。"说着又大哭起来，我说："你千万放心，老娄，我一定不向老檀说你走漏消息。"这时大家七手八脚把娄处长拉起来。他这场戏剧性的动作，把大家都闹愣了。有人说："娄处长你别着急，杨参议还不一定去蒲城呢。"老娄一听我有不去蒲城的可能，便说："我看参议您还是不去好，我的师长那人你还不知道！那人不讲情面，翻脸不认人。这时候他已经红眼了，杨主任的老太太，你是接不出来的，根本就不能让她出来。前天我在蒲城开秘密会议，研究过杨老太太的问题，拿她当作人质，以防备别人打他。怎能让老太太出离蒲城呢？你要走，准吃大亏，我劝你千万别去。"娄处长不愿意让我上蒲城，这是可以理解的，因为我不去他的事就免生枝节，这一点是很明显的。大家见仁见智地说了好半天，我也没开腔，后来我向大家说："你们是我的好朋友，劝我不要冒险，是为了我好，确实值得感谢。不过杨主任让我上蒲城接他母亲，对我来说，也是义不容辞的，他虽然不是咱们东北军的顶头上司，但副司令临走时候，曾有过手谕，咱整个东北军归他指挥。明着是求我，其实也是命令，军人要以服从为天职。另外听说他母亲已经是70多岁的老人了，蒲城经这次变乱，一定是搞得一塌糊涂了，目前还不知道老太太是死是活。人家是身价贵重的人，遭此灾难，我觉得我应该把她营救出来。我知道要是我不去，谁也不能把我怎么样。老檀真格就把我杀了？我想还不至于。假如他拿我祭旗，那我也算为国捐躯。现在我已下定决心，一定要去蒲城。谢谢大家的好意，我不考虑那么多了。"我说完了，大家虽然不再吭声，但多半是不以为然。

决心已定，于是打电话给何柱国，约他领我去见杨主任。当我们二人来到杨主任的会客厅时，何将我向杨主任略作介绍之后，便躲进客厅旁门小屋中去了。这时只有我和杨主任两个人对面坐着。杨主任又立起身来，走到我的茶几旁边，用双手把我的茶杯重新端正一番，表示敬意。同时我也用双手扶茶盘，欠身答礼。重新坐定后，杨主任说："这次想请杨处长辛苦一趟，到蒲城把俺母亲接出来，年纪大的人，搁不住兵荒马乱。前天我弟弟茂三从蒲城回来，檀师长说我们可以把老太太接出来，谁知他说的是否真情实话呀！见面时你告诉檀师长，我杨某人从来就是讲义气的，决不出卖朋友（是指檀将杨的母亲放走，然后杨派兵打檀），这事（指西安事变）是国家大事，不是一两个人所能左右的。檀师长与我素无恩怨，他如果不许老太太出来，那你也不必过于激动，口出恶言，徒伤感情无济于事。"我说："主任的命令我绝对服从，必能尽力而为。能把老太太平平安安接出来当然很好，假如老檀心怀叵测，我也不能掉以轻心。当何军长告诉我主任的命令时，我便毫不犹豫地答应下来，请主任放心，我必能看事做事，随机应变。"杨主任听了，内心十分欢喜，并说："你千万不要感情用事，他不许老太太出来，也没多大关系，你回来后我们再慢慢想办法，但必须留意记住老檀说些什么话和他的心理状态，回头我们研究对策。饭已给你准备好了，吃点东西再上路比较好。"说着便唤人取饭。我说："主任不必费心了，我是已经吃过饭才来的。"说话之间，有人端着一个小木方盘，开门而入，在桌上摆下了两盘炒菜，一碟盐面，一碟油辣子，另外一碗杂菜汤，两个蒸馍。杨主任再三催促我吃饭。其实我真不想吃，更加上心慌意乱，任何东西都不想吃。听杨主任的话，只好胡乱吃了半个馍，就点菜，喝几口汤，就算吃毕。立身向杨主任说："这次我去蒲城接老太太，我已经准备了两手：一手是好的，顺顺当当地把老太太接出来，那当然就无话可说了。第二手是坏的，我也有所准备。何军长说我和老檀有交情，那是言过其实。我们俩根本谈不上什么交情，不过是在职务上工作中常常打交道，他是军属的一个师长，我是在西安给军队办事，很多接触。老檀的为人，我素昔也知道一些。他这人挥霍无度，唯利是图，根本就谈不上讲什么道义。这次他投降了蒋介石，原形毕露，品质恶劣，有奶就是娘。临来以前，有的朋友就劝我说，老檀土匪出身，杀人不眨眼，拿我祭旗，也未可知，以表示他死心塌地忠于老蒋。"杨主任听了，便立刻站起来很严肃地说："那么你可以先不必去了，等等再说吧。等空气冲淡一些再说。"我说："去，我是一定要去，不过我是向主任交心，心里有啥说啥。朋友们这样说，也没有动摇我去蒲城接老太太的决心。假如我不想去今天就不来了。"杨主任听了我这几句话，立刻心情舒畅起来，面容有欢悦的表情，接着说："假如老檀对你有任何不利行动，我是要对你负责的，我说话是算数的。"杨主任的话，使我去蒲城的决心更加坚定了。我说："好吧！主任的话增强了我的信心，我马上可以动身了，主任还有什么吩咐没有？"杨主任说："就这样吧。你还需要什么东西不？"我说："什么也不需要了。"接着我向客厅前门走去。

刚出前门，我就转回身来，向送我的杨主任要求握手告别，表示不让他再远送的意思，并连声说："主任请回，主任请回。"而杨主任用左手换下他的右手，用右手推我，轻轻地缓慢地向早已准备好的汽车走去并连声说："不！不！"意思说我不能马上回去。未到车前，早有人将车门打开，这时我欲将右手抽回来准备登车，但杨主任紧紧握住不放，将右手搭在我肩膀上，表示依依不舍的样子，严肃而热情，一声不吭，两眼盯着我。我又说了一遍："主任还有什么吩咐没有？"他只是连声说："没有，没有。"但他的两手仍然不做更变的动作。这时我暗暗自想："他既然没有什么话说，手又不放，难道还有什么心事要说？"我说："那么我可以走了吧？"不等他回答，我便挨近车旁，不管他放不放手，我就将脚踏入车内，作上车的架势。这时杨才把手放开，同时连声说："保重！保重！"车门有人关好。车内车外，互作手势告别，车速加快，出新城，直奔蒲城。

独自一个人坐车后沙发上，思绪万千，今事古事，涌上心头。首先想起来的是杨将军官居一方，封疆大吏，和我这芝麻粒大的小官儿，握手惜别，依依不舍，确有受宠若惊之感。接着就想起古今中外大人物要你完成艰巨任务的时候，往往如此。又想起到蒲城后见了老檀，可能是什么样的局面呢？枪毙我之前，我要破口大骂："背信弃义的檀自新，投敌叛变的没有好下场。"又想，老檀也许不至于杀我。又想，究竟打日本死了好呢？还是死在蒲城好呢？总之，一句话，心神不安。正当胡思乱想之际，车到了富平，被大路旁边的哨兵拦住："哪儿来的车呀？上哪儿去呀？车上坐的是什么人呀？"司机一句也没答复。我便下车，一方面也想问问情况，听口音是东北军。我问哨兵是哪部分队伍，他们不肯说，光说他们师部有命令，凡是汽车经过此地，都必须登记，并说明来去方向，有何事干。我说："到蒲城去。"他们一听蒲城，都表情惊讶。一个哨兵说："不行，去蒲城的必须等师部许可才能放行。"正说话之间，贺奎师长后边跟着几个人走出来了。他一看是我，开口便问："大实，你上哪儿去呀？"我没有急于答复，便走近他的身旁小声说："我上蒲城去。"因为刚才我说去蒲城，哨兵们个个惊讶，所以此番我就不敢再大声说了。他又问："你上蒲城干啥去呀？"没容我答复他就拉着我的手，走向别人听不清的地方说话，又问："你上蒲城干啥去呀？"贺奎是我幼年同学，见了老同学当然不能扯谎，就把接杨老太太的事从头至尾说了一遍。我是边说边察言观色，看他如何表情。只看他好像替我担心似的。问我："你去有把握吗？"我说："你指的是什么把握？指把老太太接出来接不出来呢，还是指我个人安危呢？"他说："两个都有。"于是我就给他解释说："你这两个都问，我是两个都没有把握。临来时，有的朋友曾给我详细分析过老檀的为人，以及他此次叛变。我此番去接杨老太太或许他对我不利，不过我觉得，杨主任目前是我们东北军和西北军的最高统帅，他的母亲困在蒲城受难，说到我的跟前，我没有理由说不去。假如老檀给我个三长两短，我也算对得起咱们东北军。老檀此次叛变，是老鼠过街人人喊打，一旦打起仗来，蒲城县定要兵连祸结。那时老太太肯定要遭殃，将是个不可估计的损失。我想老檀也不至于把我杀了，假如把我杀了，我也算为国捐躯。杨主任在我临来时，也谈了这一点，他说他将对我负责。"贺师长听完这些话，便严肃认真地说："大实，你只管去，顺顺当当地把杨老太太接出来，万事大吉。否则他如对你下了毒手，我贺奎对天发誓，全师出动，一定打他个措手不及。让他们粉身碎骨，身败名裂。我说话是算数的。"老贺这几句话，把我说得更是心花怒放，精神振奋。我说："好！好！咱俩没白同学一回。好吧，就这样吧，我就走了，你等候佳音。回头路上，也要经过你们富平。"就这样我便登车重上征途。

富平离蒲城大约四五十里路，来到蒲城西门外一里多一点的地方。司机回过头来向我说："处长您听没听见城墙上打枪呢？"话音没落，只听"叭嗒"一声，一颗子弹，把车子前边的挡风玻璃打碎了，玻璃碎块纷纷乱坠。这时枪声听得越发清楚了，只听车子前后左右突突突乱飞，说时迟那时快，车子已到城西门跟前。我急忙下车喊话："千万不要误会呀，我是慰劳你们的人，不是敌人，别打枪了。"正在这个节骨眼上，城上也有人喊话："你不是杨参议吗，你干什么来啦？"我只听得这个声音很熟，但想不起这人是谁，我便立刻答腔："我是杨参议呀，别打枪啦。"这时枪声已经停止，城上喊话的人跑下来了，仔细一看，原来是我素昔很熟悉的田排长。田排长边跑向我跟前边说："太危险啦，太危险啦，听枪声你们为什么不停车呢？你们一个劲地跑，我们就一个劲地打，真太危险了，负伤了没有？"我说："你看，我这不是很好吗？一点也没流血。"田排长说："那简直太好啦！"后来检查车身中了几个弹，但都不大要紧，幸而司机和我，都安然无恙。田排长知道我和老檀很熟，便问："您是不是要见见我们师长啊，我往师部打个电话吧？"我说："那好极了，我来就是要见檀师长。"不大工夫，师部回来电话说我可以进城。于是田排长上车引路，直奔师部。

车子一直开到师部门口，然后由田排长引着我进了大门。老远就看见檀自新等人笑容满面地迎接出来了。走近时老檀说："大实，你怎么来啦？我估计你或者刘士玲（军部少校参谋）准能来一个人。"我说："士玲这几天感冒了，头晕目眩起不来。"一边说话，一边就到屋里了，我一看都是他们师部那几个人，我全都认识。叙座吃茶之后，老檀开腔了："大实，你来是不是有什么使命啊！"这时候屋内足有七八个人，都注视着我。我便说："老朋友日久不见面了，这些天以来时局变幻如此之大，能不关心吗？"大家听了都微微冷笑，自忖道，这不是真话，这是官腔。老檀说："别扯闲的啦，你究竟干什么来啦？"我看他问得很急，在座的人又都眼巴巴地等着我的答复，我便笑着说："你问我来干什么，我倒要先问问你一件事，你们也就能知道一点我是干什么来了。我首先要问的是杨主任的母亲，目前是不是平安无事，依然健在？"大家一听我问的是有关杨老太太的事情，在座的人有的就窃窃私语："我估计他就是为这件事情来的，当说客来了。"老檀说："你问杨老太太的事情，那正好，我正要和你说杨老太太的情况呢。自从打枪后，我已经两次探望她老人家了，目前不但依然健在，而且生活得比以前更好了，我们派有专人给她买东西和菜。并在她住处，我们也派了队伍，专门守卫，严加保护，这一点你放心。回去后向杨主任报告，一万个放心。昨天我去杨公馆问候杨老太太的时候，我告诉她老人家，如果愿意回西安，可以回去，老太太说不回去，在蒲城住惯了，哪儿也不想去，就在此地住下去了。我看老太太很安心，心情还很愉快。你回西安前我们一同看看她老人家，回西安后，你可以据实报告杨主任。另外我也问过她，这次打枪一定受惊了吧。她还很有趣地说：这是国家大事，我个人的惊慌不算个啥，我知道檀师长准能派队伍保护我，我就一点也没害怕，在蒲城住和在西安住是一样的安全。老人家那样的轻松愉快，我就想这老太太真英明。我又告诉她，有什么事情可以告诉守卫的人，他们一定很快地转达给我。老太太又说：'你不必操心我啦，我很好，我很好。'"我听老檀一个劲地描述老太太如何心情舒畅，如何生活安适，多半有意不放她走，故意在精神上说服我，我只有假意地说："那简直太好啦！只要老太太安全无事，比什么都强。"

这时候天色已晚，在座的人渐渐离去。老檀就命令勤务兵开饭，我们的话题因而改换。谈些什么张副司令不能回西安啦，服从中央是多么明智啦（服从中央是当时老檀贼党内部用语，承认蒋介石是他们的中央），西安城内外人民生活和交通情况啦等等的闲话。饭后勤务兵摆上了大烟盘子，老檀是个吃大烟老手。这时我看屋内，只有老檀和他亲信好友张临轩二人，他们师部都称张为参谋长。张是当过参谋长，现在赋闲，在骑兵十师给他们出谋划策，是骑十师的后台老板。张也是个老烟鬼，躺下吸了一阵子大烟，张临轩便开口问我："大实你到底是干什么来啦？刚才说了半天，你也没说你究竟是干什么来的。"老檀接着说："是呀，你是不是还有其他特殊使命而来的呀？"这时我才慢慢地说道："我来是有两宗企图。第一宗，是想和你们商量一下，看能不能让我把杨主任的老太太接出去上西安，杨主任是有这个要求的。第二宗企图我先不谈，一会儿我一定要谈的。"老檀听我明朗地说出要接杨老太太出蒲城，他虽有抵触情绪，但不直接说不同意，便说："依我看杨老太太在蒲城，比在西安还安全。我说这话你信不信，大实？"我说："这话就看怎么解释啦。"老檀说："不论怎么解释，都比西安安全保险，西安可以挨飞机轰炸，远射程的大炮可以打到西安城。时局变幻不定，谁知哪儿安全哪。蒲城这地方往东一撤，就可以出潼关，出了潼关，那就万无一失了。"听话听音，我一听他这套谬论，就是要顽固到底呀！一句话，就是要留老太太在蒲城作为人质。老檀这一席话，露骨地表明，他们要留杨老太太的用心。老檀让我吸一口大烟，吸完之后，我便慢条斯理地开始讲起了我在来蒲城前准备好的话，给他说开了。我说："我今天说的话，也许你们不乐意听，或者反对，这都不要紧，因为我们是老朋友，知无不言，言无不尽。"张参谋长插嘴说句笑话："我知道你是当说客来了，任你有苏秦、张仪之才，也动摇不了我们师长的决心。"老檀说："临轩，你先别说，让大实说。"我接着说："这次来，并不是想动摇你们服从中央的决心，服从中央是一条光明大道，将来大家都要走的。不过你们先走一步罢了。"老檀一听，便喜形于色，把大烟枪一扔，马上站起身来说："大实说的这一点是完全正确的，也就是早晚问题。"我这是欲擒故纵的花招，把他们两个人先稳住。接着我说："我还是谈谈杨老太太的问题。杨老太太在你们这里，你们以为是奇货可居，当作人质，万一有兵来打你们，你们可以摆出架势，要把杨老太太杀头，以作退兵的威胁。这个办法，简直是再笨再愚昧不过了。我给你们讲个故事听听：早先年，刘邦和项羽争天下，历史上叫作楚汉相争。有一天，项羽把刘邦的父亲和刘邦的老婆给捉住了，当时刘邦的兵占领着西广武，项羽的兵占领着东广武，两军对峙，彼此还可以喊话。项羽在阵前吓唬刘邦，在城上安了一个大油锅，烧得油开滚滚，于是喊话给刘邦，说：刘邦你听着，限你三天赶快投降，不然的话，我就把你父亲和夫人上油锅炸了吃肉。你猜刘邦看见这种情形，能说什么呢？刘邦不在乎地喊出回话，说：我的父亲即是你的父亲，如要烹了我的父亲，请你给我点肉，我尝尝。项羽一看，此计不成，也就没炸刘邦的父亲。再有，你们都看过《三国演义》吧，曹操在徐州打败了刘备，俘虏了关羽和刘备的二位夫人。曹操以为这一下子，刘备非来投降不可，结果刘备也没在乎，仍然继续打仗。你们把杨老太太留在蒲城，能顶什么用呢？不但不顶用，反而是祸根。刚才我要和你们说的第二个企图，就企图搭救你们的身家性命。我说搭救你们的身家性命，这个话，并不是危言耸听，也不是故意吓唬人。这些天以来，你们闭关自守，外边的消息隔绝，等于都蒙在鼓里。贺奎的步兵师，刘桂五的骑兵师，请缨上阵，以营救杨老太太为名，出师攻打蒲城。这叫作名正言顺，也就是出师有名。他们不管你们撕票不撕票，名正言顺的战争叫作正义战。不用说刘桂五的三个骑兵团，就光拿贺奎的三个步兵团说，就可以把你们打个稀里哗啦。骑兵是不善于打攻坚守城仗的，这一点你们是内行，都能知道。到那时，你们粉身碎骨，身败名裂，后悔莫及。我所说的留着杨老太太是祸根，就是这个道理。翻过来说，假如没有杨老太太在蒲城，他们是不会出兵的，国家大事，个人谁和谁都是素无恩怨，他们又何必打仗呢？我来的时候杨主任对我说："我杨虎城从来是讲义气的，决不出卖朋友。他的意思是不能在你们让我把杨老太太接出蒲城去后就派兵打你们，他是个大人物，说话算数的。"我又把杨主任和我说的话，添油加醋详细描述一番。

檀、张二人听了，就像听评词讲故事入神一样，躺在大烟灯旁，瞪大眼睛，望着我。谁也不吭一声，谁也不分辩，谁也不说一句赞成，也不说一句反对。这时我有个感觉，我所说的这一大篇夸夸其谈，是起了作用，是鼓进劲儿去了。我就计上心头，说我想去厕所解手，我的意思是让他们二人互相斟酌和玩味一下刚才我所说的话。于是老檀的勤务兵打着手电筒引导我到厕所去了，我故意在厕所多待一会儿。让他们讨论研究，然后我再进屋子察言观色、望闻问切。好多一会子，我才回到房中，看他们还是一动不动地躺在大烟灯旁，又过了好久，老檀才说出一句话来："你怎么去这么半天解手呀？"我说："大便干燥，拉不下来，就得他妈的多蹲一会儿，还是不行。"同时我看他们的面上表情呆木，仍是没有多少话，可说心情沉重，不像我们初见时那么多的话。又待了老半天，老檀说："咱们休息吧，你这一天也够累的了，又在西门外受了一场虚惊。"张临轩说："你还算命大，不然就把你葬在汽车里啦。"说完大家都哈哈大笑一阵，各自休息了。

张临轩回自己房睡去了，我和老檀在一房，老檀未上床就出去了。我因为吸了几口鸦片烟感觉特别兴奋，久久不能入睡，胡思乱想，老檀和张参谋长的表情究竟如何呢？明天一早起来就把我绑赴法场枪毙去？不会吧，一点象征没有，老檀这小子笑里藏刀呀，咬人的狗不露齿呀。但多少得有点前兆，今晚的场面使我观察不出来。不然的话也应该把我押到卫队连去呀。不让杨老太太走，还说求我给杨主任说情，也不像要杀我的神气。今天下午在西门外如被子弹打中，一枪就死了，还好办，要打个半死不活的咋办呀，使我后怕到万分，浑身打战，更睡不着了。索性起床披衣服坐起来吸烟。

入睡后，一觉醒来，日已高起。看老檀的行李，仍是整整齐齐放着。也不知是早起走了，还是他整个一夜未在此房里睡。正在猜疑之时，老檀兴冲冲地走进来说："你这一觉睡美了吧。一会儿我们吃过早点，一起到杨公馆。你今天就把杨老太太接走，见着杨主任代我谢罪。老太太这次受惊，我们老觉十分抱歉，好在她老人家今天仍然安全无恙。"我说："那好极了，那么我们马上吃饭。如此措施，你们是聪明绝顶，一切灾难都灰飞烟灭。"老檀说："旁的话我们也不多谈了，为了消除误会，还是你说得对。我檀自新敢做敢当，无所畏惧。假如因误会而引起不幸，那是划不来的。目前仍须等待一时，才能开拔。我还想和你说一件事情，你听听如何？"我说："什么事情？"老檀说："蒲城现在是无政府状态，地方保卫团和县政府都成了瘫痪，我看你是不是来当当蒲城县的县太爷，做个过渡政府？"我一听，简直出我意外。他这个葫芦卖的是什么药，我本能地立刻答应："好好好好，我这半辈子还没当过县太爷呢，我真想过过瘾。不过你我说了算吗？"老檀说："那个不难。等会儿你走，带上我给杨主任的一封信，我来保举你，准差不多。"我说："好好，这倒是个好办法。"一边吃饭一边应付老檀时，我心中暗暗想：你要保举我当县长，我岂不也是个叛军县长了吗？岂不是也要留个千古骂名吗？我假如拒绝他，他将大大地疑我，老太太走后，大兵一来围攻，他一点把握都没有了，把我也拉住，一同蹲在蒲城，谁来打他，他可以把我先杀了，怪我欺骗了他。所以我满口答应，假惺惺地愉快接受，使他看不出一点破绽。吃完了饭，他给杨主任的信，由副官送来。我接到手后，恭恭敬敬地折好，送进内衣袋。老檀说："那我们就走吧，我不留你再多玩几天啦。"于是，我们一同乘车前往杨公馆。

汽车拐弯抹角地走了好半天。老檀说："这就到啦。"只见岗哨林立，戒备森严。我暗想，名为保护，实是监禁。进了大门，好像老太太早已知道老檀来了似的，神情不安地迎出房外。大家走进房内坐定后，老檀先开腔："老太太回西安吧，杨主任派人来接你老人家来啦，快点收拾收拾东西，车子在外边准备好了。这几天你老人家饱受惊慌。"话音未落，老太太便说："我不去西安，哪儿也不去。在蒲城住惯了，哪儿也不愿去。"老檀说："去西安和你儿一块住去吧，比蒲城好得多。"老太太说："西安有俺儿，蒲城也有俺儿，檀师长不是和俺儿一样吗？"说得老檀一声笑了："老太太不要误会，是杨主任派来的人，他也姓杨，杨处长，快收拾东西吧。"起初，我还以为老太太真的不愿意离开蒲城呢，我便说："老人家您不愿意走，当然可以在此地住下去，如愿意去西安的话，那就可以马上走，车子在外边等着。"这时候老太太的神情仍是疑信兼半，未做具体决定，只是不吭声。我接着说："走吧，这不是开玩笑。檀师长他们已经合计好了，让您老人家离开蒲城，免得口久人家为您操心。"经这样一说，老太太完全信真，也领会了，喜形于色地说："好！好！那么我们马上就走吧。"同时命令女仆人说："走，马上就走。"女仆人忙要收拾东西，老太太大声说："啥都不带，马上走。"于是立起身来，提着手杖，往门口走去。老檀坐在离门较近的地方，也站起身来。看老太太决心要走，就先出了房门，在前引路穿过天井，奔大门外的汽车走去，老太太随在老檀后面，我是第三。老太太边走边用手暗暗地指给我看墙壁上、门窗上以及灶台上的弹痕，我便点头会意。老檀在汽车旁，再一次和我申述，到西安后向杨主任代为谢罪。我说："师长您只管放心，这一点我能做到。不但做到，还能更正经地替你表达这种恳切心情。"说话之间，均已登车坐好，老檀在车旁敬礼告别。车开，直奔西门。

出了西门不远，老太太拍我的肩膀说："杨处长啊，你算积了德，救了俺这条老命。人说蒲城要打大仗呢，大炮把蒲城轰平了，枪毙檀自新。那时候，我这条老命就算完了。"说着老太太老泪纵横，女仆人也随之落泪。我说："别哭了，老人家，这不是脱离危险了吗？应该乐，不应该哭啦。"老太太稍待一会儿，也就转悲为喜地说："多亏你杨处长，到西安后，我得好好谢谢你呀。"我说："别客气了。只要你老人家平平安安地离开蒲城，我就念阿弥陀佛了。"老太太信佛，听我说阿弥陀佛，就开朗地笑了。女仆人接着说："老太太就是性急，一点应用的东西也没带出来。"老太太说："你真瓜（傻的意思），老檀既放俺们出来，恨不得长上翅膀飞出蒲城，还说什么东西不东西。"大家都笑起来了。我问："刚才老檀让您回西安，您怎么说不走呢？又说蒲城住惯了，不想离开呢？"老太太笑着说："那完全是假的，俺不敢露真相，说俺愿走啊。谁知道老檀安的是什么心呢！杨处长你我从未见过面，也得不到你真情实意。后来我听你再三说是真事，不要误会，我才有一半相信，一半不信。我想老檀他是不会放我出蒲城的，他怕虎城打他，最后还是你把俺说得相信了，所以，我提着小棍棍，马上要走。要上车没上车前，我们是心跳胆跳的，车子一开出了西门，这才放下心来。"说着老人拍掌大笑起来。

　　说话之间来到了富平，一〇九师的岗哨照例拦住了去路。我下车和哨兵说，请通知他们贺师长，就说昨天去蒲城的那个人，今天回来了，要和他见面。略等片刻，老贺和几位军官迎面而来，我告诉他说，杨主任的老太太现在正在车上。贺师长没多谈话，就大步走到车前，我随之介绍给老太太，贺师长恭恭敬敬地行了个军礼，并请老太太下车休息，吃午饭后再去西安。老太太没听懂老贺的话，我作了翻译。老太太连声说："不，不，谢谢，不必费心了，俺们都不饥困，就不下车了。"老贺遂问我昨天在蒲城的经过，我便一一详细地告诉了他，老贺连连点头。最后我说："最重要的一点，就是老檀怕别人打他。我就连蒙带唬地说：你和刘桂五二人联合，以营救杨老太太为名，出兵攻打蒲城，计划已定。不差我来接老太太，他们就将动手。今天如果接不出去，恐怕你们一半天之内，就将大祸临头。到那时你们是骑兵，骑兵是最不善于打攻守战的，将一败涂地，身败名裂，后悔莫及。我说这话之后，他们谁也不吭声，谁也不赞成，谁也不反对，一言不发，看样子是击中了要害。他们神魂颠倒，六神无主。后来他们开会研究了半夜。结果同意让我把老太太接出来。"老贺伸出大拇指对我诙谐地说："你真行，你真行。机智勇敢，大功一件，回西安请赏去吧。"我们二人会心而笑。他又告诉我，昨天夜里少壮派把王以哲军长杀了。指名要杀王以哲和他们的办事处处长宋学礼、何柱国军长和办事处处长杨大实。结果王以哲、宋学礼丧了命。何柱国避难新城，你去蒲城，得到幸免。但你回西安前必须好好打听打听，目前消息如何，千万不可莽撞进城。我听说事情大概已经平息下来，不过你还是要多加小心。我因而想起昨天在蒲城西门外挨枪弹的遭遇，告诉了老贺。老贺说："那简直太危险了。听枪声就应该马上停车，找个隐蔽物将身掩护起来，哪能还往前跑呢？幸亏没中弹，假如中弹身亡，你算白死。你是个文人，没经过战事，打仗要先自己立于不败之地，然后打击敌人，你这岂不是和子弹拼命吗？"他又说："你昨天去蒲城，连我也替你担心，第一老檀有害你的危险。第二在蒲城西门外，像刚才你说的那样，又是个冒生命危险经过。第三假如你昨天不去蒲城，将和王以哲、宋学礼一路而去，又是个生死关头。你真太侥幸了。"说完这话，我们就握手而别，开车直奔三原东里堡。在车上老太太问贺师长的情况。我告诉她，贺师长是我幼年间的同学，和我很要好。昨天他和我说，假如老檀对我不利，他将全师出动，为我报仇。因而我说了我来蒲城前，西安朋友们恐怕老檀杀害我等一些话。老太太听着听着，不禁又掉下了眼泪。老太太说："你为了救我，冒着这样危险，我于心不忍。"当然我又劝解了一番。好久才收住眼泪说："我们认亲吧！"认亲是什么意思，我没听懂。女仆人为我解释说："老太太要和你认干亲，认你做干儿，你愿意不愿意？"我连声说："不行，不行。老太太门庭高贵，我哪儿攀得上呀，门不当户不对，这事不能做。"老太太说："你冒生命危险，救我一命，难道还不能做亲戚吗？啥子门不当户不对呀，现在也不是说话的地方，等到西安以后再说吧。"我说："这车不去西安，上东里堡，主任现在东里等我们呢。"老太太点点头，没言语。

车到东里，只见杨主任和好多人都迎候在大门外，老太太下车后，杨主任赶上前叫一声"娘"。老太太似乎没有理他。人们随之进房，大家坐定后，老太太面有怒容。问杨主任道："你办的这事，能对得起西北人吗？既然把他（指蒋介石）得罪了，为啥又把他放了呢？你办的是啥事呢？"杨主任走到老太太跟前，小声说："娘，这事以后再说吧，你老先好好休息休息吧。"老太太没言语，但愠色仍未减退。大家以为杨主任局促不安，很难为情，就全体起立，要求老太太休息，顺便辞出。大家陆续外出时，老太太说："杨处长，你先不要回西安，我还有话和你说呢。"我说："好，好，今天不回西安，走以前，必向你老人家当面辞行。"

当天晚上，杨主任的副官告诉我，明天上午杨主任要找我谈话。我想，正合吾意，反正也要见杨主任报告蒲城经过。第二天上午9点多钟，说杨主任传见。我到会客室时，杨主任早已在沙发上坐着候客呢。见我进屋，满面笑容，前来握手，开朗地大声说："杨处长，这次可把你辛苦了。"坐定后继续说："我听说你在蒲城西门外，遭受了一场非常危险的经过，太危险了。"我说："没有什么，人要是不该死，无论如何也死不了的。就拿这回我走蒲城来说吧，还不是冒着危险去的？结果老檀也没把我怎样。"然后，我把在蒲城经过作了详细汇报。杨主任说："你看老檀心情怎样？"我说："他唯一不安之处，是怕咱们这方面打他。听说刘峙派人给他30万块钱，事后编军，檀任军长。"杨主任说："打他，目前还没有这个计划。不过像老檀这样的举动确实影响很坏。"说话之间，他走到书桌上拿起一个纸鞋盒，说："这是俺娘要给你穿的，她看你的鞋破烂了。来，把它试试换上。"我接过盒子一看，是一双高级皮鞋，黑色的，有鞋带捆着。我照例客气几句，就把它穿上了，因为我的皮鞋确实破得不像样子。换完之后，在室内走了几步。我说："正好，鞋的大小正合适，谢谢老太太了。"杨主任说："你这次把她接出蒲城，她真是对你非常感激。昨天夜间提到要和你认亲的事，听说你们在汽车上已经谈过了。我看老人家的心情也是难却的了。"说到这儿，就不往下说了，眼睛一直瞧着我，似乎等我的答复。我说："我也已经考虑了，问题倒没啥问题，只是我的地位太低，不敢高攀。门也不当，户也不对。"杨主任说："认亲是认亲，作亲是作亲，作亲讲什么门当户对，认亲不说这类话，都是因为某种场合发生特殊关系，只要双方情愿，就可以认。"

正在说话之间，老太太慢步而入。我们二人立起让座，请安。老太太笑容可掬地问我："昨天休息得好不好？"然后问我什么地方的人，老家还有什么人，今年多大年纪了，有几个孩子，以及家庭情况，等等，我都一一作了回答。杨主任说："他是东北军骑兵军西安办事处处长。"老太太说："处长这官儿不算小了，你咋还说你官小呢，昨天说的认亲的话，你看咋样啊？你为接我，好险没丧了命，我们全家都感激你。"我说："方才我和主任也谈到了这件事，你老人家不嫌弃我，那我只有从命吧。"老太太便喜不自胜地告诉随侍人叫茂三来。片刻之间，茂三走进房内，老太太给介绍说："这是俺二儿茂三。"我们互相握手见面。茂三是我第一次见面，也是身体魁梧的人。老太太向着我说："他比你大三岁。"这时杨主任提议，我们三个人一同向老太太行三鞠躬礼，就算礼成。然后命从人摆席开宴。霎时间，一桌丰盛酒席摆在面前，完全是素食，但其菜的形象，有的像大肉做的，比如红烧肉，和大肉做的红烧肉一模一样，但是吃一口，味道就不一样了；其他如鸡、鱼、牛、羊各类肉做的菜，惟妙惟肖。吃像这样的素席，我平生还是第一次。茂三说："几位厨师，昨天忙了半宿。"杨主任说："老太太吃素多年，成年烧香信佛。"我心中不禁暗想，昨天副官说主任找我谈话事，是早有安排的。席罢，老太太说："听说西安近几天很不安宁，在我这里再玩几天回西安也不迟。"我说："今天清早，我往西安我们的办事处打了个电话，说西安目前完全平安如常了。"杨主任说："事情是过去了，肇事者们已经作了妥善处理。不过在东里多住几天也可以。"老太太说："你去蒲城搭救我，得免西安灾难，这是善有善报，老天不负好心人。"大家都笑了。席散时主任小声和我说，让我下午3点多钟再来此处，有事和我商量。

　　下午3点我到会客室不久，杨主任也到了，开始向我说："你去蒲城一次，你大概不知道蒲城情况怎样吧，县保卫团长韩寅生和参谋长呼延立人，都被老檀扣起来了，县长程海岑行动也不太自由。城内城外，还时有枪声。老百姓叫苦连天，叛军官兵，时常三五成群，到处胡作非为。目前蒲城人民仍处于水深火热之中，我想和孙主席商量一下，派你到蒲城给临时维持一个阶段。我考虑你和老檀总算有点交情，就看你能把老太太接出来，也算有些友谊关系，你去可以要求老檀严禁官兵扰民，目前你是唯一能和老檀说这话的人。也不知道你的意见如何？"我说："主任的命令我是应该服从的，不过兵荒马乱的蒲城，我还是不想去的。昨天离开蒲城前，老檀也提到这一点，让我去蒲城给他当御用地方官。但是他有他的打算和用意，他是想把我留在蒲城，替老太太当人质，一有动静，他可以把我先杀了，因为我骗了他。谁还愿意钻这个虎口呀？另外我若是当了这个县长，岂不是也当了乱臣的县长了吗？老檀和我说的时候，我满口应承。假如我反对他的意见，怕连老太太和我都扣留在蒲城。他还给你一封信，这封信我本来不打算让你看，只当没有这么一回事，现在你既说到这事，只好让你看看这信。"说着我就将信交给了杨主任。他看完信，便笑着说："老檀的主张和我们相同，但目的不同，他想利用你一个时期，防地有自己人主政，办事方便。"我说："他想利用我好办事，我岂不是成了叛军县长了吗？"杨主任说："那可就是两码事了。他只能推荐不能任命，任命你的将是陕西省政府，何尝是叛军和乱臣贼子县长呢？我的意见，我们可以将计就计。你去可以让老檀好好约束他们的官兵，少扰民不扰民。你是比较和他们容易说话的。至于说这方面出兵打他，目前没有这个计划，事已至此，就不采取那种方式了。"最后我说我还是能服从命令。

回到西安办事处，孙副官和我说："他们（指暴乱分子）派来一连兵，到何军长公馆，扑个空。派一排人，到参议公馆和办事处，也扑了个空。参议等好运气，不然也就和王以哲和他们办事处处长宋学礼一样遭祸。参议去蒲城前，咱们办事处的人个个替你担心，又听十师娄处长说，你不但接不出来杨老太太，恐怕命也得搭在蒲城。他这么一说，大家更是忧心忡忡了。另外听说你在蒲城西门外，遇到了枪击，真太危险了。你要是不去蒲城，那也够呛。人都说，大难不死，必有后福。"说完人们都笑起来了。回家时我老伴说："昨天来咱家足有好几十个大兵来逮你，办事处和咱家，都挤满了拿枪的大兵，把人都吓坏了，幸亏你不在家，要是在家，非被人逮着不可。"

第二天，有一个人坐着三轮摩托车，给我送一个木箱子，箱内盛着1000元现银圆，他说他是新城绥靖公署申副官，奉主任、老太太的命令，送1000元现洋给杨处长。我说这钱我不能收，他说送钱是他的任务，我要是不收，可以送还，但他的任务必须完成。说完转身就走了，也没有任何手续。我急忙跑到门外追他，只听得摩托的响声，人已不见了。此后不久，接到陕西省政府委我任陕西省蒲城县县长的委任状。随即谒见孙主席，到蒲城履新。到蒲城后，收拾残局，抚辑流亡，自不必说。有一件事，无妨在此简略叙述一下。有一天，蒲城县西区区长刘香亭急急忙忙跑进我的办公室，说有一件紧急的事，要我去办。几天前，骑兵十师外出巡逻的兵，逮捕了五名共产党嫌疑犯。现在老檀的队伍马上要出发去河南，拟将这五名犯人移交给蒋介石新派来的队伍周岩部队处理。刘区长说："这五个人要交周岩处理，非枪毙不可。救人一命，胜造七级浮屠。唯有县长你才能救这五条命。"我说："你咋知道这件事的呢？"他说："兴镇有个刘木匠，在老檀师部做活，今天去结账，听说这件事。大家议论纷纷，都说这五个人交周岩部，九死一生。他出来遇见我，让我想办法。我有啥办法呀，还是县长你出面吧。"于是我便带着刘区长一同去老檀师部。老檀一见就说："昨天不是说好了吗？我们今天走，谁也不送，今天你又干什么来了？"我说："我来又有点新事。你们巡逻队逮捕的那五名共产党嫌疑犯，怎么办啦？"老檀说："那事已经决定送驻此地的中央军处理，恐怕这批犯人早已送走了吧。"我说："这批犯人是在蒲城界内逮捕的，应由蒲城县政府处理。"老檀说："咳！你何必自找麻烦呢？何况杀人要作孽呢，让周岩办算了。"我说："公事公办，该咋的就咋的，该谁办就谁办，怕作孽也不行。"老檀说："那就问问看这批犯人送走了没有。"派人打听回报说，军法处仍押着这几个犯人，还没送走，马上就要送了。老檀说："那你们蒲城县就提去吧，还有别的事没有？"我说："没什么别的事了。"就此告别，我把五名犯人提到蒲城县政府，暂押在看守所。三天过去了，老檀队伍开走完了。傍晚时，我将此五名犯人提到我的办公室审讯。据这五人说他们是陕北民运部门派来搞民运工作的。出来得比较迟，正在返陕北途中，被骑兵十师巡逻队逮捕的。其中四个人都30多岁，有一个人50多岁。这个50多岁的人说："我们在骑兵师部押着，听说队伍要开河南，要把我们送中央军处理，恐怕没有活路了，可能枪毙。后来提到蒲城县政府，我们思想上都愉快了一些。因为听说县长是东北军人，是进步民主人士，我们或者万一有条生路。也不知道你是不是县长，可是我们现在是在县长办公室，不是审犯人的地方，又兼一进屋子你就让我们坐下，也不像对犯人的待遇。"我说："你们也不必问谁是县长，今天我打算把你们放走。在我这里押你们三天，是等叛军开走，黑天了把你们叫来是马上让你们回陕北。我已经准备了一些吃的，你们吃完后再带上一些馍馍咸菜，我派人把你们送到去延安的大路口上，你们回去吧。"这五个人听说要放他们，乐得难以形容，感激莫名。在当时我曾经有个供录，记载得比较详细。后来有人看见，不让我留这痕迹，恐敌对方面抓住把柄，因而就把它烧掉了。所以至今几个人的姓名全不记得了。这五人之中，我想或者能有人依然健在的，我现在陕西省政协工作，愿取得联系，至为欢迎。

自从蒲城离职后，就把家安在西安市西关外东新村，老太太住在城内红埠街，时有往还。逢年遇节，老太太亲自来或打发茂三来我家，送些东西，如吃的，小孩和大人穿的衣料等。我也常到红埠街去请安问候。老太太好念佛经，但不认字，时常让我给念佛经，听得非常入神，并告诉我，让我也吃素，可以延年益寿。我说我不吃素，一辈子不吃肉我不干，她也就笑了。就这样往来，久久不断。

陈立夫密谋刺杀杨虎城纪实

*褚龙吟**

　　1937年春天，我在镇江江苏区监察使署，忽然接到南京道署街国民党中央党部调查科（CC特务机关）季元朴电话，叫我马上到南京来，说是有紧要事体商议。难道又发生了新的事件？被囚禁一年，刚恢复自由的我，只得硬着头皮搭乘首都特别快车，到达南京，去找季元朴。他笑容满面地说："你老兄来了，恭喜！别的话先不用说，只说拿什么请客？"我说："请客不成问题，但究竟是怎么一回事，请你先告诉我！"他说："别管什么事，你刚刚下车，当然没有吃晚饭，我们一道去罢！"随即带我跳上一部流线型汽车，对司机说："中央饭店。"下车后，他引我走进二楼一间带有浴室的房间，向茶房要了纸笔，问我点什么菜。我笑着说："你是客人，怎么反倒问我。"他说："这就叫做客随主便。"一边说着一边提笔写了几样珍贵的菜，如清蒸燕窝之类，并且关照茶房拿一瓶陈白兰地来。茶房下去后，他对我说："你不要心疼，今天绝对不会吃你，我

---

　　* 作者时任职于镇江江苏区监察使署。

想着替你接风，还办不到呢，现在另外有人请你，我是奉命作陪客的。"又说："你的住处，就是这个房间，觉得怎样？吃的东西，由你吩咐，只要南京能办到的无不从命。我也可以沾光白吃。"饭后，他和我闲谈身世状况，对于我父亲的生平、死亡，好像极感兴趣，直到11点钟，他才起身说："时间太晚了，你休息罢！立夫先生打算和你谈话，明天一早9点钟，我来接你。"我问他："到底有什么事？"他说："现在用不着说，反正明早你自然晓得。"他走了以后，我挖空脑筋，怎么也猜测不出他葫芦里卖的什么药，但是看样子似乎不会有什么恶意。

第二天8点多钟，他果然来了，仍旧坐着那部汽车，接我到常府街18号陈立夫住宅去。到了门首，警卫人员和他打招呼，他说："先生叫我陪这位客人一道来的。"警卫笑着说："是，是，秘书业已吩咐过了，你们请去罢！"他领我上了二楼，进入一间密室，很小心地用屏风遮蔽了沙发周围，然后出去。

陈立夫进来和我握手，佣人退出后，他问我对监察院的工作感不感兴趣？又问我月薪多少？我一一答复后，他装出很惋惜的样子说："屈才！屈才！如果在我这里，不会让你小就的。"跟着像讲学般地对我说："一个人要做顶天立地的事业，必须要求'大受'，不可只求'小知'。"又夸奖我"很有正气，如果能够善养，将可塞于天地之间"。他还说，过去顾建中等把我的自由限制了些日子，他根本不知道，后来他曾当面申斥，因为我放走了共产党，对于党国固然不无微疵，但仗义救友这一点究属可取，观过知仁。并说："你并非异党分子，当然不会危害党国，为什么还要限制你的自由？"

讲完这一套后，他亲自动手，扣上门锁，靠近我坐下，低声说："这一次张、杨拥兵叛变，劫持统帅，个个都欲得而甘心。可是委座豁达大度，对张学良仅判十年徒刑，还要呈请国府特赦。对于杨虎城毫不惩处，让他逍遥法外。我今天作个持平之论，张学良对于党国起码有功有罪，如统一东北，统一华北，解散扩大会议，都不无微劳。杨虎城完全是委座提拔起来的，竟然犯上作乱，实在罪不容诛。许多忠党爱国之士都激于义愤，要求杀他。我不能不俯顺舆情，又不能不善体委座德意，所以把你特地找来，和你商议。只要你肯承认杨虎城是你杀的，事实上不一定要你动手，绝对保障你的生命安全。为了遮掩外人耳目，顶多让你坐上五个月牢，由中央提请国府特赦，我私人出资，供你出洋留学。到哪一国去，你自行决定，回国以后的职位，我完全负责。至于具体行动，你和季元朴商量。这件事我想你一定不会不干的？"他两只狐狸眼睛注视着我的面部，频频捋着他斑白的头发，候我答复。当我表示这件事我不能干以后，他马上声色俱厉地问我："你的杀父之仇，打算报不？""当然要报。"我答复。"那么这样天造地设的好机会，你为什么不干？"他说。"不，杨虎城不是我的主要仇人。"我说。"难道杨虎城没有杀害令尊？"他问。"杨虎城仅负了个名，其实杀害家父的是刘治洲。"我答。"那么，你为什么在三中全会中控告杨虎城？"他追问。"我控告杨虎城的事实，陈先生没有看见吗？上边何曾提到家父一个字。"我平静地答复。"晓得咯，这是你的聪明处，可是我查得明明白白，杀害令尊的的确是杨虎城，现在报仇与否，听你自行决定。"

我说："这件事先不要谈，杨虎城劫持统帅犯上作乱，尽可以用军法、刑法，名正言顺地判处死刑，何必假手于我，用子报父仇的名义杀他？如果五年以前，或者还说得下去，现在他揭橥的是抗日救国的招牌，我偏要在这个当儿杀掉他，请问我自居于何等地位？君子爱人以德，这样扶持杨虎城成名的事，我不能干，就是陈先生你也应该审慎一下。"

他狡黠地微笑说："做大事者，不顾小节。你这种书生之见，是要不得的。我对你希望很大，想成全你千秋万世的令名，不料你这样迂腐软弱！古人说：时乎时乎不再来，《易经》上说君子见机而作，不俟终日，这个机会稍纵即逝，所以我不得不苦口相劝。"

我有点愤然，因为他当面说我软弱、迂腐。我就很朗然地说："陈先生的厚意，我非常感激，我虽放荡不羁，但对于大是大非，尚不至颠倒混淆。今天这件事，即使成功，充其量我不过落个公报私仇的愚孝而已，反之将会落个不明大义，残杀爱国人士的凶手，只怕将来要受到万世唾弃，连家父也要冤沉海底，还会有什么'令名'。要说我迂腐软弱，我不敢强辩，但是我以一个赤手空拳的学生，敢和率领十万大兵的杨虎城斗，今天有陈先生主持，中央照护，对于一个摘除兵权的孤身武夫，难道不敢去惹？更何况毫无危险，坐享其成！个中委屈，陈先生一定能够鉴察。我也是剖心献肝的真话。"

反复辩论了四五个钟头，外面几次敲门，他总是叫等歇再来。壁上时钟敲过12点很久，他才打开了门，和季元朴在外面咕哝了十几分钟，两人才进来。陈说："时间晚了，就在这里便饭吧。"季抢着说："不方便，还是我陪他吃小馆子去。"陈说："也好，简慢得很。"我立刻告辞，和季元朴乘车到浣花川菜馆。在汽车内，我惶惶不安，意识到今天这个场面，很有被杀灭口的可能，中途一语不发，到了浣花，自己乱点些菜，如红烧熊掌之类，并且要了一斤大曲，用茶杯斟饮，准备醉饱而死。季元朴劝我说："少吃点酒，等歇还要商议正事。"我只是不理。饭后，回到中央饭店，他问我和陈谈话的内容，我据实告诉了他。他说："可惜！可惜！你老兄断送了一生前途。"他告诉我刺杀张莘村的凶手，也已到了伦敦；又告诉我刺杀张宗昌的郑汝成和动手刺杀孙传芳的施剑翘，俱已名利双收。最后他问我是否有考虑的余地，我趁着酒兴，写了四句：

拼用枯棋了去生，着着错尽气自雄。

曾经九死哪怕鬼，仅剩一身不怯穷。

他看了以后，说："你老兄喝醉了，好好休息吧！等一会我来看你。"他拿了那首诗走后，我就昏昏入睡了。大约晚间9点多钟，他喊醒了我，叫我和他出去消夜，在夫子庙转了一匝，胡乱吃了些点心，又叫我陪他一道到钞库街去看朋友。到钞库街，进入很深的一院旧式房子，在第三进中，一间设备很齐全的厦房，电灯辉煌，可是没有主人。他和我坐下后，一个佣人送来了茶。他对那个人说："老丁，这位先生在此地借住几天，你要好好照护。"又对我说："你要什么东西，或需要什么吃的，喊他去弄，不要客气。"我意识到又被囚进特务机关，当即问他，把我押在这里如何处置。他笑着说："你又神经过敏了，这哪里是关人的地方。因为立夫先生今天对你讲的那些话，杨虎城三两天内就要到京，你是一个名士派头，假若无意中泄露出去，岂不太糟？所以请你住在这里不要出外，等大事办完之后，再让你回镇江去。完全是为你设想，毫无恶意，千万不要误会。至于中午那个话，要干的人很多，你既不愿便作罢，可是千万不要乱说。方才我已当面关照老丁，你要什么，找他好了，我们都是朋友，怎么能给你过不去，我还有事，你休息吧。"他扬长而去。

住了一天一夜，不见他来，我很着急，猜不透他对我究竟要怎样办，那个老丁倒很和气问吃问喝，非常周到。

第三天一早，他来了，匆匆忙忙地对我说："你今天可以回镇江了，走！和我一道去吃早点。"在夫子庙绿杨茶楼上，他告诉我："果老（陈果夫）不同意立夫先生的做法，说'目前尚非其时，以后相机处理'，你没有住在这里的必要，可以回去了。但是要永远记住，这一段话绝不能告诉任何人，万一有点风声，将来要你完全负责的。"

这样，我于中午又回到镇江。

西安事变后杨虎城将军出国经过的回忆

李志刚

　　我曾任杨虎城部的驻南京代表，在西安事变中于1937年1月曾代表杨虎城将军与蒋介石进行过谈判。事变和平解决后，蒋介石伪装宽厚，而心怀报复，坚决要杨出国，就是报复的第一步。现将我个人当时接触所及，回忆写出以下几点，以作参考。

一、杨虎城先生决定赴杭州见蒋

　　1937年2月4日，杨和诸将领通电主张和平解决事变。2月15日南京国民党三中全会接受中共团结御侮的主张。我由南京回到西安，19日见杨汇报情况。杨评论说："现在和平解决了，在这一事件中，我们得罪了一个人，可是振奋了千百万爱国人士，他们就会继续奋斗，实现抗日。"他分析了当时的形势，表示前途有望。

　　2月间，蒋介石把杨部的一些人员，或与蒋有关的人安置在陕西省政

231

府，如使孙蔚如主陕，杜斌丞任省府秘书长，续式甫任财政厅厅长，周伯敏任教育厅厅长，我蝉联省政府委员，民、建两厅厅长则原封不动，并且使顾祝同对杨尽量拉拢言欢，意在消除对抗情绪。

3月间，蒋屡次吹来温暖空气，说他病好了，腰也不怎么痛了，愿与杨见面，并且表示期望杨自动去看他，不提是他要见，以为这样见面，最能恢复感情。这话起先由宋子文告诉我，我说给了杨，杨对宋的话，不甚注意。后来顾祝同也告诉他这样的话，杨才觉得这就是"命令"，才决意与蒋见面，经过联系，蒋遂规定日期电邀见面。这是杨先生决定赴杭见蒋的过程。

二、杨虎城先生在杭州与蒋介石第一次见面

3月中旬，我陪杨先生乘飞机到杭州见蒋①。会见时在座的有宋美龄、宋子文、邓宝珊、于学忠、胡宗南和我共八人。坐定后，杨首先问蒋："委员长身体好些了吧？"蒋答："腰痛渐渐地好了，不要紧。"又说，"我对身体上的折磨，向来很能忍耐，吃一点苦，不算什么。"接着吹嘘说，"我向来对人宽大，不记旧怨，以往对人，你们是全知道的，不必多说。但对部下，过于信任，以致发生这次事故，使各方面受到损失，我身为长官，自觉不足为训。"说到这里，骤然改变语气，对着杨指桑骂槐地糟蹋张汉卿先生，他说："张汉卿常对我说，有他老子，他跟着他老子走，没有他老子了，他跟我走，劝我搞法西斯组织，他说服从领袖。现在他竟如此，你看这是一个什么样的人？"又说，"他打不住共产党，就向共产党投降，若是打不住日本时，还不是向日本投降吗？"又说，"他的部队正在火线上牺牲，他和王以哲竟秘密到

① 杨虎城将军在杭州见蒋介石的日期，据米暂沉编的《杨虎城年表》是在3月28日。

陕北与敌人议和了，怎样对得起长官，怎样对得起部下！"愈说声调愈高，大发脾气，嘴里说张显然是对杨的。这时候，宋美龄一再上楼拿苹果和梨给在座的人们吃，并且不断地把削了皮的梨和苹果送到蒋口边打混，蒋的语调渐渐地缓和下去了。蒋接着说："张汉卿这样一个人，虎城竟是跟着他一路走，仔细想想，能对得起谁！幸亏还没有荒谬到底，假如后来不肯回头，还能有今天吗？"

蒋介石对于学忠讲话时就又换了一副面孔，说："孝侯只知听从长官的命令，没有考虑选择，以致走到这样的错路，十分可惜。不过，处在那样的环境，对个人来说，也是一次不幸的遭遇，我们是不能深怪的。"最后说："张汉卿这些天反省，也已经认识了一些自己的过错。我以为无论哪一个人，能认识过错，就能得到原谅，只要改掉过错就会有他的前途，我向来是这样看人的。比方，唐孟潇（生智）也曾背叛我一次，可是，他表示了真诚悔过，我还照样信任他，这是我向来的作风。"蒋介石在这一场讲话中，杨的态度是：目光下视，默不作声。蒋说完后，杨表示极简单几句话，说："委员长的话，我记住了。"蒋介石自吹自擂地讲了两个多小时的话，就结束了这次会面。

我们出来以后，杨以为蒋的这次谈话不过是表示宽大，不记旧怨，目的在解除人们对他的戒备。杨对自己的人们说："蒋一贯对人没有诚意，不应对他有什么幻想。"

三、杨虎城先生第二次与蒋介石谈话

第二天，蒋介石邀杨去谈话，时间很短杨就出来了。杨出来后对我们说：蒋和他谈话，主要有两个意思，第一，蒋问他在事变解决后，中央对他的部署安置，有不恰当的没有，要他提出意见，可以改正。他说他没有提什么意见，因为觉得提出来对人对事全没有益处，甚或起相反的作用，就不如不提。第二，是问他经过这次事变，继续任职，情感上是否觉着有不方便处。杨还没有答言的时候，蒋就抢着又说："在事变中各级人员（指蒋手下的人们）对你是有不满情绪的，这是一时转变不过来的，你继续任职，在情感上有些不便，不如先往欧美参观一个时期，回来再任职，出国费用可由公家负担，启行的日期也不必规定，可以从容准备……"杨对我们说，他当面只好答应，并且说，这是他早就预料到的。

四、杨虎城先生由杭回陕后的情况

4月间，蒋给杨以"革职留任"处分，并使他出国考察。蒋玩这样的手段，宋子文还说：这是最轻维持纪律的处分，是经过研究的，对杨是有益的，要我向杨解释。

杨先生回陕以后，仍在注视华北的紧张局势，他以为经过此次事变，蒋介石已经挡不住人民的抗日热潮了。他的意思是，一旦抗日爆发，他就不再出国而参加抗战了，他这样的想法，一直到他到上海住宋子文家准备出国前夕还没有放弃。在宋家他要英文外国报，让我们翻译，就是找这样的消息。

5月初，宋子文几次告诉我：蒋催杨动身。当时我答复他：杨病尚未愈，不能立刻动身。这个时候，十七路军的旅长王俊和陆大学生杨觉天，以黄埔学生资格来南京见蒋，陕西省银行经理李维城等代表地方人士到上海见宋子文，同时十七路军的军、师、旅长孙蔚如、赵寿山、孔从洲等电蒋，分别请求准杨缓行，但全没有得到结果。当时日寇向华北进逼，引起全国人民武装反抗，虽成必然之势，但还看不出有什么爆发的迹象，所以杨在蒋软硬兼施的压迫下，不得不出国了。

五、杨虎城先生的出国

5月底，杨先生偕夫人谢葆真、幼子拯中和秘书亢心栽、樊雨农等到上海住新亚酒店，十七路军参谋长韩光琦和我们驻南京办事处人员也到上海为杨办理出国手续，后来杨、谢带拯中移住西爱咸思路宋子文家中。他到上海后，除宋子文、杨虎、戴笠等和几位陕西同乡常来看他外，一些相熟的高级官员来沪者，多避嫌疑，不敢来看。那时，上官云相夫妇刚由欧洲考察回来，来看过他一次，谈了些在欧洲的见闻。上官问他："你打算在外国住多长时间？"他想了想说："一年两年不一定，几时叫我回来我才回来。"我想他这样说法，还是应付环境的，因为在他出国的前几天，我同韩参谋长往宋子文家去见他，我问他："你到外国想看些什么？"他低声说："一旦抗日实现，我就回来。现在日本越逼越紧，再不抵抗，中国人民还能忍下去吗？我看抗日爆发，不会很远了，我准备到外国走马观花，快去快回。"我又问他："假如时间稍长，将怎样打算？"他说："多找些朋友，了解些各国社会情况和人民的生活，尽量揭露日寇的侵略，争取各国人士对我们的同情……"事后证明，他确是这样做了。因为他出国很短的时间，何应钦就对我说，"根据驻外使馆的报告，杨虎城在集会场合下，发言悖谬，物议甚多"等等。他们所谓悖谬者，我想主要是指"杨讲西安事变"，"蒋介石答应了抗日条件"，这正是当时蒋、何所最憎恶的。

6月间在上海，填了两份表，内中有出国参观考察的项目、范围和往美、英、法、瑞士等国行程计划、并写了两份报告，一份送南京军委会办公厅，一份送南京政府外交部，办理出国执照。蒋介石批给他参观考察费15万元，由宋子文交项介人换成英币。6月中旬杨往武汉向蒋辞行。

当宋子文催杨赴沪时，曾说予以考察专员名义，及杨到武汉，蒋不提给名义了。杨对我说：没有名义在国外说话就不方便得多了[①]。

6月21日[②]，杨先生偕夫人谢葆真、幼子拯中，及秘书亢心栽、樊雨农登轮赴美。码头上不约而同来欢送的人士，不下一两千人，很多工人学生争请杨、谢签名留念，人民的抗日热情，于此可见。

（1965年11月）

---

① 据6月16日国民党政府军事委员会指令："兹派杨虎城为欧美考察军事专员，此令。"故杨出国是有名义的。

② 据亢心栽、米暂沉、田一明所述，应是6月29日。

记杨虎城将军出国前在上海和我的一次谈话

马文彦*

1937年5月，邓宝珊由西安回到三原，对我和杨明轩说："虎城要出国！"这个突如其来的消息，使我和明轩都感到惊讶。我急问邓："虎城为什么要出国？"邓说："南京要他出国，不出不行呀！"他希望我们在杨出国前能去上海和杨见见面，并说他将去上海和杨住几天。邓走后，我和杨明轩商量去上海为杨送行的事，杨明轩说他近来身体不好，要我去上海见杨代为致意。我于5月下旬专程去上海，并和杨在一起会聚了近一个月。

杨虎城出国，要熟悉所去国家的历史和现状、风俗习惯，还要学习交际舞。杨白天由邓宝珊和我陪同去马宏根家，晚间另外安排住处。马在上海多年，曾经到过西安，与杨虎城、邓宝珊相识，他家也很排场。杨、邓和我每次去他家，他都能即刻约来上海艺人为杨组织个小堂会，演唱些小

---

* 作者西安事变前任杨虎城将军秘书。

戏，或者邀来舞师，为杨教习舞步，有时陪杨、邓和我去郊外私人花园散步谈心。杨在上海住了一个多月，大部分时间是在马宏根家和于右任家度过的。

一天，杨和我在马宏根家小花园散步。杨说："文彦，你是解西安围救过我的，与别人不同。我有点事曾经考虑了很久，但一直没有给人谈过，今天我想跟你谈谈，希望你能记住我说的话。"我说："啥事情？你就说吧！"杨说："是关于我个人的事情。我这个人一生只做了四件事情，其他不足道也！"我说："请你说吧，我一定记住你说的每一句话。"

杨说："第一件事是杀了恶霸李桢。这件事你不知道，我向你大概说说。"

"李桢是蒲城县的一个大恶霸，他横行乡里，欺压百姓，无恶不作。他不但和蒲城县的官吏勾结，而且和省城里的官吏勾结。我21岁的那年，为了给地方除害（也包括报私仇，但私仇不能提），我就杀了这个恶霸。清朝时代，法禁森严，杀人偿命，还牵连家属。我杀了李桢，往北跑到原家（村名，距城20里），原家有个原老三，我过去认识他，是个挚友，就在他那里躲藏。原老三这时双目失明，只在家里喂养牲口，他把我藏在牲口圈内小房里，每天给我拿馍送饭，十分关照，我在原家躲藏了一个多月。离开原家，受了好多曲折之后才去吃粮当兵，从此我就走上了当兵之路，一直到现在。这是第一件事。其他三件事你都知道，今天只扼要地提一下。"

"第二件事是：1921年陕西靖国军解体后，我孤军作战，众寡悬殊，我打着靖国军旗帜，撤往陕北，坚持孙中山先生的国民革命（即为民主主义革命）到底（邓宝珊是靖国军第四路的一员，该路接受了奉系收编。因此，这是今天没有约邓的原因）。"

"第三件事是：坚守西安。这是为了缩短国民革命（即民主革命）和世界革命战线。这话是在西安被围时，我向李虎臣讲的。1927年1月初在三原史可轩家已向你讲过。"

　　"第四件事是：发起去年（1936年）的'双十二'起义，促进了抗日，停止了内战，你参加了全知道。"

　　"快要抗日了，我现在被逼迫着要出国……"说到这里，他的心情有些沉重，再没有继续说下去。我看他眼圈湿润，快要掉下泪来，便故意用别话岔开。这时，杨站了起来，大声说："总而言之，我这一生只做了这四件事，其他不足道也！"

（1979年2月）

杨虎城将军欧美之行

亢心栽[*]

一

1936年"双十二"事变发生后，张学良、杨虎城两将军接受了中国共产党的抗日民族统一战线政策，于同年12月25日释放蒋介石，并由张学良将军陪送飞返南京。这就表明张、杨两将军仍然愿意接受南京政府的统一领导，共同对敌，绝不计较个人得失。但反动透顶的蒋介石却采用了无耻的两面手法，一面表示停止内战，一致对外；一面却对张、杨更加仇恨，蓄谋瓦解东北军和十七路军，并对张、杨两人实行囚禁和放逐。

1937年5月初，杨虎城将军被迫接受蒋介石命令，前往欧美各国进行考

---

* 亢心栽，陕西蒲城人，曾在广州农民讲习所学习，中共党员。1925年被杨虎城资送留英。回陕后，任高中教务主任，陕西教育厅科长。杨虎城去欧美考察，亢任杨的秘书。回国后，任教。新中国成立后，曾任西安市政协副主席、常委等职。

察。消息传出，引起各方爱国人士的强烈反应，特别是十七路全体官兵无不心怀激愤，充满留恋和惜别之情，各方打听杨将军的行期，除了向他写信、送纪念品和登门访晤外，还积极准备盛大、热情的欢送会，借以表达对杨将军的爱戴和崇敬。

1937年5月27日，杨虎城将军由西安动身赴上海。这一天，风清日和，万里无云。天还未明，就有成千上万的工人、农民、知识界、东北军和十七路军部队、各界爱国人士和市民，整队或分散奔向西安西关飞机场，打着各式彩旗，响着各样乐器，人流从城内、郊区四面八方向飞机场汇合，男女老幼，各行各业，人人都想再看一下杨将军，都说，这是空前的大欢送。一些进步人士说："这既是对抗日将军的欢送，也是对蒋介石的示威。"

上午10点钟左右，杨将军和随从人员（我也在其中）到了机场。首先，部队吹起礼号，接着群众的乐器也敲响了，无数面彩旗随风招展。郊区来的农民特别多，他们中不少人带着红缨梭镖，敲着大锣大鼓。群众的欢呼声和军号声、乐器声交织在一起，此起彼伏，响彻云霄。杨将军从人海中的狭窄甬道通过时，他振臂挥帽，频频向欢送者致意。两旁排列的人争先恐后地同他握手。这时，有十七路军的一个营长，看到杨将军走近，他挺胸举手敬礼。当杨将军向他伸手握别时，他激动得流出热泪说不出话。知识界的队伍排得相当长，他们的口号也特别响亮。"欢送杨将军""抗日万岁"，此起彼伏，有的人直喊得声音嘶哑。杨将军带领我们一行从人群中通过，足足经历了一刻钟的时间。杨将军登上机舱前，和各方友好亲切热情地挥手，大家向他连说："珍重，再见！""一路平安！"这一天，在西安的顾祝同等也来到机场。他们站在机旁，见了杨将军，面部露出苦笑，也伸出肮脏的血手，虚情假意地同杨将军握别。我登上机舱门口，群众欢呼声和锣鼓轰鸣响成一片。杨将军满怀激动，不断向群众招手答谢，连声高呼："朋友们，同胞们，再见！"

由西安到上海，杨将军和我们一行搭乘的是欧亚航空公司的客机。这一天，天气爽朗，飞行很稳。这时，忽然听见乘客中有人同杨将军谈笑自若。那位乘客说："旅行以坐飞机最为舒服，舱内无风无尘，而且还可高瞻远瞩。"这时我才伸头向前仔细端详一番，正当刚才讲话的那位乘客转过身来，使我忽然认出那位乘客不是别人，正是周恩来同志。他身穿朴素的蓝布制服，头不蓄发，面颊上刚剃过的胡碴还微露"苗头"。另外，和他们一起有说有笑的，还看见邓宝珊先生。我当时想，他们都是杨将军的至交，这次排除百忙，亲身陪送他去上海，盛情可感。特别是周恩来同志，冒着危险去国民党区域，代表中国共产党来给杨将军送行，充分说明党对他的关怀，真是大壮行色。

飞机中途在郑州降落加油，陇海路局钱宗泽局长在机场迎接，大家一起共进茶点、休息片刻，然后续飞。下午4时左右飞机在上海龙华机场安全降落。我从机窗外望，见有迎接人群，附近四周也有不少武装军警，据一位副官讲，站在人群前方一个身着黄色军服的大块头高身材的就是淞沪警备司令杨虎。其余的人我已记不起了。周恩来同志先我们一行步下机梯，很快地经人迎迓坐着一辆黑色小汽车驶向市区。最后，杨将军下机。

杨将军5月27日到达上海至6月29日登轮旅洋，前后一个多月的时间内，除"奉谕"去庐山看过一次蒋介石，"面聆指示"，作礼节上的辞别外，全部时间都是在上海度过。在上海，他住在距宋子文公馆不远的一所西式寓所里。夫人谢葆真和二儿拯中（七岁）由陕到上海，和他住在一处。这一期间，杨将军同各方面的交接应酬的确是席不暇暖。由于他要远离祖国，而且归期无定，所以各地的老朋友、旧部属，不少人都亲到上海送行。这里应特别提出的，是赵寿山将军在杨将军由上海启行的前两日，独自约我到一间小屋，亲切地对我说："维恪（我的原名），你就要随杨先生出国了，究竟你们在国外要待多久，看来谁也难以肯定。但无论如何请你记着，到了船行海上，盼望你转告杨先生，不管天变地变，'双十二'举义的初衷不能变，抗日的立场不能变。中国共产党的抗日民族统一战线政策已深入人心，最后胜利，必属我们。务请杨先生坚持我们的正义主张，不可稍有动摇。"另外，有不少人嘱托我，杨将军无论走到天南海北，一定要同国内友好保持联系。也有人谆谆以杨将军的安全为重，叮咛我时时提高警惕。以后，到了国外，杨将军忆起大家的关怀，总是铭感不置。说到交接应酬方面，最使杨将军铭记于心的，是上海、南京两地的抗日救亡代表人士同他的会晤。他们深切地表达了大家对他的敬仰和期望，也虚心听取了他对国是的意见。陕、甘旅沪大专院校学生几次举行欢送会，其中一些进步青年激昂陈词，痛斥当局对日妥协政策，对杨将军都起了一定的作用。他同宋子文在出国前曾约定有电报密本，到了国外，同宋的函电来往也比较多。

二

杨将军这次出国的名义是：奉军事委员会派往欧美各国考察军事专员。南京政府外交部发给红皮护照，旅费也由南京政府拨付，随行人员，除杨夫人谢葆真、二儿拯中外，还有樊雨农（参谋）、王麟阁（译员）和我（秘书），一共六人。樊雨农和我由西安随行。王麟阁是出国前不久由宋子文介绍来的。王曾担任过南京政府驻加拿大温哥华总领事和驻西班牙公使馆的代办，50多岁，是外交界历经几朝的老吏。据说因为他熟悉外交礼节，特派来给杨经办官场交际和翻译事项。另据传说，王实为南京派来监视杨的（归国后，传闻王因公奉派赴马尼拉，在海上跳水自杀）。另外，还有一位仲跻翰先生，也随同杨将军一道东渡。仲原任山西航空队队长兼教导团学员总队队长，这次出国考察欧美航空事宜，经军委会办公厅主任徐永昌介绍，愿和我们同行。仲年已40岁，有一副军人气派，对杨将军如长官，老是毕恭毕敬。到美国后，他就同我们分手，单独活动。仲跻翰由徐永昌介绍，为杨虎城随员。杨到美国后，因抗战爆发，无心考察，嘱仲先回国。后经杨同意，仲取道欧洲回国。①

6月29日，杨将军一行由上海乘美国大来轮船公司的"胡佛总统"号客

①　见仲跻翰：《东西洋考察记》。

轮东渡。杨将军的亲友、旧部属和各方代表、同乡数百人来码头送别。轮船的汽笛一声长鸣，杨将军手扶栏杆，不断挥手向大家告别，遥看着送别的人都离去了，自己还不忍转回客舱，仍然在甲板上踱来踱去。

以下是杨将军欧美之行的旅程。

1937年6月29日出国，同年11月26日从法国马赛返抵香港的九龙，这次旅行，环绕地球一周，历经11个国家。计有日本（过境）、美国、英国、法国、德国、奥地利、瑞士、西班牙、捷克斯洛伐克、比利时和卢森堡（后两国过境），历时约五个月。

6月29日，轮船离上海港口以后，7月1日、2日，先后在日本的神户和横滨港停泊。7月8日，舟行太平洋上，获悉卢沟桥事变发生。7月9日，到达夏威夷群岛的首府檀香山。7月14日，船抵美国西岸的旧金山。7月28日，杨将军偕我由旧金山飞往美京华盛顿，次日到达。7月30日，乘火车到纽约。8月4日，乘法轮"诺曼底"号横渡大西洋前往欧洲。8月9日抵伦敦。8月11日赴巴黎。8月28日，前往柏林。9月7日，离柏林去捷克斯洛伐克首都布拉格。9月10日，赴奥京维也纳，12日转回捷克斯洛伐克。9月14日，经德国南部赴瑞士。9月17日，返抵巴黎。9月28日，应邀赴英国各地进行抗日宣传。10月9日，再赴巴黎。10月14日，飞往西班牙新都，亲赴战地访问。10月21日，重返巴黎。10月28日，离巴黎，往马赛。10月29日，搭乘法轮"冉·拉保底"号（Jane Laborda）东驶归国。11月26日上午11时，到达香港九龙。

综览五个月的旅程，可以看出，杨将军这次欧美之行，以在法、美两国居留的时间较长，在法约50天，在美约计三周。其次，就是英、德两国，在英约有两周，在德约有10天。至于在其他一些国家，有的只作了几日的游览，有的甚至过境而已。杨将军居留法、美、英、德四国的时间比较久，这并非偶然。因为这几个国家，是世界上高度发展的资本主义社会的典型，通过这样重点的考察，就易于了解其社会生活和存在问题，就能理解帝国主义的腐朽性和走向死亡的必然性。另外，这些国家的工人运动也有比较大的发展，除南洋地区外，我国的侨民在这些地方也是比较多的。为了宣传抗日和反对帝国主义的侵略，有机会同外国的进步人士和爱国侨胞、留学生多作接触，也有其重要意义。

杨夫人谢葆真和二儿拯中，在杨将军离美赴欧洲时，即决定暂留旧金山，并由樊雨农参谋随同照料。以后，杨将军东归之计确定，才电召他们到巴黎会合。随员王麟阁，原先也留在美国，杨将军返国前不久，也由美来欧。

三

6月29日辞别了祖国，杨将军同我们随行人员在甲板上畅谈了一个月来在沪上的各种感触，我们深深感到他对事物的体察如此深切。虽然多日来应酬频繁，但他的精神仍然十分振奋，并未显出疲劳。午饭后，他约我们去他的座舱里闲谈，风趣地讲到十年前他在日本的情形，接着告诫我们说："大家到了国外，免不了每日同外国人打交道。我们中国有些人媚外，有的人排外，我看这都不对。我们是个伟大民族，我们应持不亢不卑的态度。对人应有礼貌，也不要卑躬屈节，要有自尊心。要每天挤出时间学习，特别要着重学习新问题和有关现实政治生活中的问题。我文化水平很差，希望大家不断帮助。"谈话结束时，他要求大家如有任何意见，务必随时提出。经杨将军这样一讲，大家也都有所警惕了。杨将军本人在轮船上的生活很有规律。每天坚持读书或和我们一块儿谈问题。他这次由上海带来若干册书，他同我商定，先阅览李鼎声所著的《中国近代史》（主要由我诵读）。晚间，船上组织的文娱活动，他除了看看电影之外，其余一概不参加。他最喜欢听我们讲中外历史和当今的各国政治形势，而我们都极乐于听他讲辛亥革命和陕西靖国军、西安八个月守城的故事。

船驶入波涛汹涌的黄海，我记着临行时赵寿山将军对我所讲的一席话，就趁其他随行人员去看电影的机会，和他进行了一次密谈。我把赵寿山将军托我转告的话，一五一十地给他讲了之后，他长吁一口气，然后微笑着说："寿山和我一起，出生入死，多年共过患难。他进步很快，意志坚定，我极信任他。这次我到海外，纵然喝了洋水，但总不能换了脑子呢。寿山不断在政治上有所进步，我自然也不愿落后。我们在西安发动事变，是为了什么？已经明确了我们的政治方向。所以我认为，寿山用意很好，我只是觉得他有点过虑。我将来还要回国，来日方长，让他等着瞧吧！"

东渡之后，轮船将要行经日本的神户和横滨，而且在两港都要停泊，杨将军又召我们商谈过境应注意的事项。他告诉我们："日本帝国主义多年来，不断向外扩张，尤其近年来对我国步步进逼，以致肆无忌惮地进行侵略，阴谋多端，用心毒狠，得寸进尺，自以为得计，但对中国人民他们总是非常害怕的，尤其西安事变和平解决之后，中国共产党的政治影响日趋扩大，它对我国革命日益发展的形势，已表现出无限忧虑。我这次东渡，日本当局当然早已得到情报。对我，他们是非常仇恨的。因此，船到码头后，警察、刑事、新闻记者等一定要对我进行监视并来访问，可能还要我发表对时局的意见，甚至要我讲讲'西安事变'。我讨厌这帮家伙，准备称病不见，一切由亢、王两秘书设法应付。"

7月1日上午7时，船驶进日本神户港。果然有同盟通讯社记者神板鹤太、大阪《每日新闻》记者柴田九万彦和茑信正、大阪每日英文新闻社坂井浅太郎、大阪《朝日新闻》记者上村四郎、《神户新闻》记者下司利一等，进舱请求谒见杨将军并摄影。他们还没有行近杨将军的门口，即由我和王麟阁引导到我们房间，与之接谈。他们几次要求会晤杨将军，我们都以婉词谢绝，说杨将军乘船昏晕，身体不适，如有什么问题，我们可以代答。这些自称记者的人，询南问北地乱问一气，从西安事变扯到中国共产党，从上海黄浦滩又说到拯中的年龄，从我国南方的梅雨季节再说到日本的气候等。有的要求给他们一张杨将军的最近照片，我们也推辞未允。最后，他们提出几条有关时局的问题，经我代答如下：

（一）中国政局，自西安事变以来，日趋统一和稳定。处此民族危急存亡之秋，全国人民均已觉醒，坚决反对一党独裁和内争。现在各党派为了共御外侮，都服膺孙中山先生的三民主义，接受南京政府的领导，齐心协力，终止内战，发展国民经济，以期巩固国本。

（二）日本以往对中国的非友好行动，使中日两国人民，同受其苦。中日问题解决不难，只要日本政府放弃侵华政策，以平等态度对待中国，两国邦交，当可逐步改善。

（三）你们说我主张联俄，其实凡能以友好态度对待中国的任何国家，中国人民都愿与之合作。联俄本为孙中山先生所倡导并实行的"三大政策"之一，主张联俄的人，绝非共产党一个党派。

（四）西安事变，乃日本政府数十年来对华实行侵略政策之后果。溯自"九一八"以来，我国人民目见国土沦丧，人民生命财产完全失去保障，反对外来侵略的情绪，益见高涨。西安事变，正是反映了人民共御外侮，保护国土的正义要求。事变的和平解决，不但没有危及中央政府的统一大计，而且促成了全国各党派的大团结。

（五）我是主张抗日的，但我所谓抗日，是反对贵国实行侵华的极少数人，对日本广大人民，我向来主张友好相处。昔年我到贵国考察，曾结识一些朋友，觉得中日两国人民并无恶感。贵国人民，也是不赞成少数人的侵华政策的。

（六）我奉派赴欧美考察军事，不来贵国，这是因为十年前我曾到过这里。但是将来中日邦交一旦改变，我仍打算作二次访问。我对贵国人民感情很好，愿通过你们的报纸，对贵国人民致意。

代答问题毕，他们还再三叮嘱我，代向杨将军致意。

我不曾去过日本，原想上午把记者们对付过了，下午登岸观赏一下岛国的风光。不料1点钟左右，又来了兵库县外事课亚细亚系伊井喜子治、警察部外事课勤务松本一雄、兵库县外事课亚细亚系通办鸿山俊雄等三人。他们也要求会见杨将军本人，我用对付记者的办法谢绝了。看起来这帮人不同记者，他们不多谈时局问题，而侧重了解杨将军的旅行动向。谈话一直进行了两小时，最后向我要了一张我的带衔名片才去。

警察们去后，忽听船上通告旅客一律携带护照到办公处集合，必须本人到场，不许代办。杨将军、杨夫人、拯中和我们就按通知前往。不料正在核对护照时，原来访晤杨将军的记者们并未完全归去，他们趁此机会，迅速拍摄了杨将军的照片，并走近他的身旁，称谢而去。

7月2日，船抵横滨。横滨水上警察署勤务外事高等视察失作乙五郎、《日本广告报》记者田中源治、神奈川县广外事课手岛邦三和其他新闻记者十二三人，登轮请晤杨将军。他们还说，他们奉上级命令，知杨将军过境，特地前来招待，并向他致意。记者们也是要求同杨将军本人晤谈，我和王麟阁仍按在神户办法，谢绝了他们的请求。

在横滨，樊雨农参谋趁登岸给我们购买一些日用品之便，曾买了几份当日的日、英文报纸。关于杨将军乘船过境以及记者访谈情况，都有所报道。有的报还刊有照片，报道大致是说，杨将军因病未能接见记者，仅由秘书和他们周旋，说我们秘书代答询问，多是闪烁其词，不肯正面直言；说杨将军口称服从南京政府领导，却仍然主张联俄；说杨将军对中日关系，归罪日本，并把日本政府和人民分为两方面，这是离间之计，等等。

四

7月2日下午7时，轮船离日本东进。太平洋上水波不兴，预计到达檀香山还有一周时间。杨将军对我们说："过了日本这一关，前途的麻烦就少了。我们应趁海上风暖日和的季节，好好地读几本书吧！"杨将军对《中国近代史》很感兴趣，这时已读完"鸦片战争"和"太平天国革命史略"两章。

杨将军同张学良将军发动西安事变，举世闻名，在这一船的旅客中，更是"知名之士"，因而虽在海上，仍不断有中外旅客前来拜访。其中谈话比较恳切而深入的，有中国的周崧先生、美国的辛慈爱夫人和一位牙科大夫。周崧先生是旅美多年的华侨，一位拥有雄厚资本的爱国商人，同情杨将军的政治主张。那两位美国人，也是仰慕杨将军的英名而踵门求见的。在单调的海上生活中，这种接触，对他也是一种慰藉。

7月8日晚饭后，周崟先生来访。据说他刚接国内电报，说北平郊区日军借故压迫中国军队，宛平县已被包围，双方正在相持中，云云。接着，杨将军特着我们收听广播，也获悉了大致相同的消息。为了证实并进一步明白事变的发展情况，他着我即给宋子文发一急电。

杨将军听闻上述消息，心情十分激动。这天晚上，他睡得很迟，和我们几个随行人员谈论国内抗日形势和发展前途，直至第二天凌晨2时，才告罢休。从此以后，他的日常起居也有所改变，紧张和兴奋的心情使他不安，并嘱咐我们随时收听广播，并把每天张贴的新闻，摘要念给他听。他的全部精神都贯注在国内抗日战争的问题上。遇有中外旅客访谈，也必然问问他们对事变的看法。这时他书也少翻了，同我们一起扯闲话也少了。他的心情是兴奋而紧张的，但有时却表现沉默，好像认真考虑什么重大问题似的。

7月10日和11日，连接宋子文由上海来电。第一封电报说："卢沟桥战事已停，目前不致扩大，如有变化，当续告。"第二封电报却说："卢沟桥战事停而复作，敌由关外调来大队，我方已准备作战。"接第二封电报后，杨将军经过熟思，即命我作复，电云："两电均敬悉。日寇进迫，国将不国。噩耗传来，五中痛愤。弟以革命军人，何忍此时逍遥国外。拟由旧金山返国抗敌。乞转陈中枢。"又发上海全国经济委员会王炳南同志一电，文云："余拟由旧金山返国抗敌。希转告诸友好。"为了明晰事变详情，另发由上海转西安孙蔚如先生一电，电文是："西安孙主席蔚如弟：途中闻河北事变，不胜痛愤。究竟实情如何？盼详复旧金山中国领事馆转。"此后轮船驶经檀香山和到达旧金山，杨将军总是不断地焦念着抗日的战况。除由我们早晚汇报收听的广播消息外，每至一处，都郑重嘱咐我们，必须购买当日出版的报纸。同海外侨胞晤谈中，也必然问到国内抗战的情势。

五

听船上一次通告，7月9日可以到达夏威夷群岛的首府檀香山。杨将军在同我们闲谈中说："檀香山是美国在太平洋的一个重要军事基地，听说岛上风景极其秀丽，而且更有意义的是孙中山先生当年曾在这里宣传革命，首先成立国民党的前身组织兴中会，掌故可能不少。因此，我们行经这里，一定要好好地瞻仰一番。"

7月9日上午10时许，轮船到达檀香山。刚一驶进码头，中国领事馆梅景周总领事和黄荫余领事以及新闻记者八九人首先登轮，热情迎接杨将军。上船后，华侨代表和群众百余人齐声鼓掌，向杨将军表示热情的敬意，并给我们戴上花环，表示欢迎，争相握手，非常热情。饭罢，杨将军乘车到领事馆门口，早有成群侨胞在门外等待。有人给杨将军拍照，有人请他签名，有人赠送他土产、纪念品。一会儿，学生群里忽然一致高呼："欢迎抗日将军！""打倒日本帝国主义！""抗日胜利万岁！"杨将军随即招手，向大家表示谢意。有位老年侨胞，操着广东口音，走近杨将军，右手搭扶他的肩膀，兴奋地说："杨将军，你走的路对啊！不赶走日本鬼子，我们老侨民也死不甘心！盼你早一天回国抗敌。"杨将军安慰老人，紧握着他一双手，回答说："我们全国人民都团结起来了，一定要赶走鬼子，收复失地。"老人听罢，不住鼓掌。

午前，杨将军由梅、黄两领事导游岛上各处名胜，参观了市容以及珍珠港美国海军基地。他对潜水艇兵员训练感到很大兴趣。

下午，仍由梅、黄两领事陪同，参观了宝石岭、大学、驻军区域。傍晚应梅总领事宴。宴罢，一同观赏夏威夷土人舞蹈。

檀香山和毗连各岛，共有人口40多万，中国人占2.7万。土著民族，由于遭受美帝国主义的歧视和残酷剥削，人数不断减少。

关于观光孙中山先生当年革命的遗迹，他一直没有忘怀。因据梅总领事说，从前曾经保留了一些遗物和资料，现在多数已运往中国，有几座建筑物，也为地方政府占用，而且都变了样儿，按轮船行期，时间也无法安排了。后来，在领事馆茶叙时，梅总领事为聊偿杨将军的心愿，特约集几位老年侨胞，向他讲了中山先生当年在岛上闹革命的一些掌故。

这次经过檀香山，虽然时间只有一天多，但由于领事馆的悉心安排和殷切招待，所见所闻，都给杨将军留下了深刻的印象。回到船上同我们闲谈中，他扼要地叙说这一次的感受，他说："岛上风光，真是秀丽已极，尤其行经附近丘陵地区，树林夹道，野花可称得香闻十里。不幸的是，美帝国主义今天把它作为军事基地，不但当地有色民族长期受难，远东其他地区，也严重地遭受着侵略。帝国主义一天不消灭，世界就不会有和平的日子。另外，中国的侨胞真可敬可爱，他们关心祖国，使我万分感动。我们这次到岛上，大家热情地欢迎、欢送我们，我有什么了不起呢？他们这样，完全出于支援祖国抗战的心情。我们国家向以文化悠久和地大物博自豪，我们只有团结一致，共同抗日，赶走侵略者，振兴中华，才不辜负侨胞们的殷切期望。"

按轮船行程，7月14日才到达美国西岸的旧金山。杨将军从行囊中取出七八部有关美国历史和社会情况的书籍，同我们一起，连续学习、讨论了两天。此外，就是经常收听无线电广播，以了解华北抗战形势的发展。

六

7月14日下午3时，轮船到达美国西海岸的旧金山港。当地领事馆黄朝琴总领事和主事邝兆荣前来迎接，还有报馆记者十余人也登轮访谈。我们上岸后，看见码头上并无欢迎杨将军的人群，心里就觉得惊异。事后从可靠方面获悉，杨将军到达旧金山的消息，既未见当地报纸刊登，华侨方面，也未得到领事馆的通知。他们在杨将军到达后的次日，才从一些华文和英文报纸的报道中看到这项消息。

杨将军到了旧金山，住在奥克兰市（Oakland）的美丽塔（Merritt）旅馆。居住才定，即接领事馆转来国内拍发的电报两封。一封是宋子文的复电，大意是说，依目前情势，请杨将军稍缓返国。另一封是孙蔚如拍发的，电文是："华北日军进犯，均被我击退。中央已输送大军北上，余情续报。"杨将军看到宋子文的电报，立即现出沉默。他的返国意图不能实现，当然引起了他的不快。可是看见孙蔚如的复电他的表情似乎又露出兴奋，因为"中央已输送大军北上"，这就意味着南京政府对日本这一次武装进犯，似乎不再采取退缩的政策，而要准备和侵略者大干一场。同时，根据美国报纸消息，日军也在大调人马，看来大战终将不免。对南京"输送大军北上"这一点，心里得到慰藉。

为了表示返国杀敌的决心，特于16日专报南京政府，请求准予中止考察军事，返国抗敌。另外，还分电宋子文、于右任、徐永昌、邵力子和孙蔚如先生，表明决心，希望他们从旁促其实现。紧接着又给孙蔚如、邓宝珊两先生和冯钦哉拍电，望他们电请中央率部北上抗日。

这时关于杨将军的行踪，全美主要报纸都先后作了报道，这一消息也在侨胞中间传播起来。此后，他除按照和领事馆商定的日程考察军事和其他设施外，其他时间几乎完全被社会的交际活动占去了。华侨团体的负责人、侨胞中的代表人物、美国社会的进步人士以及各报刊的新闻记者等，接连不断地前来旅馆表示敬意或谈论问题，确实使他应接不暇。

考察方面，7月19日通过领事馆定妥了计划，由20日起至26日，先后参观过旧金山军营和飞机场、旧金山要塞、炮兵部队和军医院等处。事后杨将军向我们谈了一下他参观后的感想，他说："美国工业发达，当然军队装备和物质待遇都比我国强得多。他们的武器、服装及福利设施，可称世界第一流，但最大的缺点是没有政治。我所谓的政治指军队为谁服务的问题，如按普通人的理解，当然他们对官兵也不断进行反动教育，可是只是为了保护少数财阀的利益，这就永远得不到最后的胜利。政治是军队的灵魂，因为军事到底是为政治服务的。所以，我看美国军队和日本的一样，他们都是少爷兵，只是装备好，物质条件好，操典学得好，并没有什么了不起。"

总括起来说，杨将军从事参观多日，他心里老觉得，华北炮火连天，每天不知死伤多少人。而自己在海外，穿着军服，同外国的军事官员迎来送去，并得不到什么有益经验，实在有些无聊。

在同社会各方面人士的接触方面，首先应提到和新闻记者们的会见。除过14日登岸时有记者十余人访谈外，17日又来美报记者一批。口头询问后，他们还以书面提出一些问题，请杨将军答复。现追记几则如下：

问：杨将军认为中日冲突有扩大的可能吗？

答：日本帝国主义进犯我国，早已制订计划。九一八事变后，侵占我东北、华北广大领土。这次进犯，我国人民，绝不能再事容忍，因此，战事必将扩大。

问：杨将军是否准备返国参加军事行动？

答：我已急电我国政府，请求立即回国参加抗日战争。

问：如果中日正式开战，中国是否希望苏联援助？

答：苏联对日和我国利害一致，而且我国人民向来同苏联人民友好，苏联政府一向支持我国反对外来侵略。至于实际帮助，我目前尚无足够资料可作肯定答复。

问：中国抗战的实力怎样？

答：我国自西安事变和平解决后，全国各党派已化除私见，为外御强敌而加紧团结，南京政府已接受全国人民"终止内战，一致对敌"的共同要求，我相信，抗日战争一起，必能持久。

接着，杨将军又问记者，美国政府和人民对日本侵华抱什么态度？记者仅说美国朝野一致同情我国抗战。最后，杨将军对他们表示谢意，并请通过他们的报纸，向美国人民致意。

其次，再介绍一下《美西工人报》记者威尔逊夫妇的访问。7月19日晚，他们远道而来，首先向杨将军表示敬意，然后问到他在旧金山参观和游览的感想。他们接着把事先准备的12个问题提出，请他扼要予以答复。记得所问都是围绕着中国对日抗战这一问题，其中最关心的还是各方的团结和南京政府能否坚决抗战等问题。杨将军答毕，也请他们把美国的政治情况作一介绍，威尔逊先生慨然应允，大意是，美国工人约3000万，而实际上失业的就有900万之多，其中300万人，由政府给以临时工作，聊以自给，其余就是依靠慈善机关施舍。工人群众的政治觉悟，已逐步提高，加入工会的日多，西部海岸海员工人，组织坚强，将来中日战事扩大，可以发动他们拒运赴日的军需原料等。以后又较详尽地讲到美国资本和土地的集中情形，因此，劳动人民的生活水平，已有显著下降之势。关于中国抗战问题，他说一般美国人都同情中国抗日，美国政府现在虽然迁就日本，但如果由广大人民施加压力，对中国抗战也可能有所赞助。威尔逊先生结尾时，把他们近期的几份报纸送给杨将军，请他指导。遂即亲切握手后辞去。

此外，奥克兰市的几家报纸记者，旧金山的《诊察报》《生活杂志》的记者，都曾先后拜访了杨将军，并拍了照片。23日，旧金山广播电台还约他作了半小时的讲演。

杨将军应邀参加欢宴和讲演、座谈也有多起。各方代表人士前来访问的，更是接二连三，每日不断。据我能记忆的，有广东银行邝经理、《中西日报》社社长苏醒之夫妇、杨清白堂和旧金山抗日会等十次以上的宴会。邀请讲演座谈的，有国民俱乐部、斯丹佛大学中国学会、加利福尼亚大学教授、华侨抗日宣传大会等八九个团体。个人方面，特别值得一提的是周崧先生。他这次赴美，和杨将军有同舟之谊，对祖国抗日也是十分关心的。他主动把自用汽车给杨作临时长途旅行之用。他虽然是个富商，但他热爱祖国不落人后。

杨将军虽然极其忙碌，但稍有余暇，就各处游览。除了访问一些侨胞的家庭和一些中外代表人物外，还参观了加利福尼亚大学、金门长桥、旧金山逶南的农村，等等。

7月22日，杨将军得宋子文复电，仍请他暂留美国，或先赴欧洲。等中日宣战，再由中央电召回国。次日，又接蒋介石电，嘱杨将军继续考察。

杨将军对于考察军事，虽已毫不感兴趣。现据蒋、宋来电，知目前回国已不可能。

七

　　杨将军在接到蒋介石和宋子文两人来电后，心情变得较前沉闷。7月27日，他忽然召集我们谈话，说："近来华北抗日战事逐渐紧张，依我判断，战局还要继续扩大。我们既在旧金山参观、游览了一个时期，对美国社会已有一个概括的认识。其他地区大体上也相差不多，没有多事参观、游览的必要。我想带维恪一人先去欧洲，其余暂留居美国西部，等我到达欧洲后，再决定行止，电知你们。"接着，我在下午就遵照指示买了赴华盛顿的飞机票，并以行期通知旧金山总领事馆。28日下午6时，我随杨将军飞离旧金山，经芝加哥（飞机仅停留1小时）到华盛顿，居留一昼夜。杨将军深厌同中外官员打交道，但既到中国大使馆驻地，也不能不去看一下王正廷大使。王虽为他设宴洗尘，但王自己没有出席，委托参赞应尚德接待。杨将军游览了市容，参观了名胜和国会图书馆等。30日到达纽约，在纽约住六天，同侨胞代表人物接触较多。他们有的旅居海外几十年，有的时间较短，可是关怀祖国和对杨将军的仰慕心情却无二致。除了总领事、郑副领事代表官方设宴洗尘、欢送两次外，杨清白堂、致公堂以及司徒美堂先生、李国钦先生、纽约安民工会等，均先后设宴欢迎。同时，杨将军为了交换抗日意见，也约请了一些进步人士聚餐欢叙。特别应该提出的是陈其瑗和冀朝鼎两位先生对杨将军的关照和支持。他们在纽约主办《先锋报》，在侨胞和美国人民中宣传抗日救亡工作，很著声誉。他们知道杨将军来到了，非常热情接待，除详尽地给介绍美国社会各方面的真实情况外，对我们的考察还提出宝贵的建议。通过他们的《先锋报》刊登了欢迎的文章，还正确地介绍了杨的生平事迹，报道了他宣传抗日的活动。

　　在短暂的参观访问中，杨将军亲眼看见了"唐人街"的侨胞生活，特地前往黑人住区访问过一次。记得当时有些黑人小孩子，衣不蔽体，满身污垢，他急忙屈身把一个孩子抱起，让人拍了张合影。临行时，他安慰着说："小朋友，将来你们一定会好起来的，再见吧！"

杨将军在美国居留的20天当中，美国各地的报刊对他的来到和主要活动多有报道。华侨出版的报纸，刊载的消息和文章比较多，基本上都同情他的抗日主张。当然，国民党的党报，立论就有所不同了。他们一方面表示同情他的抗日主张，但一提"双十二"事变，总不免对他有所责难。美国人的报纸，因为绝大多数是资产阶级的"喉舌"，不可能对杨将军有公正的议论。进步报刊很少，我们当时仅看到三四种。

他们一般都以显著版面刊载了杨将军到美考察的消息，但措辞免不了污蔑、歪曲，为蒋介石捧场。特别是他们都毫无例外地提到西安事变，于是就借题发挥，说他和张学良将军都是"受共产党指使""劫持统帅"等等。

杨将军在美连续发表抗日言论，绝大多数人表示赞同，这从社会接触和各方来信可以证明。但也有些"中国人"显然是不高兴的。有一天早晨，杨将军走进我的房间，笑着说："这是刚送来的那封信，看一下。"我接过信，信封写着中文的住址和"杨虎城将军亲启"以及发信人的地点，从外形看来并无可疑之处，乃至打开信封，抽出一张很硬的白色信纸，只见中间用钢笔画着一支手枪，枪口还冒着浓烟，并无只字片语。杨将军看见我的惊异表情，笑着说："人家警告我哩！看起来，抗日有罪这股风，已经吹到太平洋东岸啦！"以后，我随杨将军离旧金山时，黄朝琴到场送行，我看见他面部怒冲冲的神色和同杨将军握手时言而不欢的情况，当时他曾说："这里的反动派，必然接受南京密令监视我们，大事故不会发生，但恐怕要在小事上使我们难堪。"杨将军听罢，一笑置之。

7月25日，经中国留学生唐锡朝联系，杨将军应邀参加加利福尼亚大学一些教授为他举行的晚宴。餐毕，大家移座一个会议室，请杨将军讲话。杨着重讲了中国人民齐心协力，坚决抗日和他对抗战的看法，结尾希望美国知识界主持正义，对中国人民抗战大力支援，并对教授们苦心钻研，对学术作出贡献，表示敬佩和感谢。讲话毕，接着就有人提出问题，请杨将军作答。有一位老先生问："中日两国因领土多次发生冲突，中国政府何以不请求国际联盟或海牙国际法庭仲裁，却一定要诉诸武力呢？"杨将军详加解答后，又有人问："南京政府是由法律产生，为各国所承认，为什么中国共产党以在野党地位，不通过会议选举执掌国政，而竟要霸占一方，另立政府且拥有军队呢？"以后，还有几位提出下列几个问题，如："中国实力不足，对日作战有什么把握？""中国人希望美国怎样帮助中国政府抗日？"杨将军对上述问题，分别讲出自己的看法，有的具体，有的只笼统地说一下。关于中国人民坚决要求武力抗日而不企求国际联盟或海牙国际法庭仲裁这一点，他巧妙地反问："如果贵国的加利福尼亚州遭到侵占，不知各位的心情怎样？当年华盛顿总统武力抗英，受到贵国人民的热烈拥护。我看不诉诸武力，只靠谈判，恐怕贵国今天不会成为独立自主的共和国吧？"说到"双十二"捉蒋介石，他说："如果说我们犯上，那么不知诸位对克伦威尔如何评价？是否要把这段历史重写一下？"当然，对他的答问，也有个别人提出异议。总的说来，杨将军的议论，大大地出乎教授们的意料。

8月3日在纽约。先一日有自称纽约中国学生抗日会的两个代表拜访杨将军。看那两人的样子，不是好东西，不怀好意，我意谢绝为妙，杨将军不以为然。他说："他们是学生抗日会，不管他们居心怎样，我去讲抗日，不会有什么了不起。"我即下楼表示同意他们的要求，并约定时间、地点。

第二天，杨将军应陕西同乡留学生王子休和唐得源二人约请，先去他们的寓所吃午饭。饭毕已是下午1时，我同王、唐二人"咬了一下耳朵"，他们就同我们一道去赴"学生抗日会"的约会。到会后，杨先讲国内的形势，各方面团结一致，共同抗日。接着说明这次日寇进犯的严重性，分析了敌我力量，说明最后必能胜利。不料正在讲话中间，听众中有一个戴黑眼镜的大块头站起身来说："将军主张抗日，到处讲演，现在我们抗日会经费非常困难，请给我们捐款。"这个家伙说毕，另一个矮个子站起来，指着杨将军说："请将军报告西安事变经过。为什么囚禁最高领袖？"接着又一个站起来说："请问西安事变是否受共产党指使？"以后还有几个人要提问题，杨将军当即严肃地斥责了他们。我看情势不对头，即走近杨的身旁，附耳低语："咱们走吧！不必同这些小子费唇舌了。"杨将军点头同意，我就向台下宣布："昨天给你们代表说过，杨将军同外国朋友约会的时间已到，你们有问题，改日再谈吧。"我遂即跟着杨将军走下讲台，这时王、唐两位也走近他的身旁，我们四人一齐离开会场。我只听得会场里一片乱嚷声。我们四人即上汽车离去。

次日上午，那两个所谓代表又来到旅馆，他们不说别的，只说抗日会的经费的确困难，一定请将军捐助一点，不然，他们就不离开旅馆。我把情况报告给杨将军，他笑着说："学生受人利用，不必计较。你看为了团结抗日，我们和蒋介石都讲妥哩。给他们一百美金吧，送交与总领事转给。"我遵照指示传达后，那两位代表才称谢而走。

8月4日晨，接宋子文电称："（阎）百川（锡山）、（白）健生（崇禧）等已赴京，大战将开始。"

下午3时，登法轮"诺曼底"号赴英，于、郑总副领事、李国钦先生和华侨代表等40多人，都到码头送行。美记者十几人进入房间，询南问北，直至船开前才离去。

八

8月9日，法轮驶进英国南萨木敦港。这一天，当时在伦敦读书的米暂沉、周梵百两人，到港迎接杨将军去伦敦，住"公园巷饭店"。10日，在暂沉、梵百陪同下，杨将军游览了市区、大英博物馆、动物园和蜡人馆，并访晤了驻英大使郭泰祺。11日上午10时许，杨将军偕暂沉和我一同往巴黎，下午5时，到达巴黎北站。从车窗中已看见月台上聚集一大群人，其中是全欧抗日救国联合会、巴黎中华民国国民抗日救国会、旅法华工总会、旅法参战华工总会、巴黎中国出版社、巴黎中国国联同志会、亚西华工同盟会、浙江旅法侨商协会、旅欧中国妇女救国会和国民党支部等团体的代表和驻法大使馆郭则范参赞等，估计有100多人热烈欢迎杨将军，并有妇女趋前献花。到巴黎后，我们到一个普通旅馆下榻，这是杨将军的用意。他对我们说："以后我们同外国官员不多接触了，应该朴素一些，同普通人们生活水平看齐，也可以省几个钱帮助最急需的人。听说旅欧的中国学生，特别在法国，以前是勤工俭学的青年，生活苦，他们需要救济。"所以由英国起迄回国止，帮助法、德两处中国留学生，大约共达3000多元。

杨将军在巴黎居住的40天的时间里，除同驻法大使顾维钧有数次应酬接触外，他整天生活在普通人民之中，不懈地从事抗日宣传活动。

来巴黎刚一住下，就是华侨团体的代表40多人前来访问。以后，《巴黎晚报》《救国时报》（华侨办）和其他报刊记者也前来访问。《救国时报》于8月20日还特别为杨将军设宴，邀约中外记者多人座谈。在这次会上，记者们提的问题很多，现摘述几例如下：

问：中国政府对日抗战，是否有决心？

答：这次抗战，是中华民族的生死关头，非战就要亡国。政府看来似已有所准备；万一政府动摇，全国人民势必要坚决抗战到底。

问：中国政府的统一真相如何？

答：全国人民遭受日本长期侵略，已认清非各方团结，全面抗日，就不足以图存。现在在野各党派团体认为只有实行抗日民族统一战线政策，动员全国人民的力量，才能把日本帝国主义赶出去。

问：将军对国际形势观感如何？

答：中国人民酷爱和平，现在被迫抗战，凡爱好和平的国家和人民一定会赞助我国的正义行动。中法两国人民向来友好，相信法国能站在中国这一边。

问：将军是否准备返国抗敌？

答：最近即可成行。

在这些日子里，杨将军应邀参加了法国反战反法西斯团体以及旅法侨胞组织的各爱国团体的座谈会、聚餐会等。24日，又应巴黎世界博览会之请，对法国人民作广播讲演十分钟。这次讲演的主要内容有以下四点：（一）中法邦交友好，两国人民都酷爱和平，但两国人民都受到邻国的侵犯，因而两国人民都坚决反对侵略者。（二）中国抗战关系世界和平，希望法国人民给中国以积极支援。（三）中国抗战已成全国各方面一致的行动。这次抵抗日本帝国主义，关系中华民族的存亡，一定要抗战到底。（四）破坏世界和平的战争，十分不得人心，最后必败。

法国侨胞具有革命传统，在法国共产党和中国共产党旅法支部的影响下，他们特别注意祖国政治动向，因而对杨将军的为人，他们并不陌生。杨将军每次去侨胞居住区时，他们一定要请他讲话，表现非常热情。有位参加过第一次世界大战的华工说："九一八事变，南京政府不抵抗，白白让日本鬼子占了东北几省。法国有些人瞧不起中国人，讥笑我们中国是'大炮'。我们遇见外国人，抬不起头来。"侨胞们说："将军回国后，一定要规劝各方，自家兄弟别再互相残害，要枪口一致对外，打日本鬼子。希望你早一点回国抗敌。"真是万里路上遇乡亲，多少话也表达不出这颗心。杨将军受到很大感动，对我说："不到海外，不知道国弱的耻辱。弱国的侨民，无时无刻不盼望祖国的强大。可是在国内，我们看见达官贵人耀武扬威，骑在人民头上逞英雄，哪知侨胞的辛酸呢？"

法国的进步人士，对杨将军也有很大的鼓舞。我这里只简叙法国参议员哈勒和他的会晤。9月18日上午，杨将军准备出外参加"九一八"六周年纪念会。哈勒参议员来看杨将军。他年近70岁，外貌虽然显出衰老，但身体还刚强。他同杨将军亲切地握手问好，然后说："我是法国议会一个参议员，是法国共产党党员。我斗争了多年，现在、今后还要不懈地斗争。法国劳动人民关心自己国家和殖民地的革命，也关心中国的革命。今天来看将军，因为我们知道将军坚决抗日。我们法国人民同情中国人民，所以同情将军的主张。只要你们抗日，我们一定支持你们……"杨将军向这位法共老战士表示谢意和敬意。哈勒给杨将军介绍了法国革命的形势，特别联系到德国纳粹的上台，认为这是世界上最大的威胁。又说到西班牙内战的前途和他对蒋介石的看法。他说："你们国内有共产党，他（蒋介石）

担心的是共产党，怎么能坚决抗日呢？"杨将军说他想去西班牙看看，哈勒表示赞同说："那里名说是内战，实际上是国际反法西斯战争。我可以协助你作些安排。可惜你要回国抗日，否则，你可以参加国际纵队，他们一定欢迎。"两位老战士交谈后，一再握手告别。

总的来说，对杨将军在政治上的最大的支持和鼓舞，还要首推中国共产党旅法支部。通过《救国时报》和其他群众组织，杨将军公开抗日宣传活动，在这里既有领导，又有群众基础。当然，旅法的中国留学生、华侨以及一些外交人员中，也有反对杨将军的。这帮人以往同进步力量不断明争暗斗。但毕竟这里的进步力量雄厚，更加上国内抗战局面的日趋扩大，他们不敢公开破坏抗日宣传活动，但还是不得不提高警惕，以防万一。

9月24日，杨将军得王礼锡先生由伦敦来函，约杨将军赴英参加抗日宣传活动。28日，杨偕我同去。29日下午4时，杨将军接见伦敦各大报记者，交谈抗日战争问题。30日，又有晚报和一些摄影记者造访。下午8时，杨将军应邀参加了伦敦西区援助中国大会，到会中外人士约1500人。伦敦华侨比在法国的少，而且多属小商小贩和劳动人民。所以在会场里，绝大多数是英国人，英人习性端重，会场气氛因之显得肃穆。这次讲演人以杨将军为主，另外还有张彭春、顾小姐（顾维钧的女儿）和伦敦大学政治经济学院教授、工党理论家拉茨克。杨将军讲话内容和在法国历次所讲的大致相同，主要强调中国人民坚决抗战，胜利有信心。为伸张正义，保卫世界和平，惩治侵略势力，各国人民都应尽力支援中国抗战。其他几位，讲到中英友好关系，保卫和平人人有责。吁请英国朝野一致主张公理，反对日军、援助中国，等等。听众最注意杨将军的讲话，不断发出赞同的掌声，收到了良好效果。

10月1日晚，王礼锡约请了同情中国抗战的英国各界知名人士十几位，在他的寓所座谈。主要介绍杨将军同他们会面，并听取杨将军对我国抗战的意见。当天早些时候，经王介绍，杨将军特地访问了自由党领袖路易·乔治。那时他已是74岁的老人了，态度平易温和，对杨将军也很热诚，由谈话中可以了解，不少外国人对我国的政治内情，知之很少。他们常注意一些领导人物的政治主张，而对广大群众的情绪和要求，却不完全理解。特别关于国、共两党关系和中苏关系，往往被反动宣传所迷惑。这位老先生，亦不例外。

10月2日、3日两日，杨将军由左翼读物会苟兰茨先生陪同，去英格兰北部的达拉姆、桑德兰和新堡三个城市作抗日讲演。先后参加过三次会议，每次杨将军都讲了话。这几个城市都是工业基地，所以到会的多属中低层的群众。除杨将军外，苟兰茨也作过几次简短的讲话。有的会上，还通过援助中国的决议案。与会人士还向英国外交部写信，抗议日本帝国主义在华的残暴行为。每次都有捐款，多者四五十镑，少则十几镑。通过这种会议，英国人民对中国政治真相，就有了较正确的理解；对抗日问题，也认识清楚些了。

出乎我们的意料，在新堡的集会上，居然也有"中国同胞"在海外给中国人丢脸！事情经过是这样的：我们进入会场，已看到有数位衣冠楚楚的中国人坐在会场的后排座上。杨将军进来，他们都没有理睬，这也不必深究。后来当杨将军讲话时，群众接连鼓掌，而他们仍都毫无表示。当杨将军讲了十分钟后，他们之中竟有一位站了起来，质问杨将军说："华北大战已起，你既是抗日将军，为什么不回国打仗呢？"当时，会场群众多数不懂得他说了些什么，扭回头来，"嘘！嘘！嘘！"显出十分讨厌的神色。他看到群众不满，不得不垂头坐下。苟兰茨附耳问我，我说："别理他们，请杨将军继续讲。"对此，杨将军笑着即席插了几句话，告诉那个"中国同胞"，自家人有意见，请会后到旅馆详谈。这不是中国人互相讨论的场合。如不愿听讲，可以退席。说罢，那几个人竟然走出会场，嘴里还不断嘟哝什么。苟兰茨是外国人，他不理解，我告诉他说："这种人，到处都有。由此可以看出，为了抗日，张、杨两将军扣押蒋介石，也是迫于无奈的。"他点头表示同意。

由英格兰北部回到伦敦后，杨将军除访问了几位工党领导人，交换援华抗战问题外，还先后应工党左翼组织和其他团体之约，在伦敦大学政治经济学院和伦敦大学本部援助中国群众大会上讲了话。在百忙中，又去东伦敦"中国城"侨胞住区访问一次。

8月28日上午10时,杨将军偕我由法赴德。旅法侨胞团体代表和个人,包括顾维钧、李石曾在内,或来旅馆话别,或到车站送行。因为当时德国纳粹当政,在德国的华侨又很少,所以杨将军决定着重游览并和中国的知识界尽可能多接触。

初到德国西境,海关检验护照,他们就对我们颇多留难。到达柏林车站,中国留学生、华侨代表和大使武官等三四十人前来迎接。因为居住问题,我们同大使馆人员曾发生小的争执。他要我们住豪华的旅馆,以显示中国官员的"派头",而杨将军却决意住普通饭店。他说:"来这里,我不预备同德国官方来往,何必要排场呢?"以后到9月1日,杨将军在普通旅馆里,觉得花钱倒不多,只是每天看见纳粹先锋队来来往往,穿褐色衫,行纳粹礼,心里很烦,干脆移住到同乡谢济生(奉教育部派,考察教育,陕南籍)原住的客寓了。

在柏林,杨将军同驻德大使程天放有过两次礼节上的接触和应酬。由连仲玉、温康兰夫妇陪同,游览了柏林各处名胜,去过波茨坦,还往柏林东北某地参观过一项水利航运工程。孔祥熙当时在南德的一个温泉胜地休养,为了解国内抗战近况,杨将军曾偕连仲玉往晤孔一次。

柏林的华侨很少,杨将军在德10天的时间,主要是同一些进步留学生接触。8月29日至31日,一连三个晚上,举行了三次旅德抗日救亡联合会(简称抗联)会员座谈会。在柏林和巴黎大不相同,这里是纳粹的天下,希特勒、墨索里尼和东条正在酝酿结盟,搞柏林、罗马、东京"轴心",谈抗日是不许可的。所以抗联召开三次会议,都是在会员的寓所秘密举行,人数不多,大家无所拘束地交谈国内外大事。通过几次座谈,对杨将军的政治认识有所裨益,更加促使他早日回国。

9月7日上午9时,杨将军偕连仲玉、张明鼎和我去捷克斯洛伐克都城。行至德、捷交界处,因杨将军和我都持有红皮护照,海关人员很客气,只验了一下护照,并未要求看行李。

驻捷公使梁龙,对待杨将军很好,畅谈中还有亲切之意。欢迎欢送,都亲身出马，不像王正廷、郭泰祺、程天放辈，对我们摆官僚臭架子。譬如，为杨将军到捷洗尘，几次吃饭都在公使馆。我们一行并无女性，梁公使也请自己的夫人和龚秘书夫人作陪，这在沿途还少有。杨将军对在捷的印象是比较好的。

9日、10日两日，承梁公使安排，杨将军带我们西去皮尔森，参观有名的斯科达兵工厂。同日下午又来到布伦诺，参观机枪制造厂。由于梁公使的关怀，东去西行，都派员照料。

9月10日下午6时，赴维也纳，8时许到达。11日、12日两天，由驻奥公使馆代办童实堪安排，两次登上近郊加林堡游览。又承童代办招待，看了国家大戏院的名剧，观看了舞蹈、冬季滑冰场等。时间短促，还须返捷参观，因而未作邀游。当天下午返捷，参观坦克制造厂，并看了轻（三吨半）、重（七吨半）型坦克表演。杨将军认为这个国家的幅员虽不大，但人民淳厚朴实，工业发达，而且革命的潜势力也很雄厚，纳粹可能一时压倒了它，但终究一定要站起来的。

14日，离捷经南德纽伦堡等地赴瑞士日内瓦游览。曾和胡世泽公使等会晤交谈，还同中国图书馆胡祥麟游山、聚餐。顾维钧、梁龙当时在日内瓦开会，也访晤了他们。17日，再赴巴黎。车经里昂北站时，法国抗联多人迎候，略谈后就登车北去。

这次中欧之行，虽然在沿途一些地方游览了不少世界闻名的名胜古迹，参观了某些工业和文物，了解了人民生活的某些方面，但杨将军的游兴并不怎样浓厚，因为他日夜盼望回祖国抗战。

杨将军在西班牙是10月11日。因为要准备归国，我当时奉命留在伦敦，料理有关东归事。跟着杨将军去的是樊雨农和杨将军另一个旧部金闰生。金是由国内直接去欧洲游历的，不期而在巴黎相会。他们去西班牙访问时，往返都是乘坐飞机。归后，据樊雨农说：杨先生到达新都后，受到政府军领导人和国际纵队司令官的热烈欢迎。还遇到几个侨胞，他们是从法国去的，代表中国人民参加了国际纵队，对杨将军表示特别欢迎。政府军战斗精神十分昂扬，他们对我国人民抗日非常关心，他们希望抗日和反佛朗哥的力量互相支援。杨先生还到达政府军前线，非常兴奋，曾蹲在战壕里向叛军方面打了几枪。西班牙因为憎恨日本帝国主义，所以讨厌日本人。我们初到时，他们认为是日本人，瞪白眼，不理睬。后听说是中国人，还有抗日将军，便伸出大拇指，跑来握手欢迎。

欧美先进资本主义国家生产力高度发展，给了杨将军以深刻的印象。从檀香山的珍珠港到旧金山的卧波长桥，各地飞机场日夜起落如梭的飞机和一望无际的烟囱。在英格兰中部和德国的莱茵河流域，真是工厂接连工厂，矿井举目在望。捷克斯洛伐克的军火工业，已达到很高的水平。但是杨将军不止一次感慨地说："这些东西，十年前我在日本都看到一些。资本主义促进了工业的发展，但是今天它又成为工业前进的绊脚石。"

杨将军称赞西方国家工业和自然科学的高度发展水平，这只是旅行印象的一个方面。同时，他也看到资本主义制度造成的恶果。他曾亲身到几个地方的工人住区、黑人住区访问。多次深入"唐人街""中国城"，了解一般华侨的实际生活。

他在柏林看见纳粹党徒，横冲直撞，耀武扬威，冲锋队拿起皮鞭，威逼犹太人，当时他生气极了。后来，在巴黎一次集会上，他谴责德、日、意法西斯，曾引起"外交抗议"。事情经过是这样的：记得是10月下旬，我们已在巴黎。有一天，接到驻英大使馆抄转何应钦致杨电文一件，大意说，杨在巴黎讲演中大骂法西斯，已引起德国驻华大使陶德曼的抗议，嗣后务请注意云云。杨将军气愤地对我们说："不管是谁来的电报，别理它。"

在归国途中，杨将军看到殖民地、半殖民地人民的悲痛生活，激起他对帝国主义的深切憎恶。革命斗志，愈加坚定。这样就促使他排除众议，忘记了个人的一切，毅然归国。

"七七"事变发生后，杨将军就决志归国，参加抗日战争，曾给蒋介石、宋子文连发电报，提出自己的要求。另外，还电请南京某些"要人"促成此事。后来得蒋、宋复电，嘱他继续考察，不要回国。接着，日本帝国主义侵犯华北益急，战事逐渐扩大，他对考察十分不感兴趣，杨将军这时心情苦闷，表现得沉默寡言，每天最重要的事情是阅读报上登载的有关抗日军事的新闻，有时独自一人闷坐，考虑问题。忽于7月27日晚，杨将军向我说："现在国内抗日战事吃紧，我待在国外每天游玩应酬，实在乏味。宋子文来电让我先到欧洲，我考虑了一下，这样也好。我想同你前去欧洲，然后由那里设法回国，明日下午就动身。"跟着向总领事馆和一些熟人通电话说明行期。到法国后，8月13日，接宋子文电，谓华北已发生激战。14日，方振武来晤，据说他已决定最近回国，问杨将军怎样打算。杨将军说正在计划返国。18日，接孙蔚如复电云："全国决定抗战。余今日飞南京。"杨将军由最近国内来的电报，确悉抗日战争益趋扩大，南京政府已决定抗战。这些新的消息又促使他希望尽快归国，于是又计划走苏联，经蒙古进陕北解放区的路线，这是需要绝对秘密的。对外，只说去苏联参观，也考虑到苏联可能持什么态度，是否让我们通过。杨将军的意见是走着看吧！我即于21日到苏联驻法大使馆申请入境签证。据答此事须向莫斯科请示，一周后可见分晓。按手续，在去苏联大使馆前，我先去驻法大使馆说明意向，并得到许可。说明中国的外交官员，已知道杨将军的行止动向了。22日，接樊雨农由美国来电话，说一位姓赵的由芝加哥致电杨将军，请他赶快回国云云。赵君是谁？为什么在芝加哥发电？这些情况都不了解，即复电，请他查明。27日，樊回电说，电报是由南京发来的，详情不知等语。究竟是否赵寿山将军？迄今不知。28日，杨将军要去柏林，先一日特去向顾维钧辞行，据顾说，中苏互不侵犯条约已签字，说明两国邦交已好转。中国各方面团结，一致抗日，也符合苏联的利益。云云。

杨将军决计采取这一条路线回国，因之以柏林为起点，向东欧几个国家行进，待赴苏联护照办妥，就可顺道东行，免得东西反复了。我们到柏林以后，曾去苏联驻柏林领事馆打听护照签证消息，据说莫斯科还没有指示下达，两次探寻，而签证迄无消息，杨将军已表现出焦急的心情。

9月7日，到达捷首都布拉格，即请驻捷公使梁龙给中国驻苏大使蒋廷黻去电，说在莫斯科交涉入境签证。几天后由维也纳重返捷首都，经询签证仍无消息。杨将军当时看到护照迟迟不签，里面必有文章，看来通过这一条路归国已成问题。后来杨将军在伦敦时，10月6日果然接到蒋廷黻给顾维钧的一个电报。原电说："关于中苏关系，谣传繁多，杨将军此时赴苏考察，不合时宜，请劝他推迟苏京之行。"那时顾维钧正在日内瓦开会，电报是交由王麟阁航邮转来的。

10月2日，杨将军在英期间，又接到日内瓦转来宋子文发来的电报（密码），文云："值兹全国抗战，各方同志均纷纷集合，共赴国难。吾兄虽未奉电召，弟意宜自动返国。如何？盼复。"同时还接到一个法文电，是王炳南同志由上海所发，也请杨将军即速返国抗敌。收到这两封电报后，杨将军的神情显得很振奋，随即研商如何结束在英的活动和打听船期等问题。并电告在巴黎的米暂沉、周梵百两人，他们也复电同意。我们也仔细地研究过以下问题：（一）宋的电报说："各方同志均纷纷集合，共赴国难"，何以未提张学良将军呢？（二）要杨将军回去，何以蒋介石不电召，而说"宜自动返国"？（三）杨将军同邵力子、于右任、孙蔚如等（特别是孙蔚如）多次函电往还，何以他们不来电说及回国的事呢？看来是这样：杨将军于"七七事变"后，曾由美电蒋介石请缨返国抗敌，当时蒋复电嘱继续考察，不要回国。几个月来，杨将军在外作抗日宣传活动，蒋介石得有情报，从何应钦来的电报，看出对杨的活动有所不满。至于申请赴苏考察，这个消息驻外使馆既然知道，也必然会吹到蒋介石耳朵里。蒋介石对杨不能放心。因此宋的来电，定是蒋介石的授意，这里必有文章。后来，经过一再商谈，杨将军仍然没有决定。他说："回到巴黎再和大家细细商量一下，然后决定行止。"回到巴黎，朋友们各抒所见，大多数人都认为杨将军在海外还可多住些时间，再看形势的发展，并征询国内一些老友的意见，然后决定去留。如立即归国，恐杨将军安全没有保障。经过多次交谈，他仍然坚决主张最近动身，他说："我们发动'双十二'事变是为了抗日。现在国内全面抗战已起，如我仍然逍遥国外，实无脸面对待中国人民。至于我回国之后，不管蒋介石怎样对待我，我绝不追悔，只要问心对得起国人，死何足惜！"大家看见他态度很坚定，从此再也不谈这一问题了。接到宋子文、王炳南二人的电报和金闽生由巴黎来电催他往西班牙时，他已着我在伦敦买好船票。杨夫人、拯中和樊雨农等，也于10月5日由美到英，东归之计已作决定。同时，杨将军也考虑到大家的善意，从西班牙转回巴黎后，即着金闻生、樊雨农两人先期东归，打个"前哨"，了解一下国内政情，并迅速征询友好的意见，随时电告，以便途中应变。金、樊二人于10月30日乘意轮"康德罗素"号东进，按航程11月21日可达香港。随即杨将军偕夫人、二儿拯中、连仲玉、张明鼎和我，还有杨明轩先生和十多个中国留学生同行，28日离巴黎赴马赛，29日登轮归国。

出发前，杨将军曾于10月22日给宋子文拍发一电，这次电文较长，约计200多字，着重叙述他出国近五个月来的抗日宣传活动情况，并对宋的关怀和帮助表示深切感谢。23日，又给蒋介石、于右任和孙蔚如各发出电报，述明归国行程。29日由法国马赛动身以迄11月26日到达香港，一直没有接获他们的来电。船在地中海上，还给宋子文拍发一电，也未得复。

11月2日午夜，船抵波赛港。3日晚8时到达苏伊士码头。经过运河，航速很慢，共需时12个半钟头。在这里，我们曾向海关打听意轮"康德罗素"号的消息，据答才走过4小时。杨将军闻讯，说意轮几乎和我们一起行走。看来金、樊二人先行，起不了预计的作用。

7日下午1时，船抵吉布提，停泊两小时，杨将军登岸游览，深感殖民地人民的生活悲苦和帝国主义贪婪可恶。8日，行经亚丁湾，从广播中得悉德、日、意三国签订"反共协定"，杨将军就召集同行一些人谈论这事。他当时认识到，德国纳粹攫取了政权，已威胁着欧洲和平，这次德、意、日又签订"反共协定"，这就进一步造成对世界的威胁。他们借口"反共"，实际上是企图重新瓜分殖民地。因此，抗日的任务是更加繁重了，抗日战争将会延长。大家都同意他的分析。座上有人说："这样一来，苏联的地位就很危险，因为德、日一旦东西夹击，苏联势难两头兼顾。"杨将军提出不同看法，他说："账要全盘算，不能片面。帝国主义之间的矛盾，是永远少不了的。狗吃肉，必然要争。我看他们不一定先向苏联开火。"在这次航行中，杨将军虽然坐头等舱，但他总是找大家一起谈天。每天吃饭，也多和大家在一个餐厅。和他同船的中国旅客，除了个别访问之外，还请他作过一次集体讲话。所以这次航行，虽然物质条件差一些，但精神是舒畅的。

14日，船到哥伦坡，下船在旅馆茶点毕，买了10多份报纸打开看。据载太原失守，西安被炸，杨将军看到这些消息，推断南京对日军作战有问题。据他看，蒋介石总不肯拿出他的嫡系部队，只是叫杂牌军打先锋，这是蒋介石的"两败俱伤"之计。另外，他必然要防八路军，兵力分散，势所必然。

从这里得悉，金、樊二人所乘的意轮昨晚5时才驶离港口。

19日晨6时，船到新加坡。在船上，我们早看见码头上挤着一大群人手里打着小旗。杨将军上了岸，就有20多个华侨的代表趋前向杨将军一行表示欢迎。有十几位新闻记者团聚一起，向杨提出一些问题，主要是问杨周游各国的感想和归国后的工作计划。一会儿，华侨团体代表请杨将军聚餐。主座致辞，向杨将军致以慰问和敬意，还希望他回国之后，参加抗日战争，赶走侵略者。11时，船开，大家又齐到码头欢送，同杨将军一再握手告别。

这一晚，接王炳南由上海来电，问杨将军是否需要他来香港。复电请他届时前来。

21日上午6时，船抵西贡。船上宣布，23日上午4时开船，这样船在这里有两个整天的停留。西贡地方的华侨，同新加坡的消息很灵通。杨将军见船停留时间较长，原来就计划上岸，访问侨胞。可是船一抛锚，就见有成群的人打着小旗，前面还有音乐队，直向码头走来。人群前面，还有"欢迎杨虎城将军"的横幅。杨将军刚一上岸，乐队就吹奏起来，一些学生唱着雄壮的《义勇军进行曲》。杨将军同领头的侨胞一一握手后，就挥手向大家致意。接着，坐上侨胞预备的小汽车，游览了市容，参观了博物馆，并访问了"中国区"。侨胞代表关怀地问了杨将军旅行见闻。对于国内抗战和他归国后的计划，谈得更多。下午8时，侨胞"缩食会"设宴招待杨将军，并请他讲话，前后约一小时。22日，西贡华侨团体联合游行欢迎杨将军，与会的有800余人。杨将军又比较系统地讲了抗日战争问题。他深入浅出，说理透辟，受到侨胞热烈的欢迎。

南洋各地是华侨最多的区域，多年来，由于祖国的贫弱，他们受到当地统治者的百般欺凌，当他们从报纸上或广播中听到祖国的好消息时，就欢欣鼓舞。祖国的兴衰，是侨胞们最敏感的，他们无时不在盼望祖国富强。这次在西贡，有一位侨胞老人向杨将军诉说："当年发生九一八事变，我们的政府不抵抗，把军队撤入关内。那时一个印度商人问我，你们中国文化悠久、地大人多，这样好，那样好，为什么这次不打日本人？不把敌人赶走呢？杨将军，你们长年待在国内，哪能体会我们侨民的处境啊！"杨将军听了这一席话，竟感动地流出泪花。他手拍着老人肩膀，像发誓似的说："老伯，以后再看吧！"

24日晚，杨将军接金闽生由国内来电，大意说，樊雨农于23日赴陕。他24日飞汉转京。蒋介石派陈质平参议来港迎接杨将军。王菊人、申明甫到港迎候。这时法轮正在我国南海的汹涌波涛中驶行，眼看一两天就要重返祖国怀抱。去时炎夏，回时寒冬。在暮色苍茫或晨曦微露时，我见他独自在甲板上踱来踱去，意态严肃而坚定。

11月26日下午1时，轮船到达香港。一靠近码头，一个身着军便服的人，自称代表蒋介石来迎接杨将军。这人40多岁，少言寡语，此后一直紧紧跟着我们。杨将军在九龙半岛旅馆住定后，一天，我随杨将军到香港山上拜访何东爵士时，他也未经通知竟坐在杨将军的小汽车前面。我当时寻思：莫非他是蒋介石的特务，来监视杨将军的行动？也许人家看我们在这里人地生疏，派员来作向导吧？总之，杨将军回到香港，南京竟未派任何"要员"前来迎接，而只是这个"小卒"左右跟踪，的确令人怀疑。

在九龙，杨将军和杨夫人等住在一处，我同一些回国的留学生住在另一旅馆。这时，王菊人和王根僧由西安到达九龙。跟着，宋子文、王炳南也由上海前来。从此，我就同杨将军很少晤面。30日，杨将军偕王根僧乘飞机去长沙。我也因父亲病重，在他去后，搭乘飞机经汉口返陕。九龙一别，杨将军被蒋介石幽囚12年后，终遭杀害。

杨虎城将军在纽约

唐得源

杨先生是在1937年7月底抵达纽约的。在他抵达纽约的次日，我们三个正在哥伦比亚大学师范院学习的陕西学生，得到中国驻纽约总领事于某的通知，一道去杨先生住宿的旅馆，会晤杨先生。去的三个人是韩寿萱、王子休（德崇）和我。在杨先生任陕西省政府主席时期，我曾经以教育厅代厅长身份列席过省政府委员会议，任职约半年时间，和杨先生是比较熟的。杨先生在纽约住的是一家高级饭店。我们进入饭店之前，很清楚地看到在饭店外面的楼上挂着中国国旗（因为杨先生是奉政府委派出国考察军事的，按照国际礼节，美国政府是应当这样表示的）。我们在向杨先生表示问候之后，杨先生对我们说，他这次来，是为了搭船转赴欧洲，住不了几天。随同杨先生到纽约的只有秘书亢心栽一人。亢曾经被杨先生资送到英国留过学，蒲城人。

关于杨先生到纽约后的食宿、交通等事项，都是由驻纽约总领事于某负责料理的。于曾经招待杨先生吃过多次饭，我们也被邀参加过不止一次。当时据我们从旁观察，于对杨先生的招待，还是比较殷勤的。

杨先生在纽约停留期间，纽约华侨曾开会欢迎，并请他讲演。这一活动是由冀朝鼎负责接洽并陪同杨先生参加的。随后，哥伦比亚大学中国学生也邀请杨先生讲演，我们三个人都参加了。我还是组织者之一，因为当时我任哥伦比亚大学师范院中国学生会的会长。讲演地点是在哥伦比亚大学的一个教室里，参加听讲者有百余人，当杨先生在亢心栽陪同下来到会场时，全场热烈鼓掌表示欢迎。在讲演中，他精辟地阐述了抗战必胜的一些主要论据，并且积极地表示了他自己准备回国参加抗战的决心。讲演的具体题目，记不清楚了。关于抗战必胜的论据，他主要讲了三点：第一，日本经济基础薄弱，如果战争拖得过久，摊子铺得太大，恐怕它的力量难于支持下去；第二，从国际形势来看，战争发展到一定时期，英、美、苏等国，为了维护他们自己在远东的利益，肯定不会袖手旁观的，这对中国将是非常有利的；第三，中国是为反抗侵略而战，全中国人民同仇敌忾，士气旺盛，并且我们有辽阔的大后方，这些都是我们必将取胜的有力保证。最后杨先生谈到他的态度时说："我是军人，是最先倡导抗战者之一，今天抗战既已全面展开，我已下定决心，争取尽速返回祖国，站在抗战第一线，任何牺牲，在所不惜。"听众对杨先生在讲演中所作出的精辟分析和表现出的高度爱国热忱，深为感动，不时报以热烈的掌声。遗憾的是，当讲演结束的时候，突然有一个人站起来，以责问的口气提出有关西安事变的几个问题，要求杨先生回答，又有一两个人站起来，随声附和。他们的目的很明显，想当众给杨先生以难堪。这几个人我们不认识，肯定是混进会场的几个国民党特务分子。当时马上就有人站起来针锋相对地给以反驳说：今天我们请杨将军来主要是讲抗战问题，如果在此范围以外有什么问题要请杨先生解答，不妨在另外的场合或用书面提出，在这个时候提出这些问题是极不适当的。这时，我们几个人就趁机拥护着杨先生很快地离开了会场。随后，我们陪同杨先生和他的秘书，游览105层的摩天大楼，一直上到了最高层。在上边我们共进了晚餐，并且一起照了相。在进餐中杨先生谈笑风生，兴致极好。

在杨先生到达纽约的消息传出以后，引起了当地新闻记者的注意。据亢心栽对我们说，到旅馆访问杨先生的记者日必数起。《纽约时报》曾专题报道了杨先生到达纽约的消息，并附有杨先生的小传和照片。直到杨先生坐上了轮船以后，我们上轮船去送行，还发现有记者赶到船上进行采访。

当杨先生离开纽约的前夕，我们几个人到他住的旅馆作了最后一次晤谈。谈话的内容我记得有这样两点：第一，我们建议他到欧洲以后，不妨多停留一段时间，多看一些地方，来一次也不容易，国内战争情况也有待进一步了解。最好在时机比较成熟的时候，再考虑决定动身回国的问题，这样比较稳妥一些。他回答说，我准备到了那里，到几个国家走马观花地看一看就够了。现在是什么时候了，国内前方将士们都正在战场上流血流汗，我待在这里游山玩水能行吗？至于谈到个人问题，我也顾不上考虑那么多了。我们三个人听了这一席话，心情突然感到沉重起来。第二，我们问到他关于所谓对张、杨训话究竟是怎么回事？他含蓄地说了一句："这个问题，连我也答复不上来。"

杨先生乘"诺曼底"号客轮离开纽约的时间，距离他到达纽约的日期大致不超过一个星期。大约隔了三个多星期或更多的时间，杨夫人谢葆真带了她的7岁的公子拯中和随员樊雨农到了纽约。可能杨先生早已和杨夫人通过信，了解到我们三个人在纽约，所以在她到了纽约以后，很快地就和我们联系上了。见面后，杨夫人首先告诉我们，他们一行这次是从美国西部到纽约来的，准备搭船转赴欧洲，陪同杨先生一道赶回中国。她在纽约的生活一切，也是由那位总领事负责料理的。她在纽约停留了一个星期左右，在此期间，我们三个人陪同她和那位总领事在一起吃过几次饭，参观过一些热闹街市，并在商店买过一些东西，而且不止一次地到她住的旅馆里进行过访问和谈话。此外，我们还陪同她和拯中、樊雨农看过一次电影，又到唐人街吃了一顿广东饭。由于她是以陪伴杨将军的身份来的，她没有参加过什么政治活动。当时杨夫人和拯中穿的都是西装，杨夫人风度落落大方，非常健谈，公子拯中天真活泼，引人喜爱。俗话说：乡亲见了乡亲亲。因此，杨夫人在和我们的交谈中表现是非常热情的。杨夫人一行也是搭乘"诺曼底"由纽约转赴欧洲的。

（1979年9月7日）

杨虎城将军在欧洲

秦丰川

　　1936年"双十二"事变后，张学良将军把蒋介石送回南京，马上被扣起来。不久，杨虎城将军也被迫离开军队，由国民党政府给了一个"军事考察专员"的名义，到欧洲各国去考察军事。大约在1937年的八九月间，杨虎城将军到了巴黎。和他同行的，有他过去的宪兵队长金闽生和照料生活的秘书亢心栽，还有他的夫人谢葆真及幼子杨拯中。

　　那时，"七七"事变发生不久，旅欧华侨正在巴黎开第二次抗日救亡大会，旅德华侨也组织了一个代表团前去参加。我是代表团的成员之一，因此有机会在巴黎认识了杨虎城将军。

　　杨将军在巴黎的时候，名义上虽然是国家的"军事考察专员"，但是在蒋介石的策划下，他根本得不到法国政府的正式招待，哪有什么军事可以考察！他也曾给蒋介石打过电报，要求回国参加抗战，但始终没有答复。因此他只能在所到处参观游览。当时，巴黎正在举行世界展览会，他差不多每天都去参观，对于苏联展览馆特别有兴趣，看了又看。参观以外，抽时间就看苏联电影和法国的进步戏剧。他很虚心好学，有看不懂的地方，就请人解释。记得有一次，他请几个留法学生去看话剧《母亲》，因为语言和情节不懂，回到旅馆后，让我们把高尔基小说的内容，再给他说一遍。这样不懂就问、追求真理的精神，在杨虎城将军身上是很突出的。

为了避免蓝衣社特务的捣乱，杨虎城将军没有在旅欧华侨抗日救亡大会上讲话，只是和各国代表团举行过几次座谈会。那时，人们都怀着好奇的心情，想听他谈一谈西安事变的真实情况，但他始终没有详细谈过。他总是矜持地说，西安事变的原因是要求抗日，抗日民族统一战线，是救中国的唯一出路，只要坚持持久抗战，中国一定能够胜利等等。并且，每次谈话都比较简短，我们感到"不过瘾"，便向他的随员金闽生去打听。从金闽生的谈话中得知，杨虎城将军当时所以不谈西安事变的经过，主要有三个原因：第一，蒋介石已经发表了《西安半月记》对西安事变做了歪曲的宣传，如果自己再谈真实情况，必然会揭露蒋介石的欺骗，这对团结抗日是不利的；第二，抗日战争已经开始，西安事变的目的已经实现，自己正在要求回国抗战，再谈西安事变经过，没有什么政治意义；第三，身在欧洲各国，到处都有蒋介石的特务，他们怀恨在心，想方设法捣乱，不谈西安事变经过，可以免去不少麻烦。金闽生还告诉我们，杨虎城将军为了争取回国抗战，真是委曲求全，不敢再有得罪蒋介石的地方。

杨虎城将军对西班牙战争非常关心，他几经交涉，得到去西班牙的机会。在访问西班牙期间，使他受到很大教育，认识了世界人民团结的力量，增强了中国抗战胜利的信心。他举了许多亲身遇到的事例，说明中、西两国人民互相支援的情谊。他说，在西班牙的国际义勇军里，有几个华侨代表中国人民，参加反抗佛朗哥的战争，人数虽然不多，影响却是很大。旅欧各国华侨，不断地捐款寄给人民政府，支援反法西斯的斗争。钱数虽然有限，发挥的作用却是不小。他又说，西班牙人民对中国人民的抗战，是十分同情支援的，他走到哪里，人们欢迎到哪里。有一次，他和两个随员进了一家饭馆，堂倌起初以为他们是日本人，不肯理会，后来知道是中国人，便热情地招待起来，最后知道他是杨虎城将军，更是欢天喜地，一再表示敬意。在算饭钱的时候无论如何不收，硬要自己请客。像这样的事例，还有很多。

对于德国之行，杨虎城将军是很慎重的，因为他知道希特勒政府是不会欢迎他的。加之蒋介石的特务在柏林最多，估计可能和他为难。果然不出所料，他在柏林不但遇到大使馆的阻挠，没能参观德国的军事，而且遇到蓝衣社特务捣乱，没能和更多的华侨见面。在杨虎城将军到柏林的时候，车站上就有两种不同的人欢迎他。一部分是我们抗日救亡联合会（简称抗联会）的代表，另一部分是几个蓝衣社的特务分子。火车进站后，两方面的欢迎人们，都拥到车门口，抗联会的代表给杨虎城将军献了鲜花，欢迎他住在预备好的旅馆里，自称大使馆的代表说："你是国家的军事考察专员，应该住到大使馆。"在双方争执不下的时刻，杨虎城将军胸有成竹地说："我就住在旅馆吧，免得给大使增添麻烦。回头有时间，我去看望大使。"那个大使馆的"代表"还想威胁什么，可是杨虎城将军已经随着抗联会的代表走了。事后杨将军对我们说："我很清楚，自称大使馆的代表，是想把我骗到大使馆软禁起来，限制我的行动，我当然不能上当。"

杨虎城将军在柏林住了不到两个星期，除了作些个人参观、游览以外，便是和抗联会的朋友们往来。由于蓝衣社特务对于他的活动十分注意，因此抗联会没有举行大规模的欢迎会，只是举行了几次小型的座谈会。对于这样的活动，特务们也不放松破坏。有一次，抗联会要举行一个规模较大的座谈会，请杨虎城将军讲话。为了防止特务捣乱，地点选择在一个僻静地方的旅馆里，通知到会者是采用个别串连的办法。可是在将要宣布开会的时候，突然来了20来个陌生人，他们进了会场，有计划地挤坐在一起。这时，抗联会员到会的有七八十人，杨虎城将军已坐在U字形座位正中，既不能宣布座谈会不开，又不能告诉杨虎城将军情况有变。在这紧急时刻，我们只有通过暗示，采取临时措施：布置一部分人坐在特务周围，对他们实行监视，一部分人坐在杨将军身边，对杨进行保护；坐在门口的人，对以后再进来的人进行有计划的安排，大家都做好了一切精神准备。机警的杨将军早已看出情况有变化，他在讲话中一再强调团结抗日，根本不谈西安事变。特务们不等杨将军讲完就进行挑衅。一个特务问：你为什么不讲西安事变，我们要听听西安事变的经过。杨将军知道这是故意捣乱，他既不生气，也不吃惊，心平气和地说："'西安事变'的经过，大家已经知道了，用不着我再讲。"又一个特务气势汹汹地问："《西安半月记》说的话是真的还是假的？"杨将军微笑着回答："'西安事变'，是个要求抗日的请愿，如今抗战已经开始了，当然是真的。"又一个特务跳起来问："不安内能不能攘外？"杨将军从容地回答："'西安事变'的要求就是安内抗日，现在已经团结抗日了。"特务们一时再找不出什么挑衅的问题，坐在那里面面相觑。抗联会会员就抓紧机会，接二连三地发言，有人介绍国内抗战消息，有人讲抗日民族统一战线，有人呼吁旅德华侨团结起来，一致抗日。会场里顿时充满了爱国热情。这次聚会，显然是以团结抗日胜利，捣乱分子失败而结束。事后我们才知道，那天来的20多个人里，有半数以上是特务们临时从华侨小商中雇来的，他们只是来壮声势，并不热心捣乱会场。等到开会以后，才知道是欢迎杨虎城将军，他们也想听一听国内抗战形势，内心反而讨厌特务进行捣乱。

杨虎城将军原来很想从德国到苏联去访问，但由于多种原因，加之他急于回国抗战，因此没有去成。对回国以后如何参加抗战，杨虎城将军谈过两种准备，首先是请求蒋介石委派抗日工作，让担任什么工作，就担任什么工作，只要能为抗日出一把力，便心满意足了。其次，他也考虑到蒋介石可能记恨西安事变，不给工作，那就争取回到陕西，在关中地区组织民兵，至少可以动员十万之众，和日本帝国主义周旋。在这样的计划下他返回巴黎，积极准备回国。

那时，蒋介石对杨虎城将军几次"请缨抗战"一直没有答复，但杨将军再也等不下去了。他说，我是一个军人，过去主张抗战，如今抗战已起，自己怎么还能躲在国外！况且"国家兴亡，匹夫有责"，回国以后不愁没有事做。他要求回国抗战，真是心急如焚。他还约了我们十几位留欧学生，和他一起回国参加抗战。

在10月底左右，杨虎城将军离开巴黎，从马赛乘法国轮船回国。在一个半月的旅程中，他的抗日宣传活动，比在欧洲时还要积极。他虽然坐的是头等舱，但经常和大家在一起，每日三餐，都和大家共同在餐厅就餐。当许多人知道他就是杨虎城将军以后，就要求他讲话。他除在餐厅对中国旅客作过一次集体讲话外，还和一些旅客在饭前饭后进行交谈。他谈话的内容主要有三个方面：一、日本帝国主义侵略中国的阴谋及其在东北的种种暴行；二、中国抗战的形势和胜利的条件；三、西班牙人民反法西斯斗争的情况。他谈得很生动，大家听了也很兴奋。杨将军每天上、下午总要抽出些时间，和一同回国的留欧学生谈话，有时是个别谈，有时两三个人在一起谈，谈话内容广泛，或是了解个人历史，或是交换政治见解。他特别好提出国际问题，让人分析。

轮船将要靠近新加坡码头的时候，我们在甲板上看到岸上黑压压地站着许多人，手持小旗向船上招呼。还有一个乐队，站在人们的前头，不知道要做什么。渐渐地我们看见一幅写着"欢迎杨虎城将军"的横额，才知道这是华侨的欢迎行列。这时，杨虎城将军以感奋的目光注视着人群。轮船刚一靠岸，岸上锣鼓齐鸣，群众高喊欢迎口号，接着又唱起了《义勇军进行曲》。歌声激荡着码头，也激荡着人们的心灵。杨虎城将军眼里含着兴奋的泪水，走下轮船，和前来欢迎的人们热烈握手。欢迎的代表说，知道杨将军乘这次船来，特来欢迎，现在就请出席欢迎大会。于是，大家分乘大小汽车，向市内进发。杨将军看到这一切，心情更加激动，他连连点头说："中国绝对不会亡！"

轮船经过西贡时，因为上货、下货的关系，整整停了三天。有些客人在西贡下船后，就向华侨宣传，说船上有个杨虎城将军。华侨商会知道后，马上派代表来欢迎，并要求上岸去讲话。杨将军在西贡讲了两次话，一次是在七八百人的欢迎大会上讲的，一次是在五六十个华侨代表的宴会上讲的。他讲话的内容，除了国内政治形势和抗日战争问题外，还讲了国际政治形势和华侨抗日救国的问题。

当轮船到了香港，遇到的情况与在西贡、新加坡恰恰相反，岸上没有人欢迎，只有一个穿黄军服的人上船，说是代表军事委员会来欢迎的。这个人30来岁，歪戴礼帽，流里流气，一看便知不是个正经东西。在这个"欢迎者"的引导下，大家一同来到九龙，杨将军和他的眷属、随员被安置在半岛酒店，我们随他回来的学生，被安置在另一个旅馆，距离虽然不远，但是很少有机会往来，这和在船上的情况完全不同。有时我们去找他，他很少说话，看得出在眉宇之间总是有一种苦思焦虑的表情。一个星期后，有一天他来找我，对我说："我到了香港，就给蒋打去电报，一直等到昨天，才接到回电，说叫我到南昌和他见面。"说到这里，他停了停又说："我这一去，有两种可能：一种可能是让我抗战，那你们就来，大家一同干；另一种可能是把我扣起来，那你们就另找抗日的机会吧。"我绝对没有想到杨将军会被扣起来，顺口就说："扣是不会的，全国都在抗战，他扣起一个要求抗日的将领，怎么向人民交代！"他叹了一口气，意味深长地说："张汉卿不是没有释放吗？"我说："既然如此，不如不去，另找抗日道路好了。"他说："这个问题，我也考虑过，并不妥当，那会给他们找到更多的诬蔑借口，现在只许他扣我，不许我不去。为了团结抗日，个人纵然有所牺牲，也是值得。"我看他主意已定，就再没有说什么。最后，他对我说："我明天就走，我走之后如果三天以内没有消息，你们就不要再等了。"杨将军走了三日之后，果然没有一点消息，我们猜想他真的被扣起来了，只好分别乘坐飞机、火车，前往武汉，再作打算。

就从那时开始，杨虎城将军一直被蒋介石的特务囚禁着，直到1949年9月17日重庆解放前夕，被国民党反动派杀害。和他一起被囚的，有他的爱妻谢葆真和幼子杨拯中。拯中生得聪明漂亮，平时很安静规矩，对人很有礼貌。到欧洲时，虽然只有七岁，但有大人的风度。他识字不少，好看书画，在人们谈话的时候，他从不打扰，总是坐在旁边看书看画。杨虎城将军对他很是宠爱，经常不离左右，看到他的人，也都十分喜欢他，认为他是一个有出息的孩子。谢葆真是一个女师毕业的学生，有一定的文化水平，思想比较进步，性情爽朗，心地公正。在杨虎城将军被囚以后，她自动带着拯中陪丈夫坐牢。不想这样善良的妇女和天真的儿童，也难以幸免，惨死狱中。

杨虎城将军欧游归来到香港

毛惟之

　　杨虎城将军欧游归来，途经越南西贡时，致电上海王炳南约我（杨将军任西安绥靖公署主任时期，我担任绥署军需处处长）同去香港会晤。我们于11月25日，乘意轮"康梯卢梭"号离开了上海。

　　轮船在夕阳西下时，驶出了吴淞口。饭后，我们在甲板上闲眺，忽有人喊道："哪位是T.V.宋？这里有封电报。"王炳南低声对我说："宋子文也在这艘船上，大概是去香港会晤杨将军的。"我们乘坐的轮船到达香港时，已是27日中午了，靠拢码头时，杨夫人谢葆真携其幼子拯中和秘书亢心栽及十七路军同人王菊人、申明甫、王金鳌等来接。下船后，王炳南被友人邀去同住，我即住九龙酒店王菊人处。略事休息后，王拟前往访杨，适杨夫人来临，她说："杨先生（指杨虎城将军）偕同王根僧过港游山，尚未归来。"杨夫人去后，我问王菊人："你是同王根僧一道来的吗？"他说："我是奉孙蔚如主席命同申明甫、王金鳌等由西安来的。王根僧是代表一七七师由邰阳防地来的。"

　　午后，王菊人陪我同去半岛酒店，适杨将军已游山归来，他问我

"八一三"后，淞沪抗战的一些情形。我当就所知，向他报告了淞沪抗战经过和国内各方面的情形，顺便提及宋子文亦同船来港的消息。他说："宋这次来港，是我专电约来的。"不久，王炳南亦来。杨将军夫妇约我们外出就餐，在吃饭时，他对我们说道："我现在已到香港了，看见全国热烈抗战的情况，真有说不出的高兴。回忆从前我在日本时，曾亲眼看见日本帝国主义者对我国侨胞和留学生的轻视和无理压迫，使我内心难受极了。狂妄的日本军国主义者，在九一八事变之后，又继之以'七七'事变，竟想侵吞中国，独霸东亚，这些血海深仇，岂能不报！我恨不得马上就到前线去，和他们拼个你死我活。"言谈之间，处处流露出为祖国、为人民的一片忠贞爱国之情。饭后，我们一同仍回半岛酒店，他把欧游感想和在欧时看见中国留学生纷纷回国参战，自己却漫游国外，不能为祖国、为民族效力的苦闷和焦急的心情，给我们谈了一遍。后来，我和王菊人辞出，王炳南留下长谈。

宋子文到港后，杨将军曾驱车往访。晚，宋移居半岛酒店，与杨同住二楼。当晚，他们作了长谈，一直谈至深夜。

第二天上午，杨将军叫我，我刚走进客室，有一个细长身材的青年，也跟着进来了。杨说："现在没啥事可办，你先回去吧！"可是他并没有走，还站着不动，经催促后才走了。杨笑着对我说："这个人真是有些不识相，他不管你有事没有，有客没客，一进来就坐下不动，老是叫人催他才走。有几次我想说他，总觉得青年学生，缺乏社会经验，也就算了。"我问："那位青年是谁？"他说："是张秘书，留法学生，经人介绍给我在法国临时当翻译，我回国时，他也跟着回来了。"我问："南京有电来吗？"他说："蒋有电来，叫我去南昌见面，并派戴笠迎接。戴亦有电来，约在长沙见面后同去南昌。因此，我打算就去，你如果不再去上海，在我走后，可把我的家眷送回西安去，飞机票由梁参议代办。"我说："好！我一定在你走后，把他们送回西安去。"接着我问："是哪个梁参议？"他说："是军委会派来招呼我们的一位少将参议。"我接受杨将军的嘱托后，刚退出时，看见陈铭枢将军正叩宋子文的门，因无应声，折回访杨。我报告后，杨即迎陈到会客室里。我回去后，将以上情形告诉了王菊人，并问他是否一同回陕。他说："你负有使命，请先走一步，我随后同申明甫等一起回去。"

是日中午，港绅何东爵士邀宴杨将军于其私邸，我和王菊人、申明甫、王金鳌等送杨将军至轮渡码头过港赴宴时，梁参议已先等候在那里，当申明甫、王金鳌随同杨将军登上轮渡时，梁参议把申等挡住了。他说："我带的有人，你们在此人地生疏，不必去了。"说罢用手一招，由人群中走出两三个类似包探装扮的人，一同跳上轮渡，随杨将军过港去了。申明甫等只好返回九龙酒家。王菊人和我在回去的路上，研究了这一令人怀疑的现象。当晚，即向杨将军谈及，但是并没有引起他的重视。11点钟过后，我们回去，刚走下楼梯，即有人走来问道："你们上哪儿去？"我们说："回九龙酒店去。"大概他听我们是西北口音，带笑说道："你们是跟杨将军的人吧！我是在这里值班，保护杨将军的。"当我们走下阶沿时，又有两个人手执折扇，口叼烟卷，摇摇摆摆走来，用同样口气发问，经回答后，他们似笑非笑地对我们说："自抗战爆发后，香港情形较前复杂，晚上常出事故，现在夜已深了，你们没事时，还是早些回去休息吧！"说罢，扭转身子踱着慢步，两个人卿卿哝哝地走向草坪花丛中去了。王菊人说："前边如此，后门可能也有人站着。"我说："如果这里有后门的话，肯定是有人在那里站着的。"

回酒店后，王菊人对我说："你对今天看到的一系列情况，是否感觉有些异常？我一再考虑，既然是保护杨将军，为什么要盘问我们呢？因此，我认为情形不简单，我们作为杨将军旧属的一员，今日面对这种异乎寻常的情况，绝不能置之不理，须即向杨将军陈报。"但在更深夜静的时候去半岛酒店，确有不便，只好等候天明再说。

下午，接杨将军电话叫我去。王菊人要我劝杨在香港多住几天，看清情况再说。去后杨对我说："明天，我就动身了，你送她们母子回去时，在上下飞机和旅途中，对拯中要多加关照，不要让其乱跑。我到南昌后，就有电报给你们。"我又乘机建议他在港多住几天，看看情形再说。

他说："我已给蒋和戴笠复电，说明天起飞，所以不能再缓了。"我说："据王菊人、王根僧他们谈，十七路军官兵日夜盼望你早些回西北去，领导他们抗战。他们来港就是带着这个愿望来欢迎你的。"他说："我是奉派出国考察的，既然回来了，就得先去南昌汇报，回西北大后方去，那只能放在第二步了。"我说："抗战爆发后，西北已不是大后方，而已成为抗日的根据地。"说到这里，他兴奋地站起来，又来回走了几步，大声对我说："去冬，我和汉卿发动事变，为了什么？就是为了争取蒋介石停止内战，团结抗日，现在抗战爆发已快半年了，我既然回来，岂能久住香港。我回来的心地是极坦白的，为了参加抗战，别无其他。"我说："谁都知道蒋介石这个人，只记私仇，不讲信义，有必要多加考虑。"他说："我和陈铭枢将军会见时，也曾谈到这些问题。同时，知道原十九路军的抗日将领，如蔡廷锴、蒋光鼐等均还侨居海外，未被起用。共产党号召全民抗战，蒋介石却在排除异己，敌人节节进迫，蒋介石却在处处退让，这些做法，当然要引起人们怀疑，那是不言而喻的。正因为如此，我曾多次反复考虑，最后决定，还是先去南京看看，蒋介石如果真在导演着假抗战、真投降，假团结、真排挤的话，那我就决定离开南昌回西安去了。"虽经我多次劝阻，但他依然坚决去南昌。最后，我才提出请王炳南来商量商量再定，杨夫人也表同意。说到这里，住在对过房间里的张秘书，忽然推门进来了，杨将军对他说："你没事，等会儿再来！"可是他双手交错，稳坐不动，也没吭声，大有久坐不去之意。我看不能再谈，就告辞而出。

刚回到九龙酒店，王菊人就问如何？我将谈论经过及张秘书进来打断谈话的情形告诉他。他听后默不作声，沉思很久才说道："既然如此，只好等晚上去时再说吧！"

当晚，王菊人和我前往半岛酒店时，又看见有几个不三不四的人，分散地站在酒店附近，瞅着每一个进出酒店的人们，楼梯口也有一个人手拿折扇，摇摇摆摆地走来走去，注视着行人。我们急步走向会客室，及至进门一看，里间坐满了客人，其中不少系杨将军资助回国的留欧学生，所谓张秘书亦杂坐其中，纷纷谈论如何分组、分队取道广州、桂林、武汉和重庆等地，争取早日参加抗战，以及竭诚拥护杨将军北上抗日等问题。有人主张，把直赴延安不在中途停留的人，另编成一组。总之，会客室里充满一片议论和欢笑声。我们看到这样的场景，深感无法进言。不久，梁参议也来了，他和大家打了个招呼，然后就以谦恭而很有礼貌的态度走到杨将军跟前，低声向杨说了几句话，就退坐一旁，倾听大家的谈话，有时也和人交谈几句。但是从他那种过分矜持的动作中，不难看出他的虚伪性。11点钟过去了，客还没散。我们插空问杨将军，明天带些什么？我们可以帮着整理。他只说带一些简单用品和衣物，业已整理好了。我们又问是否决定带王副师长一同去？他说："同王根僧去最适宜，因为他是江西人，在南昌人地都熟，他去比较方便。"接着他又说："这里客多，还要招呼，你们先回去休息，明晨早些来，11点钟，咱们就到飞机场。"我们回去时，在酒店附近仍然有几个行迹可疑的人，在那里注视着每一个进出酒店的人们。

30日上午，当我们亲送杨将军到达九龙机场时，前来欢送的人们热烈鼓掌，杨将军下车后和他们一一握手，致谢。这时梁参议早已带人在机场恭候，并在四周放哨，作警戒状。

起飞时间快到时，杨乃和王根僧先后登上飞机，站在舱口又频频向前来欢送的人们挥手告别。当时人群中高呼"欢送杨将军北上抗日"的口号。他的幼子杨拯中也在人群中挥着小手，大声喊道："祝爸爸一路平安！"飞机起飞了，时正11点40分。

我们怀着沉重的心情，正打算走出机场时，梁参议走来对杨夫人说："机票已办妥，你们可乘下一趟飞机起飞，时间是12月2日上午11点30分。"说罢，点了点头，转身就和他带来的几个人，乘上汽车走了。

12月1日晚，去杨夫人处，帮助整理行装，谈到杨将军尚未来电时，杨夫人似乎忧心忡忡，手抚爱子，默默不语半晌。

2日晨，去杨夫人处，见她们母子已整装待发。10时过后，同去机场，适王炳南陪同杨明轩先生亦来，今天也乘这趟飞机回西安。11时半起飞，午后3时许，抵达长沙上空，降落加油后，继续飞行，到达武汉已是夜色苍茫时刻。机上人员说，当晚在此过夜，明早8时，再飞往西安。下机后，凡是去西安的乘客，都受到武汉行营派来检查人员的盘查，尤其是对我们几个人盘查更严。晚宿陕西省政府驻京办事处处长李志刚给我们预订的旅馆。

　　到达旅馆后，杨夫人迫不及待地就要去访于右任，经李志刚坚请，乃略进饮食后，即匆忙偕李前往，至深夜归来，面带忧容，精神沮丧。刚一坐下，她就先问我道："关于杨先生的情形，你有所闻吗？"我说："从办事处职员口中，略有所闻，但不知其详。"她说："杨先生怀着一颗热爱祖国、热爱民族的忠贞之心，请缨杀敌，被允回国，不料一到武汉就被戴笠派特务监视住了。杨先生去看于右任时，还有特务跟着，一直没离开左右。据于说：他们两人谈话时，跟去的特务竟敢旁坐不动，经他斥责后，才到外边去了。可是，还不时进来，催促杨先生早些回去休息，使他生气极了。接着于气愤地说：杨是回国抗日的，不是来当汉奸的，戴笠为什么要这样胡搞，我以后见到蒋先生，一定要把这些情形向他提及。并说杨先生和他见面后，第二天就和王根僧飞走了。"杨夫人说到这里，慨叹一声，接着说："就目前情形来看，杨先生的行动现已受到限制了。证明王菊人和你在香港所见，同现在事实的发展是一致的。由此推测：杨先生抵达香港后，梁参议一来，就已经受到监视了；住在半岛酒店的那个张秘书也是一个大有可疑的人！"

（1963年8月）

杨虎城将军被捕经过

王根僧[*]

一七七师是十七路军的一部分，1937年卢沟桥事变时驻在陕西洛川、三原一带。是年9月3日起，先后以半个师驰往河北会战，以半个师开赴潼关迄北禹门黄河西岸构筑国防工事。迨11月间，正当士气高涨誓死抗倭救亡之际，传来杨虎城将军回国的消息，群情欢腾，平添无限力量！当时师长李兴中、政治部主任郭则沉和我们研究对杨将军返国如何表示全师将士欢迎之忱，郭则沉同志建议由我代表全师官兵前往香港迎接杨将军。

我于1937年11月24日由西安飞抵香港，十七路军同人王菊人、申明甫、王炳南、王惟之等亦先后来到。

11月26日 杨将军偕夫人谢葆真、幼子拯中由法国马赛乘法船"哲利波"号于午前9时安抵香港，寓九龙半岛酒店，由杨将军资助回国参加抗日的留学生颇多。

---

* 王根僧同志现任新疆生产兵团参谋长兼新疆石河子新建市管理处处长，1937年时，王任一七七师副师长。

27日　午前随杨将军遍游香港各山。正午，港绅陈伯旋在其家中招待茶点，曾摄数影。晚，梁、霍二君在新纪元酒家邀宴。

28日　晚，郑宝照局长邀宴，杨将军命我代去婉致谢意。

29日　我向杨将军询及此次回国经过，他说："我们在国外得悉举国一致抗日，寝食不安，曾两次电蒋介石要求回国参加抗战，没有答复；乃另电宋子文嘱其转请，始接宋复电表示同意，才决定回国"云云。又说"昨接蒋介石由南京来电嘱至南昌相见，并派戴笠迎接，同时并接戴笠电约至长沙会同赴赣"云云。杨将军将以上情况告知我们，我们研究后，认为杨将军只身前去，诸多不便，我既是江西人，自以我陪随前去为宜。

宋子文由沪抵港，黄昏时我随杨将军往访。晚，宋亦迁寓半岛酒店，曾与杨将军长谈。

30日　宋子文给杨将军一张长沙飞机票。当时香港的飞机票，局外人不易购得，不得已由我向宋子文一再要求，勉强再给一张。是日午前11时37分由九龙乘欧亚机17号起飞，午后2时50分抵长沙。当陪送杨将军至六国饭店休息后，我按址去找戴笠，得悉戴相侯1日前已返武昌，但曾留便条嘱杨将军转往武昌。午夜12时20分由长沙乘湘鄂段粤汉车赴武昌。

12月1日　午后3时30分车抵武昌车站，戴笠率行营及省府人员百余人在车站迎接，当即安顿我们住在胭脂坪省政府招待所。表面招待很周到，但发觉有特务人员秘密监视，杨将军去访于右任时亦然。我当时将这种情况密告杨将军，杨将军说："我又不是回来做汉奸，中央不需要这样做吧？"他似乎不相信我的话。

2日　午12时30分由戴笠陪至汉口空军航空站。已预备小飞机一架，可乘三人，戴笠原来安排是杨将军、戴笠本人，另副官一人。当时经我再三要求，始临时将副官叫下来，准我上机。午后1时55分抵南昌，寓二纬路一号戴笠在南昌的办公处所。当车抵寓所附近时，我瞥见有一队宪兵正在周围布置岗哨。戴笠安顿我们二人在楼上住，他自己住在楼下。我乘机将所瞥见的情况告知杨将军，我说可能已把我们监禁起来了。他仍然说："我又不是回来做汉奸，他们不需要这样做吧！"（现在想起他这句话，是多么光明磊落啊！）我说："以君子之心，度小人之腹，往往是不正确的，我应该去试探一下。"我当即挟着一套衬衣裤和手巾、肥皂，佯装出去洗澡，果然被门口卫兵拦阻，并说外面风声不好，不能出去。我折返楼上告知杨将军，他长叹一声，默默无言久之。

3日　戴笠表面上招待我们甚是周到，伙食特别好，并和我们有说有笑。但迄未谈及蒋介石何时来南昌，至此我们也已了然。

4日　戴笠陪同杨将军乘汽车游万寿宫，我随行。

5日　听说蒋介石即来南昌，晚餐时杨将军询问戴笠，他说不确定。杨将军判断当时情况，也认为蒋介石不可能来南昌，且说既把我们弄到这个地步，他来与不来，都不相干。

6日　午，戴笠陪同杨将军和我游青云谱烈士墓。

7日　杨将军读报，得悉日军已达南京近郊汤山一带，不胜愤激！他说："我今不能上前线杀敌，至感无聊！作为一个军人能上前线多杀几个外国敌人，才算得光荣！若论内战，则难免一将功成万骨枯之讥！"云云，于此足见杨将军苦闷的心情。

8日　与杨将军相对闷坐无聊，我只好说说笑话，以解寂寞。夜间曾谈及若不回国，岂不省却许多烦恼的话。他说："我是一个军人，且在'双十二'时我和张先生为了抗日救国而发动兵谏。今中央和全国一致抗战，我若竟逍遥国外，那么，就失去'双十二'举动的意义了。我今回到祖国，为的是愿当一兵一卒，亲上前线杀敌。但是人家不让我上前线，或竟把我牺牲了，我也问心无愧。但愿蒋介石能抗战到底就好了！"杨将军忠贞为国之情溢于言表！

9日　是日敌机轰炸南昌。杨将军慨叹我国空军力量太弱，不知道国防建设的钱用到哪里去了。晚，杨将军对我说："如果你能恢复自由，必须告知王炳南同志，抗战必胜，要有信心；抗战到底，国家才有前途"云云。

10日　午后1时许又发警报，警卫人员带我们到江边下沙窝隐蔽。午后5时40分，戴笠说：敌机常来轰炸，城内不安全，请杨先生迁到乡下去，要他立即上车。当时戴不准我随去，我挥泪送别。杨将军叫我速返前方，晓谕十七路军官兵，要上下一心全力杀敌。我唯唯，唯请珍重而已!

（嗣我转往汉口，复被软禁至翌年2月21日始得离开汉口，返回部队。）

回忆今年6月23日我们赶至上海送别杨将军出国，仅5月余，今日之别，前途莫测，不胜悲愤!

1938年1月14日　十七路军将领认为杨将军无辜被囚，为了安慰他的情绪，照顾他的生活，决定请杨夫人谢葆真同志前去，同时她也要求前去。因此她率同她的小孩拯中于今日由西安飞抵汉口。

17日　由戴笠安排将杨夫人谢葆真同志和小孩拯中于晚9时由汉口乘船往江西。

忆杨虎城将军在狱中

韩子栋

　　我和杨虎城将军从1938年起，在湖南的益阳、贵州的息烽、重庆的歌乐山，同坐军统的一个秘密监狱，但没押在一个院子里。

　　我和他的亲信副官阎继明、张醒民，部下宋绮云先后同斋①、同监房好多年。我和阎关在一起是在益阳，和张是在息烽的白骨洞，和宋是在息烽的猫洞。

　　下面所叙杨将军狱中的几件事，一是听阎、张讲的；二是听管理员②讲的；三是听狱中地下党人讲的。

---

①　军统秘密监狱的分监，不叫监，叫斋。如忠斋即忠监，孝斋即孝监等。

②　军统秘密监狱的看守，要犯人称之为管理员。

要求一次抗战，加重一次惩罚

在狱中说到杨将军坚决要求参加抗战的事时，阎继明说："'头'①回国，我到香港去接。他坐的船还没到，军统已在码头布置好了特务。船一靠岸，特务就包围了下船的地方。接他的车是军统的，住的旅馆也是军统定的。'头'这时在香港，他们不敢逮捕，但事实上已失去了自由。到了武汉没多久，就接到蒋委员长在南昌接见他的通知。到了南昌，他们就把我和'头'分开了。我被送到湖南益阳后，关到王家大堡秘密监狱里，'头'的消息我就一点也不知道了。"

"人啊，人！一旦有了权，就从头发梢变到脚底跟，一没有了权就熊。西安事变时，'头'派我照料蒋秃子的生活、饮食、起居。我乍一看见他，真不敢相信他就是蒋委员长。一瞪眼吓死人的蒋委员长，一夜之间变成缩头瘪脑的怕死鬼、小瘪三。他那畏畏缩缩的熊样子活像个丧家狗，瘪嘴哆哆嗦嗦，假牙都哆嗦掉了；两颊凹陷，长脸上只剩下一个通天鼻，像耍把戏的猴子，挨了鞭子。"

"'你发疟子啦？'我问他。他斜视我，摇摇头，然后蒙头睡下，在被子里瑟瑟颤抖。说心里话，那时候我觉得他怪可怜的，他哪里受过这个！他老是睡，不吃饭。上边叫我跟他说，饭是我孝敬的。这法还真灵，我这样说了以后，他急忙起来，说：'你的我吃，他们的我不吃。'他明知道这菜饭是我端回去，热了热又端回来的。他可真会掩耳盗铃，捏着耳朵擤鼻涕，装憨。大人物都是这样！他吃得可香啦。先前他不吃，是吓尿了，害怕得不知道饿啦。眼下睡够啦，饿啦，不说我孝敬的，他也一样吃。上边咋样吩咐就咋说呗。我按'头'的吩咐照料他，他说我侍候得

---

①　阎继明、张醒民称杨虎城将军为"头"。

好，侍候得周到。他要是还能回南京，叫我到南京去找他。"

"西安事变和平解决啦，张学良亲自送他回南京。他走到门口，还回头跟我说：'侬到南京去找我。'谁知道他说这话是安的什么心，这家伙历来都是口是心非，'好话说尽，坏事办足'。要不然，人家怎么会说：'中国不亡是天无理！'张、杨满心要救国，举行兵谏，蒋一答应抗战，张学良忠心耿耿地亲自保送他回到南京，他反倒关起张学良来。'头'在外国游玩得好好的，鬼迷了心眼，不看张学良的下场，要回国抗战，落了个张学良第二。抗战、爱国，爱国、抗战，谁抗战，谁爱国，谁就坐监，妈的！"

"张学良亲自送他回南京，他关起张学良来，你阎继明要是那个时候去南京找他，说不定会官运亨通，财头兴旺。"宋绮云风趣地说。

"为什么？"阎不高兴地问。

"为什么？这个地方是摆着的例子，也是一面照妖镜。外面打着国民政府军事委员会蒋委员长行辕的旗号，指挥抗战的首脑部，内里干的却是屠杀爱国志士、抗日青年的杀人场，你说是为什么？"

"又要当婊子，又要叫人给立贞节牌坊呗！"阎继明想了一会儿，喃喃地说。

"你姓阎的去找他，他赏你姓阎的钱，封你姓阎的官，不是叫人觉得他蒋委员长并非忘恩负义的人。扣押张学良或许另有原因，也可能有非如此不可的苦衷。巴不得你姓阎的去给他脸上抹金，给他装门面。""老蒋叫老阎去找他，我看可以试试老蒋的心。老阎把这番话写给狱吏和戴笠，看他们怎么办？朝坏处说，无非是坐监；朝好处说，说不定还可以派到用项。"张醒民慢条斯理地讲。

"我阎继明不是孬种，早就拿定了主意，与'头'共患难同生死。命豁出去了，管他好和坏。"

"还说这干啥，我要没这种决心，我会要求跟谢葆真来？"张醒民接着说："谢葆真是杨将军的夫人，她从香港回到西安，知道杨到了南昌被蒋介石扣押了，不顾一切地去南昌与杨共度铁窗岁月。我刚结婚正在度蜜月，毅然要求与她同去。事实正如杨夫人所料，到了南昌就被关到监狱里。"

杨乍被关起来，待遇比后来好得多。杨回国是为赴前线杀敌，他虽被关起来，爱国之心，没有改变。他写信给老蒋，要求把他作为一兵一卒派到前线去，赴汤蹈火，在所不辞，马革裹尸，以偿夙愿。他每写一封信，戴笠对他的待遇就降低一次，对他的看管也更严厉。他整天如坐针毡，坐卧不安。饭吃不下，觉睡不着，愁闷、抑郁、发脾气，要不是谢葆真，不堪设想的事难免不发生。

日本侵略军没能炸死他

张醒民讲："从湖南益阳解贵州息烽的途中，日本飞机跟上来轰炸，幸亏是在漫野里，山陵起伏，容易躲藏，没炸着人，只炸着了行李车，把'头'的东西炸光了。要是在外面，炸的那些东西来说算不了什么，九牛一毛。但是现在他和外面隔绝了，和我们一样，得不到外面的一点接济，被炸的损失就变成巨大的无法弥补的。如果不是那次被炸，'头'虽没有钱，还有东西能偷偷地卖给他们，或明或暗地卖给他们，总不至如此的困难。现在可好，财物两空，只剩下没被日军炸死。没炸死他对日本侵略军来说非常遗憾。"

宋绮云夫妇被捕入狱

1941年，宋绮云在杨虎城的旧部孙蔚如率领的第四集团军做事。该部国民党部的中统特务探知孙信任宋，二人有私交，而且宋与该部的官佐关系很广，并与孙电蒋，请准许杨虎城暂回西安为母做八十寿辰，事毕返回，电报是宋写的。戴笠用先下手为强的手段，以调宋去军官团受训为名，令其速去报到。同时又假借宋妻徐林侠的名字电宋说她患病望宋速回西安。军统原计划在途中绑架宋，因途中出了事故未遂。宋刚到家，军统特务也跟到了。

宋绮云是黄埔的，蒋介石原是黄埔军校校长。特务劝宋："忠于校长，从内部搞垮孙蔚如的部队。"宋绮云以孙蔚如正在前线抗击敌人，"兄弟阋于墙，外御其侮"为理由，坚不听从，遂被下狱。特务正打算利用宋的爱人徐林侠，以妻子儿女的生死祸福逼宋，恰在这时，闻知她到处打听宋的下落。宋在杨部多年，是西北文化日报社总编兼副社长，各行各业很多人知道他，影响亦大。军统怕徐林侠奔走呼号促起各界的声援，将她和怀抱中的儿子宋振中（后来狱中称他小萝卜头）诱捕。

徐林侠痴爱丈夫，更爱丈夫的事业，她不理睬特务的花言巧语、威胁利诱。特务把她关进满室皆冰的冰牢中，她坚持如故，毫不改变，最后以宋绮云忠于杨虎城为由，决定将宋归入杨案中，与杨虎城同时处理，押重庆，转息大[①]。

在"人间地狱"中的斗争

1944年前后，狱中地下党叫宋绮云同阎继明、张醒民要求和杨虎城关到一起去。要求递上去后如石沉大海。

隔了好久，狱中地下党通过地下渠道请杨向典狱主任周养浩也提出此要求，并同时叫阎、张、宋再次做书面请求，阎继明并以蒋介石两次要他去南京找蒋为由，要求见蒋。

"人主有逆鳞"，戴笠对于蒋介石的逆鳞，知之深故避之切。他是善于"脚踏两只船"的，对蒋介石的意旨凡是他捉摸不透的，他都用左右逢源的方法应付。

---

① 军统内部称息烽猫洞秘密监狱为息烽大学，简称息大。

　　阎继明占了戴笠脚蹬两只船的这个便宜，和张醒民解到杨虎城那里去了。从此以后，宋绮云再也没有对此事提出任何要求。隔了四五年，军统特务突然于1949年将宋、杨关到一起去了。这里有必要说一说中共猫洞地下党为什么决定宋绮云同阎继明、张醒民提此要求。

　　军统的秘密监狱分三个等级。最高级的称为大学，如息烽的猫洞、重庆的白公馆等。关押在大学里的暴露了政治身份的共产党员，其结局不是死就是当特务。特务们说："他们按大老板、小老板①的意思办。什么约法②啊、六法大全③啊，全不管。老板怎么说我们就怎么办，说杀就杀，说砍就砍。"就是没有刑满释放这一说。写到这里，我就想起在"文化大革命"中，重庆造反派以为《红岩》小说作者罗广斌是四川军阀罗广文的胞弟，断定他是叛徒，要我予以印证。我问他们可曾知道，已经公开了共产党员的身份、关进白公馆的是不可能释放的。军统当时迫于罗广文在四川的重要性，同意罗广斌写了"出狱后不再作政治活动"的声明后办理释放手续。罗广斌是共产党员，敌人有证据，但他宁愿死在狱中，也拒绝写这几个字。这是对党忠心耿耿的表现。以罗织诬陷为本能的造反派，竟也编织不出从白公馆释放的一个共产党员来。军统特务对于杀害共产党是绝对的，一个也不留。

　　军统不怀疑宋绮云是共产党员。狱中党支部认为他关到杨虎城那里去，暴露共产党员身份的可能性小。杨一旦被释放，他也可以恢复自由。

　　我们当时认为日本侵略者没能炸死杨将军，蒋介石还不至于杀害他。事实证明，我们错了，太以君子之心度蒋委员长之腹了。

---

①　军统特务对蒋介石和戴笠的称谓。

②　国民党政府制定的具有宪法性质的法规。

③　国民党政府制定的约法、民法、商民事诉讼法六种法规汇编。

蒋委员长杀了他

杨虎城、宋绮云两家一同解到贵州，都关押在贵州黔灵山的麒麟洞。这只不过是遮眼法，是骗局。

他们两家关在麒麟洞不久，又解回重庆歌乐山。在歌乐山，宋绮云和爱人徐林侠、不满十岁坐了九年牢的小儿子——小萝卜头和杨将军的幼女杨拯贵遭刀杀后，埋在屋里，上面盖上了厚厚的水泥。杨虎城将军的儿子杨拯中还没进屋，就被特务用刀子捅死，埋在花坛底下了。

事实胜于雄辩，蒋介石对于回国的杨将军和对于亲自送他回南京的张学良，都是一个样的诱捕，都是一个样的骗局。无事不骗，无处不骗。骗、骗、骗，先导致了日本帝国主义在国联公然大喊大叫："中国是历史上的名词"，继之大举出兵进攻我东北三省。蒋介石以"先安内后攘外"之名，行把东北三省拱手送给日本之实，还是骗。如果没有共产党，没有张、杨等爱国者，请试想今天的中国？……

令人难以理解的是，杨虎城、宋绮云都被关在秘密监狱里，要杀，秘密杀了就是了，为何从重庆解贵阳，又从贵阳解回歌乐山，兜了个大圈子而后杀呢？

我刚被捕不久，大特务丁昌威胁说："你们共产党有神出鬼没的本领，我们团体有神鬼莫测的法力。"杀害杨、宋两家所用的扑朔迷离的方法，仅是他们神鬼莫测法力的一个例子吧！他们这样做的目的是：使歌乐山的人知道杨虎城、宋绮云解走了，麒麟洞的人知道的也是杨、宋解走了。他们杀人不叫别人知道是他们杀的，使伤天害理的事，加上了正人君子的包装。然而切不可轻视这一装潢的作用。

袁世凯当年称帝时，把炸弹放进他卧室抽屉里的袁英被军统逮捕后，在猫洞和我同监房两年多。一天把他喊出去，说他释放了，谁也没怀疑。

因为他不是共产党员，他只反对过袁世凯做皇帝。在"文化大革命"中，我才知道对"杀"与"放"特别敏感的"修养人"也被蒙蔽了。他们把袁英杀到什么地方了，没人知道。

　　要不是重庆迅速解放，抓到了刽子手，杨虎城、宋绮云两家的尸首，定然和袁英一样，永远也找不到。

她是疯了？

　　至此，读者一定会问，杨将军和他的子女被杀害了，他的夫人谢葆真哪里去了，是生？是死？

　　提起来话长了，只在此说说她为了爱而遭受的"棒打鸳鸯"。

　　谢葆真对我们说，我们回国前，曾再三议论。我对虎城说，抗战了，张学良还没被释放。蒋介石不许张学良抗战，能允许你吗？虎城总以为抗战开始，表明蒋介石放弃了"不抵抗主义"。大敌当前，在日军的强大攻势下，他还不至于为虎作伥，帮日本侵略军的忙，叫全国人当亡国奴吧！我说，那可不一定。当年他严令东北军执行"不抵抗主义"，声称"言抗战者杀"，并一再保证六个月、三个月消灭红军。几个三个月、六个月过去了，红军不是被消灭而是壮大了。在这样的情势下，蒋介石照样执行在"剿共"中消灭杂牌军的阴谋，"以不变应万变"。最使人不能忘记的是他和少帅的关系了。少帅对于他总算是仁至义尽、忍辱求全了吧！他是怎样对待少帅的，对少帅尚且如此，对你还能好？在他没释放少帅前，咱不能回去。我怀疑蒋介石不会放弃消灭杂牌军的阴谋，如若不然，他就会释放张学良了。你若回国，即使他派你到前线，他也要在战场上把你赶入死地。潘仁美对于杨家将的故伎，蒋介石使得出来。

　　虎城说：你想的有道理，也许你想对了。但是为抗战受冤枉，为抗战死在战场上，是我多年的愿望，我决心已下，不必多顾虑了。我说，古往今来的教训不能不吸取，不能蹈张学良的覆辙。他说：岳飞坚持抗金，他明知道要掉脑袋。岳飞能办到的，我咋不能？

虎城被捕了，我们是恩爱夫妻，他堕入陷阱里，我焉能不和他共患难，同生死。

张醒民说：她们母女一到南昌，"头"见她来了，哭得说不出话来了。在狱中，他们的感情比在外面还好。她对"头"的体贴使"头"感受到了安慰，精神心情都好多了。有了"既来之，则安之"苦中有乐的心境，他们俩那种谁也离不开谁、相敬相爱的感情我们认为是好事，却激怒了戴笠，终于导致了"棒打鸳鸯"。把杨夫人从"头"的身边硬抢走了。

真鸳鸯哪能分离，没隔多长时间，"头"的须发全白光了。谢葆真押在石缝滴水、阴暗潮湿的小山洞里，对爱人、对儿女的思念使她严重失眠，不想饮食，身体一天不如一天。她对小洞里的暗影和她的冥思反映出的幻象，渐渐地胡言乱语起来。"她疯了！"狱卒、狱吏们这样说。

她是疯了吧！白公馆不也有个疯老头？

她拒绝打针。解到重庆后，特务们以治病为名，捆上她，针是打下去了，可针一拔出来，人也就死了。

"悠悠苍天，曷其有极！"

她死了，杨将军哑巴了。白天默默地看着她的骨灰盒，夜里也紧抱着骨灰盒。

打的是什么针？天知道！

戴笠为什么恨杨虎城恨到这等田地，对谢葆真下毒手，用谢葆真的死来折磨他？这是因为西安事变时，张学良、杨虎城用枪杆子逼着他的领袖放弃"不抵抗主义"？是因为西安事变领袖遭难，为领袖报一日之仇？如若是，为什么对杨虎城比对张学良更惨无人道，更凶残呢？

阎继明说：西安事变中，戴笠随同宋美龄、宋子文到西安来看蒋介石、门卫奉上边的命令，下了戴笠腰中藏着的枪，他因此特别恨杨。杨落到了他的手里，他舞权弄私，官报私仇。蒋委员长最亲信的特务大头子就是这样的？！

"噫……"张醒民首先发出了声音。

在与杨将军及其随员共同度过的八年牢狱生活中，我更加了解了杨将军的一片抗战热情和爱国之心！

杨虎城夫人谢葆真之死

杨拯英

　　杨虎城将军的夫人谢葆真，曾被国民党反动派囚禁八年之久。对于她的死，尽人皆知。但对她惨遭杀害的真相，人们却几乎毫无所知。

　　1983年，我怀着对母亲的无限思念之情，随陕西省政协文史办的同志，赴贵州省息烽县、四川省重庆市做了认真的调查。这才使我对母亲的壮烈牺牲有了清楚的了解……

旅欧归来，身陷囹圄

　　震惊中外的西安事变之后，蒋介石强迫杨虎城将军辞职出国考察。谢葆真携爱子杨拯中随将军出国了。她性格刚毅、有胆有识、精明强干，是杨将军的得力助手。

　　在法国，她和杨将军一起读书，研究中国现政的弊端，宣传中国抗日救亡的正义斗争，争取国际各方人士的支持，他们的爱国行动得到了国外进步人士、中国留学生和爱国侨胞的积极响应。他们参加了中国留学生和华侨举行的纪念"九一八"六周年大会，组织旅欧留学生回国抗日；参加全欧抗联代表联谊会；杨虎城将军在法国人民争取和平的大会上发表演说，谢葆真在华侨妇女团体集会上演讲，到女子学校里去座谈……

然而，与此同时，迫害狂的阴影却像幽灵般地向他们逼近……

1937年11月27日，怀着满腔热情回国参加抗日的杨虎城将军一行，刚刚抵达香港，便被蒋介石的特务们监视起来了。

翌日，蒋介石来电邀杨虎城到南昌相会，并指令特务头子戴笠"迎接"。

11月30日上午，谢葆真和儿子杨拯中乘车送杨将军到九龙机场。机场周围岗哨密布，戒备森严。

11时40分，飞机渐渐离开了跑道。谢葆真的眼睛里溢出了泪水。拯中向杨将军挥动着小手："祝爸爸一路平安！"

谢葆真痴痴地看着远去的亲人，直至云团遮住了飞机，挡住了视线……

归行前，将军嘱咐谢葆真说："你回西安后，要千方百计地支持青年们的抗日救国行动。"并对西安绥靖公署军需处处长王惟之说："我走之后，你把我的家眷送回西安。在上下飞机和旅途中，你对他们母子多加关照，不要让拯中乱跑。我到南昌就给你们拍电报。"

谢葆真遵嘱回到了西安。她每天在忧虑、焦躁中等待着亲人的电报。一天、二天、三天……依然杳无音信。她走出了家门，四处去打听。

消息传来了：杨虎城将军被蒋介石骗到南昌囚禁了！

壮志未酬，却身陷囹圄。此时此刻，谢葆真万分愤慨，痛恨之极！

谢葆真决定去救援杨将军。她要亲自去问扣压将军的戴笠："抗日有什么罪？"

女友李馥清竭力劝阻，因为此去凶多吉少。谢葆真顾不得个人安危了。因为她知道，此行不仅仅是为了救援杨将军，而更重要的是为了抗日救国的伟大事业。为了这个伟大的目标，她愿与杨将军同甘苦，共患难。

临行前，她把一部分钱和物，捐献给抗日救亡群众团体，她安排母亲带着四个女儿去四川投亲避难。为了使被囚禁的杨将军得到宽慰，她带着爱子杨拯中上了飞机。

飞机抵达武汉。但谢葆真未找到杨虎城将军的下落。

戴笠假惺惺地安排谢葆真和杨拯中去了南昌，但杨将军并没有在那里。受骗的母子和副官阎继明、张醒民都被监禁了。半年后，他们才被送到湖南益阳桃源监狱，与杨虎城将军囚在一起。

从此，杨将军和夫人便开始了漫长而难耐的监狱生活。

狱内斗争

1938年的冬天，日本帝国主义侵占了中国大部地区，国民党从武汉撤退时，杨虎城夫妇和爱子拯中被押解到贵州息烽秘密监狱的玄天洞。

息烽秘密监狱是中美合作所的前身。整个山沟都是中美特务合作的机构。玄天洞位于息烽县南山山麓的中段，洞高15米，洞内面积1300多平方米，是具有300年历史的名胜古刹。这里群峰环抱，地势险峻，只有一条羊肠小道盘旋而上，幽深险峻、与世隔绝，恰好成为特务们秘密监禁爱国将领杨虎城一家的牢房。

牢房周围戒备森严，内、中、外三层警卫线，便衣特务星罗棋布。牢房内阴暗潮湿，终日不见阳光，生活条件十分恶劣。

杨虎城夫妇过着极其艰难的日子。

谢葆真在微弱的煤油灯下，读着经过特务审查的报纸，向将军学习写毛笔字，教拯中读书认字、练习画画……正值学龄的拯中没有进学校读书的自由，谢葆真只好给幼年的孩子补课。

正在发育时期的拯中，身体十分虚弱、瘦小，而且头发花白了。夫妇看着这个营养不良的孩子，心如刀割。拯中，这个不满10岁的孩子，宛如父母般的坚强。监狱生活使他懂得了同龄儿童难以理解的道理。为了耐过艰苦的日子，他坚持用冷水洗脸、洗澡，锻炼身体，磨炼意志。

军统特务早已获悉谢葆真是共产党员，因而对她倍加严格监视和残酷折磨。

谢葆真担心年迈的母亲和四个年幼的女儿生活没有着落。她写了一封接一封的家信，交特务送邮局。但这些信一封也没有邮走，都被特务点燃烧成了灰烬。她没有和外界联系的自由，岂能让她对外写信？

谢葆真的身心都受到了特务们的严重摧残。

在囚禁中，谢葆真怀孕了。由于生活的残酷，她生下的女孩仅仅活了8天。

特务们还常常从精神上折磨她。机敏的谢葆真看出敌人的阴险用心，她时时提防，并向特务们展开了坚决的斗争。她大骂特务是汉奸、卖国贼、坏蛋；当她知道特务扣压了她写给母亲的家信时，她用丝线缠住食指，用剪刀刺破，在白绸子上写了血书，向国民党反动头子蒋介石抗议！

有一天，特务队长李家杰走进了牢房。正在吃饭的谢葆真立即站起来，厉声问道："抗日有什么罪？你们为什么囚禁我们？"李家杰被问得张口结舌，无言以对。谢葆真怒不可遏，把手中饭碗使劲向李家杰砸过去。李家杰看势不妙，拔腿便逃之夭夭了。

又有一天，国民党贵州省主席杨森，带着他的小老婆来到了玄天洞。他们站在牢房外，假惺惺地说什么"来看望"杨将军和夫人。谢葆真知道他们的险恶用心，愤愤地向杨森喊道："坏蛋来了！"并把牢房内的砖头、凳子朝他们扔去，迫使他们扫兴而归。

谢葆真的英勇反抗精神，使得特务们恼羞成怒，对她更加残酷地进行迫害。

1941年春天，谢葆真又生了个女儿拯贵。她瘦弱的身子，没有奶水哺育拯贵。在杨将军的坚决要求下，特务头子才应允由他们自己出钱雇一位奶母。

这位奶母叫吴晴珍，是一位出身贫寒的善良农妇。她在同谢葆真的共同生活中，十分敬佩杨夫人的品德，她对杨将军一家寄予了无限的同情。

她以自己的乳汁喂养着拯贵。杨将军一家与吴妈相处得亲密无间。

然而更令谢葆真痛苦的事情临头了。特务编造了种种借口，迫使将军夫妇分居。特务们以让杨将军去温泉疗养的谎言，将杨虎城和拯中搬到新洞的房子里去囚禁，而谢葆真、拯贵和奶母吴晴珍仍住在旧洞阴暗潮湿的房间里。

患难夫妇分开了。后来，杨虎城将军坚决要求与病弱的妻子住在一起。特务们才不得不允许谢葆真重又搬回将军的牢房。

精神的折磨，肉体的摧残，使谢葆真的病情日趋加重了。

1943年的秋天，一个大雨滂沱的夜晚，谢葆真抱着女儿拯贵跑出牢房，站在院中淋着。她说特务要谋害她们母女，她要站着死，不能让特务害死。她执意在大雨中淋了整整一夜。吴晴珍劝阻无效，只好把拯贵从她怀里夺过来。

第二天，特务们又把谢葆真的铺盖从将军的囚室搬出去了。美其名曰：照顾杨将军休息。

从此，分室囚禁的患难夫妻，只能靠吴晴珍传递消息了。

无论囚在什么地方，谢葆真对将军的爱是忠贞不渝的。作为妻子和母亲，她宁愿把特务们的注意力引向自己，希望杨将军和他们的儿子能逃出虎口，安然无恙！

在那血雨腥风的艰难岁月里，谢葆真始终是爱憎分明的，她牢记着党和人民对她的希望，时刻以挽救民族危亡的伟大事业为己任。她对祖国、对人民、对亲人，充满深情的爱；她对蒋介石及其驱使的特务们，怀着不共戴天的刻骨仇恨。

1945年8月的一天，息烽群众庆祝胜利的锣鼓声，传到了死一样沉寂的监狱。

日本投降了！中国人民终于取得抗日的伟大胜利！寂默的监狱沸腾了！各囚室的政治"要犯"们，都以各自的方式表达着无比喜悦的心情。

谢葆真冲到窗前，跳着，喊着，激动的喜泪"唰唰"淌下……

壮烈牺牲

抗日的胜利,给狱中受难的人们带来了获得自由的希望。杨将军和夫人向往着自由,憧憬着参加世界人民争取和平的斗争,展望着色彩斑斓的前景……

然而,阴险毒辣的蒋介石,对爱国将领岂肯容生!他失败得越惨,对政治犯迫害得越烈。

1946年4月10日,杨虎城夫妇被押往重庆中美合作所内的杨家山。夫妻仍分室囚禁。这里的戒备更为森严。

谢葆真失去了一切自由。她抗议当局对政治犯的非人的待遇,她绝食了。绝食的第四天,她向吴晴珍讨要火柴粉,想服毒自杀。谁知好心的吴晴珍不忍心看着夫人死去,却找来一包葡萄糖让她喝了。

谢葆真知道自己受骗了,继续绝食。

特务们用夹子夹开她的嘴,硬给她灌葡萄糖水。她抵抗着,从嘴里流出鲜红的血……

谢葆真被拖进了陪都医院。这是中美合作所的内部医院。这里与其说是治病,不如说是迫害政治犯的又一种方式。

谢葆真继续绝食。这是她当时唯一能向敌人斗争的方式。

1947年2月8日(农历腊月三十),几位从成都赶来的医生,突然闯进谢葆真的病室。他们以治病为名,先把病床抬到屋子中间,然后蛮横地把谢葆真捆绑在床上,床旁铁架上挂着一瓶"药水",连着药水瓶皮管的针刺进了谢葆真的小腿,随着"药水"的缓缓输入,她痛苦地挣扎着、呻吟着、呼喊着,渐渐地,她的眼球鼓出来了,脸色变得青紫了。当"医生"们收净物品,走出房门时,谢葆真已经停止了呼吸。这位年仅34岁的女共产党员就这样被杀害了。

杨虎城将军和儿子拯中闻讯赶来。父子的悲愤自不必说。

老泪纵横的杨虎城将军亲自为夫人火化遗体，收了骨灰，装进木盒，随身携带。

1949年9月6日，杨将军和拯中、拯贵及秘书宋绮云夫妇等人，被特务杀害于重庆中美合作所戴公祠。1949年12月，在戴公祠挖掘烈士遗体时，发现杨将军的遗体和谢葆真的骨灰盒在一起。

新中国成立后，在党中央和人民政府的亲切关怀下，杨虎城、谢葆真及随同遇难的烈士的灵柩，运回了西安，安葬于西安市郊。

历史翻到了新的一页。人们时时记着酿造今日甜蜜生活的烈士们。他们将以自己的行动告慰长眠九泉的忠魂。

（河北《好世界》1985年第5期）

杨虎城将军被囚禁惨杀的经过

沈 醉[*]

回国抗日，被蒋扣押

西安事变以后，蒋介石被释放回到南京，立刻翻脸不肯承认在西安时所作的一切诺言；并对张学良、杨虎城恨入骨髓，将张公开扣押，逼杨辞去职务，遣往欧洲考察。杨虎城只好带着夫人谢葆真和儿子及随员在欧洲游历，并在瑞士住了一个时期。到"七七"事变发生，中共和全国人民一致主张团结抗日，救亡图存，坚决反对蒋介石屈辱求和的卖国投降政策。杨在欧洲听到这一消息，认为蒋介石可能会履行过去的诺言，便不顾个人安危，毅然携眷返国，以响应中共和全国人民"共赴国难"的号召。可是蒋介石却念念不忘过去西安被扣的仇恨，仍把个人恩怨放在第一位。当杨启程返国消息传来，蒋立刻电召军统首脑戴笠去南昌，当面指示办法。戴笠回到武汉，马上命令军统特务队长李家杰，在特务队中挑选了便衣警卫

---

* 作者时任国民党军统局总务处处长。

20余名，经戴笠——亲自点名传见后，由李家杰率领先往南昌布置。同时蒋介石还加派宪兵一个连，共同负责担任押解和看守杨的工作，以免发生意外。

杨虎城返回祖国时，"八一三"上海战事早已发生，国民党政府正向武汉迁逃。杨抵香港后，便先去武汉，戴笠在武昌迎接。当时蒋介石假称要在南昌召见，由戴陪杨从汉口乘专机到达南昌，以后即被软禁在南昌百花洲熊式辉的一所别墅里。杨这时才知道中了蒋介石的毒计，万分愤慨，但已无可奈何，只好忍住再说。熊式辉的这座别墅是一所独立小洋房，担任内层警卫看守的完全是军统特务，外层警卫岗哨则由宪兵担任，防范异常周密。蒋介石当时最怕杨回国后，先去西北，便难下手，所以决心先行扣押。杨夫人及公子、随员等虽已先返西安，蒋仍不放过，遂又设法将他们骗往南昌，一同囚禁。

约在1938年春间，蒋介石离开南昌之前，又令戴笠将杨夫妇及公子移往后方。当时是从浙赣铁路乘专车经株洲到长沙，沿途警戒严密，上下车均在夜间。杨在长沙东郊朱家花园住了一些时候，又被解往益阳桃花坪，住在军统设在那里的临时监狱的附近民房内。直到冬天武汉撤退时，杨全家又被解往贵州。离开益阳的前一个晚上，军统将囚禁在益阳的20多名进步人士杀害了。这些人是从南京、南昌、武汉等地撤退时移禁到益阳的。据当时看守杨的特务队长李家杰谈：当时杨听到附近枪声和惨叫声，一夜都没有睡，他以为会在那里杀害他。他接着对孩子说："我死了不知有谁来照料你？"他哪里会想到蒋介石以后杀害他的时候，连孩子也会一同遭到毒手！第二天拂晓启程时，他看到特务们正在附近掩埋被害人的尸体。他一语不发，带着无限悲伤的情绪上了汽车。到了贵州息烽县后，他又在军统设在阳朗坝的看守所住了一个时期。

杨在息烽玄天洞六七年的囚居生活

　　不久，戴笠到了息烽。他看阳朗坝离公路太近，怕出问题，便命令特务们另找地方。以后发现离息烽县城10多里的高山顶上的玄天洞，便决定将杨迁到那里去。戴笠亲自上山察看一番，叫在附近修建供特务队和宪兵等居住的房屋以后，便将杨移送过去。玄天洞是一个天然的大山洞，有10丈多高，里面有一所道观，只有一个大洞口可供出入，警戒极为方便，特务将道士撵出，强占了这个地方。这个道观建在山洞内，终年不见阳光，因此潮湿异常。杨全家在西北气候干燥的地方过惯了，身体很不适应，加上心情不快，便常常生病。这时杨已看出蒋介石短期内决不会释放他，为了长久打算，便一再请求，愿意自己拿出点钱，在洞外修房子居住。看守他的特务队长李家杰是云南盐津人，一向贪财如命，听到他愿意自己出钱修房子，便极力替他向戴笠请求，而得到批准。杨很高兴地拿出了400元美金，交与李家杰代办。李除在兑换美金时揩了一笔油水外，又在修建时偷工减料，弄得非常简陋。杨对此非常生气，但也无可奈何，只好将就下去。

　　当时对于看守杨的工作，蒋介石曾再三叮嘱戴笠不可大意。戴于1940年又亲往息烽布置一番，除在杨住宅四周设有便衣特务严密看守外，外层宪兵也分两层布岗。宪兵连连部设在后山高地，可以控制后山和杨住宅；军统特务队则设在前面上山的路口。白天岗哨距离，彼此能看得很清楚；晚上更缩小范围，并采用传更办法。每到夜间，隔一定时间，由第一个岗位先敲几下，梆声刚落，第二个便得接着敲打。就这样轮流着一个个敲下去，只要一处不响，带班的马上去检查。每到天黑以后到第二天黎明，梆梆之声响彻高山深谷。

　　白天，杨可以在门口走动一下。他最爱走到离住所几十步远的一个山嘴上去眺望通过息烽的公路。因为山上终年没有外人来往，只有从那里可以看看往来在公路上的汽车。一到夜间，杨便不准出门，只能在屋内活动。

我当时在军统机关任总务处长，戴笠常派我去看囚禁在贵州桐梓县的张学良和在息烽的杨虎城，了解一下他们的生活情况，也顺便送给他们一点儿吃用的东西。当时戴笠对张学良生活上的待遇安排较好。加上张夫人于凤至与赵一荻（即赵四小姐）两人在1944年前每年轮流陪张，她们都曾去美国休息，回来总带不少东西，生活比较好点。而杨因为蒋介石对他特别仇恨，从来没有外面接济，他自己有一点儿钱又舍不得拿出来用，加上当时法币天天贬值，经手特务揩油，所以生活相当困苦，想换一套新棉衣都很不容易。我每次去看他，他总背着看守的特务向我诉苦。我当时哪里会同情他，还不是敷衍一下，叫他忍耐点。就是调整一下生活，也维持不了几天，又因法币贬值，仍旧是天天缺这少那，使他常为生活上一些问题感到苦恼。

杨当时对于带在身边的小儿子的教育问题很关心。军统怕走漏消息，不准他儿子去上学读书，他便多次请买一部百科全书（或万有文库）给他儿子阅读，后来总算准许了。他对此很高兴，自己也常拿这些书消遣。我每次同他谈话时，他只谈在欧洲游历时看到的东西，绝口不谈西安事变时的情况。有一次偶然提到他和一个什么李虎臣守西安的旧事，马上就不愿再谈下去。我很敬佩的是他的记忆和听别人念东西时那种专心注意的精神。他同人谈话，不但能很清楚地记得在什么地方，什么时间，看到过什么东西，而且在别人谈话中，什么地方有问题或不符事实，也能在听完以后，一点儿一点儿地给指出来。

约在1941年间，杨夫人又生了一个女孩。这给他精神上带来不少安慰，但这种暂时的安慰，很快就变成忧伤。因为军统认为他夫人谢葆真是共产党员，不但对她的言行特别注意，并且经常有意刺激她。几年中由于种种不如意事，使得她渐渐有些精神失常。她非常痛恨那些特务，甚至戴笠去时，她也愤怒地加以斥责。这更引起特务们的不满和仇视，更想方设法去折磨她，在她产后也很少给以应有的照顾。有一次，她在吃饭，正感到饭菜粗劣得难以下咽，恰好遇上特务队长李家杰去看他们，她便提出质问。李用言语顶撞她，她气愤极了，便将手中饭碗向李打去。李一看不对，拔脚便跑，回去后便说她有了很严重的精神病，要把她同杨隔离，以免妨碍杨的生活。军统批准了李的建议，硬叫她同杨分居，仍然回到玄天洞道观内一个人去居住。经杨再三请求，才答应让她住在洞外自建的房屋内，杨则搬进湿暗的玄天洞去。就这样把他们夫妇拆开，杨对此很为悲愤，但在那种情况下，又没有什么办法。杨夫人被特务们这样折磨，精神真的越来越失常，整天叫骂，特务们都不敢见她，终日把她关在房内不让她出来。杨每听到她叫喊，又不能去劝慰，只有暗中挥泪，难过异常。

1941年冬或1942年春，戴笠去看杨，杨在忍无可忍的情况下，向戴提出请求撤换李家杰，因为李使他太感痛苦了。戴只好答应下来，到重庆后便改派龚国彦去接替李任队长，另外派原来在特务队任医官的张静甫兼任副队长；同时认为李家杰经常反映杨夫妇情况，看守有功，提升李为中央训练团警卫组上校副组长，代理戴笠所兼任的组长职务。

龚国彦，浙江人，系戴笠所办杭州特训班毕业的特务，戴一向认为他忠实可靠。他外表较李对人温和，而实际上同李是一样的毒辣阴险。张静甫，河北人，系戴笠所办湖南临澧特训班毕业的特务，曾学过几年医，但没有什么临床经验，当时除了在医药费上揩点儿油外，什么病也看不好。杨夫妇有病，经常请息烽军统特训班医官去诊治，偶尔也请过几回中医。约在1944年前后，杨夫人病情有了好转，才准许杨搬出洞外，与她同居。

戴笠对看守杨的工作，除了前面所谈到的警卫布置外，还特别叮嘱军统息烽监狱主任周养浩经常去看看。虽然看守杨的特务队是直接受军统司法处和特务总队所领导，但也要受周的监督，因为多一层关系，可以更好地防止日久发生意外问题。周经常去陪杨打打小麻将消遣，每次总有龚国彦在场。杨因心情不畅，每打必输。

虽然有了这些严密布置，但戴笠还怕不妥，便连息烽县县长的职位也抓过来，先后介绍军统特务邓匡元、徐羽仪、陈国祯去当县长。这样一来，所有地方组织便一起掌握在军统特务手中，共同配合看守杨的工作。当时军统在息烽有特训班、监狱、仓库，加上看守杨的特务队、宪兵及电台、电机制造所等，如果不是军统特务去当县长，任何别人充当，连县政府大门都会被这些凶神恶煞的特务们拆掉。

抗战胜利后的迁移

当日本投降的消息传到息烽后，杨夫妇和公子听了都高兴得跳了起来。但杨一想到他自己原来抱着满腔爱国热忱，从欧洲赶回共赴国难，不但没有在抗战中做过一点儿工作，反而被蒋介石囚禁了八年，真使他悲愤万分。这时他认为蒋会释放他，可是又怕蒋在胜利后忘记了他仍被囚禁在这荒山深谷，几次动笔想写封信给蒋和于右任，希望不要忘了他，早点儿把他释放出去。他为了要求蒋抗日、不再打内战而扣留蒋半个月，而结果被蒋囚禁了八年，总以为宿怨可以消除了。他把信写好又撕毁，一直希望蒋能自动释放他。他天天盼望，一直望到1946年夏天，军统把在息烽的单位全部迁并到重庆，才决定把杨也迁到重庆继续囚禁。当杨得到要回重庆的消息，真有说不尽的快乐和希望，可是一到重庆，又把他囚禁到歌乐山下面中美特种技术合作所杨家山一座平房内。这时，希望完全失去，他终日长吁短叹。杨夫人更加气愤，经常责骂蒋介石太没心肝，特务不是人，杨知道这样会更惹祸，时常劝阻。八年的折磨，杨夫人身体越来越坏。特务们因为恨她，病了不但不医治，反而借故刺激她。到了1947年，她便含着满腔愤恨，与世长辞。杨悲痛异常，终日抱着幼女，老泪纵横，饮食锐减。他原来声音非常洪亮，每次饮酒划拳，声震耳鼓，这时说话变得很低沉，身体也消瘦下来. 这些情况传到蒋介石耳边时，他总是得意地一笑。

不久杨患胆石病很重，到1948年才被准许送到中美合作所附近军统所办的"四一医院"去开刀。这个医院当时已移交给中央医院，改为中央医院沙磁分院。医生从杨胆囊中取出一把结石，这是由于在息烽玄天洞多年来饮了不干净的泉水所造成。病好转一点儿，又将他移回原处。这段时间内，他心情非常烦躁，常同龚国彦为一些生活小事争吵，有一次我去看他，他很消沉，我想陪他到附近散散步，他不肯去，要我坐下同他聊天。后来听到龚国彦告诉我，说他有一次走到杨家山后面，看到一座坟墓，坟前石栏上刻着"杨氏佳城"四个字。他很感慨地说："怎么这样凑巧？这同我的姓名只差一个字。"话刚说完，抬头一看，两旁华表上正刻着"龙盘虎踞"。他当时触景生情，长叹一声："我的姓名这里早都有了，我今天住在这里，将来也必死在这里无疑。"因此他很不愿意到门外走动，不愿看到那一座有他姓名的坟墓。

被杀害的前后

1949年1月间，蒋介石在辽沈、淮海、平津三大战役中把他多年来用以反共反人民的本钱输得精光。李宗仁早就等待着这个机会，便趁淮海战役中蒋介石的精锐部队被解放军歼灭，立刻把自己保存下来的桂系部队向南京移动，以武力抢夺总统职位，演出了一幕新逼宫的好戏。蒋介石无可奈何，只好宣布"引退"。

李宗仁以代总统身份登台之后，想用一套假民主方法来欺骗一下人民，便宣布释放政治犯，特别下令立即释放张学良、杨虎城两人。当重庆《中央日报》刊出这一消息后，龚国彦因事前未得到通知，不知怎么办好。这突如其来的消息，他不敢让杨知道，便把当天报纸扣着不让他看。杨天天看报，知道当时情况一定有变化，也了解国内形势，知道蒋介石如引退，可能不再管他的事了。他没有看到这天报纸，就很疑心，一直找龚追问，龚不得已，将报纸给他看了，他大笑一声："总算盼到了今天！"他随时准备着出去，认为再没问题了。但是李宗仁虽然以代总统名义下了命令，而隐在幕后的蒋介石没有同意的事，仍然行不通，命令没有人接受。当时毛人凤已率领保密局（军统改组后的名称）的特务由南京撤退到上海办公，根本不理这回事。代总统一看命令不兑现，便打电报给重庆市长杨森，要他释放杨虎城。杨被囚在重庆，外间不少人知道。杨森不但是蒋介石的忠实属下，也是毛人凤最好的朋友，当然不会听李宗仁的话，而推说毛人凤不在重庆，不知杨关在什么地方。当时重庆报纸便刊出大字标题新闻《毛人凤在哪里？》内容大致是说：据杨市长谈，因为找不到毛人凤，也不知杨虎城在什么地方，无法执行代总统命令。其实杨森不但早知道杨虎城在什么地方，并且还同杨经常见面。杨森怕事久多变，便建议将杨虎城暂迁别处。当时保密局重庆公产管理组组长周养浩（息烽监狱结束后调到重庆）便以长途电话向毛人凤请示，经毛人凤向蒋介石请示后，决定将杨移禁贵州，当龚国彦向杨提出准备迁移时，杨大怒说："代总统有命令放我，为什么你们还要将我继续囚禁？我坚决不走，要死就死在这里！"龚国彦硬说软劝都没有结果，而且吵了多次。龚只好请周养浩去劝驾，周再三说明利害，不走不行，因为没有蒋介石命令，什么人的话都不作数，要杨再忍耐一下。又坚持了一天，杨只好答应去贵州，但提出三个条件，要先解决。第一是撤换龚国彦，因为几年来龚对他折磨够了，第二要求把他的秘书宋绮云夫妇从另一看守所内调出来同他一道走，第三要周养浩送他去贵州。这三个条件都由毛人凤批准。特务队长龚国彦调走后，改派了比龚更凶恶的中美合作所白公馆看守所所长张鹄接充。

一切准备妥当后，周养浩便匆匆把他们一起送到贵阳黔灵山下麒麟洞一所房内。这里是贵阳风景区之一，戴笠为了讨好蒋介石，替他在这里修了一所公馆，实际上蒋介石从来没有去住过，而完全由戴笠自己享受，当时军统称之为麒麟洞公馆。杨在这里又住了七个多月。他每天很留心看报，了解到解放战争中人民军队节节胜利情况。他这时更加谨慎，从不对时局表示态度，避免引起蒋介石对他更加怀恨。而代总统释放他的命令早成废纸，也再无人提起了。

1949年8月间，蒋介石由台湾到重庆后心情异常沮丧①，可是他杀人的嗜好，却因国民党军事上一败涂地而更变本加厉。他对毛人凤一再说："今天之失败，是由于过去杀人太少，把一些反对我们的人保留下来。这

---

① 蒋介石 1949 年 8 月 23 日由台北飞往广州，24 日由广州飞往重庆。

对我们太不利了！"所以当毛人凤向他请示杨虎城如何处理，是否要解送
台湾，他毫不考虑地回复："留了他做什么？早就应该杀了！"但他最后
叮咛毛人凤，应当把杨解回重庆，秘密进行，不能让外人知道。

　　毛人凤奉令后，又派周养浩去贵阳接杨，行前并召集西南区区长徐
远举、白公馆看守所所长陆景清，以及周养浩等，仔细研究办法，并决定
用刀杀害杨，以免发生惊扰。当时陆景清还推荐白公馆看守所看守长杨进
兴和西南长官公署第二处行动组长熊祥等臭名昭著的刽子手参加。第二天
杨、熊两人还把准备的锋利匕首送给毛人凤看了，并决定执行地点在中美
所内松林坡戴公祠内，因为那里最僻静。

　　周养浩到贵阳后，仍旧欺骗杨说：蒋介石到了重庆，要见见他。杨屡
次受骗，这次也不敢相信。周养浩向他道喜，说这次很有希望。杨却心中有
数，因为自从回国后，蒋介石就从来没有见过他。现在眼看全国要解放，蒋
介石还会释放他？所以他这次态度很镇静。周养浩在动身前，先向毛人凤报
告了到达重庆的时间。毛人凤便下令先一天（约在1949年8月底9月初）派交
通警察总队一个中队，把松林坡团团围住，不让任何人进入这个区域。当杨
所乘汽车第二天中午到达贵州和四川交界的松坎后，周养浩看天色尚早，到
重庆过轮渡时怕人看到，便劝杨在松坎小客栈内睡了一个午觉，一面通知重
庆做好一切准备[①]。一行人到下午4点才由松坎出发，到重庆天已黑下来。毛
人凤已派杨进兴准备好轮渡，等候他们过江，并随车一同到松林坡。周养浩
便回到中美所杨家山家中等消息。杨等下车后，两个特务搀扶着杨走上300
多级石阶到戴公祠去，他的儿子也被两个特务挟持着一同上去。宋绮云夫妇
和杨、宋两小孩便被安置在汽车间附近的平房内，相距有300多级石阶。杨
父子到达目的地，又被特务引向左右两边正房。这一切布置，使杨很感惊
疑。特务们这时最怕这位20多岁的杨公子会有所反抗，决定先解决他。当他
刚一踏进卧室，预伏在门后的特务便将利刃插入他的胸膛。他惨痛地惊叫了
一声"爸"，正要挣扎，便被特务们连着几刀刺倒在地。当他叫出第一声

---

　　① 杨虎城将军被秘密杀害是在 1949 年 9 月 17 日。

时，杨心知有异，因爱子心切，想转身去看个究竟，刚一掉头，刽子手的利刃已刺进他的腹部，他大叫了一声"哟"，痛极倒在地上。凶手将他们再补上几刀后，认为没有问题了，便向山下飞奔。

他们手握着血淋淋的利刃，踏进宋绮云夫妇房内时，宋夫妇一看这一副杀气腾腾的凶相，知道难逃一死。宋夫人便向凶手们求情请饶恕两个孩子。没有半点人性的凶手，一语不发，向他们身边逼过去。这时，两个八九岁的小孩刚刚下车，还正玩得起劲，一看这情况，便互相紧紧地搂抱在一起，吓得抖个不停。当宋夫妇被逼得退到墙边无路可走时，凶手们抢一步跳了过去，向他们劈胸几刀。这时，孩子们惊得"哇"的一声哭了起来。凶手们一面用刀刺杀着宋氏夫妇，一面厉声向孩子们叫了一声："不准哭！"孩子们立刻把哭出的声音又咽回去，搂抱得更紧了，当凶手把从大人身上的匕首拔出，走向孩子时，这两个天真的小孩，竟不约而同地跪了下来，合着小手，连连向凶手作揖，以为可免一死。灭绝人性的特务，哪管这些，当第一个孩子被凶手从背上一刀刺穿到前胸时，另一凶手便狞笑一声，照样给了另一个孩子一刀。这时，宋夫人尚未断气，但已发不出声音，她睁着愤怒到极点的双眼，紧紧地咬着牙齿，看着自己的孩子和他的小朋友被惨杀。杀完以后，凶手们匆匆把六具尸体埋在附近，便向主持的凶手周养浩等去报功。杨随身携带的小皮箱中一些财物也被他们当奖金而瓜分了。

事后毛人凤向我谈到此事时说："老头子（蒋介石）对于这件事干得如此干净利落，很感满意。"在蒋被人民赶走以前，他还念念不忘报西安半月之仇，在满足了他10多年来杀杨的夙愿之后，才带着满腔悲喜交集的心情离开了重庆。他高兴的是宿仇已报，悲的是从此一去永不能再回来了！

访周养浩谈杨虎城之死

刘慕农

　　8月28日下午，被中共释放等待回台的前国民党军统保密局西南特区少将副区长周养浩先生，在接受本刊记者访问时，谈到了他在1949年执行蒋介石的命令、参与杀害杨虎城将军的经过。这一段惊心动魄的往事，由当年参与行动的今天被中共特赦的周养浩先生道来，不但可作为历史的见证，而且也具有一定的现实意义。因为杨虎城将军是由于当年发动"西安事变"、促成国共合作抗日而被蒋介石囚禁和杀害的。而今天，国共斗争未息，周养浩先生也因此不能顺利回台湾和他的家人相聚。忆往谈今，周养浩先生谈起"西安事变"，谈起杨将军之死，难免感慨系之。

　　访问是在帝国酒店周养浩先生的住房中进行的。年届古稀的周养浩先生（到今年10月，他正好70岁），身材修长，头发花白。由于近年来患有慢性支气管炎，在谈话时有点气喘。然而，他还是热心地跟记者谈了好几个钟头，所谈的又是一件对他来说是不愉快的往事。周养浩先生这种敢于正视历史事实、敢于评价自己过去的精神，的确使人感佩。

　　周养浩先生是浙江江山县人，同国民党的特务首领戴笠、毛人凤份属同乡。也是由于戴笠的介绍，周养浩当1932年在上海法学院法律系毕业后，由1933年加入了国民党早年的特务组织——复兴社特务处。当时监督周养浩宣誓加入这特务组织的，就是现在还在台湾担任国民党中央委员的唐纵。从那时起，到1949年被俘，周养浩为国民党干了16年的特务工作。特别是在1949年，国民党在大陆大溃败，蒋介石在这一年的5月逃到台湾以后，又多次飞抵重庆，住在离机场很近的地方，亲自主持在重庆、成都、昆明等西南地区的大破坏和大屠杀。周养浩也就在这时候"临危受命"，担任了重庆卫戍总司令部保防处处长、保密局西南特区副区长等职，执行蒋介石和他手下的特务首领毛人凤的命令，其中包括了谋害杨虎城的案件。

"西安事变"时，周养浩正任职于西安公安局

周养浩先生回忆1936年"西安事变"发生的时候，他当时也正好在西安，担任陕西省会公安局第三科科长。他承认，当时他对张学良、杨虎城拘捕蒋介石实行兵谏的行动，既不同情也不理解，因为在当时他的思想观念里面，下级对于上级应该唯命是从，至多只能苦谏，"犯上作乱"是不对的。至于抗日战争、民族命运以至朋友的感情，在他当时看来，同上下级关系来比是较次要的。这种观念一直支配了他十多年。1949年他在西南特区执行蒋介石、毛人凤的命令时，毛人凤对他说这是"临危受命"，他的回答也仍然是"唯命是从"。当年为国民党如此效忠的一个人，冬天被摒诸台湾门外，他的心境是可以想见的。

周养浩先生为记者简述了杨虎城将军在"西安事变"之后的经历。

"西安事变"翌年，杨虎城被迫出国考察，到过欧美各地，游踪所至，必对当地华侨和进步的留学生宣传抗日。后来国内"七七"事变爆发，杨虎城非常焦急，希望能早日回国投入抗战。他先后几次打电报向蒋介石请示，但是蒋氏始终没有答复，后来据说还是宋子文复电给他，同意他回来。当时张学良已经被蒋介石公开软禁，所以也有些好心的朋友劝杨

虎城还是暂时不要回国为宜，但杨虎城认为外侮当前，岂可逍遥国外，终于不顾个人安危，毅然从马赛启程回国。

1937年11月，杨虎城偕同夫人谢葆真，幼子拯中一行抵达香港。上岸之后，旋即被军统特务暗中监视。接着，蒋介石也从南昌来了电话，要他到南昌相见，并说已吩咐戴笠欢迎他。在香港住了几天之后，杨虎城一家便搭飞机往长沙，后来在武昌见到了戴笠。

杨虎城回国抗战，被蒋介石囚禁

戴笠把他带回南昌软禁在自己的办公处，所谓蒋介石要在南昌接见他，完全是一种骗人的圈套。当时，杨夫人谢葆真偕同幼子拯中已去西安，后来听到这个消息，赶忙折返南昌，自此之后，就一直陪在杨将军身边，过着被囚禁的生活。

1938年春，南京沦陷，蒋介石亲自命令戴笠，把杨虎城转押往后方较为偏僻的地方，以便于看管。于是，杨将军就先后被转押到长沙、益阳等地，但始终都是由军统的特务来看管。直到这一年的冬天，武汉撤退时，他又被解往贵州。

息烽时期与杨虎城有过多年交谊

在贵州，杨虎城最初被监禁的地方是息烽阳朗霸的看守所。这地方后来成为军统的一个重要监狱，也就是息烽监狱，可容纳三四百人。1939年，戴笠到息烽视察，认为杨虎城被监禁的地方不够安全，离公路太近，于是在息烽县城东12华里的一个极为偏僻的山顶上，找到一个名叫"玄天洞"的山洞，这个山洞只有一个出入口，易于警戒，于是戴笠就把洞中的一个道士赶跑，把杨虎城全家转押在这个山洞里。玄天洞终年不见天日，洞里异常潮湿。在这恶劣的环境中，再加上精神方面所受的重重折磨，杨虎城的身体一天天衰弱，常常闹病。后来不得已自己还出钱在警戒圈子里盖了一个简陋房子。

1941年，杨夫人生下了一个女儿，孩子的出世，更为他们带来无限的忧伤。就在这一年的春天，周养浩来到了息烽，直到1946年，他担任息烽监狱长兼军统息烽办事处主任。由于职权所在，他须要经常和杨虎城见面，后来见面的次数越多，彼此之间也就熟络起来。周养浩常到杨的住处，陪他喝酒打麻将消磨日子。后来，杨虎城曾对他的一个朋友说，他对军统的特务非常厌恶，但是周养浩却是一个好心肠的人。周养浩先生谈到这里，一再重复杨虎城的这番话，他脸上的神情则流露出内心的负疚。过了一会，他终于说出了心里话："后来，我把他骗到重庆，这是很不应该的。"

1945年，杨虎城在狱中听到抗战胜利的消息，非常高兴，除了为抗战胜利而高兴之外，他还以为自己很快就可以得到自由。当时，周养浩也是这么想。但是，事实很快就把他们的幻想粉碎。

1946年，军统把息烽集中营结束，释放了一些人，但却把杨虎城一家押到重庆，加以更严密的看管。

1946年春天，在重庆召开的全国政治协商会议上，毛泽东提出了释放张学良、杨虎城、罗世文、车耀先等政治犯的要求。据说蒋介石表面上是同意了，但暗地里，却加紧想办法对付这些政治犯，其中一些比较重要的政治犯都被化名秘密转解到一些易于警戒的监狱里。杨虎城将军这时也被移到重庆特区的另一个秘密处所——杨家山。在这段日子里，杨夫人由于长期受到精神折磨，不幸染上了神经病，1947年在狱中逝世。杨虎城悲痛万分，他日夜以杨夫人的骨灰箱子为伴，连睡觉的时候也要放在枕边。当时知道这种情形的人无不受到感动。

息烽集中营于1946年7月结束后，周养浩先被调到贵阳，1948年再被调重庆，争责前中美合作所地区内包括由白馆、渣滓洞等特务监狱的监督工作，1948年11月还兼任保密局西南特区的副区长，区长是徐远举。西南特区在当时的权力是很大的。因为毛人凤的国防部保密局已移到台湾，而华东一带也纷告易手，所以西南特区就等于是保密局在大陆的唯一分局了。

李宗仁接受中共条件，曾下令释杨虎城

1949年春，蒋介石眼看国民党大势已去，就假意告退回他的家乡溪口，由李宗仁担任代总统来承担罪责和收拾这个烂摊子。但实际上，蒋介石仍然暗中控制着国民党的主要部门，尤其是特务系统。

李宗仁当上了代总统之后，曾接受中共的和谈条件，下令释放政治犯。他一方面给重庆市市长杨森一道释放杨虎城的命令，另一方面更派了一架专机来重庆要把杨将军接走。当时重庆《中央日报》也登出了这消息。杨虎城看到报上登载的消息之后，他非常高兴。

且说杨森接到李宗仁的电话，就设法通知毛人凤。毛人凤是戴笠的继承人，当时他的权力之大是无法形容的，如果他不点头，一百道李宗仁的命令也无济于事。由于毛人凤住在上海，杨森拿不定主意，就只好一边给李宗仁复电推搪说，毛人凤不在，杨虎城关在什么地方没有人清楚；而一边却叫周养浩打一个长途电话给毛人凤。毛人凤和周养浩是世交，又是同乡，他们讲的家乡话（浙江江山话），外乡人听来就像外国话一样，绝对听不懂。周养浩用家乡话同毛人凤商量有关释放杨虎城的事。毛人凤也拿不定主意，就去请示告退在溪口的大老板蒋介石。蒋介石断然反对释放。

蒋介石既反对释放，而代总统李宗仁派出的接载杨虎城的飞机又要来了，重庆的特务们怎么办呢？毛人凤、徐远举等人决定把杨虎城先转移到贵阳。当徐远举去找杨虎城劝他转移时，杨曾向徐远举大发脾气说，"李代总统要释放我，你们为什么还要把我转移地方？我不是小孩，今天转这里，明天转那里，我不走！我要死就死在这里。"

徐远举知道杨虎城对周养浩比较信任。就请周养浩去劝杨虎城转移。周养浩这样对杨虎城说："总裁认为如果现在由李宗仁把你释放，你更加恨他了。所以他想把你暂时移往贵阳，不久将会把你送往台湾，然后和张学良一起释放。"一则杨虎城对周养浩信任，二则同亦言之成理，于是杨虎城就同意在周养浩的陪伴下专机转往贵阳。同去的还有杨虎城的秘书宋绮云和夫人徐丽芳、幼子宋振中，和杨虎城的两位副官阎继明和张醒民。

秘密会议决定把杨虎城接回重庆处决

　　1949年8月间，蒋介石在逃到台湾后，又折返重庆亲自主持对西南特区的破坏活动。当时，毛人凤遵照蒋介石指示，暗中策划杀害杨虎城。他在重庆召开了秘密会议，商讨怎样处决杨虎城的问题。周养浩也参加了这个会议。在会上，有人主张在贵阳就地处决，但是除远举却极力反对，他认为就地处决，难免会漏出风声，还是把他们骗回重庆后再行事。徐远举当时是西南特区的区长，所以也就听了他的话。但是要怎样把杨虎城一行再骗到重庆呢？这可是个难题。终于，毛人凤、徐远举认为还是由周养浩出面最合适。周养浩先生回忆道，当时明知把杨虎城骗回重庆是要杀害他，但接到这个命令时，自己脑子里所想到的，仍然只是"唯命是从"这四个字。

　　这次秘密会议还决定，处决杨虎城等人的地点在"中美合作所"内松林坡"戴公祠"。这所"戴公祠"是戴笠生前的别墅，四周有松林围绕，非常僻静。1946年戴笠死后，军统的特务便把它改名为"戴公祠"。

　　当周养浩离开了重庆之后，毛人凤和徐远举召集六个刽子手开了一个极秘密的会议，在会议上，刽子手集体宣誓，表示坚决完成这次任务，绝对保守秘密，为蒋总裁效忠。毛人凤还在会上宣布，事情完毕后，蒋总裁将会论功行赏。会议同时还讨论了一些具体的行动和步骤，例如决定匕首行刺，以避免发生惊动。这六个刽子手包括白公馆的看守长杨进兴、西南军政长官公署第二处行动组长熊祥等人。其中除了杨进兴一人外，其余五人后来都由毛人凤派专机逃往台湾去。而这次行动的主要策划人之一的徐远举，却和周养浩一样，来不及逃走，就被中共俘虏，在北京战犯管理所关了20多年。终于在1973年病死。这是周养浩先生这次被释到北京时才知道的消息。

再说周养浩于9月1日到了贵阳，见到杨虎城。当时杨很警惕地带周到他的房内问究竟，周佯称蒋总裁在重庆可能要见他，把他送去台湾。杨虎城信以为真，但要求周养浩在贵阳住几天再走。于是，周养浩在贵阳住了几天，每天都陪着杨虎城上街、逛公园、找朋友，令杨心情开朗。周先生回忆道，当时陪着他们一起的还有贵州民政厅厅长袁世斌夫妇，袁氏早年留学法国，后来曾任职何应钦私人秘书。周先生秘密把杨虎城介绍给他俩认识时，他俩对于杨虎城既表敬佩也表同情，并请杨虎城和周先生吃了几次饭。

9月6日，杨虎城终于答应周养浩，和他一起回重庆。于是周养浩按照毛人凤预先约好的做法，立刻秘密打了一个紧急电报，通知毛人凤什么时候他们的汽车就会到达重庆，好让重庆的特务们准备轮渡及安排行刺的工作。

就这样，杨虎城一行在周养浩看管杨的军统特务队长张鹄等的押送下，分乘三部汽车，驶向重庆。

第一辆小汽车上坐的是周养浩；第二辆汽车是救护车，坐的是杨虎城及其儿子拯中，还有看守杨虎城的特务队长张鹄；第三辆汽车所乘坐的人最多，是杨虎城的秘书宋绮云及夫人徐丽芳、儿子振中、杨虎城夫人在狱中诞生的小女儿以及杨虎城的两个副官阎继明和张醒民。

周养浩所乘的第一部车子开得特别快，黄昏过后已抵海棠溪。这时候由毛人凤派专人拦途转其一封亲笔信，嘱周养浩先回家休息，一切后事由来人接洽。毛人凤并已准备好渡轮，于是他们很快就过了江。周养浩立即回到"中美合作所"杨家山他自己的家里，等待消息。周先生说，至于后来杨将军等人怎样遭遇行刺的情况，都是从临场的特务队长张鹄口中得知的。

"戴公祠"杨氏父子被杀身亡

10点钟过后，第二部汽车也过了江，向戴公祠急驶而去，到达戴公祠的时间是午夜11点多钟。杨虎城走下汽车，张鹄即告诉他说，准备在这里住两天，一方面等蒋介石接见，另一方面等待到台湾的飞机。接着，在张鹄的带引下，他们走进了"戴公祠"。杨虎城将军的儿子拯中双手捧着盛满他母亲杨夫人骨灰的箱子紧跟在后面。这一年，他才十七八岁，但是头发已经花白。这时早已监视着他们的刽子手杨进兴、熊祥等人，怕杨拯中会有所反抗，所以决定分别在不同房间同时向他们下手。当杨拯中走上石级、步入正房的一间卧室时，杨进兴从后迅速以匕首刺入他的腰间，他惨叫了一声："爸！"还来不及挣扎就倒了下来。这时走在前面的杨虎城已知有异，正想转回头来看一看，但是说时迟，那时快，经验丰富的刽子手已把刺刀刺进了他的腹部。杨虎城将军挣扎了几下，也倒了下来。

杨将军倒下后不久，从贵阳来的第三辆汽车也到了"戴公祠"。这时除了杨将军的两位副官在过江后被带往戴公祠坡下汽车间之外，宋绮云夫妇及两个无知小孩都先后下了车。周先生补充道，本来毛人凤也想把阎继明和张醒民两位副官一起杀掉的，但是周先生却极力反对，他认为阎、张两人是无辜的，如果说他们对上司尽忠，那也是应该的，不是他们的过错。毛人凤勉强同意了他的意见，所以车子过江以后才秘密把他们押往渣滓洞监狱。特务们哄骗他们说，毛人凤想要了解杨将军的生活情况，好向蒋介石汇报，所以要先见见他们两位。但是他们始终逃不了死亡的厄运，在后来的重庆大屠杀中，他们也都先后遇难，不能幸免。

再说宋绮云夫妇和两个不足十岁的小孩子下车之后，跟着就被刽子手带往一间警卫室。一进门口，两把早已等待在那里的匕首，先把宋氏夫妇逼向墙角，在他们刚明白这是怎样一回事时，利刃已刺进他们的躯体。这时候，两个本来正玩得开心的小孩，突然被这种可怕局面吓住，他们不约而同地哭着跪在地上求饶，但是年幼无知的他们，又怎知道眼前是一批军统的刽子手呢？这时候，一名刽子手一个箭步向前，拿着利刃往小孩的背上插入，小孩呱的惨叫一声，往前扑倒在地上。第二个小孩马上扑前去，正准备抱着自己的小伙伴，但是刽子手从后又是一刀。血，从孩子们的身上淌着，染红了地面。就这样，两个小孩子也终于在血泊中结束了他们短促的生命。

杨虎城和杨拯中的尸体被特务们埋入花园的一座花台里，刽子手们为了保守秘密，还用镪水淋了他们的面部。而宋绮云夫妇和两个小孩的尸体也被埋在附近，这一天，是1949年9月6日午夜12时半。杨虎城将军的一生就这样结束了。

"讲起来真是令人难过万分"，周养浩先生用这句话来结束他所讲述的杨虎城将军的遇害经过。

尽管整个事件的经过显示出：杀害杨虎城将军的主凶是蒋介石，是他把狭隘的个人仇怨放置在国家民族的大义之上；主谋是毛人凤和徐远举，是他们布置了整个行刺的过程，执行的刽子手是杨进兴、熊祥等人，是他们把匕首送进杨虎城、杨拯中等的躯体。然而，今天周养浩先生谈起了这一段往事，仍然心情沉重，语调低沉，因为他在这一过程中也扮演了一个不光彩的角色：他把杨将军送往贵阳，使他失去了获释的机会，其后又把他接回重庆，交到刽子手的掌握中。难怪他今天一再地重复说："这是很不应该的。"

1946年以后我与杨虎城的接触

李玉方[*]

　　1946年，杨虎城将军由贵州息烽县玄天洞被转押到重庆中美合作所。那时，戴笠已死，我搬进戴的杨家山公馆（戴改名为养佳山公馆）办公。我的职务是国防部保密局重庆财产管理处主办会计。杨先生住在我的住房后的半山腰，相距约百米的一幢平房内。这个地方，抗日战争期间，汪精卫的伪驻德大使张治平（安徽人）、上海英文《大美报》编辑马佩衡（上海人）都住过。杨先生每天都在山上散步，山下为警戒区，是不准下来的。我因工作忙，没机会上山，所以没有机会接触。

　　就在这年八九月间，重庆行营主任朱绍良前来看望杨先生，由财产组高砚宸（河北丰润县人，高树勋之侄）、张秉午（河北人，刺史量才时开车的司机）、特务队长龚国彦（浙江人）和我接待。那天，朱下车后，先到山上去看杨先生。我因和总务人员一道准备接待朱吃饭，没有同去，朱、杨谈了些什么无从知晓。大约两个钟头左右，朱就下山，来到杨家山

---

　　* 作者系国民党国防部保密局重庆财产管理处主办会计。

会议室吃饭。饭后，龚国彦向朱汇报杨先生情况，我也在场。龚说：杨认为抗战胜利一年多了，仍然不释放他，表示愤慨。而且他本人近半年来和杨先生关系紧张，至于上级（指毛人凤、蒋介石）交他诱使杨先生吸食大烟之事，完全失败。杨先生不但不吸大烟，就连香烟都不吸。我听了以后才明白，龚国彦除了看押杨先生的任务之外，还有个"孝敬"杨先生吸毒的任务。真是丧心病狂，无所不用其极。

1949年3月，重庆财产处结束。所谓财产处就是管理着原中美所结束前清理出来的一批物资，如被服、枪支、弹药、通讯器材、汽车零件以及大中小型美式军用汽车等。这些物质除二库被服由当时保密局西南特区区长徐远举主持招标拍卖外，其余都先后运往内战各个战场去了，所剩无几，交副区长周养浩处理了。我也根据处的指示，调往贵阳特务队任该队主办会计。

我于4月份到达贵阳，才知道这里是扣押杨先生的地方，地点在离贵阳市二公里左右的风景区黔灵山。这里有蒋介石在贵阳的公馆，所谓"总统官邸"。办公人员就住在公馆内，队长张鹄（湖南道县人）是白公馆的老所长，其人阴险毒辣，现任贵州省政协副秘书长韩子栋先生曾深受其害。副队长为张静甫（山西太谷人，沈醉《军统内幕》一书中错写为河北人）。杨先生等七人住在黔灵山下麒麟洞，离队部约半公里处。麒麟洞有庙宇六七栋，修建精巧，为贵州名胜之地。杨先生住前面二栋内，后面几栋住了老尼姑一人，还有17岁的女尼姑十多人。这里有30多名队员日夜轮流看守，宪兵一个排担任外围警戒，驻贵阳市的第八十九军（军长刘伯龙系老牌军统特务）也负保安责任。

这里除了寺内尼姑可以出入外，就连外围的宪兵都不敢越雷池一步。记得有一次，八十九军参谋长想到麒麟洞来玩，外围宪兵看到他带着少将领章没敢阻止，但他快到警戒区时，却被一个姓汤的队员走上前来，将他打得头破血流躺在地上。我们知道后，忙赶去看，那人已经爬起，声称他是八十九军参谋长。姓汤的还说，我知道你是少将，对你还是客气的，下次再来就枪毙你，说着还要打。结果还是我们把姓汤的叫回，那个参谋长才狼狈而去。从这件小事看来，这些特务队员们心中只有蒋介石、毛人凤，其他人是根本不放在眼里的。

我到队以后，杨先生知道我是甘肃人，非常亲热，因为他在被囚禁的十多年来，根本没有见过一个西北人。杨先生迫不及待地问我，西安鼓楼、兰州金千观遭日机轰炸没有，还问了陕甘二省地方的情况。他知道我是甘肃定西县人后，马上又问：李振西（国民党师长）你认得吗？我说，他们镇离我们那里还有30华里，只知道他有个妹子名叫李莲秀，至于李振西本人，我没见过。杨先生笑了笑说，原来如此。什么意思，我无法理解。初次见面，在押的七人都围着我问长问短，多半是陕甘风土人情一类的话题。我非常敬佩杨先生记忆超群，连国民党一个师长是哪省哪县人都记得非常清楚。那时他已经是50多岁的人了。

杨先生每天早睡早起，东方发白就起床散步，如果哪天早上吃的是羊肉烩馍，一定叫我去吃。吃完早饭，便由秘书宋绮云先生读报给大家听。杨先生听得很认真，闭目静听，如果前几天报上某个战场上战事很激烈，今天报上不提的话，他就说，那个地方已经在战事激烈的那天丢了，验之事实皆准。我记忆中的杨先生，思维敏捷，记忆力强，分析任何事情相当准确，非常乐观，有说有笑。杨先生还曾对我说：周养浩在贵阳与人合伙修建了一座楼房，当时因钱不足，把我的2000元美金拿去了。这座楼房，据说是租给贵阳市汽车工会了。

杨拯中（杨虎城之子）、宋绮云先生二人终日紧锁双眉，在我们相处的半年多时间里很少见到笑容。宋夫人徐林侠女士成天缝缝补补，裁裁洗洗，照顾着两个孩子（杨幼女拯贵、宋子振中），是个标准的贤妻良母。拯贵长两个大眼睛，活泼可爱。副官阎继明（河北人），身体魁梧健壮；张醒民（陕西人），中等个子，由于不习惯南方生活，加之长时期得不到自由，身体非常单薄。他们两人每天早上锻炼身体，风雨无阻，对杨先生倍加尊敬，总是称杨为主任（因杨1936年前是西安绥靖公署主任）。他们对别人说起话来，只要一提到杨先生，便主任长、主任短的，好像和1936年在职时一个样，视与杨先生同甘苦、共患难为理所当然，甚至连自己是个阶下囚也不在乎。

　　1949年9月5日左右，周养浩从重庆带领一班人马，分乘大小吉普车各一辆、六轮卡车一辆，来到贵阳杨先生住地，伪称蒋介石到了重庆，要召见，很可能获释。周养浩走后，杨先生说，释放希望很渺小，很可能又要转移，这次可能是去台湾，明天周来我提出你和我们一同去重庆转台。我答应了。第二天，周来了，杨先生提出后，周说，只有张鹄一人陪你前去，其他人员由张静甫和他两人率领，到昆明云南绥靖公署保防处安置和路上的一切开支费用，都得他（指我）去报账。因此我没有去成。行前，杨先生把收拾好的一个白铁箱子交给我，并说，里边有拯中和拯贵的书籍和一个褥子，叫我带上，由昆转台。这天早饭后，周养浩和张鹄以及杨先生一行七人，和由重庆来的几个警卫，分乘大中小三辆汽车去了。第二天，我即和副队长张静甫带领全队30多人，分乘两辆卡车，由贵阳前往昆明。沈醉在《军统内幕》一书中说，当时参加屠杀的凶手有张鹄、张静甫、陈宣琪（少校书记）等20多人，与事实不符，实际上只有张鹄一人。

　　我们到昆明后，即往云南绥靖公署保防处报到，处长沈醉当即任命张静甫为该处总务科副科长，我为处的主管会计，去台之事已作罢论。我家住在昆明市警察局电话队长李允全（昆明市人）家二楼。云南起义后，我将杨先生所交的箱子丢在李家中了。粉碎"四人帮"后，我将这一情况写信告诉廖承志先生（在中美所被囚期间认识的）。廖将信转交杨拯民先生（杨先生之子，曾任全国政协副秘书长），要他到昆明查找遗物下落。一年后，杨复信给我说，没有找到。实属遗憾。

　　　　　　　　　　　　　　　　　　　　　　　　（1984年9月7日）

杨虎城身边的共产党员

杨拯民

　　我的父亲杨虎城将军1931年任西安绥靖公署主任、中国国民党中央监察委员。1936年12月12日，他同张学良将军联合发动了震惊世界的西安事变，迫使蒋介石放弃其"攘外必先安内"的误国政策，促成了国内和平与团结抗日局面的实现。我父亲能够跟随时代潮流不断前进，从旧民主主义者转变为新民主主义者，成为伟大的爱国主义者，最重要的原因是他坚持孙中山革命的三大政策与共产党合作，经久不变，即使大革命失败，他对共产党也不失望，不仅"不清党"，还曾要求加入共产党。在他的部队里，中共党组织始终不断线，共产党员更是遍布他部队的各系统、各部门。他信任、重用共产党员，用共产党的办法，改造自己的部队。他说："共产党员不怕死、不贪财、能干事、有献身精神，所以我要用他们。"

第一个给杨介绍马克思主义的共产党员魏野畴开始同杨虎城实现"国共合作"

　　我父亲接触的第一个共产党员，是中共陕西党组织创始人之一的魏野畴。魏曾参加过五四运动，经李大钊介绍加入中国共产党。1923年春，他应邀到陕西榆林中学任教，并创办进步刊物《秦钟》，宣传马克思主义，鼓动学生起来参加革命救国运动，培养了刘志丹、潘自力、张汉民、曹力如、阎揆要等一批青年学生入党。经人介绍，在榆林休整的杨虎城结识了这位才华横溢的革命家，两人一见如故，交往甚密。在这期间，魏给杨详尽地讲解了马克思主义的基本内容，介绍了中国共产党的主张，分析了当时中国社会的基本矛盾，诚恳地指出了我父亲屡遭失败的原因。魏野畴以其科学的理论、精辟的见解和渊博的知识，深深地赢得了我父亲的敬重。我父亲从与魏野畴的交往中，系统地了解到马克思主义的初步知识、共产党的方针政策，开阔了新视野。从此，他逐步接受了共产党的主张，向联俄、联共、扶助农工的新三民主义迈进。这成为他此后与中共长期合作的思想基础。1925年7月，我父亲仿照孙中山办黄埔军校的办法，在陕西耀县创办"三民军官学校"，任命魏野畴为政治部长，延聘共产党员刘含初、赵葆华、吕佑乾等任政治教官，加强政治思想教育，培养军政人才（后来成为团、旅、师长的孔从洲、刘威诚等，都曾是该校的学兵）。这是魏和杨在学校里实现的第一次"国共合作"。

　　1927年，我父亲率部出关东征，攻打直鲁联军失败，在河南马牧集孤军无援，苦无出路，特电请去陕北巡视而没有随军东征的魏野畴归队。这时，南汉宸等许多被"清党"出来或与组织失去联系的共产党员，纷纷前来"不清党"的杨部，给他的部队带来了新鲜血液，使他有了"政治主心骨"。魏野畴、南汉宸帮助他分析形势说："现在杨部东有强敌压境，北有黄河天险，西撤退路被断，周围都为军阀势力控制，只有皖北目前还是蒋介石、汪精卫、冯玉祥势力较弱的地方，而且这里兵源充足，资源丰富，是部队休整的好地方。"我父亲完全接受了他们的建议，立即撤到以太和为中心的皖北地区，清剿土匪，打击豪绅，惩办贪官污吏，发展教育事业，创建了部队休整和发展的新基地。为加强同共产党的合作，他任命了一批共产党员担任要职：蒋听松为军部秘书长，魏野畴为军部政治处处长，冠子严为第一师参谋长，曹力如为第二师政治处处长；筹办了军事政治干部学校，南汉宸为校长，魏野畴兼政治指导员，并由他二人挑选基层进步军官和地方上革命知识分子做骨干，加强了革命力量。与此同时，魏野畴整顿了军内党组织，建立了以他为书记的中共第十军委员会，并在此基础上建立了中共皖北特委。

据南汉宸说，在这期间，我父亲与共产党员谢葆真结婚，对他进一步与共产党合作起到了积极作用。谢葆真是西安市人，16岁左右就参了军，在冯玉祥的国民革命军第二集团军政治部前线工作时入党。她受党组织的派遣，随我父亲的部队参加北伐，任战地宣传队长。到太和县后，她积极开展妇女工作，组织成立了太和县第一个妇联，任妇联主任。她工作大胆泼辣，革命热情很高，口才也好，深得我父亲的赞赏和喜爱。1928年元月，经党组织的批准，她和我父亲结婚。在喜宴上有人问："杨将军为什么爱上小谢？"他坦率地回答："我知道她思想进步，为革命我需要她。结了婚，可以直接帮助我。"西安事变后我父亲出国考察归来抗日时，被蒋介石逮捕，此时谢葆真已回到西安。她闻讯后，多方奔走营救无效，便毅然带着孩子杨拯中（时年七岁）去陪我父亲，后来英勇牺牲。我父亲在悲愤中始终把她的骨灰盒带在身边，直到自己被残酷杀害。

在党组织的帮助和谢葆真的影响下，我父亲的思想进步更快。他不仅多次向中共皖北特委书记魏野畴表示与共产党合作到底的坚定信念，还进一步提出了入党的要求，希望能做"第二个贺龙"，要将自己的部队改编为工农红军。魏野畴等特委负责人对杨虎城思想的转变感到非常兴奋，魏当即表示愿做杨虎城的入党介绍人，并给在上海的党中央写信说："杨虎城是一位革命将军，他是绝对被掌握在我们手中。"南汉宸则报告河南省委。可惜，由于"八七会议"后"左"倾盲动主义和关门主义占主导地位，我父亲入党的要求未得到及时批准。直到1928年，他到日本考察时，仍积极学习马克思主义，参加革命活动，经中共东京党组织再次要求，中共中央在《中共给东京市委的信》中，同意批准杨虎城入党。但此信到达东京时，我父亲早已回国，无法履行中央要求的入党手续了。

此时，"左"倾路线控制的党组织在条件不成熟时，曾要求我父亲率部参加暴动，使他无法接受，一时陷入僵局。魏野畴等皖北特委负责人认为，杨虎城出身贫苦，有强烈的民族观念和爱国热忱，有创新精神，对进步事物很敏感；但多数部下跟不上他的思想，蒋介石的特务又渗透到他军队内部，多方挖他的墙脚。在这种形势下，如果脱离实际，过早地要求他公开反蒋，有些部下就可能反对他。为了摆脱困境，我父亲向中共皖北特委魏野畴等表示：自己可以丢开部队，而不愿使自己与中共合作关系破裂。这时，蒋介石得知我父亲的部队内共产党很活跃，特派反共大同盟的韩振声带两万元来拉杨附蒋，督促他"清党"，指名要逮捕南汉宸。我父亲一面婉拒韩振声的要求，通知南汉宸暂时隐避；另一方面同特委商量，借机随韩振声去南京，引开他，以免影响起义准备。他走后不久，第十军党内出了叛徒，交出了共产党员名单。但孙蔚如代军长把共产党员集中到一起，遵照杨的嘱咐，发给路费，"押送"出境。杨曾对孙说："这些朋友都是我们请来的，纵一时不能合作，也要对得起朋友，要讲道义，要留有他日见面的余地。"皖北形势的突变，迫使暴动提前。1928年4月9日，在魏野畴的直接指挥下，以王官集为中心的皖北暴动，建立了安徽省第一个苏维埃政权。但由于起义部队寡不敌众，暴动很快失败，魏野畴英勇牺牲。这消息传到上海，即将出国的父亲沉默良久，最后流下了热泪。他回到西安，带头捐款救济流落街头的魏野畴老母和妻儿。

共产党员南汉宸实行"秘书长专政"前后

对我父亲影响最大、职位最高的共产党人南汉宸，辛亥革命前加入同盟会，后参加冯玉祥的国民联军第三军，1926年加入中国共产党。这年底，他跟随驰援西安的国民联军进城后，结识了我父亲，二人从此便成为挚友，并肩战斗十年。大革命失败后，他先后两次来到杨部，帮助我父亲"另找出路"。蒋、冯、阎中原大战即将结束时，杨对全面走向反动的国民党已失去信心，他得出结论说："中国军阀没有一个能斗过蒋介石的，只有共产党，我们要同蒋介石斗，只有同共产党合作。"这是他此后处理同中共关系的基本出发点。我父亲任陕西省政府主席后，立即提名南汉宸为秘书长，将组织省政府的重担交给了他。在大政方针确定之后，便放手让他去干，以致当时有陕西省政府是"秘书长专政"之说。

早在我父亲即将主陕前夕，南汉宸就与杨的高参杜斌丞先生一起，共同策划了"回汉一家，陕甘一体，打通新疆，联合苏联，南北团结，反蒋救国"的"大西北主义"。我父亲入陕以后，迅速肃清了土匪，驱逐了吴佩孚势力，一年左右的时间，已统一了陕、甘两省，并准备进军新疆。为了抵制蒋系势力侵入西北，南汉宸随先头部队进入西安后的第一件事，就是根据我父亲的决定，释放一切政治犯，并对其中部分共产党员和进步人士委以重任。在这些被释放的政治犯中，有蒲子政、潘自力、李畅英（大章）、赵伯平、吕剑人、刘继增、景瑞卿、亢心栽、原政庭、杜松寿、吴焕然等几十名共产党员和共青团员。稍后被捕的刘志丹，也在南汉宸的劝说下，被我父亲秘密释放了。与此同时，我父亲大胆任用进步青年，包括刚释放的共产党员、新编省政府警卫营营长张汉民，宪兵营副营长（开始杨自兼营长）纪子中，后改为金闽生任营长、童陆生任副营长，全营的连排长多是共产党员。新建的新兵训练处（后改为骑兵团）处长王泰吉，西安绥靖公署参谋处长王根僧，独立旅旅长许权中，军法处处长张依中、科长庞志杰，省政府的科长崔孟博、崔仲远、谢甫生、刘佛吾等都是共产党员。西安日报社社长蒋听松，《西北文化日报》的总编辑宋绮云，这两位掌握新闻舆论的也都是共产党员。皖北暴动失败后，我父亲部队中的地下党员仍然存在，但党的负责人都是中下级军官，不可能与他发生直接关系，也很难对他造成广泛的影响。南汉宸再次来到杨部，特别是他担任省政府秘书长之后，逐渐形成了以南汉宸为代表的、对杨有很强影响力的势力集团，使杨部的面貌发生了很大变化，也引起了蒋介石的密切关注。南汉宸为了贯彻我父亲兴学育才的方针，把学校抓到手里，各学校的校长、教务主任都由南汉宸提名共产党员和进步知识分子担任。由于叛徒告密，国民党南京政府以"南某赤化教育"为名，提出27名要逮捕的共产党员名单。这些党员都是杨部的重要干部，我父亲拒不接受。蒋介石就变换方针，集中打击南汉宸一个人。蒋派陈立夫亲赴陕西，要求我父亲逮捕南汉宸。我父亲考虑到南是著名的共产党员，同蒋介石硬顶是不成的，决定不仅要给钱让南走，而且派随从南多年的亲信警卫姚云清负责，护送其出潼关，换乘火车，北上天津，东渡日本。1935年11月，在华北做统战工作的南汉宸，派第十七路军驻北平办事处主任申伯纯给我父亲送来中共中央《八一宣言》，内容是停止内战，一致抗日，组织抗日联军和国防政府，并建议杨部与红军签订互不侵犯协定。我父亲非常高兴。那时，他的西北军与张学良的东北军互相猜疑，正是最苦闷的时候，看到共产党联合抗日的主张，他认为有了新的希望，立即表示接受中共主张，并要申伯纯回天津找南汉宸商讨具体实施办法。

　　1935年冬，毛泽东率中央红军长征到达陕北，派汪锋带了给我父亲、杜斌丞、邓宝珊的三封亲笔信来西安进行联络。我父亲接到毛的信后，因不认识汪锋、不辨真伪，遂致电天津南汉宸，要其派人来鉴定汪锋所带的信是否代表中共中央。南汉宸找到王世英，要他来西安帮助了解。王世英和杨见面后，也不能确定汪锋身份，遂共同去陕北向毛汇报。王世英和汪锋返回陕北，中央确定由王世英再返西安确认汪锋持信无误，双方建立了互相联络的几项规定。从此，我父亲与陕北中共中央建立了正式关系。

我父亲的外事秘书王炳南1926年入党，是杨资助出国留学生的代表，曾任德国共产党中国语言组书记，国际反帝大同盟东方部主任。1935年秋，中共中央驻共产国际代表了解到王炳南与我父亲有世家关系（王炳南父亲是辛亥革命陕西省领导人之一，从靖国军起，就一直是我父亲的参谋，两人私交甚厚），就派王回国，争取杨同红军达成互不侵犯协议。王炳南到西安后，我父亲特地把他接到三原县东里堡别墅，同他密谈了两天。王炳南向他分析了形势，介绍了中共政策，指出西北军的"唯一出路是与共产党合作抗日"。我父亲高兴地对王炳南说："我与中共某些人已有接触，但素不相识，说话难免有些顾虑和保留。现在你回来了，可以无话不谈了。"我父亲还让王炳南住到自己的公馆止园，以便随时商讨事宜，并让他负责外事接待工作。我父亲会见史沫特莱、斯诺、爱泼斯坦、贝特兰等外国友人，都是王炳南安排好并由王夫妇二人担任翻译。1935年底，反蒋抗日秘密协议终于达成，我父亲成为第一个接受共产党抗日民族统一战线的国民党高级将领。1936年8月13日，毛泽东派他的秘书张文彬，带了交通员、报务员到西安，在杨部宪兵营副营长谢晋生（地下党员）家里设立了电台，我父亲与陕北党中央开始有了毛泽东所说的直接"空中通信"。

政务机要秘书王菊人是我父亲的同乡——陕西蒲城县人，青少年时期到西安读书，受进步思想影响于1925年加入共青团，同年转为共产党员，曾任西安市西区宣传委员、陕西省青年社会宣传部长、三原县共青团书记，1930年起任杨的随从副官、秘书、机要秘书。1933年，在蒋介石逼杨"清党"中，他被迫同南汉宸一起去日本学习，回国后成为我父亲的得力助手，担负与多方面的联络工作，主要是对中共中央、东北军和各地方实力派的联络。我父亲对他很信任，让其参与许多重大机密事件，并负责组织执行。无论是和平时期还是非常时期，他都是我父亲决策圈内的核心成员之一。为了联合反蒋抗日，毛泽东和党中央先后派来汪锋、王世英、张文彬等谈判代表，我父亲第一次接待他们，确定谈判方针之后，都让王菊人代表他去继续谈判。特别是杨和张学良密谋扣蒋"兵谏"时，西北军方面也只有王菊人最先知道底细。西安事变后，我父亲被迫出国考察归来，王曾和王炳南一起去香港迎接。我父亲被蒋介石扣押后，胡宗南曾三次派人送钱、送委任状拉王菊人，都被他断然拒绝。这时他组织上虽已不是共产党员，但仍以自己特殊的身份为党工作，坚持联共反蒋抗日。1942年，他协助我父亲的高参杜斌丞先生，成立西北民主同盟，为创始人之一。1944年，他应我之约秘密进入陕甘宁边区关中军分区，同张德生、汪锋等交谈后回西安，开展反蒋统战工作，不幸后来和杜一起被捕。杜被杀害后，王菊人在被押解去四川途中乘乱逃跑，回到解放后的西安，后任民革陕西省主任委员、陕西省政协副主席等职。

米暂沉（1902—1993）任我父亲的机要秘书长达10年之久，是对我父亲政治活动及至生活作风了解最多的人。他出身书香门第，毕业于陕西省立一中，曾回家乡蒲城县小学任教，1926年入党。在大革命失败后，米投奔杨虎城部队，在中共皖北特委的领导下，积极参与皖北暴动的准备工作。我父亲入陕后任省政府主席兼民政厅长，米暂沉任民政厅主任秘书，主管民政厅的日常公务。西安事变后，米暂沉去英国留学，回国后曾到四川三合县东北大学附中任教，1941年加入中国民主同盟，坚持与中共合作。1942年秋，他受中共驻重庆代表团委托，到湖北沔阳杨虎城旧部王劲哉师，调解该部与新四军李先念部的摩擦。1945年10月，他到我父亲的副手孙蔚如处任机要秘书、机要科长，1948年进入解放区。因为他对我父亲了解最多，新中国成立后任全国政协文史委员会委员、文史办公室副主任期间，著有《杨虎城将军传》。

我父亲最后一位秘书宋绮云（1904—1949），江苏邳县人，黄埔军校武汉分校毕业，1927年入党，曾任中共邳县县委书记。因其妻徐林侠被捕，经营救出狱后，宋绮云便带领一些已暴露身份的共产党员，投奔到正在皖北休整的杨虎城部队，受到杨的欢迎与信任。宋绮云先后担任第十军政治部宣传科长、南阳教导队教官。为了加强宣传教育工作，我父亲创办了《宛南日报》，任命宋绮云为主编。我父亲入陕任省政府主席后，创办了《西安日报》，由共产党员蒋听松任社长。不久，又创办了《西北文化日报》，宋绮云任总编辑。宋绮云和蒋听松两人分别任总编辑和社长的《西北文化日报》《西安日报》，按照我父亲的主张，为抵制蒋介石势力的侵蚀和破坏，积极进行停止内战、一致抗日的宣传，由于这两张报纸的宣传内容不符合国民党反共内战的宣传方针，特务们砸封了《西北文化日报》，并于1941年将该报总编辑宋绮云连同他的妻子徐林侠、儿子宋振中（小萝卜头）逮捕，与我父母一起，先后关押在贵州息烽集中营和重庆中美合作所。1949年，宋绮云一家三口与我父亲、弟弟、妹妹，先后在狱中被残害遇难。

"共产党干部仓库"里的军官多数是杨所倚重的直属部队爱将

我父亲身边的共产党员，有些是他所知道的，主要是高中级干部；有些他是不知道的，这主要是基层干部和战士。从1931年到西安事变前夕，第十七路军各部都先后建立了秘密党组织，其中时间最长、力量最强的是他的直属部队，特别是陕西省政府警卫团。这个团的前身是卫士营，早就由中共陕西省委军委派人来营建立了党支部。营长张汉民，连长史唯然、李明轩、魏树林、王建三等，都是共产党员。警卫营扩编为警卫团后，又相应建立了中共警卫团党委会，共产党员发展到200多人，被称为"共产党的干部仓库"。1935年5月，我父亲为主任的西安绥靖公署，将其扩编为警三旅。张汉民遇难后，改建为特务二团，由共产党员阎揆要任团长。阎揆要是陕西佳县人，黄埔军校第一期毕业，1926年入党，历任国民三军骑兵团营长，杨虎城部营长，与红军关系密切。早在1931年秋，阎揆要任营长时，就奉命送情报和弹药给陕甘宁边区的谢子长、刘志丹红军部队；1935年又经过西安、彬县联络站送武器、弹药、医药器材给红军，掩护上海中央局、陕西省委同红军来往的干部。1934年春，为红二十五军同中央联系，阎揆要将电台、药物送给了他们。1935年阎揆要任特务二团团长，在西安成立交通站，以特务二团西安留守处的名义派有后勤人员、警卫（多数是共产党员），主要负责红军过往人员的接待，为红军物资采购和运送提供方便，特别是维护到西安工作的红军负责同志的安全。汪锋、王世英及西安事变前夕的叶剑英等，到西安同杨虎城谈判，阎揆要都负责派人接送。西安事变后，国共第二次合作，为了顾全共同抗日的大局，根据国共双方协议，党中央把已公开共产党员身份的阎揆要撤回。阎回八路军后，任八路军总部参谋处处长、冀鲁豫军区参谋长；解放战争中，任陕甘宁晋绥联防军副司令员兼参谋长、西北野战军参谋长等职；新中国成立后任军事科学院副院长等职。

与卫士营同时建立的宪兵营，也有中共党组织。宪兵营是管军内执法的，开始，我父亲自兼营长，纪子中（共产党员）为副营长，后金闽生为营长，童陆生为副营长，他们都是共产党员。宪兵营特别党支部开始由中共中央（上海）特科直接领导，以后发展为中共西北特别支部，成为西北党组织的大本营。1933年，中共陕西省委书记杜衡叛变，地方党组织受到严重破坏。但由于军队和地方党组织分属两个系统，第十七路军内党组织又受到杨虎城的掩护，党的组织活动才没有中断。我父亲对共产党员，无论是部队还是地方上的，凡被国民党逮捕的，分别情况，采取了几种掩护办法：硬顶不交；明捕暗放；重大案件实在掩护不了的，不得不交人时，"只交死的，不交活的"，以免暴露共产党内或共产党与杨部联合反蒋的秘密。

在我父亲部队众多参谋人员中，共产党员武志平是代表杨部与红军谈判、订立第一个互不侵犯协定、具有传奇色彩的人。1933年初，红四方面军从鄂豫皖苏区进入川陕地区，蒋介石电令川军田颂尧部与第十七路军南北夹击红军。我父亲认为，同红军打仗，双方互相残杀，蒋介石坐收渔人之利，因此最好同红军取得默契，互相不打。根据这个指导思想，他接受了杜斌丞的建议，委派武志平前往川北沟通与红军的联系。武志平曾任杨部驻郑州办事处主任，对鄂豫皖红军有所了解。我父亲虽同许多共产党人有过长期交往，却没有同红军有过直接的联系，因而对这件大事特别重视，亲笔给在陕南第三十八军任中校参谋的武志平写了一封密信：

> 志平参谋弟：别来日久，殊深驰念。余于上月25日平安抵省，祈勿念。值兹日寇凭陵，国势阽危，凡我同志，务须深自警惕，力图奋发。吾弟才华卓著，当希佐理孙军长（蔚如），努力工作，是为至要。此询近挂。
>
> 杨虎城手启　五·四

武志平手持杨的密信和军用地图、物资，化装成红十字会员进入川陕苏区，见到红四方面军政治部主任傅钟、军委主席张国焘，达成了初步共识。红四方面军派徐以新和武志平一起回到汉中，同杨部代表、第三十八军军长孙蔚如谈判，双方达成了"以巴山为界，互不侵犯，共同反蒋"的口头秘密协议。这个协议，打破了蒋介石对红四方面军"军事围剿，经济封锁"的计划，使初到川陕尚未站稳脚跟的红四方面军解除了后顾之忧，并且打开了北上的通道。但在"左"的思想指导下的红四方面军有关负责人，竟然忘乎所以，在内部刊物《捷报》上刊登消息说："西北军某部已与川陕红军发生了秘密联系，证明蒋介石内部已分崩离析……"国民党特务得知后，即于1934年6月电令孙蔚如查缉武志平："据密报，有武志平其人，自称第三十八军参谋，住在河口附近，经常给'共匪'输送军火、汽油等物，仰就近查缉，并告。"迫于蒋介石的压力，孙蔚如把蒋的电令给武志平看了以后说："红军的事，只好到此为止了。你再到联络点去一下，把这个意思告诉他们，请他们谅解。"武志平被迫离开了第三十八军，孙蔚如亦停止了与红四方面军的往来。以后不久，武志平又悄悄回到陕南，在第三十八军外围继续做地下党交给的"联络工作"。

1935年2月初，红四方面军进攻陕南不久，酿成了我父亲的爱将、警三旅旅长、共产党员张汉民被红二十五军杀害的悲剧，给我父亲与红军的关系造成了严重的伤害。张汉民是山西稷山人，是杨部安边教导队的学兵，1925年入党。由于他机警能干，中共中央（上海）军委特科任命他为特派员。1927年秋，其任杨部炮兵团营附时，即为该营共产党的负责人。我父亲任陕西省政府主席，即任命张汉民为省府警卫营长、团长。他早就同陕甘红军有联系，曾给刘志丹、谢子长部送情报和弹药，掩护过上海中央局和陕西省委与红军往来的干部，并向陕甘游击队传递国民党"围剿"他们的消息。中共陕西特委曾要求张的警卫团为北上的游击队补充武器弹药，张汉民就到洋县组织一次军事演习，结束后故意将一些枪支弹药遗留现场，让游击队取走。张汉民的警卫团扩编为警三旅，奉命调往陕南堵剿红二十五军时，张又派共产党员张含辉同川北红军联系，约定暗号为"瞄不准不打"，只是"尾随"做样子。据红四方面军的领导人郑位三后来说，红二十五军虽然听说张汉民是共产党员，张部也有不少党员，但"当时出于警惕"，对张汉民不信任，有怀疑，就故意给张出难题，向他要机枪零件、文件、药品、电台、作战地图等，并要他的部队和红二十五军保持一定距离。因药品、电台要派人到上海去买，未及时送到；再加上张部同红二十五军"尾随"太紧，就更增加了红二十五军的怀疑，决定设伏攻打张汉民警三旅。当时，该旅先遣团团长阎揆要（共产党员）曾提醒张汉民注意红军的打法，但张汉民认为"尾随"几天，双方都未违约，红军绝不会先开火。他没想到红二十五军果真在柞水县九间房设伏，三面包围张部，张汉民和几十名党员被俘虏。张说自己是共产党员，红二十五军负责人不信，认为他是冒充共产党员。汪锋从上海中央局回陕，知道红二十五军不了解张汉民情况，第二天就赶去营救，并一再说张汉民确实是共产党员。然而，在"左"的错误思想指导下，汪锋不仅没救出张汉民，连自己也被红二十五军扣押起来。张汉民等共产党员在行军途中被杀害，汪锋被辗转带到陕北，直到中央红军到来，才被释放。张汉民被杀，使我父亲和第十七路军众多将士，都不同程度地产生了红军到底讲不讲信用、我们敢不敢与红军合作的疑虑，给双方合作关系笼罩了一层阴影。直到1935年底，毛泽东特派刚被释放的汪锋带着他的亲笔信，主动到西安同我父亲谈判联合反蒋抗日问题时，我父亲首先就提出：我部警三旅旅长是共产党员，（国民党）中央一再指责我（杨），陈立夫也亲自来谈。我认为张汉民有魄力、能干，没有理他们；而红二十五军却在九间房设伏袭击，并把张汉民杀害，这是我们很不满意的。汪锋解释说，这是由于红二十五军自从突围后，和上级党失去了联系，不知道张汉民确实是共产党员，所以误杀了他，这首先是我们共产党人沉痛的损失，当然，也是第十七路军的沉痛损失。汪锋在几次谈判中，把这件事说清楚了，解除了我父亲的疑虑。回到延安后，汪锋向党中央写了报告，请求为张汉民同志平反，后党的"七大"追认张汉民为烈士。

在杨虎城部队入党的共产党员是打起红旗 跟党走到底的代表

西安事变后，我父亲被迫出国考察前夕，他对前来上海送行的第十七路军重要干部作最后一次讲话。他结合部队生存发展的坎坷历史，把部队的前途、国家民族的希望，同共产党的事业发展紧紧地联系起来。他语重心长地说："现在，我们的部队，北边是朋友，南边是冤家；北边是光明，南边是陷阱。到了蒋介石压迫我们，我们部队的存在发生危险时，就断然倒向共产党，跟共产党走。"

刘威诚是遵照我父亲的指示精神，在抗日战争即将胜利的前夕，蒋介石开始瓦解我父亲创建的这支部队时，第一个打起红旗的高级将领。刘威诚是陕西蒲城县人，大革命失败后，在杨部办的教导队当学兵，经炮兵营附张汉民介绍加入共产党，历任排、连、营、团长，抗战时与八路军协同作战多有战绩。1945年，刘任第三十八军第十七师副师长。同年7月18日，刘威诚在中共第三十八军党委领导下，指挥第十七师和第五十五师八个营起义，投奔晋冀鲁豫解放区，任第十七师政委，立即跟随刘邓部队，参加了上党战役；后积极动员、协助孔从洲统一指挥，把第三十八军都拉到解放区，组成了西北民主联军第三十八军，任副军长。

孔从洲是西安市人，1924年入杨虎城部队，历任营、团、旅长，西安事变前任杨部警二旅旅长。抗战时，孔从洲任第三十八军第五十五师师长，在八路军的支持协助下，粉碎了日军多次围剿，并率部突围，打乱了敌人部署，以本部队的重大牺牲，保障了友邻部队突出重围，立下了显著的战功。1944年，蒋介石用升官的办法，调赵寿山任第三集团军司令，赵在赴任前就委托当时还不是共产党员的孔从洲积极支持、配合第三十八军党委的工作，掌握好第三十八军的实权，粉碎蒋介石分化、瓦解第三十八军的阴谋，保存好我父亲创建的这支爱国武装力量。刘威诚率第十七师起义后，蒋介石采取了更加严厉的措施，将第五十五师三面包围后，强令孔从洲就任有职无权的副军长，使第五十五师的处境更加险恶。1946年5月10日，胡宗南说孔从洲部队里共产党员多，名义上要调孔部"到新乡增防"，实际上是"到火车上缴枪"，解散第五十五师。孔从洲当机立断，率部在河南巩县起义，然后分散突围。孔从洲沿途克服重重艰难险阻，不断受到国民党军警宪特盘查，终于在第四集团军谍报处处长霍子昭（地下党员）的帮助下，通过了国民党的封锁线，胜利地到达解放区。9月13日，根据中共中央军委的命令，与刘威诚等各路分散来到解放区的原第三十八军旧部，会集一起在邯郸成立了西北民主联军第三十八军，孔从洲任军长，并加入共产党；陈先瑞、刘威诚任副军长，汪锋任政委。

智勇双全的赵寿山将军，早在西安事变前就是我父亲部队核心领导成员之一。他毕生追求革命的经历，反映了整个第十七路军所走过的艰难曲折道路。他是我父亲部队里，被蒋介石召见几次，又被毛泽东几次接见的唯一高级将领，是杨部坚持把红旗打到底的突出代表。赵寿山出身于陕西户县一个农民家庭，就读于陕西陆军测量学校，从军后入冯玉祥部当教官。因其敬佩我父亲坚持靖国军旗帜，参加了杨部，从当教官起，历任连、营、师、军长和集团军总司令。1930年，国难日深、民族危机加重，赵寿山到北平、天津、上海考察，同许多进步人士和共产党人接洽，认为

"非团结不足以言抗日，非抗日不足以言救亡"。回到陕西，他向我父亲力陈停止内战，反蒋抗日的主张，先后三次向我父亲建议捉蒋介石。我父亲当时表面不动声色，只劝他回去"看看部队，好好休息"。赵开始不太理解，有些失望。到了西安事变前夜，我父亲突然召见赵说："你不是几次提议要干（蒋）吗？现在马上就行动。西安城内的部队归你指挥。"赵寿山十分敬佩杨的机警，兴奋地接受了任务，直接指挥了西安城内各部队的军事行动，第二天即被任命为西安市公安局局长，迅速稳定了市内的社会秩序。西安事变之后，赵奉命调任渭北警备司令，与南下防止中央军进攻西安的红军彭德怀、左权多有交往。赵请彭、左帮助赵部演习游击战，彭、左请赵帮助红军演习平原、河川作战。一次演习结束后合影留念，彭笑着对赵说："这下你把'通匪'的证据给留下了。"赵也豪爽地笑着说："我还准备上山入伙呢！"

1938年初，赵寿山在返回西安途中经过延安，第一次见到毛泽东。经过与毛泽东、朱德、周恩来等中共领导人的长谈，赵寿山不仅明确了"培养干部，改造部队"的重要性，并在反蒋抗日、保存实力的基础上，毫无保留地接受了党的统一战线，对他确立长期与共产党合作、最终成为共产党员，起到了决定性的作用。后来毛泽东在听取中共第三十八军党委汇报赵寿山回部队后的表现时，决定向赵寿山公布第三十八军党员名单。此举使赵对共产党更加信任，并在第二次见到毛泽东时，提出要求入党，被毛泽东接受。从此，赵在中共第三十八军党委的帮助下，按抗大式的教育，训练干部、改造部队。

1946年夏，赵寿山以第三集团军总司令的身份，参加了蒋介石在重庆召开的军事会议，主要内容是研究进攻张家口。会后，赵立即报告了在重庆的周恩来副主席。中央根据形势发展需要，决定赵返回延安。赵寿山接到中央指示，立即做好各种准备，绕道上海、北平，几经辗转，1947年秘密到达陕北，7月6日又发表了《致全国各界同胞通电》。毛泽东主席亲切地接见了他，并笑着说："彭德怀、贺龙争着要你，你觉得去前方作用大，还是留在后方作用大？"赵说："我水平低，请主席定。要说起作用，我到前方作用可能大些，因为我是当兵的，打了多年仗，总还有些经验。我们要打西安，我是关中人，人地比较熟悉，情报可能灵通些。"毛主席说："好，中央原来打算让你留在后方，给贺龙当副手。现在你去前方，给彭德怀当副手，做副司令。"赵寿山即任西北野战军副司令员，参加了人民解放战争，为解放大西北做出了贡献。新中国成立后，赵寿山先后任青海省、陕西省省长，实现了杨虎城将军的遗愿，为大西北和祖国的社会主义现代化建设事业做出了贡献。

我的父亲杨虎城

杨拯民

父亲生于帝国主义列强入侵，清政府丧权辱国，人民苦难深重的19世纪末叶。他由于家庭贫寒，又心怀杀父之仇，从幼小时期就滋生了劫富济贫、抑强扶弱、发奋图强、抵御外侮的爱国思想。他从刀枪血火的经历中深切地认识到：只有坚持执行孙中山先生的三大政策，中国革命才有出路。他为这一理想奋斗一生直至血溅巴山。他的牺牲被毛泽东主席评为"以身殉志，不亦伟乎"。他被周恩来总理誉为"千古功臣"。

他从17岁参加革命活动到57岁牺牲，这40年政治生涯中，有以下几点值得追思：

一是在政治思想上。他自始至终追随进步，与时俱进，并站在时代潮流的前列。从辛亥革命起，即坚持反帝反封建。他就是在反对军阀、反对封建主义的斗争中成长起来的。在靖国军时期，表现尤为突出。当时在靖国军的将领中，名出其右者颇不乏人，但在强敌压境，在敌人打击与招抚并用的两手政策下，竟纷纷放弃靖国军旗帜，接受了北洋军阀的收编。只有他独扛靖国军大旗，在武功（后迁凤翔）重建靖国军司令部。后终因敌我力量过分悬殊而失败，但他扛扛着靖国军旗帜，率部千里进军陕北三边，暂依地方势力井岳秀庇护，保存了西北一点革命种子。在陕北时，他派人密赴上海、广州与孙中山取得联系，接受了孙先生倡导的联俄、联共、扶助农工的新三民主义思想，并笃信不移。中原大战后，他到西北搞"大西北主义"，主张陕甘一体、回汉一家、打通新疆、联合苏联、南北团结、反蒋救国。其实质就是贯彻中山先生的革命主张，建立革命的西北基地。九一八事变后，他积极主张抗日，并几次要求亲赴前线抗日，均遭蒋介石拒绝。直到1936年12月12日与张学良将军发动西安事变，得以逼蒋停止内战，与共产党合作抗日，使中国的前途命运才有了一个转机。

正如叶剑英诗中所写的："西安捉蒋翻危局，内战吟成抗日诗。"在他的政治思想上还应该提到的是他与中国共产党的关系。这既是他政治生涯中可贵的一面，也是他能不断进步的重要原因之一。早在陕北时，他就与中共早期党员、陕西党组织的创立者魏野畴结为密友。从那以后，陆续有许多共产党员到他的部队中工作，他都委以重任，引为股肱。从与魏野畴结识就开始了他与中共长期合作的历史。例如，他先后任命魏野畴为军的政治处处长，曹力如为师的政治处处长，南汉宸为省府秘书长，武勉之、张汉民为旅长，王泰吉、阎揆要为团长，等等。其他像习仲勋、潘自立、刘贯一、王炳南、汪锋、孙作宾、吕剑人、常黎夫、贾拓夫、吴岱峰、方仲如、童陆生、蔡子伟、武志平等，也都或先或后，或长或短地在他的部队中工作过。这种传统在他被囚禁以后，仍在原部队三十八军中保持着，直到该部起义。

在错综复杂的中国现代史上，某个地方实力集团出于当时的利害关系，与共产党保持某种谅解的合作关系的，并不乏人。但合作时间之久、关系之密切，他却是独特的，之所以能够如此，主要是在政治主张上的一致或相近所致。

二是在军事思想上，他是个军人，军事活动是他一生中的主要活动。在军事思想上他有他的一套东西。他在战斗中常常能以少胜多，转败为胜，在战斗中发展壮大。在讨袁护国时期，他的队伍只不过是一支人数很少的民团，讨袁胜利后才编成一个营；参加靖国军后，发展到一个队（比团略大）；再往后参加国民军，发展为一个师；率部参加北伐，发展到一个军；以后又参加中原大战，打回陕西，发展为十七路军。

大约20年间，他的部队打过一些在中国现代军事史上很有名的胜仗。例如1926年，北洋军阀刘镇华率镇嵩军10万之众（实有七八万）围攻西安，而西安城内只有一万多人，但他能坚守八个月，最后取胜；出关策应北伐时，在河南商丘以东马牧集一带，以一个军的兵力抗击张宗昌直鲁联军六个军的进攻；在山东打惯匪顾震、刘桂堂，在河南打唐生智，中原大战攻占洛阳，都打得很出色。他在用兵上有其一套做法：譬如军事行动与政治措施的配合，军队与民众的关系，军队本身的训练与建设，作战时机的选择、方式的运用等诸多方面。他没有留下什么军事著作，但他的军事实践，足以表明他是一位善于审时度势、智勇兼备的将军。

1937年，卢沟桥事变发生，他当时在国外，对抗日的前途就有过分析、判断。他认为中国抗战是正义的、人民的、持久战，"非民主不能持久，要使抗战能坚持到底，非巩固反日民族统一战线不可"。

三是兴办教育，培养人才，重视知识和知识分子。他幼年时因家境贫苦，只读过两年私塾，识字不多，成人后深感缺少文化的困难和痛苦。回陕主政后，为了振兴地方教育，他不仅把教育经费独立、专款专用，还把棉花捐、卷烟特费全数用于教育事业，压缩军费开支供教育使用，并为学校配备了一些有进步思想的知识青年任教师。此外，他还鼓励私人办学。蒲城县翼和亭先生在家乡兴办小学，因资金不够，于1931年春节到西安找我父亲。我父亲高兴地说："我上任三个月，咱县上来找我的人不少，但都是想当官发财的，唯你找我办学，我很欢迎。"批给翼一笔钱，翼回去后办起了孙镇小学。在他卸去陕西省政府主席职务后还自己出资兴办了蒲城尧山中学。当时他让我去这个学校读书，我说这学校刚办起来，教学情况可能不会理想，我现在西安二中挺好的。他说：我办的学校，我的儿子都不去还能让别人去上吗？所以我就在1936年夏季转学到了尧山中学。

在尧山中学，马克思主义可以公开讲，《资本论》可以自由阅读，与国民党推行的奴化教育大不相同。学校的教职员中除进步人士外，还有共产党员方仲如、何寓础、朱茂青、冯一航、袁若愚、赵曼青、袁鹤生等。并设有军事课。新中国成立后曾任新疆军区副司令员的张希钦就是当时的军事教官。在这个学校里先后培养出许多优秀分子和共产党员，校内始终存在着共产党组织。

在兴办教育的同时，他还资助优秀知识分子出国留学深造。派往英、德、法、日等国的前后有数十人，较知名的有亢心栽、江隆基、王炳南、蒲子政、袁若愚、潘自力、周梵百、郭则沉、原政庭、李子健等。早在靖国军时期，1921年他还曾资助过屈武、连瑞琦去德国留学。他认为，这是自己应该做的。他曾说过，当国民党的官，难免要刮地皮，我把刮地皮的钱用于供给穷学生上学，绝不会错。

父亲在一生中结交了很多知识分子朋友。早期的有蒙浚生、惠又光，稍后的有魏野畴、杜斌丞、杨明轩、崔孟博、李百龄，再后有南汉宸、韩兆鹗、李仪祉、王菊人、申伯纯、宋绮云、米暂沉等。他对知识分子态度真诚，或尊为师，或引为友，有的为忘年交，有事与他们商量，能博采众议，择善而行。

以上这些说明，他虽是一介武人，但却如此尊重知识、重视知识分子，这也是他能够不断接受新思想、随着时代步伐前进的因素之一。

四是重视建设乡里。在他回陕主政前，陕西是兵连祸结，连年干旱，灾情十分严重。1930年11月，何应钦在南京说到视察陕西灾情时，认为"陕西人民之苦甲于全国"。武功县原有15万人，一年之中饿死8万人。1931年1月，于右任在国民党中央纪念周上报告视察陕西灾情时说："数年间，陕西全省饿死人口已达300余万，灾情相当严重。"昔日素称富饶繁荣的八百里秦川，凋破如此，作为新上任的主席怎能不忧心如焚。陕西地处黄土高原，农民常遭旱灾之苦。他遂决定大规模兴修水利，以工代赈，既可救灾荒，又可以根本上改善农耕条件。从南京请来了全国著名的水利专家李仪祉先生主办其事。先后修成了泾惠渠、洛惠渠，可灌溉农田100多万亩。原本再继续修几条灌溉渠道，因种种原因未能实现，为此他常引以为憾。他为兴修水利花了相当精力，多方筹集资金，经常深入工地，还带我去过两次，看洛惠渠五号洞经过大荔与蒲城之间流沙层处理情况。

在交通建设方面，也做了力所能及的工作。陕西关中，古称"四塞之国"，意为四面都有高山与外界隔绝。从西安南去汉中、西往兰州当时都不通汽车。他主陕期间，一方面积极支持陇海铁路向西延伸，一方面紧抓公路建设，修筑了西安至兰州、宝鸡至汉中的公路。修筑西兰公路时，调动部队参加义务施工，加快了工程进度减少了费用。尤为值得一提的是修筑咸同铁路（从咸阳到铜川——当时叫同官）。同官出煤，运不出来，要修铁路，可省里财力有限，他找宋子文要钱。宋派来个叫刘麻子的经济特派员，此人不实事求是，被"送"走了。改由当时杨部参议郭增恺担任。当时为筹措资金，把上海所谓的"南四行"即金城银行、浙江兴业银行、盐业银行、四明银行都动员来投资。咸同铁路修成后，与陇海铁路接轨，解决了煤炭外运问题，同官亦随之日趋繁荣。

再就是他观察事物、思考问题的方法，总是那么豁达、辩证。1929年他在山东进剿土匪顾震，当时顾震占据莒县。当我父亲的部队逼进莒县时，顾匪慑于他部队的声威，弃城而逃。他带领部下上莒县城察看，有的军官看到莒县"城坚壕深"就说：顾震如果坚守，我们进攻就要费时费劲了。可他却说：这是你的想法，顾震不会这么想，他是草寇，要考虑如死守在这里，倘被我们包围，跑不了怎么办？这么一说，大家深受启迪。

我的祖母，信奉佛教，天天烧香磕头，我认为她在搞迷信。要父亲劝阻。父亲反说我是小孩子不懂事。说迷信固然不对，可对她来说也是一种运动，每天早、午、晚三跪九叩首，跪下起来，再跪下再起来，对她身体有好处。

西安事变，张学良将军亲送蒋介石去南京。被扣后，西安形势非常复杂、严峻，外有中央大军压境；内有主和、主战两派意见分歧；东北军内部群龙无首，在救张问题上矛盾激化。风云变幻，人心惶惶。在那个形势下，我父亲给县长们写了一封信，说明蒋答应了六条，内战得以停止，这是形势的主导方面。这既可以给人们增添信心，也正是他在极端混乱危难中所看到的成绩与光明的一面。

1937年我父亲被迫出国，我从北平到上海送行。6月28日晚，即出国前夕（他白天忙于应酬，无暇相谈）要我和他同宿一个房间。

他告诉我这次出国是被迫的，不是自愿，实在也无法子，虽然蒋介石表面上很客气，给了面子，给安了个军事考察员的头衔，路费给了不少，但这是调虎离山计，而他由于团体内部的原因，也不能不暂时离开。加上4月份我的小弟弟拯仁夭亡（养母张蕙兰因此精神有些失常），所以他的心情很不好。他说："本可带你出去上学，可你养母因拯仁夭亡受刺激太大，你走了她会更寂寞的，以后有机会再去吧。"他问了我在北平上学交友情况，还谈了他对共产主义、对我党政策的看法。他认为共产主义是个好的理想，不但中国要走这条路，世界各国也要走。他认为资本主义制度没有出路。他说：我们是穷苦人出身，深受封建主义帝国主义的剥削压迫，我是一生闹革命闹出来的。你有革命的志向，但要好好学习，有了知识才能干好革命。世界上的人才有两种，一种是从实际生活中磨炼出来的，当然走这条路要付出很大的代价，才能成为一个对人民有用的人。我的军事学就是打出来的。我身上的枪伤就是这种知识的文凭。另一种是靠读书，学习科学知识。不论干什么没有科学知识不行。打仗练兵没有计算也不行。你将来参加什么组织我不干涉，但一定要有科学的基础知识。我一生就吃了没有科学基础知识的亏，你还年轻，一定要把基础打好，才能成为一个有用的人。

我原本想遵照父亲的临别嘱咐，继续在北平读书，可卢沟桥的枪声，使我不能安坐课堂，却把自己的航程，驶向延安。

父亲当晚和我谈了许多，几乎一宿未眠。第二天，即6月29日，把他送上了"胡佛"号客轮。孰料就此一别竟成永诀！再见到的却是被敌人杀戮后，令人惨不忍睹的遗体。

血溅巴山神驰五岳功在国家垂青史；毕生忠烈情系三秦子孙图强慰先灵。

回忆我的父亲杨虎城

杨拯美

　　我父亲杨虎城将军惨遭蒋介石杀害已40年了。在我们过着幸福生活的今天，我更加怀念我的父亲。

　　1936年12月12日，正值日本帝国主义大举侵略中国，蒋介石集团卖国投降，推行不抵抗主义，眼看祖国的大好河山沦为敌手，中华民族已经到了生死存亡的关头。中国共产党号召全国人民团结抗日，提出了抗日民族统一战线的政策，以张学良为首的东北军，和以我父亲杨虎城为首的十七路军，在中国共产党抗日民族统一战线政策的感召下，在中国工农红军和全国人民日益高涨的抗日救亡运动的影响下，出于爱国热忱，在西安断然逮捕了大卖国贼蒋介石。当时蒋介石被迫接受联共抗日的主张，乃被释放回南京。但是，蒋介石回到南京后，背信弃义，违背自己的诺言，随即拘捕了张学良将军，1937年又逼迫我父亲出国考察。1937年"七七"卢沟桥事变发生后，我父亲曾多次要求回国抗日，愿为挽救国家民族的危亡，在抗日救国的斗争中贡献自己的一切。同年11月，我父亲满怀抗日救国的愿望从法国启程回国，谁料到一踏上祖国的土地，便受到国民党特务的监视，不久便被逮捕入狱。我母亲谢葆真带着年仅7岁的二哥杨拯中前去探望，也遭囚禁。从此，他们三人被国民党特务囚禁，辗转贵州息烽、重庆中美合作所等秘密监狱，过着非人的囚牢生活，十几年中受尽了国民党特务的摧残和折磨。在狱中，我母亲生下了一个小妹妹，产后也得不到应有的照顾。在长期的监狱生活中，我母亲对国民党的摧残、折磨忍无可忍，终于于1947年被迫害致死。母亲死后，我父亲十分伤心，将我母亲火葬后，随身带着骨灰盒，朝夕不离。在狱中出生的小妹妹无人抚养，只好委托和他同在狱中监禁的秘书宋绮云的夫人代为照管。1949年国民党反动派已面临土崩瓦解、全面崩溃的局面。但是，蒋介石在他逃往台湾之前，密令他的特务把我父亲、二哥和小妹妹，从贵州押解到重庆中美合作所松林坡戴公祠，用匕首残酷地进行杀害。我二哥当时手中还捧着母亲的骨灰盒，他只来得及惨叫了一声爸，刽子手的利刃已刺入他的胸膛，倒在地上死去了。他们随即也杀死了我的父亲。在狱中出生的年仅四五岁的小妹妹，来到人间还未呼吸过自由的空气，还未见过我们兄妹，就惨死在刽子手的屠刀之下。蒋介石反动集团这伙吃人的豺狼，就是如此惨无人道地杀害爱国将领及其家属，真是令人发指。

我父母被捕以后，大哥杨拯民、大姐杨拯坤相继奔赴延安参加革命队伍。我和三个妹妹跟着年老的外祖母相依为命，东奔西跑，过着担惊受怕的日子。那时我外婆家也时常受到国民党特务的威胁，1948年我二舅父也遭国民党逮捕。西安事变时我只有4岁多，但当我到了上中学的年龄，也逃不脱国民党特务的监视和迫害。我上高中时，学校口试却要我回答"你的哥哥、姐姐到哪里去了？"他们妄想探听已经参加革命的大哥和大姐的踪迹。国民党特务还扬言："杨虎城的女儿还在西安，斩草要除根。"他们的心肠是多么的狠毒！

但是，"野火烧不尽，春风吹又生"。在那漫漫的长夜里，在共产党组织和一些爱国民主人士的关怀帮助下，我于1948年春，参加了新民主主义青年团，使我这个从小失去父母的孩子，得到了温暖，看到了希望。我还清楚地记得，1948年的一天，党组织向我转告，我的母亲在中美合作所牺牲了，并安慰我不要过于难过。当我听到这个消息时，真是满腔怒火。

1949年5月20日西安解放了，我们和广大人民一起，满怀喜悦，欢庆解放。我的大哥、大姐也随解放大军回到了西安，我们兄妹又团聚了。这时，组织上决定送我到北京中央团校学习。8月份我来到了中央团校，接受革命教育，开始了新的生活。正当我和同学们一起学习的时候，随着重庆解放的喜讯，也传来了我父亲被害的噩耗。十几年来，我日夜思念的亲人，在东方欲晓的前夕，终于死在蒋介石刽子手的屠刀之下，连我想见他们一面的希望也化为泡影，真是使人悲痛万分。噩耗传到西安，我的兄妹痛哭不已，年老的外婆闻讯后气涌心头，昏厥在地，因脑溢血抢救无效，不久便逝世了。在共产党和人民政府的关怀下，我的大哥赴重庆运回了父母的遗体、骨灰。这时，我才知道他们惨遭杀害的悲惨情景，真使人悲愤至极。

党中央和毛主席对于我父亲惨遭蒋帮杀害寄予深切的同情和关怀。1950年2月7日，在北京全国政协举行了隆重的祭悼，毛主席赠送了花圈，中共中央发来了唁电，朱德委员长前往悼念。在西安各界人民也进行了祭悼活动。祭悼后，共产党和人民政府将我父母亲、兄妹和秘书宋绮云夫妇、随从副官等人的遗骸，礼葬在西安城南的樊川河之畔、杜公祠之侧的革命烈士陵园。我父母亲牺牲后，中央团校的党组织对我也极为关怀，在我学习的班级召开了追悼会，党组织安慰我鼓励我更好地跟着毛主席、共产党干革命。我虽然因失去了父母而感到悲痛，但是恩人毛主席、亲人共产党对于我们的关怀和教育却暖如春天。

在党的关怀下，我们兄妹六人都健康地成长，都在不同的岗位上为社会主义事业作出贡献。毛主席、共产党不仅把我们兄妹从水深火热中拯救出来，而且培养教育我们相继参加了共产党，成为革命干部，毛主席、共产党的恩情将永远铭记在我们心中。

纪念母亲谢葆真

杨拯美

　　我的母亲谢葆真牺牲在中美合作所已经41年了。她的一生是短暂的，也是革命的。在她36年的一生中，经受了北伐战争的洗礼，西安事变的锻炼，国民党监狱的残酷折磨，在新中国成立前含着满腔的悲愤牺牲在国民党集中营里。

　　母亲出生在1911年，外祖父是商人，早年逝世，外祖母守寡抚养子女，生活比较艰苦。当时妇女进学校念书的人很少，母亲却进了陕西女子师范学校读书。1927年，北伐战争的革命风暴席卷全国，在学校地下党组织的领导和教育下，她接受了革命思想，勇敢地走上街头游行、讲演，宣传打倒帝国主义、打倒军阀的道理，发动群众起来斗争。记得在我童年时，外祖母经常向我讲起妈妈参加北伐军的情况。当时母亲还是一个天真的少女，但她决心离开慈母和家庭投奔到革命军中去。她知道外婆疼爱女儿，舍不得她远离家乡。回到家里，她恳求外祖母同意她去参军，外婆虽然不懂得革命道理，但从女儿诚挚恳切的言语中，明白了女儿的行动是正义的，看到她的坚决劲，知道挽留也无用，就跟着女儿到学校去表态。当学校领导征求家长意见时，妈妈站在外婆的身后，拉拉她的衣角，外婆知道女儿的心思，表示支持女儿参军，不拉后腿，并亲手交给领导一双碗筷，请领导照顾年幼的女儿。母亲高兴地剪掉了辫子，换上了军装，离开了家人，随着北伐军走了，分配在国民革命军第二集团军总政治部女子宣传队担任宣传员。当时她是宣传队里年龄最小的一员，但革命热情十分饱满。在部队中，她什么都干，既搞政治宣传，也看护伤病员，和战士们一起吃饭、活动。后又被分配在第十军政治部宣传队工作，在此期间她参加了共青团组织。在部队中她和父亲杨虎城相识，当时父亲是第十军军长，他们在共同的斗争生活中产生了感情，1927年冬和父亲结婚，在父亲所在部队进步与保守势力斗争中，母亲一直站在进步方面，积极支持进步势力。

1936年，日本帝国主义大举侵略中国，蒋介石集团卖国投降，中华民族到了生死存亡的关头。在中国共产党的领导和号召下，随着全国人民抗日救亡运动日益高涨，西北人民的抗日救亡运动迅速开展起来。母亲当时积极参加了西安的抗日救亡活动。西安事变以后张学良将军被扣，父亲被迫和母亲于1937年6月29日出国，曾先后到美、英、法等国，所到之处都受到华侨欢迎，每逢集会父亲都要讲抗日的道理，进行宣传。1937年"七七事变"发生后，我父亲曾多次要求回国抗日。同年11月，父母由法国启程回国，但一到香港就受到特务监视而失去了自由，父亲被骗到南昌被囚，当时母亲已带着哥哥回到了西安。父亲被囚的消息传来后，全家人都感到悲愤和痛心，母亲既痛心父亲抗日救国的壮志未能实现，又担心父亲一人坐牢，身边无人照顾，精神和身体上都将遭受很大的痛苦。经过思想斗争，她决心到监狱去探望父亲。她也明知此去很难返回，在临行前，她和女友李馥清同志（共产党员）在一起谈了几个夜晚，流着眼泪倾诉了自己的衷肠和决心，打开箱子把身边积存的一部分东西捐献给抗日救亡运动。那时我和三个妹妹都还年幼，她嘱托外祖母好好照料。我还依稀记得母亲临行前带着哥哥到外婆家看望我们的情景，在外婆家的小庭院里，她看着我们姐妹四人玩耍，脸上带着和蔼的微笑，带着哥哥恋恋不舍地离去了。谁料想这一别竟是我们终生的永别。我父母亲被扣后，先被转押到长沙、益阳、贵州息烽等地，看守他们的特务队长李家杰很坏，经常进行虐待刁难，我母亲对特务很痛恨，经常痛骂他们，她质问特务："抗日还有罪吗？！"特务被问得哑口无言。有次吃饭，饭菜难以下咽，母亲用饭碗打了李家杰，李恼羞成怒，进一步对父母亲打击迫害，强迫父母亲分居不能见面。母亲在狱中生了一个小妹妹，产后由于得不到应有的照顾，加之特务的迫害，逐渐患上了精神病，病情日益加剧，虽经我父亲一再要求医治，但仍得不到医治。1946年7月，息烽监狱撤销，父母亲又被押解到重庆中美合作所杨家山监禁。在这期间，她曾进行过绝食斗争，终于由于长期监狱生活的折磨，特务的迫害，于1947年逝世。

母亲死后，父亲悲痛万分，经过再三要求进行了火葬。火葬后父亲把骨灰盒子带在身边，日夜为伴，连睡觉时都要放在枕边。1949年9月17日，重庆解放前夕，父亲、哥哥和小妹妹被特务杀害时，哥哥手里还捧着母亲的骨灰盒子。

父母亲的遗骨如今已安放在西安南郊陵园。看今朝祖国大地万紫千红，阳光普照，父母若在天有灵，也应得到慰藉了。

回忆我的父亲杨虎城

周　盼[*]

半个世纪前，在国家民族存亡的生死关头，著名爱国将领张学良将军和我的父亲杨虎城将军共同发动了震惊中外、永垂史册的西安事变。

西安事变以后，张学良将军失去了自由；我的父亲被迫去职"出洋考察"，紧接着是被囚禁长达12年之久，1949年在狱中被害，父亲离开我们出走的那一年，我才13岁。

父亲离开我们已近50年，父亲对我幼时的细微的关怀体贴、谆谆教导，没有因岁月的流逝而冲淡，相反时时浮在我的脑际。他那为国为民不惜牺牲个人一切的崇高品质，更是激励我不断克服人生征途遇到的各种艰难困苦的巨大动力，对我来说，父亲是一位亲切慈祥的长者，是我接受民主思想、追求进步、追求光明的启蒙者，是我毕生仿效的置国家民族利益高于一切的楷模。

---

 * 周盼，即杨虎城将军的长女杨拯坤。

父亲的爱

父亲18岁时就参加了辛亥革命，长期紧张动荡的戎马生活使他无暇照顾家眷子女，但是只要稍有可能，哪怕是短短的几天时间，他总是尽量亲自照料我们。

1930年，父亲出任陕西省政府主席后，我们才开始有了个比较安定的家。当时父亲公务之繁忙，与南京政府间控制与反控制斗争的复杂，是可以想见的，但他还是要抽时间亲自为我们安排好学校，嘱咐我们好好读书，每次回家不管多晚都要到我们的房间去看看，有时我们已经睡了，他就吩咐不要叫醒我们。

父亲每有闲暇往往带着我们去临潼、东里堡等地小住，其中最难忘记的是领着我们去游翠华山。他一路兴致很高，一会儿谈笑，一会儿作诗，晚上睡觉时，父亲安排我们睡在他的身边，照顾得妥妥帖帖，这种时候父亲绝对不允许别人代劳，同游的前辈们赞美说："虎公真会带孩子。"他得意地笑了，像是弥补了他征战生活中无暇照顾孩子的内疚。

只读过两年多私塾的父亲，深尝自己文化不高的苦头，对于子女学习的要求是严格的，但他反对读死书，他闲暇时，常常从书架上抽本小说或散文集，要我读片断给他听，以考察我的阅读能力，也常常问我除了学校的作业以外还读了什么书，如果我说的是《水浒》或《三国演义》上的片断，那他也高兴地说上一段。父亲偶然发现了书架上的新书，就要问我看过没有，什么意思，要我说说大意，我发现父亲对于新的杂志、小说很有兴趣，看起来是在督促我，实际上他自己也想了解了解。

父亲很重视培养我们的俭朴作风，家境宽裕了，但是吃、穿、用一直保持着俭省的习惯，父亲自己很俭朴，吃饭从来不挑剔；并向母亲再三交代，不准孩子特殊，限制我们的零花钱。记得我到12岁时穿着家里做的布鞋，看到同学中有人穿皮鞋或者买的鞋，回家再三地要，但也不给买，最后是剪同学一个好看的鞋样，带回家里照做，穿衣服是学校规定什么就穿什么。我们在学校的衣着比同学们还朴素，同学们也从不因为我们是杨某人的子女而见外，大家相处得极和睦。

父亲待人温和、平易；对祖母非常孝顺，无论多晚回家定要先去看望祖母；对母亲尊重、体贴，真是相敬如宾；对周围的人说话和和气气；最令人感动的是，他饱经风霜历经坎坷遭遇浇铸了一颗善于体察别人困难的心。我们的亲戚多是穷人，来到家里，只要他见到，定要亲自招呼，问长问短，安顿得妥妥帖帖，使人感到亲切温暖。他这样做，谁也不敢怠慢乡村来的人。

一次，父亲让人寻哥哥，回答说："少爷不在。"父亲说："什么'少爷'，以后不许叫'少爷''小姐'，叫'拯民''拯坤'。"从此家里再也没有"少爷""小姐"的称呼。

记得父亲讲过这样的故事：他9岁时祖母得了重病，让他去找爷爷，他先备好毛驴到医生家，请医生骑着毛驴到家去为祖母治病，然后他跑到赶集的村子去找爷爷，这个集会正在唱大戏，他想只有站到戏台高处才能看见爷爷，于是他站在戏台边，果然看见爷爷在人群里看戏，瞧准爷爷站的地方，一下子就找着了。还讲他12岁时，爷爷吃了官司，被关在省城监狱里。他背着馍馍（干粮），手拿着铁棍，只身步行200华里去探望爷爷。馍馍是为了充饥，铁棍是为了防身赶狼。父亲用他亲身经历提醒我，在养尊处优的生活中不要因年龄小而原谅自己的软弱和娇嫩；如果子女坐享其成，不求上进，会变成真正的少爷小姐；担心我们养成依赖习惯，遇到困难无法应付。总之，父亲的故事，深藏着希望和期待，殷切地希望自己的孩子能健康地成长，成为对国家民族有用的人。当时我一边听着一边在思索，自己到底要做个什么样的人？父亲的故事，在以后离开父亲的这些年里，每当我遇到挫折或困难时，常常激励着我想办法克服困难。

父亲是一个民主主义者，他早年痛恨满清政府，痛恨恶霸豪绅，一生追求光明，心里装满了农民的贫苦、民族的苦难，渴求一个独立民主的国家，他在家庭生活中平等待人，严格管束子女，反对特殊，培养子女的独立精神，这正是他民主思想体现的一个侧面。他爱子女，在力所能及的情况下尽了父亲的职责。他在战场上是军人，但在家里却是我慈祥的父亲、敬爱的父亲！

重知识重人才

父亲出身贫寒，早在青少年时代，就自发地进行了反对封建势力的斗争，辛亥革命后他接受了孙中山的民主革命的思想。1930年主持陕西政务后，以强烈的民主主义思想整顿吏治、兴修水利、举办教育、培植人才，力图振兴陕西经济，他在任期间，迫不及待地想为改变陕西贫穷落后的面貌干几件实事，他抓紧解决陕西发展农业的关键问题——水利，邀请水利专家李仪祉先生任建设厅厅长，主持水利建设，当时正是陕西大旱之后，民生凋敝，财政十分困难，尽管如此还是努力筹办，开始了泾惠渠的建设工程。泾惠渠于1935年竣工，灌溉50万亩土地，灌区连年丰收，李仪祉先生给父亲的亲笔信中说："泾惠渠由公手而成，公复在意再成洛惠渠乎？"父亲欣然同意。在李老先生主持下，又先后完成了洛惠渠、渭惠渠的一期工程。

父亲深知人才、知识对改变陕西面貌的重要，懂得科学家、专家在建设中的重要作用，所以他对知识分子、有才干的人士十分尊重、关怀。对有些人，尽管自己担很大风险，遭很大压力，也始终保持着深厚的友谊。父亲把"不能做对不起朋友的事"作为自己交友处事的律条。父亲对青年志士是爱护的，先后资送了不少人出国深造。

父亲主持陕政之后，认为办教育、培养人才是当务之急，在各种困难和压力下，增加了教育经费，实现了教育经费独立，扩大了学校名额，力主学术自由，任用了一批思想进步的青年到学校工作。但是教育事业也是和南京政府斗争最激烈的一个方面，南京政府始终牢牢控制着教育厅厅长的大权，陕西人民赶走一个党棍，再派来一个特务，推行法西斯教育。1933

年，父亲被蒋介石解除了陕西省政府主席职后，无权过问教育了，为了反对封建教育，反对法西斯奴化教育，实现政治民主学术自由的办学思想，决心自己出资在家乡蒲城县创办一所尧山中学。

尧山中学的创办，集中地反映了父亲的爱国主义民主主义思想，尧山中学成立于1934年，从筹办到开学，父亲多次亲临指导，亲自选聘校长教师，教师中有许多人是共产党员，为了使学校有充足稳定的经费，父亲筹办了咸阳榨油厂、渭南轧花厂，购买了土地若干亩，作为学田。

学校开办了，满足了渭北各县青年升学的要求，这所学校以其独特的步伐紧跟着时代前进的需要，按照父亲的办学思想，依靠教师和学生中的共产党人和进步分子的努力，以崭新的面貌屹立在渭北。学校里充满了民主的空气，抗日救亡的活动十分活跃。

父亲对自己创办起的这所培养救国人才的园地十分喜爱，至今我还清楚地记得，父亲在他43岁生日时第一次带我去尧山中学时的情景。

1936年11月20日，母亲告诉我父亲要带我回蒲城过生日，我满以为到蒲城免不了要热闹一阵，乘车回到蒲城家里，不见有什么客人，屋子里静悄悄的，中午和祖母一起吃过寿面，下午父亲带我去尧山中学。

一进尧山中学的大门，父亲被迎接到办公室，随即向我介绍了在场的领导和教职员，参观了教室、实验室、寝室和食堂，校园正中高处立着一座高楼，四周还有脚手架，这是正在施工的勿幕图书馆。父亲指着高楼对我讲：这是为了纪念被孙中山先生誉为'西北革命巨柱'的井勿幕先生而命名的。在食堂，父亲看学生吃着香喷喷的热面条，边看边询问学校的各样事情，他谈着、走着，这里的一草一木、一砖一瓦都牵动着他的心，大家热情地围着他，似乎有说不完的话、讨论不完的问题，直到万家灯火，我们才回到家里。

第二天一早不见了父亲，12点多钟他才回来，他高兴地说："我爬到勿幕图书馆的顶端，怕你爬不上去，没有叫你。"父亲是从脚手架上爬上去的，下午我们又匆忙赶回了西安，父亲在尧山中学度过了他43岁的生日。

不平静的冬天

1936年的冬天，是个不平静的冬天，西安群众的抗日救亡运动正在一浪高过一浪地翻腾，反对内战一致抗日，成为各界人民的共同要求，而蒋介石则置全国人民抗日救亡的要求于不顾，赶到西安部署"剿共"内战，并驱使东北军和西北军打先锋。在这民族存亡的关头，父亲的思想完全集中在挽救国家民族命运的大事上，我至今清楚地记得发生在西安事变前的几件事。

当时他虽然十分繁忙，每当回家休息时，总要问问我的情况，问问学校的情况，那时候我在学校里已经很难安下心来读书了，整天忙着参加救亡活动，父亲知道这些情况，不但从没有因我年幼有所阻止，反而常常给予关切，当我意识到父亲是站在我们一边的，浑身充满了力量。

在鲁迅先生逝世一周年纪念大会的会场，我看到父亲为大会赠送的花圈。回家后，当我向父亲说到公安局局长马志超在台上出丑，把鲁迅先生称为"鲁先生"惹得全场大笑时，父亲也笑了。

在坚守西安胜利十周年纪念大会上，我作为千万民众的一员，站在台下，听着父亲铿锵的讲演，他那发自肺腑的忧国忧民的心声、抗敌图存的决心，深深地打动了我的心！我暗暗端详父亲，觉得他今天显得那么威武！张学良将军讲了话，他们讲话的调子是一致的，他们是代表着千千万万不愿当亡国奴的人们的心声！台上、台下情绪很高，全场充满了团结战斗的气氛，我深深受到一次爱国主义的教育。

我参加了西安学生为纪念"一二·九"举行的示威游行，第二天父亲问我："去游行了？"我说："去了。"父亲接着问："你走得动吗？"我说："年龄小的同学都没让去临潼，到新城请愿后就回家了。""你到新城谁接见你们？"我说："是李兴中参谋长接见的。"从对我的态度也可以看出父亲对群众运动是坚决支持和保护的。

一天，突然接到哥哥一封来信，要我亲自读给父亲听，哥哥的信是要求父亲同意他到绥远前线参加抗战，信写得十分感人，我在读信时感动得流下泪来，我一边读信一边偷看父亲，他的脸上充满兴奋和欣慰的表情，信念完了，他猛地站起说："给他一杆枪，让他去战场！"哥哥当时还只有14岁。

父亲认定的路

西安事变和平解决了，它结束了十年内战，促成了第二次国共合作，获得了团结抗日的转折局面。可张学良将军失去了自由，接着父亲绥署主任的职务被免去，强迫他出国，造谣诽谤都加在爱国主义者的头上，父亲虽然有多年与蒋介石打交道的经验，看透了迫害将会步步升级，但是为了国家民族的利益，不顾个人安危，坚决拥护和平解决西安事变的方针，他的坚决带动了部队，带动了疑虑观望的人们走上团结抗日的大道，西安事变后，血雨腥风笼罩古都的上空，陕西的局面开始混乱，父亲的处境越发困难，东北军内部枪杀王以哲后，城内空气顿时紧张起来，直接威胁着父亲和家人的安全，记得那时母亲总要叮咛晚上睡觉不要脱衣服，随时做好应变的准备，蒲城县北军某团叛变，把祖母家中洗劫一空，刚刚把祖母接到三原东里堡，打算过个团聚的除夕，拜祖的蜡烛还没点燃，又传来西北军某营企图叛变的消息。深夜，我们祖孙一大家子又转移到三原县城里蒙家去避难，幸好，兵变没有成为事实，在一场虚惊中过了除夕，疏散来转移去，大家又都回到了西安家中。

父亲真的患病了，高烧不退，时有呓语，整天昏睡，醒来时叫人找我，当我赶到床边时他又睡着了。父亲病了，而国民党的报纸却造谣说，父亲装病拖延出国，以施加压力。

父亲的病还不见好，弟弟拯人又得了急病，母亲因为照料父亲，无暇照顾，几天之内弟弟竟离开了人世，失去弟弟，父亲又被逼走，这时母亲是戳心的刺激，她痛不欲生，精神失常了。父亲不忍听见母亲的哭声，我望着父亲宽厚的双肩，心想父亲承担着多重的压力！有时我凑上前去想说句安慰的话，但是父亲却总是避开我的目光，默默地把伤痛埋在心里！

国民党当局一再催促，启程的日子定了，家人和亲戚为父亲送行，刚一举杯，叔父就失声大哭，在座的人都泪流不止，感情的闸门被冲开了，家人真挚的情感爆发了，谁也没有劝谁。父亲不说话，拉着我的手走到院子，长出了口气。父亲能理解家人的心情，痛哭是担心他的安危，也怕以往那流离屈辱的生活重演。但是他没有眼泪，在思想上有了牺牲一切的准备，个人、家庭、子女都无动于心，他认定的道路是坚定地走下去，直到付出自己的生命。

为了母亲的健康和我们兄妹继续求学，父亲先让我们陪母亲到北平，安顿好了，再到上海去为他送行。本来父亲要送我们去车站，当他到二门口时却顿住了脚，"算了！不送了。"我心想到上海还会见到父亲，便向父亲深深鞠了一躬，期盼着到上海再见面。谁知到了北平母亲身边离不开人照顾，我去上海送行的计划只好取消，没有想到西安家中一别竟成我们父女的永诀！

父亲离开我们已近50年了，父亲慈祥的面孔却永远活在我的心中，他那为国为民不惜牺牲一切的崇高品质永世长存！

杨虎城的家庭生活

杨 瀚

　　西安事变改变中国的历史，也改变了杨虎城一家的生活轨迹。作为一个正直而诚实的中国人，作为一个能够推动中国历史进程的人，杨虎城的个人生活及家庭既有普通人、普通人家的通性，同时又具有鲜明的时代性和比较特殊的一些方面与特点。

一、婚姻与妻子

　　杨虎城在个人生活上是个很严肃的人，但他一生却结过三次婚，有过三位夫人，这三位夫人，每人都对他和他的事业做出了贡献与牺牲。杨虎城前后有过三次婚姻，在同一时期内有两位妻子。初始是罗佩兰和张蕙兰两人，罗佩兰去世后又是张蕙兰和谢葆真两人。他们结婚的形式又各不相同，第一次实为两情相悦，可不得不通过媒妁之言的过场；第二次是地地道道的封建包办婚姻；第三次是自由恋爱的婚姻。三位夫人对他感情都很深厚。

　　杨虎城的第一位夫人叫罗佩兰，1902年出生，四川省广汉县人。因其家境贫寒姊妹又多（她排行老大，除一弟弟外都是女孩），其母为一个叫张西铭在四川做生意的陕西商人当雇工，做一些洗洗缝缝的事情。罗佩兰虽然年龄不大但很懂事，经常去给她母亲帮忙，打下手。张西铭观察到，罗佩兰年龄虽小可聪明乖巧，令人喜爱，就将罗佩兰认作义女。当张西铭要返回故里陕西时，提出将罗佩兰带回陕西的想法。经罗佩兰父母的同意，罗随义父张西铭来到了陕西大荔县张家。那时杨虎城任陕西陆军第三混成团一营营长，驻防大荔县。与张西铭相识，常去张家做客，就有缘认识了罗佩兰。一来二去，两人相互倾慕，产生了感情。那时不兴自由恋爱结婚，为与罗佩兰结婚，杨虎城自己做主托请媒人到张家提亲。张西铭虽觉得自己不是罗的亲父，但他认为杨虎城是个正直的军人，是个有抱负的青年，就答应了这门亲事。

　　杨、罗1916年结婚，婚后夫妻感情弥笃。罗佩兰慧敏机智，生性好强，婚后一直伴随在杨虎城左右，杨虎城为她延师教学，她还学会了骑马打枪。她认为：给军人做妻，就得学会骑射。她为人活泼善于团结联络杨的部属和朋友，他们有什么事也愿意和她交谈。靖国军后期，部队转战武功一带时，沿途战斗激烈，损失很大。为安定军心，她不顾身怀有孕，仍骑马随夫奔走前线，慰问伤员，鼓舞士气。1922年靖国军败北，杨虎城拟率部撤退到陕北榆林。这一决定公布后，一时人心惶惶，是她遇有机会就向大家解释，去榆林是为了保存实力，不是投降，更不是逃跑，早晚还是要打回来的道理。做了团结将士、鼓舞军心的工作。在一些关键时刻，她总能给杨虎城一些支持和帮助，为杨虎城排忧解难。为此，杨虎城对她既钟爱又敬重。她在杨虎城的部属和朋友中享有声望，受到大家的尊重，口碑甚好。

　　罗佩兰的去世，杨虎城异常悲痛。出殡时，因儿子太小，杨虎城自己承担了"孝子"的角色。出殡时，天下着雨，道路十分泥滑，杨虎城从头至脚一身重孝，由两个卫士搀扶拉着纤绳引路。他上身湿透，膝盖以下都是泥浆。沿途遇有路祭时，就停下来向设祭者致谢。途中还不断有骑马者送来挽幛，于右任派人送的是："有灵为我催杨虎，多难思君吊木兰。"

丈夫这样为妻子披麻戴孝，打幡引路，执孝子之礼，在陕西关中一带实属罕见，但从这些举动中反映出了杨虎城对妻子的情感。

罗佩兰生育了长子杨拯民和长女杨拯坤（周盼）。

在旧中国的封建传统习俗下，婚姻大事都要由父母做主。杨虎城的母亲孙一莲也想为儿子娶一房令自己满意的媳妇，便让杨虎城结了第二次婚，娶了第二位夫人张蕙兰。杨虎城在与罗佩兰结婚后，一次回蒲城老家探望母亲，也见到一些老朋友。其中有老友张仰卿，张仰卿在蒲城孙镇开有一家中药铺，本人也懂医道。当年，杨虎城出道反抗官府时，一次负了枪伤，曾在张家养过伤。张仰卿有恩于杨虎城，两人也谈得来，遂成莫逆。张对杨一向很佩服，认为杨虎城是个有胆、有识的青年，将来一定有大作为。这次相逢，张仰卿明知杨虎城已经结婚，有了妻室，但他还执意要把自己唯一的女儿张蕙兰许配给杨虎城作妾。当时，杨虎城一再推托，说明道理，婉言谢绝，并晓以利害，张仰卿不以为然，竟以"宁为君子作小，不为小人作大"为由进行辩解，连自己妻子的反对也听不进去。在杨虎城离开蒲城后，他继续向杨的母亲游说，硬是把这门亲事给订了下来。

1919年的一天，杨虎城的母亲托人以家中有事为由将杨虎城叫回家中，命杨与张蕙兰成亲。杨虎城是孝子，只好遵从母命拜堂成婚，成了一桩名副其实的封建包办婚姻。这时，张蕙兰14岁还是个孩子，一切只是听大人的。待到年岁稍长，遭遇到具体问题烦扰的时候，才有所悟。从而对自己的父亲产生了怨恨和不满。她断绝了与父亲的来往，不愿再见到她的父亲。她不回娘家，也不许她父亲来杨家。想母亲时，就接母亲来杨家相聚。直到她父亲去世埋葬时，在婆母劝说下才回去参加了葬礼。她把对婚姻不满的一切怨气都撒在自己父亲身上，可对丈夫杨虎城却始终是敬爱如初。她到杨家后，罗佩兰在世时，两人相处得不错，罗把她当作小妹妹，婆母把她视作女儿一般。她没有文化，但善良贤惠，杨虎城对婚事不满，但对她十分同情。一家人和睦相处，相安无事。以下两封信充分反映了当

时的状况

1922年12月22日，杨虎城写信给夫人罗佩兰、张蕙兰："佩兰、蕙兰两贤妹青览：久客榆阳，抑郁寡欢。昨得佩兰妹函告久病情形，益令人烦闷。不已，特召像师摄影，寄赠两妹览之，可知旅中近况也。虎城自题，十一年长至日。""长至"亦为冬至之别称。

12月27日，杨虎城接家信，得知自己有了儿子十分高兴。他立即给张蕙兰写信说："蕙兰妻览：你佩兰姐幸生男孩，我闻之不胜欣忭！但你姐平素身体虚弱，又在新病之后，一切饮食起居，我妻务须小心伺候，以免你姐劳神。只要你姐母子平安，便是你的功劳，我便非常感激也。千万万。此问近安，并颂合家吉祥。夫手谕，十一月初十日。"

从这两封杨虎城亲笔的家信，可见他对罗、张两位夫人的亲情，对蕙兰夫人的尊重。

1926年10月罗佩兰病逝后，两个幼小的儿女，拯民、拯坤就由蕙兰夫人抚养。蕙兰夫人对这两个孩子视为己出，十分疼爱。两个孩子称蕙兰夫人为娘，待她也如生母。西安围城结束后，杨虎城率军离开陕西参加北伐，将蕙兰夫人和两个幼小的孩子留在了陕西三原。

杨虎城在北伐的过程中认识的谢葆真，原名宝珍，生于1913年5月29日。西安围城时，谢葆真是西安市的中学生，她曾积极参加了中共组织的支持守城的活动。西安解围后，她参加国民军政治部组织的前线工作团，离开西安参加北伐。

南汉宸说："谢葆真十五六岁时被刘伯坚收留部队，在前线工作团时入了党，后来到杨虎城军政治部做宣传工作。她工作泼辣，革命热情高，特别是口才流利，讲演有声有色，深得杨虎城赞赏并爱上了她。1928年1月，经党组织批准，在太和他们结了婚。我们喝了喜酒。在宴席上有个同志问：杨将军为什么爱上小谢？他坦率回答：我知道她思想进步，为了革命需要她；结了婚，她可以直接帮助我。谢葆真说：俺不要你海誓山盟，只要你革命就行了。杨虎城高兴地举杯说：好！为革命到底，白头到老，大家共同干杯。以后我每次去杨家找谢葆真商议党的工作，杨总是借故避开。"①婚后不久，谢葆真随杨虎城离开了部队，后来又去了日本。

在杨、谢离开部队不久，中共皖北特委发动了"皖北暴动"。随着暴动的失败，魏野畴等人的牺牲，杨虎城部队中的中共党员完全暴露，组织受到破坏。从此，谢葆真失去了与共产党的组织关系。由于国民党特务掌握了杨部中共党员的名单，所以他们一直特别注意谢。

西安事变后，不知内情的一些人，以为是共产党通过谢葆真影响了杨，才发动西安事变。当杨虎城被扣，葆真夫人前去探望，即被扣押，而且单独关押了半年多，特务们也是想弄清她的身份。监禁中，特务们对她百般折磨，在一定程度上也是与她有过一段共产党人的经历有关。当年戴笠对其就特别关注，在谢回国后返回陕西和在陕西期间，戴笠都专电相关地区的特务，要求严加监视、设法诱捕。

1937年12月1日，戴笠给武汉的特务："限即刻到汉口。密警备司令部稽查处简处长若素兄勋鉴。杨妻谢葆真今日由港飞汉，请兄前往代弟迎接并暗中派妥员监视其行动惟须严密也。弟涛叩江巳。"②12月7日，给西安特务："特急西安行营第三科张秘书毅夫兄亲译。密冬午电顷由人凤自汉带来已奉悉，卓见甚佩。"惟陈子坚过去亦接近共党为杨谋士之一，陈系浙江诸暨人与蒋主任为同乡，为本身政治前途计此时或可效忠于中央也，此点尚请兄详察。杨已来南昌，王根僧同来目前不能让其回陕。杨现与弟同住，日内将他迁。根僧将设法令其回陕，弟看此人系我出路者，对吾人不见十分忠实，兄意云何？杨妻已于四日回陕，简朴失策未予扣留。请注意其行动，弟当设法诱其离陕，因杨妻与共党多往还也。对杨在此事请绝对守秘，弟在南昌尚有二三日留。西安邮电检查请加倍注意。来电由保安

---

① 南汉宸：《杨虎城部在太和和二次入陕》《陕西党史资料丛书（二十六）》，陕西人民出版社，1993年版，第58—59页。

② 戴笠：《戴公遗墨—西安事变类（第2卷）》，台湾"国史馆"，典藏号144-010114-0002-024。

处谢厥成收转弟雨叩虞午。"①

谢葆真与杨虎城结婚后，基本不离杨的左右，随杨征战东西。后来，当杨虎城主持陕政后，谢又经常以夫人身份陪伴杨或独立参加一些政界交际和社会活动。西安事变期间，带头组织了西安市妇女救国后援会，积极参加当时的爱国群众运动。

葆真夫人先后生育有两子：杨拯亚（幼年病殁）、杨拯中，五女：杨拯美、杨拯英、杨拯汉、杨拯陆、杨拯国。

1929年，陕西地方治安恶化，土匪出没。蕙兰夫人顾及孩子们的安全，就带着拯民、拯坤到山东莒县去找正在当地剿匪的杨虎城，也见到了葆真夫人，杨虎城让两个孩子称葆真夫人为新娘。蕙兰夫人和孩子们在莒县住了一段时间后，为了增加他们的知识，了解社会，杨虎城刻意安排他们随部队的一些干部一起去游览了南京、上海和杭州。让蕙兰夫人的眼界大开，使这位陕西农村出来的青年妇女，增加了不少知识，产生了要学习文化的要求。此后不久，杨虎城率部离开冯玉祥系统，到河南南阳参加蒋、冯、阎大战。杨虎城将蕙兰夫人和孩子们安排在北平、天津和母亲弟弟一起居住。

一家人住到天津后，生活上和睦相处，但在杨拯民的上学问题上，蕙兰夫人与婆母孙一莲、夫弟杨茂三发生了分歧。

杨拯民说："祖母和叔父主张请个家庭教师，教我读四书五经。我娘则坚持叫我去公立学校念书，接受新的全面教育。娘认为父亲是个革命军人，一向崇尚先进，追求进步，在子女教育问题上理应顺应社会潮流。娘自己也打算到慈惠小学附设的妇女识字班学习文化（这隐寓着她不愿受家庭束缚的心愿）。两种意见，相持不下，就派蔺俊源去南阳，征求我父亲的意见。一个多星期蔺俊源回来，带回父亲对叔父的批评（他当然不好批评祖母）：'茂三也不看都到什么时代了，还要孩子在家念死书，真糊

---

① 戴笠：《戴公遗墨——西安事变类（第2卷）》，台湾"国史馆"，典藏号144-010114-0002-028。

涂！要让拯民进学校，蕙兰去识字班。人是社会的人，不和社会接触，将来与人怎么相处，怎么融入社会？'这场争论在父亲的支持下，我娘获得了胜利，我得以进天津意租界慈惠小学读书，我娘到该校附设的识字班学习，开始了新的学习生活。我娘后来能够看书写信，都是在识字班学习的效果。当时，每天我和我娘吃早点后就去学校，中午在校外买两个芝麻烧饼、一碗馄饨算是午餐。"[1]

1930年底，杨虎城率部打回陕西，并担任了陕西省主席。他的家人也结束了流离生活，回到陕西。当时，杨虎城与葆真夫人和出生不久的杨拯中住在新城（十七路军总部所在地）的宿舍里，蕙兰夫人则带两个孩子与婆母孙一莲、夫弟杨茂三一家住在离新城很近的南长巷子一处租赁的院落里。后来从长巷子迁到红阜街，租住了清朝大将董福祥家的一座大院子。1931年蕙兰夫人生下了她唯一的儿子杨拯人。

平时，杨虎城在外给家里写信，一般都写给弟弟杨茂三，再由茂三将内容转告其他家人。1937年11月，在杨虎城在回国途中身陷囹圄之前，他亲自给蕙兰夫人写了一封家信："蕙兰吾妻鉴：雨农回家，可以把我的情形告诉你。祝你近好。拯坤、民都好。夫虎城。"这个举动是少见的，因为通常杨虎城都是给其弟杨茂三写信，由他代问候蕙兰夫人的。

二、俭朴生活

杨虎城出身贫苦，奋斗一生，他以实现三民主义为己任，念念不忘孙中山"革命尚未成功，同志还需努力"的遗训。既不好色，也不贪财，一心只想走出一条中国民主革命的道路来。

1930年以后，杨虎城已身居封疆大吏的高位，又掌握着一支能打恶战的军队，但他始终过着的俭朴生活，保持着优良作风。他长年住在新城的

---

[1] 杨拯民：《往事》，中国文史出版社，2006年版，第53—54页。

西安绥靖公署之中的一栋平房里，为的是贴近部队，保持军人的生活习惯。早上，他起床后先要看驻新城部队的出操，然后由医生来给他检查身体或治疗，再就是秘书长来请示公务，研讨问题；秘书长去后，机要科长王菊人，或机要秘书米暂沉、周梵白等人给他念读文电、信函、中外报纸的有关报道（包括国内主要报纸的社论，及外文《学林西报》《密勒士评论报》的主要文章）。他因没有上过多少学，文化底子薄，识字不多，阅读有一定困难。为了提高工作效率，便于他集中脑力思考，就让秘书念给他听。在念的过程中，他边听边思考，随时把需要答复处理的事情告诉秘书。然后在会客室接见来访客人，他分别接谈，随即处理。不需马上解决或涉及几个方面需要研究讨论的问题，则定下时间，交代有关部门开会讨论解决。他办事干脆利落。对此，部下对他多有赞誉，说他具有超常的记忆力，理解能力也强，复杂的问题，他只要听一遍汇报，便能理解熟记，难理解的问题，一点就通。当秘书给他读电报文章时，包括文言文，如有差错他都能听辨出来；发出的电文信函有不妥的词句意思，立即指出更改。他对报纸杂志非常重视，一般是由主管的秘书先看一遍，根据秘书自己的理解勾画出重要的部分，然后拿去给他读，先读标题，如他无表示，就一直读下去，读标题后，他如不感兴趣这个问题，就会说："这一段不要读了。"然后接着读其他部分。外文报纸，一般只读与中国有关的部分，由人翻译出大意后再读给他。有时他也会要将他感兴趣的文章全文翻译出再读给他听。听读报是他每天生活中的一项重要工作，往往要占用很多时间，但他对此极有兴趣，因为这是他了解外界特别是外国信息的重要管道。

杨虎城在大小会议上及群众场合的讲话、发言和在国外的讲演，都不要秘书写稿，而是结合实际，按照自己的思想脉络去讲，没有空话套话，既有论点又有论据，非常通俗易懂，深受听众欢迎。

父亲饮食十分简朴。按当时的习惯，一天只吃两餐饭。一般是10点以前办公，10点钟左右吃上午饭，主食多为馒头面条。一同就餐的有办公室主任、几位秘书，或来办事的僚属约七八个人。晚餐以稀饭馒头或连锅面为主。他爱吃菜面，尤其是用野菜做的（把野菜剁碎与面粉和起来做成面条或面片），典型的西北饭食，四个菜，两荤两素，冬天加个火锅。饭后稍事休息，但不睡午觉。他与家人共餐的时间有限，一旦回家与母亲妻儿一同吃饭，他都十分兴奋，经常说一些诙谐的语句活跃气氛，"饺子汤比肉香"。就是他的"名言"，被蕙兰夫人传给了笔者。

下午时间，杨虎城大都用来外出巡视、参观，以亲自掌握第一手的情况，同时直接向有知识的人学习请教。他为了增加儿子的知识，许多视察参观都带着杨拯民。

杨拯民回忆说："如果下午有空暇，父亲就外出巡视、参观，有时把我带在身边，像在莒县时那样。还记得带我参观过大、小雁塔，未央宫遗址，大、小碑林等古迹。小碑林原位于新城北门西北方向，内有古碑，当时颇为名贵。

我随父亲巡视过医院，在医院里，他曾把一位炮兵连长背部的纱布揭开，探视被炮弹打伤的伤口情况；还巡视过军械厂、药厂（陕西是个落后的地区，那时工厂很少）；到武功县参观过农林专科学校。父亲每参观一个地方，一般都要找个内行陪伴解说，一边看一边认真听解释。这种场合他总是听的多，问的多。我跟父亲还到过泾惠渠水利工程工地。我们从大荔返回西安途中，特意转到洛惠渠工地。父亲了解工程质量和进度。工程技术人员在向父亲汇报中提到影响工程进度的流沙问题，和他们提出解决流沙问题的意见。当时我听不懂，途中在车上询问父亲，才得知，在修筑洛惠渠将至大荔的一个隧道时，发现有流沙层，用水泥固定不住（那时还没有快干水泥）。往往水泥尚未凝固，就被流沙冲走了，隧道屡屡塌方，影响工程进度。故而'流沙层'这个地质上的名词，给我留下了深刻的印象，使我在十几年后，从事石油钻井工程中，每遇'流沙层'一词倍觉亲切，常令我忆起一些往事。

父亲还带我到陕西交际处拜会过中央来陕的要员。记得的有张继、于右任、何遂、何成浚、胡逸民、陈国璋等人。父亲下晚有暇时还常去一些朋友家串门聊天，偶尔也带上我，印象里常去的人家有寇遐、王宝山、李寿亭、姬汇伯、邓宝珊、张伯彦、李百龄、韩望尘、刘文伯几家。如果碰上人家吃饭，也不客气，就随同一块吃。当时我就爱吃人家的饭，味道有所不同就觉得好吃。

他们谈话的内容很广泛，涉及水利、农业、教育，甚至秦腔，方方面面，无所不涉及。许多问题我也听不大懂。起先我以为他们只是聊天，消遣，解闷。后来听父亲说，他是为了建设治理好陕西而听取各方面人士的意见，并说这些人中不乏学识渊博、见多识广之士，和他们接触交谈可以受启发，可以印证自己的决定，把事情安排处理得更周全些。我跟着父亲在这些活动中耳濡目染，从表面上学到了些待人接物的礼数。但大人们所谈的问题，一些社会人文知识，我则是似懂非懂。

父亲对有学识的人非常崇敬。记得1935年暑假，我随父亲到蒲城县、大荔县视察。有一天，他带着我用了半天的时间找到一个坟墓。坟墓已很荒芜，只有一块残碑上刻着'曹直之墓'四个字。他对曹直墓那样费劲寻觅，是因为他听李元鼎先生讲过，曹直是清末人，学问很好，但一生没能中举是个被埋没的人才。我们在附近的一座关帝庙中，看到一副对联。上联是：兄玄德弟翼德不服孟德；下联是：师卧龙友子龙手持青龙。下款是布衣曹直书。他看后非常高兴，要我把对联记下。父亲对曹直的学识被埋没深感惋惜，嗟叹不已。"①

杨虎城为了贴近部队和及时处理公务，他自己与谢葆真夫人常年住在新城的十七路军总部里。母亲与其他家人刚到西安时先租住在西安红埠街的一个院落里，后来才将这个院落买下。

1934年10月蒋介石偕宋美龄第一次到西安视察时，以探望杨母的名义到了杨虎城家中。通过这次"接驾"，杨虎城感觉到他的家舍过于简陋与他的身份与政治活动很不相应。便在红埠街不远的九府街购地建造了一处别墅，取名为"止园"，意寓为停止内战。"止园"建好后，杨虎城依然住在"新城"的十七路军总部里，家人也仍住红埠街。杨虎城把"止园"

---

① 杨拯民：《往事》，中国文史出版社2006年版，第58—60页。

只是作为他开展政治活动的一个场所。杨虎城在那里秘密会见了中共代表王世英、西安事变时又在那初识了周恩来；据说，1936年10间，蒋介石到西安时也曾在"止园"住过。

西安事变后杨虎城被解除了军政职务，他从新城搬到了红阜街与母亲妻儿同住，也没有使用"止园"。

十七路军被撤销时，杨虎城为了给部队以后的发展留下基础，将可观的一笔资金和财产都分散在一些部属个人名下。其中一些人在新中国成立后将这部分钱财交给了国家，也有人看到杨已死，无人知晓当时的秘密，就将钱财贪为己有。杨虎城当时也未想到，出国竟会成为与家人的永别。他没有给蕙兰夫人和子女留下什么资产，好在拯民、拯坤很早就去了延安，没有多少花费。蕙兰夫人仅依靠丈夫留下的一点生活费用，勤俭度日。直到"文化大革命"结束后，蕙兰夫人病卧在床，生活拮据，经过申请，国家发给生活补助，并承担了医疗费用直到她去世。

杨虎城的后人没有从他身上继承到什么物质的东西，得到的只是爱国爱民的精神财富。

三、孝顺母亲　关爱子女

杨虎城的母亲孙一莲，蒲城孙镇人。因丈夫被杀，年轻守寡，生活十分艰辛。杨虎城成人后，投军参加辛亥革命。接着打死李桢，为官府所通缉。后来杨虎城虽然事业有成，但一直率军在外东征西战，无力顾家。杨母不但饱受生活的困苦，而且经常受到官府和杨虎城敌人的骚扰，长期生活在惊恐、担忧和四处流离的状态中。好在有小儿子杨茂三一直在身边侍奉，杨母的生活得以维系，精神有所安慰。

杨虎城对自己不能照顾母亲的生活，还因自己让母亲生活无法安定深感内疚。他只要有一点钱，都要捎回家，以维持生计。后来条件稍好一些，他让弟弟杨茂三不要做其他事，专门侍奉老人。1930年以前，为了躲避敌方的骚扰，他将母亲和弟弟一家都曾安排到平、津两地蛰居。杨虎城对母亲的意见十分尊重，只要老人提出的要求他都尽量满足，有些违背他的思想，他也尽量迁就，包括他与蕙兰夫人的婚姻。对母亲他从不顶撞，有时实在接受不了，一走了之。蕙兰夫人曾对笔者说："你'老婆'（蒲城人将祖母叫婆，曾祖母叫老婆），有时说起你爷来，脾气又大时间还长，你爷低头听着从不辩解，有时实在听不下去了，就托有公务脱身，留下我一人听训。"

孙一莲信奉佛教，常年吃斋念经，非常虔诚。在儿子杨虎城主持陕政后，经常布施行善。西安八仙庵、西岳华山上的庙宇等都接受过她的捐助。杨虎城自己不信佛但对于母亲的这些要求都尽量照办。儿子杨拯民上学后，认为祖母信奉佛教是封建迷信，曾向父亲杨虎城反映。

杨拯民说："我和祖母没有多少共同语言，她天天要拜佛念经。关于拜佛问题，我后来曾向父亲反映过，说祖母太迷信了，你应该予以劝阻。他说，你小孩子不懂，她迷信固然不好，可烧香拜佛三跪九叩，也是一种运动。她过去不是常害胃病吗，现在一天早、午、晚拜跪三次，跪下，起来，再跪下，再起来，这是一种运动锻炼，对她身体有好处。确实祖母的胃病后来再未犯过。"[①]

孙一莲为人很严厉但很忠厚，平时除对家事发表一些意见外，从不干涉杨虎城的军政事务。

1931年，是杨虎城打回陕西后的第一年，这时他的事业比较顺利，全家生活也都安定了下来。于是杨虎城萌发为母亲做一次寿的想法，他想借机和多年不曾见面的亲友聚聚，给老人家一个慰藉，讨老太太个欢喜，减轻自己长期以来对母亲的负疚感。他把这个想法与僚属们一说，不仅得到了僚属们的赞同而且幕僚们还鼓励他要把祝寿之事办好，要"当个大事来办"，以便达到"团结部属，扬威友邻"的效应。杨虎城也觉得此建议不

① 周盼（杨拯坤）：《父亲杨虎城在西安事变前后》《杨虎城研究》，西安事变研究会编，陕西人民出版社，1991年版，第91—92页。

无道理，扩展了做寿的意义。隆重地给母亲"大办"了一次寿辰。

所谓的"大办"，就是把寿日延续为三天，除了请客吃饭外还在后花园唱了三天的秦腔。

1934年，孙一莲又逢60岁整寿，杨虎城又为她作了一次寿。与上次同样是祝寿三天。但还新添加了一个项目，是杨母别出心裁，大发善心，提出要在做寿的正日子，施舍乞丐，给每个乞丐发放五角钱，两个馒头。杨虎城不敢违背母意，只能照办。结果在过正寿日子的那天，西安城里近千名乞丐聚到杨家门口领取施舍。老太太为此十分开心，认为自己是在做好事，积德行善。

1943年孙一莲辞世时，杨虎城还关押在狱中，未能尽孝为老人送终。据说当时于右任先生曾向蒋介石请求，让杨虎城回陕西为其母奔丧，遭到蒋介石的拒绝。

杨虎城被关押的前几年，杨母很是挂念，常向各方打听儿子的消息，常问家里人："虎城有没有寄信来？"几年过去了，儿子仍无信息（杨虎城给家人的信件都被特务扣押了，家里不可能收到）。有关杨虎城的传闻也越来越模糊，随着岁月的流逝，杨母也越来越显沉默寡言。她不再提问儿的情况了。她自己不提不问，还不愿听别人说起。后来当家里人获悉点有关父亲的传闻消息，也不敢在她老人家面前议论。杨母把对儿子的思念深深地埋在心底，把更多的时间用于拜佛念经。

孙一莲去世后被安葬在蒲城县甘北村边。1965年当地进行所谓"四清"运动，开展了破除迷信的"平坟"活动。在工作队的带领下，先将老人的墓碑毁了，正打算毁墓时，据说传来国务院周恩来总理的指示，老人的墓才保留下来。

杨虎城对母亲如此孝顺，对子女也十分关爱，他一心想将子女培养成对国家民族有用的人。他尽力为子女提供良好的上学条件，同时还在其他方面也注重对他们的影响与教育。

1937年6月1日在上海准备出国的杨虎城亲笔写信给长子拯民、长女拯坤：

"民、坤两儿见。上月28日的信，我前天收到。你们近况，我都知道，也放心了。你们对我所要求，我定如你们的志愿。但我的行期还未定，大约是在二十几，已后去函通知。可是，不让你们送我。因为耽搁事，也不便。惟我有两事常在心上，总觉不放心，就是你母亲的心境和她那身体。我现在是无法尽力，责任就全靠你兄妹。你们的一切都应注意到。再，你们今后读书，一时一刻都不敢荒唐。祝你母亲和你们的健康。六·一。"

　　在狱中，杨虎城最烦恼的是小儿子拯中的教育问题。眼看着孩子一天天长大，却不能受到正常的教育，使他非常着急。多次向各级特务头子提出儿子的教育问题，都得不到解决。无奈之下，只好请特务代买了一套百科全书（或万有文库）给儿子阅读。就这也是多次请求后，总算准许了，使他爱子之心得到一点安慰。

附　录

回忆在西安绥署步训班

杨虎城

我的家史

我小时家庭贫寒，靠父亲干木工维持生活。我在乡村私塾上学，到13岁时，蒲城连年旱灾，生活困苦，为糊口计，弃学到孙镇一家饭店当徒工。15岁时，父亲被清朝政府杀害。

组织"中秋会"，反对清廷和贪官豪绅

父亲死后，我家无力埋葬，靠邻友资助办了丧事。家庭欠债压在心头，生活更加困难，加之父亲被杀害，使我产生对清政府的仇恨。这年（1908年）冬，井勿幕[①]在蒲城发动学生反清运动，一名学生被官府打伤

---

①　井勿幕（1888—1918），字文渊，陕西蒲城人，辛亥革命时期著名同盟会员。曾任同盟会陕西支部长，国民党陕西副支部长。1918年被推为陕西靖国军总指挥，同年12月，被部属杀害。

致死，引起在北京的陕籍学生和各界人士声援。终以蒲城知县被撤职，死者家属得到抚恤，反清斗争得到一些胜利，而暂时作罢。这件事对我影响很大。

蒲城农民，在大旱灾之后，生活异常困苦。清政府征收名目繁多的苛捐杂税，豪绅催逼"大加一"的阎王账。官府衙役和豪绅狗腿子横行乡村，逼粮逼债，到处抓人。贫苦农民，无法度日。这都是我亲受过的事实。于是，我同助资葬父的知友们商议，今后如何活下去。大家议定，把志同道合的人组织起来，抗粮抗债，打击豪绅。凡在组织中有欠债的人，大家帮他对债主采取劫持手段，令债主交出契约，当面焚毁，不得要债。消除组织中人的顾虑，增强对豪绅斗争的勇气。从此以后，要求参加的贫苦农民，越来越多。第二年八月（农历），就有百人之多。大家要求集合一次，约定地点在山上。

当我到山上时，他们早已到齐，还在山上摆了一张木桌。大家推我为领袖，要我讲话。我说，要我当头头，咱们得立个规约。经商议，订出规章：第一，今天是八月十五，我们这个会就名为"中秋会"。第二，会的宗旨是打富济贫，扶弱打强。第三，要严明纪律，见义勇为，不准欺凌妇女。第四，同生死，共患难，坚持革命到底。第五，要服从命令，听从指挥。第六，不准泄密，破坏组织，违者开除。

中秋会成立后，对催粮催款的衙役乘机袭击，夺取枪支。又搜缴豪绅枪支，武器不断增加。中秋会的声势壮大起来，引起清政府的注意。我们在地方上已不好隐蔽，便商议把会员正式编组起来，上黄龙山集合。这时人数已达200余人，长短枪和刀矛百余件。编为三个连，由我任营长，孙仑浪任营附，名称定为"人民革命军"，仍沿用中秋会的规章。我们所到之处，纪律严明，除吃人民供给的粮食外，一律不得扰乱市面，保护工商业，因而得到人民支持，力量不断扩大。

宣统三年（1911年），武昌起义，陕西也爆发反清运动。我部参加了革命军，编为秦陇复汉军一个营。清政府被推翻后，我曾一度解甲归田。到家后，原来逃往县城的豪绅，因辛亥革命胜利了，又纷纷回来。他们听说我们大部分回乡，便又图谋勾结官吏，下乡搜捕我们。我感到安居乐业仍然是不可能的，遂有重整旗鼓再干之念。

反对北洋军阀，建立靖国军

还乡的中秋会员商议，整理一批人员枪支，乘机袭击了下乡催粮款的警察，夺取了一部枪支弹药。接着又打死了当地豪绅李桢，遂离开家乡，流浪到山区。大家一致认为如此下去，有何意义，便召集原中秋会员做骨干力量，树立起为民除害的旗帜。民国4年（1915年）冬，为反对袁世凯的陕西将军陆建章，陕西义军四起。老同盟会员井勿幕和杜斌丞策动我部到华县、华阴一带截击陆建章的袁军。在战役中，迭获胜利，缴获大批枪支弹药，把部队武装起来，我们遂成为一支较强的战斗队伍。讨袁军事结束后，我部编为陕西陆军第三混成团一营，驻防大荔待机。

民国6年（1917年）秋，孙中山先生在广州组织护法军政府，任大元帅。井勿幕在陕西响应，翌年建立陕西靖国军，反对北洋军阀。我营被编为陕西靖国军第三路第一支队，驻防临潼栎阳镇。在整编训练中，总结当年参加秦陇复汉军，打败清军取得胜利后，部队腐化分裂的原因，主要是军队没有正确的领导，无政治中心，缺乏革命观念。官兵受封建思想影响，只图个人切身利益，终为分裂失败。现在又成为一支军队，不能再走老路。要使它成为一支革命的军队，必须从加强政治文化教育，提高官兵革命觉悟着手。

民国7年（1918年），直系军阀陕西督军陈树藩，为巩固在陕西的统治地位，勾结外省军阀部队入陕，企图消灭靖国军。敌军经渭南渭河北岸、高陵县一带西进，进攻靖国军司令部三原驻地。我奉于右任命令，在关山地区阻敌西进，激战六昼夜，虽然伤亡很大，但我这仅千人的部队，顶住了敌人的进攻，奠定了靖国军在陕西的存在。

在陕西的抗直战争虽然得到胜利，但由于靖国军受优势入陕敌军的威胁，又因广州革命政府受挫，靖国军内部分裂，各部被压被诱，纷纷接受直系军阀改编。我独保持了靖国军的革命人格而拒绝受编，同于右任总司令转移至武功，重建靖国军。以后将未受直军改编的部队，整编为四个团，名为新建靖国军第三路，任我为司令。

民国10年（1921年），镇嵩军大批兵力进犯靖国军，迭经激战，在敌众我寡情况下，虽取得局部胜利，但总的军事形势对我不利。于右任先生对陕西形势的变化，作了分析，为谋再图，决定离陕，取道四川，前往广州，向孙中山先生请示善后事宜。我为了保持这支靖国军力量不受摧残，转至凤翔靠山一带休整。到凤翔后，感到孤军无援，决定转向陕北榆林，与井岳秀靠拢，以图生存。

在榆林期间，我和杜斌丞先生接触，又认识了在榆林中学教书的魏野畴。我在和他们接触中，得悉了孙中山革命失败的原因，听到一些国内外的政治形势，由此增长了自己的革命知识。

在和井岳秀接谈时，我提到部队的训练、建设和改革部队的想法，得到井的赞许。于是提出在安边筹办教导队事，他无异言。现在十七路军的孔从洲、张汉民、刘威诚等人，都是当时安边教导队的学生，他们在部队发展中起到了重要作用。

坚守西安，声援北伐战争

民国13年（1924年），冯玉祥、胡景翼和孙岳等发动"北京政变"，直系军阀曹锟垮台，陕西形势随即变化。井岳秀任陕北国民军总司令，我任陕北国民军前敌总指挥，率部回师关中，在渭北打溃镇嵩军豢养的麻振武部，渭北与西安遂形成对峙局面。1925年"五卅"惨案后，陕西人民掀起反帝反军阀浪潮，我部援助国民三军孙岳入陕，驱逐皖系督军吴新田在陕西的统治，取得胜利。孙岳任陕西军务督办，任我为国民三军第三师师长。孙岳旋即东调，留我部在陕西整训。为改善军队素质，在耀县成立了三民军官学校。现在的步兵训练班，就是仿照那时的三民军官学校创办的。

民国15年（1926年），直、奉联军攻打在河南的国民二军岳维峻部，二军遭到失败。吴佩孚乘机派刘镇华任陕西督军入陕。当时驻陕国民军守潼关的部队一战即溃，刘镇华直抵西安城下。当时在西安城内仅有陕西军务督办李虎臣（李云龙，原属国民二军系统）一个不完整的师，及陕西陆军四师卫定一的两个团。镇嵩军兵临城下，西安处在危急中。

这时，原在靖国军的许多进步将领和进步人士，聚集三原，和我商议，认为我们是一支有训练有纪律的军队，要求我们与李虎臣联合起来，保卫西安。我召集孙蔚如等高级军官会议，对当时国内军事政治形势作了研究，一致认为保卫西安，抗击镇嵩军，对声援广东革命政府北伐，有重要战略意义，决定顺应全国革命趋势，拯救陕西，进军西安。

进城后，召集友军将领李虎臣、卫定一等开紧急军事会议，根据敌我兵力对比，决定作持久防御，连夜加修工事，划区分守。为统一指挥，统一编制，取消了我军的红帽圈，取消原来的杂乱番号，一律称为陕军，推李虎臣为总司令，我居副职，统一指挥。在防务分配上，我军担任敌攻重点之东、北两城。

在8个月的守城战斗中，我军千百次击退敌人爬城进攻。我不分昼夜地上城观察，也遇到不少次的激烈战斗。有一次听说敌人用棉花包在东门外垒起瞭望台，当我上城观察时，正碰上敌人登云梯爬城，立即和士兵一起射击抵抗，眼看几个士兵倒下去，但为击退敌兵，我仍坚持指挥士兵作战。现在回想起来，那时我也太大胆冒失，假如我个人发生危险，守城的任务，是不可想象的。

西安守城能坚持8个月之久，主要是我军官兵有声援北伐军的革命意志，有人民大众的支援，有进步力量的支持。在守城8个月的后期，供给非常困难，粮食吃完了，军民的骡马吃完了，还吃过油渣糖（疑为糠）菜，炸弹短缺，用瓦罐装火药打退敌人，但官兵的斗志未衰。

民国15年（1926年）秋，冯玉祥由苏联回国，在绥远组成国民联军，五原誓师后派孙良诚率军经宁夏、甘肃东下援陕。于右任随军回陕西三原后，将原靖国军田玉洁等部编成陕西国民联军，于右任任总司令，协同孙良诚进攻刘镇华，取得胜利。西安守城终于胜利了，对声援北伐革命，起到了应有的作用。

东出潼关，参加北伐

西安解围善后处理完毕后，第二年（1927年），任我为国民联军第十路司令，率部出关，先后战斗在归德（今商丘）、徐州。后在安徽太和休整。为提高军队政治军事水平，在太和创办了一个军事干部学校，培训了一批年轻骨干，充实了军队力量。

在太和期间，我曾因病去日本疗养。在养病期间，我在留日学生中打听国内政治情况，了解到国内派系斗争仍很复杂。对派系斗争，我是很反感的。在日本住了半年多。1928年秋，部队来人谈，我部出关的部队和原来留在陕西的部队，合编为二十一师，归山东主席孙良诚指挥，并促我回国。此时南京亦电召我回部。

我回国时，部队属冯玉祥的第二集团军。我到南京见冯玉祥，知道部队已开山东，准备进剿刘黑七股匪。当我快离南京时，何应钦招待我吃饭后说，以后有事多联系，并送密电码一本。当时我感到军队派别斗争的严重。我到山东，官兵见到我回部，士气旺盛，很快打垮了刘黑七股匪。

民国18年（1929年），冯玉祥准备发动中原混战，为缩短战线，令我部撤离山东到河南集中。我对参加派系斗争甚为厌烦，便召集参谋长等高级军官会议，听取他们的意见。他们主张不离山东，不做他人的牺牲品。不久，南京来电，让我部仍驻山东，维持地方治安，部队番号、军费由中央解决。随后我部被编为国民革命军新编第十四师。

"中原战争"发生后，南京电令我部进军河南，转向南阳，并要我兼南阳警备司令，任务是阻击陕西的冯玉祥部队出陕。唐生智反对中央的战役中，我部打垮了驻马店的唐生智军，回师途中受命编为陆军第十七师，

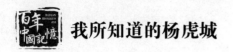

后又编为第七军和第十七路军，我任军长兼十七路军总指挥。

民国19年（1930年），我部奉命向陕西挺进时，中央电令我筹组陕西省政府并任主席。我任西安绥靖公署主任后，不久辞去省主席职务。

（据于景祺追忆）

再版后记

　　《我所知道的杨虎城》一书曾于2003年1月由中国文史出版社出版。书稿集纳了30余篇回忆文章，作者多为杨虎城将军的故交、旧部、亲属等，如孙蔚如、赵寿山、孙从洲、韩子栋、沈醉、杨拯民……这些重要知情人从不同侧面回忆了杨虎城将军的一生，作为研究中国近现代史以及杨虎城将军的第一手资料，弥足珍贵。本书2018年作为中国文史出版社推出的"文史资料百部经典文库"之一种再版，内容未作改动。

图书在版编目（ＣＩＰ）数据

我所知道的杨虎城/孙蔚如，赵寿山著. —北京：中国文史出版社，2018.4
（文史资料百部经典文库）
ISBN 978 – 7 – 5205 – 0226 – 9

Ⅰ.①我…　Ⅱ.①孙…②赵…　Ⅲ.①杨虎城（1893—1949）—生平事迹
Ⅳ.①K825.2

中国版本图书馆 CIP 数据核字（2018）第 091865 号

责任编辑：程　凤

出版发行：**中国文史出版社**
社　　址：北京市西城区太平桥大街 23 号　　邮编：100811
电　　话：010 – 66173572　66168268　66192736（发行部）
传　　真：010 – 66192703
印　　装：北京新华印刷有限公司
经　　销：全国新华书店
开　　本：16 开
印　　张：24.75　　字数：349 千字
版　　次：2018 年 8 月北京第 1 版
印　　次：2018 年 8 月第 1 次印刷
定　　价：69.80 元
